続・争点

倒産実務の諸問題

倒産実務交流会 [編]

青林書院

凡　例

高民集	高等裁判所民事判例集	曹時	法曹時報
下民集	下級裁判所民事裁判例集	判時	判例時報
		判タ	判例タイムズ
金判	金融・商事判例	法教	法学教室
金法	金融法務事情	法時	法律時報
銀法21	銀行法務21	民商	民商法雑誌
ジュリ	ジュリスト	民訴雑誌	民事訴訟雑誌

凡　例

(1) 叙述は，原文引用の場合を除いて，原則として常用漢字，現代仮名遣いによった。ただし，数字は原文引用中においても算用数字を用いた。
(2) カッコ内における法令名は，原文引用の場合を除き，原則として，次のように表した。
　(a) 主要な法令名は，後掲の「法令名略語例」により，それ以外のものはフルネームで表した。
　(b) 複数の法令条項を引用する際，同一法令の場合は「・」で，異なる法令の場合は「，」で併記した。それぞれ条・項・号を付し，原則として，「第」の文字は省略した。
(3) 主要な判例集や雑誌等の名称は，後掲の「判例集・雑誌等略語例」により，それ以外のものはフルネームで表した。

【法令名略語例】

一般法人	一般社団法人及び一般財団法人に関する法律		る法律
		破	破産法
医療	医療法	非訟	非訟事件手続法
会	会社法	非訟規	非訟事件手続規則
会更	会社更生法	民	民法
旧産活法	(旧) 産業活力の再生及び産業活動の革新に関する特別措置法	改正民	［平成29年改正（平29年法律第44号）後の）］民法
		民再	民事再生法
産競法	産業競争力強化法	民執	民事執行法
私立学校	私立学校法	民執規	民事執行規則
信託	信託法	民訴	民事訴訟法
手形	手形法	民訴規	民事訴訟規則
特調	特定債務等の調整の促進のための特定調停に関す	民調	民事調停法
		民調規	民事調停規則

【判例集・雑誌等略語例】

民録	大審院民事判決録		事判例集
民集	最高裁判所（大審院）民	裁判集民事	最高裁判所裁判集民事

物のスポンサー選定に関する実践的な論文2編を配し，第1章と併せてご覧頂くと，最近の事業再生の潮流を肌で感じて頂ける構成としています。

以上に対し，第3章以下では，実務上の扱いが固まっていない問題や最近の重要判例を取り上げた論文を収めています。再生事件における建築会社のアフターサービス請求権の処遇に関する事例報告や信託関係者の倒産を検討する論文が前者，再生債権として届け出られた共益債権の処遇に関する最判平成25年11月21日民集67巻8号1618頁，別除権協定に関する最判平成26年6月5日民集68巻5号403頁，投資信託解約金債務を受働債権とする金融機関の相殺の可否に関する最判平成26年6月5日民集68巻5号462頁，開始時現存額主義に関する最決平成29年9月12日民集71巻7号1073頁等，最近の注目すべき最高裁判例を素材とする一連の論文が後者であり，特に重要判例に関する諸論文は，いずれもこれらの訴訟に当事者（管財人等）あるいは訴訟代理人として関与した弁護士の手になるもので，これらの判例が形成されるに至った消息を垣間見ることができます。

以上，簡単に本書の構成や収録された論考をご紹介しましたが，倒産事件の趨勢やその処理の法的技法がその時代における社会・経済事情を色濃く反映した「時代の子」であることを今さらながらに痛感します。当会の活動やその成果である本書が倒産実務に裨益することがあれば，当会にとってこれに勝るよろこびはありません。

末尾になりましたが，実務家の議論に耳を傾け，熱心にご指導を頂いた中西正先生，藤本利一先生，高田賢治先生，本書への掲載をご快諾下さった銀行法務21編集部の皆様，また，本書の出版にご尽力を頂いた青林書院の宮根茂樹氏に心から御礼を申し上げます。

平成31年1月

倒産実務交流会

幹事　弁護士　中井　康之
幹事　弁護士　佐々木　豊
幹事　弁護士　石井　教文
幹事　弁護士　木村　真也
幹事　弁護士　中嶋　勝規

は し が き

　本書は,『争点・倒産実務の諸問題』の続編です。
　本書に収録されている論文は,前書と同様,当会(倒産実務交流会)が開催する研究会における実務家の研究報告とこれに対する研究者のコメントで構成されています。当会は,関西方面で倒産実務に従事する弁護士を主要メンバーとして年4回ほどの研究会を開催していますが,倒産実務に関心のある研究者,裁判官,他地域の弁護士,金融実務家等の方々にもご出席頂いています。自画を賛することをお許し頂くと,本書に収めた論文は,実務家が実地に経験した事案や実務上の問題を研究会で報告し,そこでの議論を経て執筆した論考に研究者が専門的な見地から論評を加えたものであり,いわば実践と学理の両面から実務上の課題を考究したものばかりです。これらの論考は,いずれも銀行法務21誌上に掲載して頂いて来ましたが,今回,本書に収録するに当たり,執筆者が旧稿を見直して改訂・補筆しました。前書では,平成19年から同23年の間に銀行法務21誌上で公表された報告とコメント40編を収録しましたが,本書は,その後に公表された報告とコメント37編を載録しています。
　ところで,当会が発足した平成18年から十数年が経過しましたが,この間における倒産事件を取り巻く環境は劇的に変化しました。すなわち,当会は,倒産法制が大改正されてその運用が確立されつつあった時代に産声を上げ,次いで平成20年初頭のリーマンショックによる大型倒産の時代を経験し,現在は,景気回復に伴う倒産件数の減少期に置かれています。加えて,平成20年代の半ば以降,金融機関の不良債権処理の手法が変化し,事業再生の方法も,法的手続から私的整理へと軸足を移し,再生・更生手続はこうした方法に適さない事案や私的整理が頓挫した場合の受皿として用いられる場面が増えています。
　本書の第1章には,こうした趨勢を反映し,近時の事業再生の手法(純粋私的整理,準則型私的整理等)に関する論文7編を収録したほか,受皿としての再生手続による再建事案やそれが挫折して牽連破産に移行する際の法的問題点に関する論文3編を収めました。また,続く第2章には,事業再生に付き

ってはもちろんのこと，研究者にとっても必読の文献といえよう。私自身も，倒産ADRに関して倒産実務交流会で報告の機会を得，本書にも論文を寄稿しているが（第1章第2Ⅰ参照），報告当日における活発な議論から受けた知的刺激は，今も忘れることができない。

　その意味で，倒産法に関心を持つすべての実務家・研究者にとって有益な書物として，ここに本書をご推薦申し上げる次第である。

　　2019年2月

専修大学法学部教授
慶應義塾大学名誉教授

中　島　弘　雅

推薦の辞

　本書の編者である「倒産実務交流会」の設立の経緯，研究会の運営方針等については，本書の前編たる倒産実務交流会編『争点　倒産実務の諸問題』（青林書院，2012年7月刊行）の推薦の辞において，中西正教授が詳しく紹介されている。倒産実務交流会では，2005年12月頃から，定期的に研究会を開催するようになったとのことであるが，その後，倒産実務交流会では，倒産実務の第一線で活躍する報告者が，自ら経験した事例を基礎に倒産実務に密着した問題意識から報告テーマを選択して研究報告を行い，研究会における議論を踏まえて執筆した論稿と，それに対する倒産法研究者のコメントをセットにして，銀行法務21誌上に毎回の研究成果を掲載するようになった。

　倒産実務交流会編『争点　倒産実務の諸問題』は，銀行法務21誌上に2007年から2012年にかけて掲載された40本の論文とコメントを収録したものである。これに対し，本書『続・争点　倒産実務の諸問題』は，その後，銀行法務21誌上に引き続き掲載された37本の論文とコメントを収録したものである。

　中西教授は，前記『争点　倒産実務の諸問題』の推薦の辞の中で，倒産実務交流会における研究では，単に実務の研究にとどまらず，具体的な事実の中で，あるいは，具体的な実務処理において理論を検討するというスタイルが貫かれていると指摘されているが，本書『続・争点　倒産実務の諸問題』に収録された各論稿やコメントを読む限り，倒産実務交流会では，その後も，わが国の倒産実務と理論の融合を図ろうという強い意図の下に，同様の研究スタイルが維持されていることがよくわかる。

　本書に収められた論文のテーマは，倒産処理の手法（私的整理，倒産ADR，民事再生），スポンサー選定に関する諸問題，担保権，相殺（割引手形，投資信託解約金），保証人（全部義務者）の手続参加（債権調査後の債権消滅・変更，開始時現存額主義，弁済による代位），契約関係の処理（請負契約，信託）など，近時，判例・学説・倒産実務上，盛んに議論されている重要問題に及んでいる。各テーマにつき本書で展開された議論のレベルは極めて高く，本書は，倒産実務家にと

編集者・執筆者紹介

編　集　者

中　西　　　正	同志社大学大学院司法研究科教授
藤　本　利　一	大阪大学大学院高等司法研究科教授
髙　田　賢　治	慶應義塾大学大学院法務研究科教授
中　井　康　之	弁護士（堂島法律事務所）
佐々木　　　豊	弁護士（佐々木豊法律事務所）
石　井　教　文	弁護士（大阪西総合法律事務所）
木　村　真　也	弁護士（木村総合法律事務所）
中　嶋　勝　規	弁護士（アクト大阪法律事務所）

執　筆　者

中　西　　　正	同志社大学大学院司法研究科教授
中　島　弘　雅	専修大学法学部教授・慶応義塾大学名誉教授
藤　本　利　一	大阪大学大学院高等司法研究科教授
髙　田　賢　治	慶應義塾大学大学院法務研究科教授
渡　邉　一　平	弁護士（太田・渡辺法律事務所）
上　田　裕　康	弁護士（アンダーソン・毛利・友常法律事務所）
中　井　康　之	弁護士（堂島法律事務所）
森　　　恵　一	弁護士（色川法律事務所）
増　市　　　徹	弁護士（共栄法律事務所）
増　田　勝　久	弁護士（増田・飯田法律事務所）
木　村　圭二郎	弁護士（共栄法律事務所）
塩　路　広　海	弁護士（塩路法律事務所）
平　出　晋　一	弁護士（平出・髙橋法律事務所）
島　岡　大　雄	奈良地方裁判所判事
野　上　昌　樹	弁護士（弁護士法人大江橋法律事務所）
中　森　　　亘	弁護士（北浜法律事務所・外国法共同事業）
小　谷　隆　幸	弁護士（小谷隆幸法律事務所）
佐　藤　吉　浩	弁護士（佐藤吉浩法律事務所）
上　田　　　純	弁護士（久保井総合法律事務所）
河　本　茂　行	弁護士（烏丸法律事務所）
軸　丸　欣　哉	弁護士（弁護士法人淀屋橋・山上合同）
豊　島　ひろ江	弁護士（中本総合法律事務所）
木　村　真　也	弁護士（木村総合法律事務所）
山　形　康　郎	弁護士（弁護士法人関西法律特許事務所）
野　城　大　介	弁護士（きっかわ法律事務所）
北　野　知　広	弁護士（弁護士法人大江橋法律事務所）
堀　野　桂　子	弁護士（北浜法律事務所・外国法共同事業）

小 幡 朋 弘	弁護士（弁護士法人太田・小幡綜合法律事務所）	
溝 渕 雅 男	弁護士（共栄法律事務所）	
渡 邊 一 誠	弁護士（弁護士法人大江橋法律事務所）	
飯 田 幸 子	弁護士（増田・飯田法律事務所）	
福 井 俊 一	弁護士（はばたき綜合法律事務所）	
坂 田 達 也	株式会社地域経済活性化支援機構執行役員マネージングディレクター	
中 島 宏 記	株式会社地域経済活性化支援機構マネージングディレンター	

目　次

推薦の辞
はしがき
凡　例
編集者・執筆者紹介

第1章　倒産処理の手法

第1　私的整理
- 論　　文／純粋私的整理の実務………………………〔軸丸　欣哉〕…… 3
- コメント／「支払停止」の意義？………………………〔中西　　正〕…… 26

第2　倒産ＡＤＲ

Ⅰ　倒産ＡＤＲの現状
- 論　文　1／倒産ＡＤＲの現状と課題…………………〔中島　弘雅〕…… 30
- 論　文　2／事業再生ＡＤＲの意義と問題点…………〔中井　康之〕…… 47
- 論　文　3／行政型ＡＤＲ手続（再生支援協議会手続）についての意義と
　　　　　　課題……………………………………………〔山形　康郎〕…… 58
- 論　文　4／司法型倒産ＡＤＲとしての特定調停──その意義と問題点
　　　　　　……………………………………………………〔増市　　徹〕…… 65

Ⅱ　地域経済活性化支援機構を活用した事業再生
- 論　　文／地域経済活性化支援機構の実務・再生事案について
　　　　　　……………………〔河本　茂行＝坂田　達也＝中島　宏記〕…… 71
- コメント／再生型の私的整理と法的倒産処理の連続性
　　　　　　……………………………………………………〔中西　　正〕…… 86

Ⅲ　事業再生ＡＤＲと経営者保証ガイドラインを用いた一体再生
- 論　　文／事業再生ＡＤＲ手続と経営者保証ガイドラインを用いて一体
　　　　　　整理を図った事例
　　　　　　　　〔野上　昌樹＝渡邊　一誠＝木村　真也＝福井　俊一〕…… 90

- コメント／経営者保証ガイドラインと自由財産の範囲拡張
  ……………………………………………………〔髙田　賢治〕…… *103*

第3　民事再生
I　中小企業の再生事例
- 論　　文／東京地裁における中小規模民事再生の実務
  ……………………………………〔平出　晋一＝小幡　朋弘〕…… *107*
- コメント／中小企業再生における事業譲渡の意義
  ……………………………………………………〔藤本　利一〕…… *121*

II　民事再生事件の履行監督と牽連破産
- 論　文　1／民事再生事件の履行監督と民事再生から破産への移行（牽連破産）事件の処理における一裁判官の雑感
  ……………………………………………………〔島岡　大雄〕…… *125*
- コメント1／再生債務者代理人の職責と保全管理人の事業譲渡
  ……………………………………………………〔髙田　賢治〕…… *146*
- 論　文　2／牽連破産事件における実務上の論点
  ……………………………〔木村圭二郎＝溝渕　雅男〕…… *149*
- コメント2／牽連破産手続における優先的財団債権の射程
  ……………………………………………………〔藤本　利一〕…… *170*

第2章　スポンサー選定に関する諸問題

第1　手続移行とスポンサー選定
- 論　　文／再生手続から更生手続に移行する事例におけるスポンサー選定の問題……………〔森　恵一＝小谷　隆幸〕…… *177*
- コメント／スポンサー選定の問題………………〔中西　　正〕…… *186*

第2　中小企業のスポンサー選定
- 論　　文／中小オーナー企業のスポンサー選定に関する考察
  ……………………………〔木村圭二郎＝溝渕　雅男〕…… *191*
- コメント／計画外事業譲渡は「濫用」か？…………〔藤本　利一〕…… *213*

第3章 担　保　権

- 論　　文／別除権協定に関する平成26年6月5日最高裁判決と今後の別除権協定……………〔上田　裕康＝北野　知広〕…… *221*
- コメント／別除権協定における解除条件条項の有効性
　　　　　………………………………………………〔高田　賢治〕…… *235*

第4章 相　　殺

第1　割引手形
- 論　　文／割引済手形と破産・民事再生——近時の最高裁判決や銀行取引約定・商事留置権・相殺禁止規定を踏まえて
　　　　　…………………………〔上田　純＝豊島ひろ江〕…… *241*
- コメント／割引手形と破産・民事再生………〔中西　正〕…… *259*

第2　投資信託解約金
- 論　　文／投資信託解約金債務を受働債権とする相殺の可否——最高裁〔1小〕平成26年6月5日判決…………〔渡邉　一平〕…… *261*
- コメント／相殺の合理的期待について………〔藤本　利一〕…… *279*

第5章　保証人（全部義務者）の手続参加

第1　債権調査後の債権消滅・変更
- 論　　文／破産債権・再生債権の確定後の債権消滅・変更に対する処理——債権者表の記載と実体法上の権利関係に齟齬がある場合の事例処理を中心に，最高裁決定平成29年9月12日を踏まえた残された問題について若干の考察をする
　　　　　………………………〔豊島ひろ江＝上田　純〕…… *287*
- コメント／実体法的変動の破産手続上の取扱い
　　　　　………………………………………………〔中西　正〕…… *313*

第2　開始時現存額主義

- 論　文　1／保証債務履行請求権に関する開始時現存額主義の適用について……………………………………………………〔塩路　広海〕…… *315*
- 論　文　2／開始時現存額主義により超過配当となる場合の処理方法を示した最高裁平成29年9月12日第三小法廷決定に関して
  ――開始時現存額主義と劣後的破産債権に関する問題等を含めて……………………………………………………〔佐藤　吉浩〕…… *329*
- コメント／開始時現存額主義の射程に対する違和感
  …………………………………………………〔髙田　賢治〕…… *356*

第3　弁済による代位

- 論　　　文／再生債権として届け出られた共益債権の扱い
  ――最高裁平成25年11月21日判決の検討と理論の整理
  ………………………………〔増田　勝久＝飯田　幸子〕…… *359*
- コメント／労働債権についての情報提供努力義務…〔髙田　賢治〕…… *373*

第6章　契約関係の処理

第1　請負契約

- 論　　　文／アフターサービス請求権の処理
  ――中堅ゼネコンの民事再生手続を通じて
  …………………………………………………〔野城　大介〕…… *379*
- コメント／倒産処理手続における瑕疵担保請求権の取扱い
  …………………………………………………〔中西　　正〕…… *394*

第2　信　　　託

- 論　文／信託関係者の倒産及び黙示の信託に関する検討
  ………………………………〔中森　　亘＝堀野　桂子〕…… *397*
- コメント／信託関係者の倒産と双方未履行双務契約
  …………………………………………………〔中西　　正〕…… *411*

倒産実務交流会活動一覧
初出一覧
事項索引

第1章

倒産処理の手法

第1 ｜ 私的整理

■論　文

純粋私的整理の実務

弁護士　軸丸　欣哉

1　はじめに

　本稿では，主に中小企業の事業再生について，いわゆる純粋私的整理手続に的を絞って，中小企業による相談の段階から再生計画が成立して実行される段階までの一連の手続の手順・流れの実際と，残念ながら純粋私的整理手続が頓挫して法的整理手続に移行する場合に生じる問題について，手続債務者代理人たる弁護士の立場から，検討を試みることとする。もっとも，特に手続の手順・流れの実際については，必ずしも理論化できているものではなく，筆者個人の経験や方法論に基づく臨床的内容であることをご了解・ご容赦いただきたい。

2　純粋私的整理手続の流れ——相談の端緒等

　まず，負債整理案件の相談が持ち込まれるルート・契機について，筆者自身についていえば，債務者企業から相談を受けている会計士，税理士あるいは事業再生コンサルタントといった「専門家」を介して相談を受けるケースが最も多いというのがこれまでの実情である。

　相談を受けるにあたっては，できる限り，事前に，会社案内，過去3期分程度の決算書，直近月の試算表，足元の資金繰り表，金融債権者一覧表及び主要資産担保設定一覧表等といった資料を準備・提供してもらい，予め，目を通しておくようにしている。相談当日には，予め準備・提供を受けた資料に基づきながらヒアリングを行い，債務者企業の足元の資金繰り，収支及び

資産・負債の状況等の現状を把握して、窮境原因の分析・把握に努める。ここでは、単に経営者等から事情を聴取するのではなく、客観的な財務資料における「数字」に基づき状況を把握・分析することを重視している。

3　純粋私的整理手続の流れ──手続選択
(1)　清算型と再生型の選択
　相談の結果、負債整理案件として受任することとなった場合、事業継続を目的として負債整理を行うのか（再生型）、それとも、事業を清算することを目的として負債整理を行うのか（清算型）を検討・判断しなければならない。この場合、基本的に、まずは事業（の全部又は一部）の継続性があるか否かを検討する。事業の継続性については、①事業の収益性すなわち営業収支がプラスであるか否かと、②当面の資金繰りを中心に検討することになるが、たとえ、営業収支が一時的にマイナスであってもこれをプラスにする手立て・スケジュールが見通せている場合には収益性ありと見てよいであろうし、そうでなくても、当該事業を引き受けるスポンサー候補がいるような場合には、再生型を選択することになろう。

(2)　法的整理手続と私的整理手続の選択
　再生型で進めるとして、次に、法的整理手続と私的整理手続のいずれを選択するかが問題となる。ここでは、法的整理手続と私的整理手続それぞれの長所と短所の観点から、いずれの手続によるべきかを判断することになる。この点、私的整理手続の最大の長所は手続の対象とする債権者（手続債権者）の範囲を絞ることができる結果、信用ひいては事業価値の毀損を最小限に食い止めることにより、全体利益を最大化し得る点にある。また、手続に柔軟性がある点も私的整理手続の長所である。逆に、法的整理手続は、すべての債権者を手続に巻き込むことになる結果、信用ひいては事業価値の毀損が大きくならざるを得ず、その結果、全体利益が損なわれる点が最大の短所である。また、手続が厳格に法定されていて柔軟性を欠く面がある点も、法的整理手続の短所である。他方、私的整理手続の最大の短所は、負債整理について手続債権者全員の同意が必要な点にある。また、私的整理手続とりわけ純粋私的整理手続については、裁判所の関与や法定された手続がないため、手

続の公平性，公正性や透明性の担保が必ずしも十分でない点も短所である。逆に，法的整理手続は，負債整理について，債権者の同意は不要，あるいは，法定多数の同意で足りるとされており，これが最大の長所である。また，裁判所関与のもと法が定めるところに従って手続が進められるので，手続としての公平性・公正性・透明性が制度的に担保されている点も法的整理手続の長所である。以上のとおり，法的整理手続と私的整理手続はそれぞれの長所と短所が基本的に表裏の関係にあって文字どおり一長一短なのであるが，少なくとも，いったん，法的整理手続を申し立ててしまうと，すべての債権者を手続に巻き込んでしまうこととなり，債務者の信用ひいては事業価値を大きく毀損することは間違いない。そこで，法的整理手続と私的整理手続のいずれを選択するかの判断にあたっては，まずは，私的整理手続で進めることの可否を検討し，例えば，手続債権者の中にどうしても協力を得られない大口の債権者がいるなど，私的整理手続では見通しが立たない場合に，次善の策として法的整理手続で進めることを考えるという順序で検討するようにしている。

(3) 準則型私的整理手続と純粋私的整理手続の選択

以上の検討を経て，私的整理手続で事業再生を目指すとして，次に，中小企業再生支援協議会による再生支援手続のようないわゆる準則型私的整理手続によるのか，それとも，純粋私的整理手続によるのかを検討する。ここでも，法的整理手続と私的整理手続の選択の場面と同様に，準則型私的整理手続と純粋私的整理手続の長所と短所の観点から，いずれの手続によるべきかを検討・判断することになる。この点，純粋私的整理手続の長所は，中小企業再生支援協議会のような第三者機関の手続関与が必要でなく，また，手続の要件や手順についても決まったものがあるわけではないので，手続の敷居が低くて柔軟な点にある。また，一般的には，準則型私的整理手続と比べて，手続費用がより低廉かつ弾力的である点も純粋私的整理手続の長所である。逆に，準則型私的整理手続は，第三者機関の関与が必要で，準則化された手続の要件や手順に適合しなければならないことから純粋私的整理手続に比べて手続の敷居が高く，手続の柔軟性に欠ける面があることが短所である。また，純粋私的整理手続と比べて手続費用が高く，硬直的になりがちであるこ

とも短所であろう。他方，純粋私的整理手続は，第三者機関が関与することがなく，また，一般的に承認された手続ルールも存在しないという手続の性質上，手続としての公平性・公正性・透明性の制度的担保に欠けるという短所がある。また，純粋私的整理手続については，手続債権者が債権カットに応じた場合に手続債権者の側で税務処理が難しくなるおそれがあることもあって，事実上，手続債権者から債務免除の了承を得ることは極めて困難であるという短所も大きい。逆に，準則型私的整理手続については，第三者機関の手続関与や手続が準則化されているという手続の性質上，法的整理手続ほどではないにしても，手続としての公平性，公正性や透明性が制度的にも一定程度担保されているという長所がある。また，準則型私的整理手続に基づき債権カットが行われた場合の手続債権者における税務処理が明確化されていることもあり，準則型私的整理手続では，純粋型私的整理手続に比べて，債務免除型の負債整理も進めやすいという長所がある。以上のとおり，準則型私的整理手続と純粋私的整理手続も，それぞれの長所と短所が表裏の関係にあって一長一短なのであるが，債務免除が必要な事案でない限り，まずは，手続的に敷居が低くて柔軟な純粋私的整理手続で進めることを検討するようにしている。

4　純粋私的整理手続の流れ——専門家チームの編成

　以上のようにして，手続選択の検討・判断を行ったうえで，実際に純粋私的整理手続により事業再生案件を進めるにあたっては，案件の規模や複雑性にもよるが，できる限り，事業再生に精通した会計士，税理士あるいは事業再生コンサルタントといった専門家とチームを組むことにしている。事業再生に精通した専門家のチームが，実際に手続を公平，透明，円滑に進めていくことで，手続債権者の信頼を醸成して手続に対する協力を得られるようにすることが望ましい。

5　純粋私的整理手続の流れ——手続債権者との交渉の開始

(1)　最初のアプローチ

　手続債権者に対して純粋私的整理手続への参加及び協力を申し入れるにあ

たり，少なくともメインバンクその他の主要行については，いきなり受任通知書を送りつけるのではなく，まずは，債務者企業を通じてアポイントをとるなりして手続債権者を訪問して面談を行い，手続の趣旨等について説明して手続への参加と協力を要請するというのが，手続全体に対する信頼感・安心感の獲得という観点から望ましいと思われる。

(2) **個別訪問の順序**

受任通知の送付に前後してメインバンクその他の手続債権者を個別に訪問して面談する機会を設ける場合，細かい点ではあるが，訪問順序は，基本的に，メインバンクその他の主要行から借入残高の少ない下位行の順にしている。というのも，下位行は，メインバンク等の動向に関心が強く，また，メインバンク等に足並みを揃える意向を示すところも少なくないことから，まずはメインバンク等と面談・協議してその結果を下位行に説明・報告することで，手続債権者の足並みがある程度揃いやすく，その結果，手続債務者として，手続債権者対応を円滑化し得るからである。

(3) **金融機関交渉の留意点**

手続債権者との協議・交渉にあたり，手続債務者代理人たる弁護士としては，①手続債務者の事業には収益性が認められること，しかし，②事業継続のためには金融支援が必要であること，という手続債務者側の事情を十二分に説明・説得すべきことはいうまでもない。加えて，雇用の維持・確保の必要性や取引先に及ぼす影響，さらに，地域経済に及ぼす影響に言及すべき場合もある（特に，地元金融機関が主要債権者である場合）。

以上のとおり，手続債務者代理人として，手続債務者側の事情・主張を十分に尽くすべきことは当然であるが，しかし，それだけでは十分ではなく，手続債権者側の立場・事情に配慮することも重要である。純粋私的整理手続は手続債権者全員の同意が得られない限り成立し得ない手続なのであるから，結局のところ，手続の成否は，いかにして手続債権者の信頼・理解・納得を得るかにかかっている。では，「債権者の立場・事情に配慮する」にあたり，具体的にポイントとなる点は何であろうか。この点，負債整理は，手続債権者にとってみれば，債権という財産の管理・処分の問題であるから，まずは，経済合理性の観点が重要である。この経済合理性の判断にあたって

は，債権の最低限の経済的価値を画するものとしての清算価値保障の観点と，再建型法的整理手続の基本手続である民事再生手続によった場合の回収可能性との比較の観点から検討をなすことが一般的であると思われる（ただし，民事再生手続の場合の回収可能性の検討については，不確定な要素が多く相当程度の「幅」があることを，手続債務者と手続債権者の双方が念頭に置いておくべきであろう）。

次に，手続の公平性，公正性，透明性の観点も重要である。経済合理性の観点が，「結果」の適正さを保障するものであるとするならば，手続の公平性，公正性及び透明性は，結果に至る「プロセス」の適正さを保障するものである。特に，純粋私的整理手続の重大な短所の一つが，手続の公平性，公正性や透明性が制度的に担保されておらず，その結果，手続債権者の信頼を容易には得難い点にあることに鑑みれば，手続債務者代理人としては，そのことを十分に認識・理解したうえで，手続債権者全体に対して，均質・均等かつ十分な情報開示や説明を行うことで手続の公平性・公正性・透明性を確保し，手続に対する手続債権者の信頼を醸成することが重要であろう。さらに，特に手続債権者たる金融機関に対しては，金融検査マニュアルのような金融機関にとっての一種の行動規範に対する十分な理解とそれを踏まえた対応をすることも重要である（なお，平成29年12月に金融庁が発表したところによれば，金融検査マニュアルは平成30年度終了後（平成31年4月1日以降）を目途に廃止するものとされている）。手続債権者たる金融機関としては，自らの財産たる貸金債権の取扱いについて金融検査マニュアル等による縛りを受けているのであるから，それらを無視した処理を求めたところで，金融機関としては処理しようがないということになってしまうからである。以上のほか，ひと口に金融機関といっても，メガバンクと中小金融機関とでは，負債整理案件に関するノウハウの蓄積量，組織的・人的な対応力，金融機関自身の資金調達コスト，あるいは，地域経済に対する利害関係の強弱その他の条件が異なっていることから，負債整理案件に対する対応には相当に違いがあることも念頭に置いておく必要がある。

6　純粋私的整理手続の流れ──第1回バンクミーティング

(1)　招集の方法

介入通知の送付及びメインバンク等との個別の訪問・面談に続いて，一般的には，バンクミーティングを開催する。バンクミーティング開催の通知は，書面をもって行うが，個別の訪問・面談の際にも出席を依頼するようにしている。また，手続債権者側のスケジュール調整の観点から，右通知と開催日はできれば2週間程度の間隔を置くことが望ましいであろう。

(2) **手続の式次第**

第1回バンクミーティングの式次第は，概ね，①代表者挨拶，②バンクミーティング開催の趣旨説明，③財務内容及び資金繰りの報告，④一時停止の申入れ，⑤手続の進め方及びスケジュールについての説明，⑥質疑・応答といったところである。バンクミーティングの司会・進行は，基本的に，手続債務者代理人たる弁護士が行うようにしている。①の代表者挨拶では，代表者が，一時支払猶予の申入れをなすこと等について簡潔に謝罪をしたうえで，純粋私的整理手続による負債整理と事業再生への協力を要請する。②のバンクミーティング開催の趣旨説明の具体的な内容は，手続債務者の業況や足元の資金繰りの状況に鑑み，いったん元金（場合により利息も）の支払について猶予を受けたうえで，再生計画を立案して金融支援を要請すること，そのために，手続債務者の財務内容や資金繰りの状況を説明・報告すること，そして，手続への協力を依頼すること等である。③の財務内容及び資金繰りの報告は，専門家チームとして会計士又は税理士等が関与しているのであれば，それら専門家に任せる。④の一時停止の申入れの具体的な内容は，残高維持つまり回収，強制執行，追加担保設定等をしないことの要請である。猶予期間は，3ヵ月程度とすることが多い。一時停止の申入れに対しては，直後に訪れる支払・引落し日との関係で，手続が間に合わない（その結果，法律上の履行遅滞となる）との主張が金融機関から出されることがあるが，いわゆる事務延滞扱いの対応を求めることで，法律上の履行遅滞を回避することが考えられる。⑤の手続の進め方及びスケジュールについて，具体的には，第2回以降のバンクミーティング開催の予定，デュー・デリジェンスの結果報告，再生計画案の提示，並びに，再生計画案の承認に関する段取り・スケジュール等を説明する。⑥の質疑・応答も，基本的には弁護士が対応するが，財務内容に関する質問等については会計士等の専門家が参加していれば，対応を

任せている。

(3) 準備すべき資料

第1回バンクミーティングでは，資料として，基本的に，①3期分決算書，②直近月の試算表（BS, PL），③手続債権者ごとの残高一覧（借入明細），④主要資産に係る担保設定状況の一覧，⑤一時停止の要請書及び承諾書を準備・提出するようにしている。

(4) 情報管理——金融機関の守秘義務と情報管理の実情

純粋私的整理手続に関する事実について，手続債務者はもとより，手続債権者も，厳秘とすべきことはいうまでもないが，筆者の経験でも，手続債務者の商取引先が手続債権者たる金融機関の取引先（資金貸出先等）でもあったケースで，当該金融機関が商取引先に対して手続債務者の信用不安情報を流出させてしまったという実例がある。手続債務者代理人たる弁護士としては，手続債権者に対して，このような実例があることにも言及したうえで，秘密厳守を念押ししておくほうがよいと思われる。

(5) バンクミーティング方式の是非

ところで，純粋私的整理手続については，準則型私的整理手続と異なり，バンクミーティング方式を採用することが必須とされているわけではない。しかし，手続の公平性及び透明性に対する制度的担保がなく，それ故に，手続に対する信頼性を確保することが容易でないという弱点を抱えた純粋私的整理手続こそ，バンクミーティング方式を採用することで，手続の公平性及び透明性を実現し，手続債権者の信頼を獲得するメリットが大きいのではないだろうか。また，手続債権者が相当数以上になる事案では，バンクミーティング方式を採用したほうが，結局のところ，手続債務者側の手続負担も軽くなるものと思われる。

7　純粋私的整理手続の流れ——第2回以降バンクミーティング

(1) 手続のスケジュール

バンクミーティング開催の頻度・スケジュールについて，筆者自身は，1ヵ月に1回程度の頻度で開催することとしているケースが多い。手続債権者たる金融機関が四半期開示義務を負っていることからしても，少なくとも，

3ヵ月に1回は開催すべきであろう。

(2) 手続の目的・内容

前述のとおり，筆者自身は，1ヵ月に1回程度の頻度でバンクミーティングを開催することを基本にしているが，その場合の第2回以降のバンクミーティングの主な目的・内容は以下のとおりである。

まず毎回の定例報告として，試算表に基づく財務内容と資金繰り表に基づく資金繰りの説明・報告を行う。また，特に自力再生を目指すケースでは，収益性の改善状況に関する報告も行う。他方，スポンサー支援による再生を目指すケースでは，スポンサー選定状況に関する報告を行う。

財務デュー・デリジェンス（DD），事業DDが完了した時点で，その結果を報告する。このようなDD結果の報告は，第2回ないし第3回のバンクミーティングで実施するケースが多い。

再生計画については，第3回ないし第4回のバンクミーティングで，素案の提示・説明を行い，第5回のバンクミーティングで最終案を提示・説明し，第6回で計画の成立を目指すケースが多い。これら再生計画の素案の提示・説明から計画成立までの間は，単にバンクミーティングにおける協議だけにとどまらず，バンクミーティングの期日間にも，主要債権者を中心として意見交換や調整を繰り返して行うことで，再生計画に対する手続債権者の理解を得るように努めている。

もちろん，実際の事案は以上のようにスムーズに進むものばかりではなく，バンクミーティングがかなり多数回に亘ったり，手続期間が長期に及ぶこと（筆者自身の経験では，再生計画の成立までに3年近くの期間を要したケースもある）も少なくないが，この点は，純粋私的整理手続の長所である手続の柔軟性を生かして，臨機応変に対応するしかないであろう。

(3) 準備すべき資料

第2回以降のバンクミーティングにおいては，各回の目的・内容に応じて，①定例報告のための資料として，毎月の試算表（貸借対照表，損益計算書）と資金繰り表，②財務DD及び事業DDの報告書（ないしそのサマリー），③再生計画の素案，④再生計画の最終案を準備・提供している。もちろん，特段の懸案事項等があれば，それに関する資料を，適宜，準備・提供している。

8 純粋私的整理手続の流れ——デュー・デリジェンス

純粋私的整理手続においても，①手続債務者の財務状態を分析するとともに再生計画の土台となる資料である実態貸借対照表及び実態損益計算書を作成するための財務DD，並びに，②事業の収益性及び窮境原因を分析して事業再生の方策を検討するための事業DDは重要である。事案の規模や複雑性の程度により，どの程度に詳細な財務DD及び事業DDを行うかはケース・バイ・ケースであるが，基本的にこれら2種類のDDは実施している。未払賃金その他の簿外債務が問題となる事案等では，法務DDも実施している。

財務DD等を実施するタイミングについては，可能であれば，純粋私的整理手続の開始前，具体的には，第1回バンクミーティングの前に各DDを終えて，第1回バンクミーティングで各DDの結果を報告できることが望ましいが，一般的には，手続開始後に各DDを実施することになるであろう。その場合，各DDの結果は，第2回ないし第3回のバンクミーティング（月1回のペースでバンクミーティングを開催している場合，以下同じ）で報告することになる。

9 純粋私的整理手続の流れ——再生計画の立案

(1) 再生計画の立案手順

再生計画（弁済計画を含む）の策定については，まず，再生計画の素案を作成する。その際，主要債権者に対する説明と意見聴取を行う。そうして作成した素案を第3回又は第4回のバンクミーティングに提出して，すべての手続債権者に対して説明を行うとともに意見を聴取する。以上のようにして再生計画の素案について手続債権者と意見交換したうえで，再生計画の最終案の作成を進める。その際も，特に主要債権者に対する説明と意見聴取を行うことが重要である。そうして作成した再生計画の最終案を第5回のバンクミーティングに提出して，すべての手続債権者に対して説明を行うとともに意見を聴取する。再生計画の素案及び最終案のいずれについても各回のバンクミーティングの期日間に，主要債権者等と十分な意見交換を行って理解を得るように努めている。

(2) 再生計画の内容

再生計画の内容について，特に留意している点は，概ね以下のとおりである。

(a) 金融支援の内容——債務免除の有無　再生計画案の内容については，まず，金融支援として債務免除を要請するのか否かが重要である。純粋私的整理手続を含む私的整理手続全般について，債務免除を伴う再生計画を成立させることは容易でないが，特に，純粋私的整理手続についてはそのハードルは高いといわざるを得ない。したがって，債務免除を要請する必要の有無は，最初の手続選択の時点から検討しておかなければならない。

純粋私的整理手続で債務免除を伴う再生計画が認められ得る現実的なケースは，いわゆる第二会社方式による場合であろう。どの程度の債務免除が認められるかは，最終的には，手続債権者との協議・合意によらざるを得ないことはいうまでもないが，手続の対象となっている有利子負債たる債務について，正常債務額を超える部分について債務免除を要請するというのが，基本的な考え方である。正常債務額の考え方は，事業の規模や内容等によって一様でないが，中小企業の場合，再生計画終了時（10年以内での実質債務超過の解消時）における要償還債務額（残金融債務額－正常運転資金額）がフリーキャッシュフロー（FCF）の10倍程度（ホテルその他大規模な装置を要する事業では最大20倍程度）を目安にしている。また，実態貸借対照表に基づく実態債務超過額を超える債務免除やいわゆる清算価値保障を害するような過大な債務免除は，過剰支援の疑義が生じるため，金融債権者の了承を得ることは困難であろう。なお，手続債権がいわゆるサービサーに売却譲渡されることにより，一部債務免除を受けたのと同じ処理結果となる場合（いわゆるDPO）もある。

他方，債務免除を伴わない再生計画は，主として，弁済期間の延長すなわちリスケジュールによる金融支援が主な内容になる。場合により，リスケジュールと併せて，金利の引下げが行われるケースもある。手続債権全体に対する年間の総弁済額は，FCFの7〜8割程度を基準に法人税等の負担を考慮して金額を決めている。総弁済額の各手続債権者に対する割り振りは，債権残高に比例して割り振りを決定する債権残高プロラタ方式によることが一般的かつ適切である。金利引下げを行う場合，全手続債権者について同一金

利にまで引き下げるケースと引下げ率ないし引下げ幅を同一とするケースがあり得る。金利引下げについては，例えばメガバンクと地方の中小金融機関とでは，金融機関自身における資金の調達コスト等に差異があることに配慮すべきケースもあろう。

(b) **スポンサー型の再生計画**　純粋私的整理手続による事業再生の場合，自主再生を目指すケースが多いが，①金融債務の弁済を一時停止するだけでは近い将来の手形決済資金を捻出できないなど，資金繰りがひっ迫していて，外部から資金支援を早急に受ける必要があるケース，②相当程度の債務免除を受ける必要があるため，オーナー経営者を交替すべきケース，③悪質な粉飾決算があるため，オーナー経営者の続投が許されないケースなどについては，スポンサー支援を内容とする再生計画を検討・作成する。

(c) **実抜計画・合実計画**　再生計画の立案にあたり，手続債務者の収益力に見合った事業計画と弁済計画を立案すべきことはいうまでもないが，主たる手続債権者である金融機関に及ぼす影響にも十分に意を用いるべきである。中でも特に重要となるのは，いわゆる実抜計画ないし合実計画の要件に対する適否の問題である。紙面の関係上，実抜計画・合実計画の詳細には言及できないが，要するに，金融機関にとっては，実抜計画・合実計画の要件に適合する再生計画に基づく金融支援の実施により経営再建が行われている債務者に対する貸出債権については貸出条件緩和債権（いわゆる不良債権）に該当しないものとして取り扱うことができ，債務者区分のランクアップも可能となる。その結果，金融機関は，貸倒引当金の戻り益が得られ，また，銀行法及び金融再生法に基づき開示対象とされる不良債権の比率が改善されるというメリットを享受し得ることとなる。金融機関として，このような利益を享受し得るか否かは，再生計画を承認するか否かを判断するにあたり重要なポイントになることから，手続債務者代理人たる弁護士としてもそのことを十分に理解したうえで，できるだけ，実抜計画・合実計画の要件に適合する再生計画の立案に努めることが重要である。

(d) **経営責任・株主責任**　純粋私的整理手続に基づき金融支援を受ける場合，手続債権者には一定の経済的負担が生じることから，手続債務者側の経営責任等が問題となる。この点，債務免除まで要請する場合には，一般的

に，経営責任と株主責任を明確にすることが求められる。具体的には，経営責任については経営者の交代であり，株主責任は株式の譲渡や無償消却といった対応が考えられるが，中小企業の場合には，経営者や株主が交代することで企業の収益性や信用が維持できなくなり，事業の再生が却って困難となることも考えられる。そのような場合には，役員報酬の返上・減額や私財提供等により経営責任及び株主責任を果たしたものとして，手続債権者の理解を求めるべきケースもあろう。他方，債務免除を要請しない場合には，基本的に，株主責任は問題にならない（ただし，オーナー経営者が悪質・重大な粉飾などをしていた場合には，経営責任に加えて，株主責任も問われることがある）。この場合，経営責任については，まずは事業再生を計画どおりに成功させることが第一義であり，加えて，ある程度の役員報酬の減額や私財提供を行うことも考えられる（もっとも，経営者が悪質・重大な粉飾を行っているような場合には，経営者の交代まで必要となることがある）。

（e）連帯保証人の責任　中小企業の場合，当該企業の金融負債については経営者が連帯保証していることが一般的であり，金融債権者としても，企業と経営者個人の信用を一体的に評価しているために，主債務者たる企業の負債整理に伴い，連帯保証債務の処理についても検討を要することが多い。特に，債務免除を要請する場合には，保証債務が顕在化することから，連帯保証人は，私財をもって連帯保証債務を履行することになるが，私財をもって保証債務を完済できるケースは稀であるので，保証債務の処理が問題となる。この場合の処理として，連帯保証人について法的整理手続を行う方法も考えられるが，主債務者について純粋私的整理手続が行われるケースでは，連帯保証人についても純粋私的整理手続で対処することが多いものと思われる。具体的には，連帯保証人の個人資産を開示したうえで（この開示の前提として，弁護士その他しかるべき専門家が資産・負債の状況を調査・報告する），破産手続における自由財産の範囲を超える個人資産を手続債権者に配分する方法によることが一般的である（もっとも，個人資産や収入の程度，その他生活状況等により，連帯保証人に残す個人資産は，必ずしも厳格に自由財産の範囲に限られるわけではない）。なお，「経営者保証に関するガイドライン」（経営者保証ガイドライン）は，主債務者について純粋私的整理手続が行われる場合には，適用対象外とされてい

ることに注意が必要である（ただし，そのような場合でも，実務上の対応として，経営者保証ガイドラインに準じて連帯保証債務が整理されることはあり得るところであろう）。

（f）税　　務　　再生計画の立案にあたっては，税務上の問題に関する検討も欠かせない。まず，滞納している公租公課がある場合には，財務ＤＤ等でその内訳・金額を明らかにしたうえで，その返済方法について当局と協議・合意のうえ，具体的な返済計画を再生計画の中に織り込まなければならない。

次に，純粋私的整理手続の場合，（実務的には稀であると思われるが）第二会社方式によることなく債務免除を受けるケースでは，債務免除益に対する課税が発生することがないかについて，税理士等の専門家による十分な確認・検討を行うことが必要である。

一方，債務免除を受けるのでない場合には，債務免除益に対する課税の問題は生じないのであるが，繰越欠損金（中小企業については，平成21年3月期以降に発生した欠損金については9年間にわたって繰り越すことが可能となっている）が存在していたり，資産売却による実現損（遊休資産の売却により資産の含み損が実現する場合や事業用資産であってもセールス・アンド・リースバックにより資産の含み損が実現する場合）が発生する結果，再生計画開始後の一定期間にわたって事業所得に対する課税が生じなければ，その分だけ，手続債権に対する弁済原資が捻出できることになるし，他方，この一定期間が経過して事業所得に対する課税が生じるようになればその分だけ手続債権に対する弁済原資は減ることになるから，これらの点に関するタックスプランを十分に検討したうえで，再生計画・弁済計画を立案することが必要である。なお，期限切れ欠損金について，純粋私的整理手続であっても，「合理的な再建計画」の要件（法人税法基本通達12－3－1(3)）を満たす場合にはこれを活用することができるので，この点の確認・検討も行う。

10　純粋私的整理手続の流れ――再生計画の承認

前述のとおり，筆者の場合，再生計画については，第3回ないし第4回バンクミーティングで，素案の提示・説明を行い，第5回バンクミーティング

で最終案を提示・説明し，第6回で計画の成立を目指すケースが多い（あくまで手続が順調に進行するケースにおいてであるが）。これら再生計画の素案の提示・説明から計画の成立までの間は，バンクミーティングの場における協議だけではなく，各回のバンクミーティングの期日間にも主要債権者との協議や意見交換を行い，必要であれば計画案を修正して，手続債権者の理解を得るように調整を繰り返す。再生計画の承認は，弁済計画を含む再生計画について，書面で承認・同意を取り付ける方法が一般的である。リスケジュールを中核とする再生計画案に対する承認・同意の有効期限は，筆者の場合，短いもので半年，長いものは3年超，さらに無期限のものなどケース・バイ・ケースであるが，初回の承諾・同意は，1年間（1年での更新）としているケースが多い。

11　純粋私的整理手続の流れ――モニタリング

再生計画に基づいて分割弁済を行うケースでは，再生計画が承認されて成立した後，弁済が計画どおりに行われているか否か，事業が計画どおりに推移しているか否か等について，モニタリング期間を設けるのが一般的である。そして，モニタリングの具体的な方法は，①毎月の試算表を各手続債権者に提出すること，②半期又は通期に1度の頻度で，再生計画の進捗状況に関する報告会を開催することが一般的である。②の報告会では，基本的に，半期決算書あるいは通期決算書に加えて，貸借対照表及び損益計算書について再生計画上の数値と実績数値を比較した資料を提出して，再生計画の進捗状況を確認している。モニタリング（特に，②の報告会の開催）を実施する期間は，案件にもよるが，3〜5年間であることが多い。

12　純粋私的整理手続から法的整理手続への移行にまつわる法的問題

以上では，純粋私的整理手続が首尾よく進行して再生計画が承認・成立する場合の手続の流れについて述べた。以下では，純粋私的整理手続が途中で頓挫して法的整理手続に移行した場合に生じるいくつかの法的問題に言及する。

なお，純粋私的整理手続から法的整理手続への移行にまつわる法的問題を

考察・検討するにあたっては,「季刊　事業再生と債権管理」160号の「特集　否認における支払不能の意義と機能」が参考になる。

(1)　**法的整理手続への移行と相殺禁止**

(a)　倒産法上の相殺禁止規定の該当性　　法的整理手続では,危機時期以降に取得・負担した債権・債務による相殺を禁止している（破71条・72条,民再93条・93条の2,会更49条・49条の2,会517条・518条）が,純粋私的整理手続が頓挫して法的整理手続に移行した場合に,一時停止の申入れ後に債権者（特に,手続債権者）が負担した債務を受働債権,倒産債権を自働債権として行う相殺は禁止されるだろうか。

この点,一時停止の申入れが,危機時期の発生すなわち支払不能等に該当するか否かについて,「支払不能」概念の理解の仕方と絡んで,近時,活発な議論がなされているが,少なくとも,①純粋私的整理手続における一時停止の申入れがなされた時点において,同申入れが手続債権者に受け入れられる相当程度の蓋然性が認められる限り,支払不能に該当すると解すべきではないし,また,②同申入れについてすべての手続債権者がこれを承諾する旨の同意書を提出した場合には,同申入れの時点から,支払不能等に該当する事由は存在しなかったことになるものと解すべきと考える。

よって,一時停止の申入れがなされた場合でも,以上のように支払不能等に該当すると解すべきでない状況下で債務を負担した債権者が,純粋私的整理手続が頓挫して法的整理手続に移行した後にこのような債権債務をもって行う相殺については,倒産法上の相殺禁止には該当しないものと解すべきである。もっとも,一時停止の申入れとこれに対する債権者の同意・承諾を経て純粋私的整理手続がある程度進行した後に,手続債務者の経営状態が更に悪化するなどして手続債権者から支払猶予を受け続けることができない状況に至ったような場合には,その時点において,手続債務者は支払不能等になったものと解さざるを得ないことがあり得る。この場合,その時点以降に手続債権者が負担した債務をもって後の法的整理手続において行う相殺は,倒産法上の相殺禁止に該当し得ることになると考える。

(b)　預金集中管理と相殺禁止　　純粋私的整理手続の期間中,手続債務者の運転資金・流動性資金について,メインバンク等の預金口座で保管・管理

する取扱いとするいわゆる預金集中管理は，純粋私的整理手続の期間中，手続債務者の資金繰りを手続債権者が正確に把握できるようにすること，手続債務者の資金が手続債権者の認識・了解しない目的に使用・流用されることがないようにすることを目的として行われる措置である。

　問題は，預金集中管理がなされたままの状態で，純粋私的整理手続が頓挫して法的整理手続に移行した場合に，預金を集中管理している手続債権者たる金融機関が，集中管理している預金（の返還債務）の全額をもって，自らが有する倒産債権と相殺することが許されるか否かである。この点，前述のとおり，純粋私的整理手続においてなされる一時停止の申入れは，純粋私的整理手続が恙なく進行している限り，支払不能等にあたるものではなく，したがって，同申入れの後に手続債権者が取得した債務をもって後の法的整理手続において行う相殺は，基本的に，倒産法上の相殺禁止には該当しないものと解される。この理は，法的倒産手続における相殺禁止の要件との関係だけでいえば，預金集中管理がなされている場合にも変わるところはない。そうすると，預金集中管理を行っていた手続債権者たるメインバンク等は，法的整理手続移行後に，集中管理していた預金の残額をもって行う相殺によって他の金融機関よりも有利に倒産債権を回収できる結果となる。しかし，かような相殺を認めるとなると，他の手続債権者から，強硬に異議・異論が唱えられて混乱が生じることは必至であるし，預金集中管理の趣旨・目的や一部手続債権者による保全強化を禁止する一時停止手続の意義に照らして不公平・不平等・不当な結果を惹起することになると思われる。そこで，かかる事態を未然に防ぐため，預金集中管理を行う場合には，これを行うメインバンク等と他の手続債権者並びに手続債務者の間において，預金集中管理を開始する時点でメインバンク等が保管・管理していた預金額の確認と仮に法的整理手続に移行した場合にはその時点の預金額を超えて相殺を主張することはしないこと（最終的に預金額を超過する預金が残る場合には，メインバンク等は再生債務者等に対して超過額を払い戻すこと）を内容とする旨を書面で合意しておく，あるいは，このような趣旨で集中管理を実施することとなった旨を議事録で残しておくといった対応をとることが望ましい。仮にかような書面等が作成されていないとしても，特段の事情がない限りは，純粋私的整理手続の当事者間

において，これと同様の合意が黙示的に成立しているものと解することが相当ではなかろうか（一種の信託が成立していると考える余地もあるように思われる）。かかる明示ないし黙示の合意が存在するにもかかわらず，預金を集中管理していたメインバンク等が法的整理手続に移行した後に集中管理直前の預金額を超えて相殺を主張することは，権利濫用により許されないと解すべきであろう。

(2) 法的整理手続への移行と否認

(a) **純粋私的整理手続期間中の弁済・担保提供** 純粋私的整理手続が進行している間に，債権者に対して，手続債務者が弁済や担保提供を行ったところ，その後に純粋私的整理手続が頓挫して法的整理手続に移行した場合，純粋私的整理手続の期間中になされた債権者に対する弁済や担保提供は，後の法的整理手続において，偏頗行為（破162条，民再127条の3，会更86条の3）として否認の対象となるだろうか。この問題は，手続債権者に対する弁済・担保提供はもとより，手続債権者になっていない商取引債権者との間の一般商取引にかかる弁済・担保提供についても問題となる。

この点，前述のとおり，純粋私的整理手続においてなされる一時停止の申入れは，それがすべての手続債権者に受け入れられて純粋私的整理手続が恙なく進行する限り，支払不能等に該当しないと解すべきである。そうすると，少なくとも，純粋私的整理手続が恙なく進行している期間中に行われた非手続債権者に対する弁済や担保提供は，危機時期（破162条1項1号，民再127条の3第1項1号，会更86条の3第1項1号）に行われたものに該当しない。また，特に非手続債権者との関係では，純粋私的整理手続は秘密裏に行われることが通常であり，したがって，非手続債権者としては手続債務者が危機状態にあるとは認識していないのが一般的であるから，債権者の悪意も認められない。他方，手続債権者についても，純粋私的整理手続が恙なく進行している限りは支払不能等の認識は有していないことになるから，危機状態に関する悪意は認められない。よって，純粋私的整理手続が恙なく進行している期間中に行われた債権者に対する弁済や担保の提供は，偏頗行為の否認の対象にはならないものと解される。なお，純粋私的整理手続期間中に手続債権者に対して弁済や担保提供が行われる場合には，債権者会議等において手続債権

者全員の同意・承諾が得られていることが通常であると思われるが、かかる手続債権者全員の同意・承諾の下で手続債権者に対する弁済や担保提供が実行されたという事情は、その時点において、手続債務者は支払不能等の状態にはなく、また、手続債権者としても手続債務者が危機時期にあるという認識はなかったことを裏付ける有力な間接事実になるものと解される。以上のとおり、純粋私的整理手続が恙なく進行している期間中に行われた債権者に対する弁済や担保の提供は、偏頗行為として否認されることはないものと解される。

なお、非義務行為としての弁済等については、支払不能になる前30日以内になされた行為まで否認の対象とし、また、債権者に善意の立証責任を課すこととして、否認の要件が拡張・緩和されている（破162条1項2号、民再127条の3の1項2号、会更86条の3第1項2号）。この点、前述のとおり、純粋私的整理手続がいったんは手続債権者が一時停止の申入れを受け入れて進行したものの、その後に手続債務者の経営状態が更に悪化するなどして手続債権者から支払猶予を受け続けることができない状況に至ったような場合には、その時点において、手続債権者は支払不能になったものと解さざるを得ず、この時点から遡ること30日以内になされた非義務行為としての弁済や担保提供について、債権者が自らの善意、つまり他の債権者を害することを知らなかったことを立証できない場合には、当該非義務行為たる弁済や担保提供は否認されることになるであろう。

(b) 純粋私的整理手続期間中の資産処分　純粋私的整理手続期間中に手続債務者が自己の資産を処分したが、その後、純粋私的整理手続が頓挫して法的整理手続に移行した場合に、この資産の処分は、詐害行為として否認されることになるのだろうか（破160条、民再127条、会更86条）。

この点、純粋私的整理手続の中で、債権者会議等における手続債権者の了解も得たうえで、手続債務者が資産を処分して、その対価である金銭等を運転資金や手続債権者に対する利払いあるいは元金の内入れ弁済に充てたというようなケースについては、その後に純粋私的整理手続が頓挫して法的整理手続に移行した段階で、当該資産処分が廉価に過ぎるなどの理由で債権者を害するものであったとは認め難いであろうし、ましてや、相当対価をもって

行われた資産処分の否認要件（破161条，民再127条の2，会更86条の2）に該当する事情はおよそ認められないと思われる。したがって，通常，このようなケースでは，純粋私的整理手続期間中に行われた資産処分が詐害行為として否認の対象となることはないものと思われる。結局，手続債務者による純粋私的整理手続期間中の資産処分が後の法的整理手続において詐害行為として否認の対象となるのは，発覚すれば純粋私的整理手続に対する手続債権者の協力が維持できなくなるような不当な資産処分を手続債権者に秘して実行した場合や純粋私的整理手続が頓挫した後で法的整理手続が開始されるまでの間の混乱時期に手続債務者が資産を廉価処分したような場合に限られるのではないだろうか。

(3) **法的整理手続への移行と純粋私的整理手続期間中のDIPファイナンスの保護**

(a) **DIPファイナンスと担保** 純粋私的整理手続の期間中にいわゆるDIPファイナンスが行われ，当該ファイナンスのために手続債務者の財産に担保設定がなされたが，その後，純粋私的整理手続が頓挫して法的整理手続に移行した場合に，この担保設定は，偏頗行為として否認されるだろうか。この点，DIPファイナンスとそのための担保設定が同時になされている場合には，いわゆる同時交換的行為（破162条1項柱書，民再127条の3の1項柱書，会更86条の3の1項柱書）であるから，否認されるものではない。他方，DIPファイナンスが実行された後に担保設定がなされたが，その後，私的整理手続が頓挫して法的整理手続に移行した場合は，前記(2)(a)のとおりと解される。

(b) **DIPファイナンスの優先的取扱い** 次に，純粋私的整理手続において優先的取扱いを受け得ることについて手続債権者全員の同意を得て実行されたDIPファイナンス（特に問題になるのは，物的担保の設定がなされていないケースであろう）は，その後，純粋私的整理手続が頓挫して法的整理手続に移行した場合にも，優先的な取扱いを受けることができるだろうか。この点，準則型私的整理手続である事業再生ADRから民事再生手続あるいは会社更生手続に移行した場合に，事業再生ADRにおいて手続債権者全員から優先的取扱いの同意が得られた（産競法58条に定める確認を受けた）DIPファイナンスについては，再生計画や更生計画において他の倒産債権者に優先する取扱いを受

けることに関して，裁判所が「衡平性」(民再155条1項，会更168条1項)を害しないか否かを判断するうえでこの同意が得られているという事実を考慮するものとされている(産競法59条・60条)が，これとても，優先的な取扱いを受け得ることが保障されているわけではない。ましてや，本稿の対象である純粋私的整理手続については，このような一定の配慮を定める法規すらも存在しないのであるから，少なくとも，再生計画や更生計画においてDIPファイナンスが優先的に扱われる保障はないものといわざるを得ない。もっとも，純粋私的整理手続であっても，手続債権者全員が優先的取扱いに同意して実行されたDIPファイナンスについて，再生計画や更生計画における「衡平性」を裁判所が判断するについて，同意がなされている事実を考慮すること自体は排除されないものと解されるし，純粋私的整理手続の現実の進行状況に照らして，裁判所として積極的に考慮をなすべきケースもあり得ると思われる。以上の再生計画あるいは更生計画における優先的取扱いの議論とは別に，当該DIPファイナンスについて，早期に弁済しなければ事業の継続に著しい支障を来すときは，計画の認可前であっても裁判所の許可により弁済できる可能性はあるものと思われる(民再85条5項後段，会更47条5項後段)。例えば，法的整理手続開始後もDIPファイナンスが継続されることで事業の継続が確保されるというようなケースが考えられる。なお，以上の議論はいずれも，純粋私的整理手続から民事再生手続あるいは会社更生手続に移行した場合の議論であり，破産手続に移行した場合には，いずれの議論もあてはまらない。この場合には，DIPファイナンスは優先的な取扱いを受けられない結果にならざるを得ないであろう。

(4) 法的整理手続への移行と担保協定

(a) 担保権に関する各種の合意　純粋私的整理手続の期間中に，手続債務者と手続債権者たる担保権者との間で，担保権の取扱いに関する合意(担保協定)がなされたが，その後，純粋私的整理手続が頓挫して法的整理手続に移行した場合，担保協定の効力は維持されるだろうか。担保協定の具体的な内容・種類としては，①純粋私的整理手続が進行している期間中，担保権を実行しないこととする合意，②担保価値の評価に関する合意，③担保価値相当の被担保債権について弁済方法を定める合意，④登記留保担保権について

担保権として取り扱う旨の合意などが考えられる。

　(b)　**法的整理手続への移行と担保協定の効力**　担保権者たる手続債権者と手続債務者との間でなされた担保協定の合意は当事者間での一種の個別的和解であるところ，純粋私的整理手続が頓挫して法的整理手続に移行したからといって，その効力が当然に失われるものではないと解される。しかし，純粋私的整理手続は一般的には金融債権者を中心とする一部債権者（手続債権者）だけを対象とする手続であるのに対して，法的整理手続は商取引債権者を含むすべての債権者を対象とする手続であって，両手続では手続当事者の範囲が異なるうえ，純粋私的整理手続が頓挫して法的整理手続に移行する間には担保協定がなされた当時における手続債務者の経営状態や事業価値等が相当に変容（通常は悪化）していることが一般的であり，そうすると，担保債権者が被保全債権について受け得る満足（弁済）の程度にも相当程度の変化（通常は低下・減少）が生じることにもなるであろう。したがって，担保協定がなされた当時の趣旨・経緯や，法的整理手続への移行に伴う事業価値の変容といった事情に鑑み，担保協定の当事者は，事情変更の原則に基づき，担保協定を解除することができると解すべきである。また，会社更生手続においては，更生担保権の範囲は財産評定の結果によって画されることになるので，担保協定は財産評定の結果に基づき当然に変更されることにならざるを得ないものと解される。

　(c)　**登記留保担保権と法的倒産手続への移行**　さらに，登記留保担保権に関する担保協定と登記留保担保権の法的整理手続における取扱いについては，以下のように解される。まず，何らの登記手続も経ていない登記留保担保権について，担保権者がその担保権を第三者に対して主張するには実体法上の対抗要件を具備しなければならないところ，破産管財人，民事再生手続の再生債務者及び更生管財人は第三者性が認められることから，まったくの未登記担保権を担保権として取り扱う旨の純粋私的整理手続上の担保協定は，法的整理手続に移行した後は，破産管財人，民事再生手続の再生債務者及び更生管財人に対抗し得ないものと解さざるを得ない。他方，いわゆる1号仮登記を備えた登記留保担保権については，破産法49条1項は適用されず，担保権者の主観的態様いかんにかかわらず，担保権者は登記の効力を主

張できるものと解されている。したがって，1号仮登記を備えた登記留保担保権については，法的整理手続移行後も担保権としての処遇を受けることができる。また，いわゆる2号仮登記を備えた登記留保担保権についても，1号仮登記と同様に登記の効力を主張できるとするのが判例である（最判昭和42年8月25日（判時503号33頁））。さらに，更生担保権として取り扱われるために本登記を経由する必要があるかについては，純粋私的整理手続の債権者会議において登記留保担保権者に対して本登記又は仮登記による対抗要件具備を対象債権者全員が同意していたときは，会社更生手続に移行した後も2号仮登記のままで更生担保権として扱うべきとする見解が有力に主張されている。

― ■コメント

「支払停止」の意義？

同志社大学大学院司法研究科教授　中西　正

　軸丸論文（本章第1論文）は，純粋私的整理（狭義の私的整理）の実務を手続の流れに従って解説するとともに，これが挫折し法的倒産処理に移行した場合に，前者においてなされた行為が後者においてどの程度に尊重されるかを論じる，優れた論考である。本稿では，後者の問題を中心に，若干の検討を行いたい。

1　はじめに

　近時「支払停止」の意義をめぐり議論が活発である。例えば，A社が，私的整理を試みるため，メインバンクであるB銀行に，①資金繰りが苦しくなったので私的整理を試みたい，そのため○年○月○日に弁済期の到来する債務の支払を猶予していただきたい旨を告げ，その後，②私的整理を行うに当たり各金融債権者に対し支払猶予の要請をしたという事例で，A社の①の行為や②の行為が支払停止に該当するか否かが，検討されているのである。
　この議論は，旧破産法下で，私的整理開始後の新たな信用供与に対する弁済を偏頗行為の危機否認の対象から外し，萎縮的効果を取り除き，このような信用供与を促進しようとする意図で行われたものである[*1]。その後，最判平成24年10月19日（裁判集民事241号199頁）が，個人債務者が，債務整理を弁護士に委任し統一的で公平な弁済を行う旨の通知を債権者一般に送付した行為を，支払停止に該当すると判示し，須藤裁判官が，一定規模以上の企業の場合，合理的で実現可能性が高く，合意に達する蓋然性も高い再生計画を策定・提示しつつ，金融機関等に一時停止の通知をしても，支払停止にならな

[*1]　伊藤眞「債務免除等要請行為と支払停止概念」NBL670号（1999年）15頁以下。

い場合がある旨の補足意見を述べ，東京地決平成23年11月24日（金法1940号148頁）が，支払の免除や猶予を求める行為も，合理性のある再建方針や再建計画が主要な債権者に示され，これが債権者に受け容れられる蓋然性があると認められる場合には，支払停止とならない旨を判示するに至り，再び活発になった。

現行破産法では，偏頗行為の危機否認の時的限界は支払不能とされているので，この問題は当該事例でA社の支払不能を認定することができるかという，事実認定の問題だといえよう。そうすると，基本的には，次のように解すべきだと思われる[*2]。

2　債務不履行の可能性のない場合

資金繰り上，履行期の到来した債務を支払うことが厳しくなったが，未だ不可能ではない場合，債務者は支払不能ではない。このような場合に，債務者が，事業再構築を行う一方で，債権者から債権放棄と期限の猶予を得て，事業再生を果たすことは，十分にあり得ることである。このような形で事業再生を果たした場合，債務者は全過程において支払不能には陥っていないと思われる。私的整理が決裂し，債務者が債務不履行を起こしたときは，その時点から支払不能に陥ったというべきである。

したがって，まだ債務者がデフォルトを起こす可能性がない場合には，事業再生（事業再構築・権利変更の実現）のためであることを示しつつ，一時的に支払の猶予を要請しても，それは支払不能を推認させる事実ではないと解される。代理人は，金融債権者と交渉する際，この点を明確にすることを忘れてはならない。

私的整理の間に債務者が特定の金融債権者に弁済し，私的整理が不成立となり，債務者が支払不能に陥った場合，当該弁済は破産法162条1項2号の対

[*2]　この問題は「全国倒産処理弁護士ネットワーク・第13回全国大会・シンポジウム・中小企業の再生と弁護士の役割」事業再生と債権管理147号（2015年1月）22頁以下でも取り上げられ，本稿もこのシンポジウムでなされた議論に基づいている。その後，さらに，「全国倒産処理弁護士ネットワーク・第16回全国大会・シンポジウム・否認における支払不能の意義と機能」において，この問題の検討はさらに深化された。是非とも参照されたい。

象となる可能性があるのみであろう。

3　債務不履行が確実な場合

　他方，債務者が，資金繰り上，デフォルトを起こすことが確実となった場合，その債務者は支払不能に陥ったと解すべきであるが（履行期の到来を要求する見解も有力である），当該債権者が弁済期到来後も履行を請求しないのであれば，支払不能にはならないと解される。

　とするなら，金融債権者が一時停止を受け容れて履行期に請求しないこととなれば，弁済期到来後も債務者は支払不能にならないことになる。ただし，「債権者が請求しない場合」にも様々なバリエーションがあり，どのような場合がこれに該当するかはさらに検討する必要があろう。

　このようなスキームにおいて，私的整理が不成立となった場合には，当該債務者は支払不能に陥ったと見るべきであろう（ある金融債権者が抜け駆け的に弁済等を得た場合も，このスキームは崩壊し，債務者は支払不能に陥り，当該弁済等は偏頗行為否認に服すると解される）。

　ただ，債務者は何時から支払不能になったかは，問題である。当初のデフォルトが確実となった時点（A説），不成立となった時点（B説）という考え方が，あり得よう。

　請求はされなかったが，期限の猶予，権利変更などにより支払不能が確定的に解消されていたわけではないこと，支払不能になった時点での債務者財産の価値を倒産債権者に分配しようとするのが倒産法の基本原則であること等からすれば，私的整理の間に減少した財産を取り戻すという意味で，A説が正当である。

　他方，私的整理の尊重という趣旨からは，B説が支持されよう。すなわち，「支払停止」の意義の議論は，私的整理手続という倒産処理において，取引債権者への弁済は保護して通常の取引は保護し，運転資金の融資のような短期的な信用供与も同様に保護し，金融機関の長期の与信等に基づく既存の債権に対する弁済は偏頗行為否認の対象とするというルールを創ろうとしている。これを尊重するなら，B説となるのである。

　これは，アメリカ合衆国・連邦倒産法の基本的なルールに似ている。連邦

倒産法§547(b)は，手続開始前90日以内で債務者が支払不能となって以後に行われた偏頗行為を否認に服せしめている。しかし，§547(c)(2)は，このルールの例外の1つとして，債務者と相手方の間の通常の取引において負担された債務を，やはり通常の取引におけると同様に履行した場合，当該弁済は§547(b)の要件を満たしても否認に服さない旨を，規定する。したがって，アメリカ合衆国連邦倒産法§547(b)の偏頗行為否認のルールは，§547(c)(2)の例外も合わせて見れば，基本的には，手続開始前90日以内で債務者が支払不能となって以後に行われた偏頗行為は，それが債務者と相手方の間の通常の取引に基づく債務である場合，弁済期になされたときは否認に服さない，となろう。

わが国においても，債務者の事業再生を最重要の目的とする私的整理で，財務状況の悪化が比較的軽微な私的整理について，同様のルールが形成され始めたのだと，理解できよう。

□■

第2｜倒産ＡＤＲ

Ⅰ　倒産ＡＤＲの現状

■論文 1

倒産ＡＤＲの現状と課題

専修大学法学部教授・慶應義塾大学名誉教授　中島　弘雅

1　本稿の目的

　近時，金融機関等の金融債権者のみを対象とし，商取引債権者にはそのまま弁済を継続できる私的整理のメリットが見直される中，公明正大で透明性のある私的整理を実現する手法としての，倒産 ADR が俄然注目されている。

　倒産 ADR には，介在する第三者の属性に応じて，①民間型，②行政型，③司法型の３類型があるとされる。いわゆる事業再生 ADR による再生支援が①にあたる。中小企業再生支援協議会（以下，「支援協議会」という）や企業再生支援機構（以下，「ETIC」という），更には地域経済活性化支援機構（以下，「REVIC」という）等による再生支援が②に分類される。また，特定調停による再生支援が③に該当する。

　それらの倒産 ADR 手続の相次ぐ法整備に伴い，法的再建事件の件数は2003年あたりから次第に減り始め，その後，いったんは盛り返したものの，2009年以降急激に減少している。これに対し倒産 ADR，とりわけ行政型倒産 ADR，中でも支援協議会の再生支援手続の利用件数・再生計画成立（完了）件数は，近時，急増しており，2013年と2014年には年間2500件前後を記録した。本報告は，なぜそうした事態が生じたのか，その原因を究明するととも

に，倒産 ADR をめぐる課題を明らかにすることを目的としている[*1]。

2　民間型倒産 ADR
(1)　事業再生 ADR の意義

　事業再生 ADR（特定認証紛争解決手続）は，事業再生に係る紛争について行う ADR（裁判外紛争解決手続）である（産業競争力強化法（以下，「産競法」という）2 条16項）。法律的には，事業再生 ADR は，「裁判外紛争解決手続の利用の促進に関する法律」（以下，「ADR 法」という）2 条 4 号に基づく法務大臣の認証と，産競法に基づく経済産業大臣の認定の双方を受けた「特定認証紛争解決事業者」（以下，「事業再生 ADR 事業者」という）が行う事業再生のための私的な裁判外紛争解決手続（民間紛争解決手続）と定義できる（産競法 2 条15項）。事業再生 ADR 事業者としての「認定」を受けるためには，事業再生の専門家を「手続実施者」として選任できることが要件とされている（産競法51条 1 項 1 号，ADR 法 2 条 2 号）。ただ，「事業再生に係る認証紛争解決事業者の認定等に関する省令」（以下，「経済産業省令」という）が要求する「手続実施者」を実際に選任できる組織は限られていることから，現在のところ，事業再生 ADR 事業者として認定されているのは，事業再生実務家協会（以下，「JATP」という）のみである[*2]。

　事業再生 ADR の基本的な手続の流れは，以下のとおりである。事業再生 ADR 事業者は，予め事業面，財務面の詳細なデュー・デリジェンス（DD）を完了した後，最初に債務者企業と連名で債権者に対して一時停止を要請する通知を発し，その後に債権者会議が開催される。債権者会議としては，事業再生計画案の概要を説明するための第 1 回債権者会議（概要説明会議），計画案の協議のための第 2 回会議（協議会議），計画案の決議のための第 3 回会議（決議会議）が想定されている。そして，最終的に，事業再生計画案がすべての債

[*1]　本稿は，先に公表した中島弘雅「倒産 ADR の現状と課題─『法的整理から倒産 ADR へ』の流れを受けて」上野㤗男先生古稀祝賀論文集『現代民事手続の法理』（弘文堂，2017年）581頁以下を基に，本研究会及び準備会における議論も踏まえ，再構成したものである。

[*2]　以上につき，中島弘雅＝富永浩明＝加藤寛史＝濱田芳貴「〈シンポジウム〉事業再生のツールとしての倒産 ADR─挑戦する ADR」仲裁と ADR11号（2016年）97頁〔富永浩明報告〕。

権者に受け入れられると，事業再生 ADR 手続は終了する[*3]。

(2) 事業再生 ADR の特徴

(a) **企業価値の毀損防止**　事業再生 ADR は，秘密裏に進められるので (密行性)，債務者企業の事業価値の毀損を防ぐことができる。また，手続対象債務者を中小企業に限定していないので，上場企業や大企業もこの手続を利用できる。上場企業が法的整理手続に入ると，上場廃止基準に抵触するため，上場廃止を余儀なくされるが (東京証券取引所有価証券上場規程601条1項7号等)，事業再生 ADR の場合には，2期連続の債務超過，時価総額の基準割れといった実質的理由による上場廃止の可能性はあるものの，この手続に入ったことそれ自体をもって直ちに上場が廃止されるわけではない。

(b) **手続の透明性・公正性・衡平性**　倒産 ADR 全体の共通点として，債務者・債権者から独立した専門家が第三者的立場から再生手続の適正及び計画内容の合理性を確認するという特徴を有するが，中でも事業再生 ADR では，経産省令で定められた厳格な資格要件に適合する専門家のみが手続実施者となるので，手続の透明性が確保でき，公正・衡平な事件処理が可能となる。

(c) **手続の迅速性**　事業再生 ADR は，事業再生 ADR 事業者が案件を正式に受理し，対象債権者に一時停止通知が発せられてから2週間以内に第1回債権者会議 (概要説明会議) が開催されることが経産省令上明記されている。その後，2回の債権者会議 (協議会議・決議会議) を経て，事業再生計画が成立に至ることも省令上明記されている。案件によって若干の違いはあるものの，一時停止通知から概ね4ヵ月ないし5ヵ月程度で再生計画の成否が決まるため，債務者企業の事業価値の毀損を最小限にとどめることができる[*4]。

[*3]　事業再生 ADR の具体的な手続については，「裁判外事業再生」実務研究会編『裁判外事業再生の実務』(商事法務，2009年) 123頁以下 [須藤英章]，事業再生実務家協会編『事業再生 ADR のすべて』(商事法務，2015年) 38頁以下が詳しい。また，中島ほか・前掲 *2 〈シンポジウム〉100頁 [富永浩明報告]，山本和彦「事業再生 ADR」同『倒産法制の現代的課題』(有斐閣，2014年) 378頁以下参照。

[*4]　以上につき，「裁判外事業再生」実務研究会編・前掲 *3・133頁 [須藤英章]，事業再編実務研究会編『あるべき私的整理手続の実務』(民事法研究会，2014年) 347～348頁 [鈴木学] 参照。

(d) 事業再生計画の柔軟性・実行可能性　　事業再生 ADR では，対象債権者全員の同意が得られれば，比較的柔軟な事業再生計画を策定できる。また当該事業に最も精通する債務者が，専門家の適切な助言・指導を得ながら主体性をもって計画案の策定に臨むので，より現実的で実行可能性の高い事業再生計画案の策定ができる。

(e) 事業再生を支える法的手当て　　産競法は，債務者が，事業再生 ADR 手続開始後に，事業の継続に欠くことのできない資金の借入れ（プレ DIP ファイナンス）を行う場合に，中小企業基盤整備機構の債務保証や信用保険の特例への途を開くことで，つなぎ融資を円滑に供給できる仕組みを講じている（産競法53条・54条）[*5]。また，事業再生 ADR を利用して事業再生計画が成立した場合には，税務上，債務者は，資産の評価損の損金算入と期切れ欠損金の利用ができ，債権者は，債権放棄による損失を損金算入できるメリットがある。

他方，事業再生 ADR が一部の対象債権者の反対によって挫折した場合，債務者としては，民事再生や会社更生の申立てか，計画案に不同意の特定の債権者に対して，改めて裁判所からの説得を試みる目的で，特定調停の申立てを検討することになるが，事件が特定調停に移行した場合には，特定調停手続の特則として，裁判官単独で調停を行うことができるので（産競法52条。なお，民調5条参照），事業再生 ADR で策定された再生計画案を，そのまま調停案として利用することも可能である。また，必要に応じて，調停に代わる決定（民調17条）を利用することもできる。

しかも事業再生 ADR が成立せず，再生手続や更生手続へ移行することになった場合も，プレ DIP ファイナンスについて，再生計画や更生計画の中で一般の倒産債権よりも優先的な弁済を許容することができる（産競法59条・60条）。同様の取扱いは，地域経済活性化支援機構（REVIC）による再生支援でも見られるが，他方で，中小企業再生支援機構による再生支援には，プレ DIP ファイナンスの保護制度がなく，他の私的整理のスキームについても同様で

＊5　山本和彦・前掲＊3・385〜386頁，「裁判外事業再生」実務研究会編・前掲＊3・133頁〔須藤英章〕参照。

ある。この点は，事業再生 ADR の強みである*6。

(f) **メイン行・地元経済にとってのメリット**　事業再生 ADR は債務者主導の手続であるため，メイン行が，他行からの非難・攻撃の矢面に立つ必要がなく，いわゆるメイン寄せを回避できる*7。また，メイン行としても，取引関係の深い企業を再生させることで，地元におけるレピュテーションリスクを回避できる。更に商取引債権者を手続対象から外すので，連鎖倒産を防ぐことができ，地元経済へのダメージを回避することもできる*8。

(3) **事業再生 ADR の課題**

(a) **手続費用問題**　事業再生 ADR の正式な申込件数は，事業開始（2008年11月）から2018年2月6日現在までで64件と報告されている。申込会社数でいうと，216社である。事業開始の翌年である2009年には17件，108社もの申込みがあり，その後もそれなりの申込みが続いていたが，金融円滑化法や円滑化法終了後の暫定リスケの一般化，政府による再生事業の行政型倒産 ADR への誘導等の影響を受けて，2013年あたりから年間申込件数が一桁という状態が続くようになり，2017年度は，申請件数で5件，会社数で14社となっている。

近時，事業再生 ADR の利用件数が減っている最大の要因としては，前述のような，金融円滑化法や円滑化法終了後の暫定リスケの一般化，政府による再生事業の行政型倒産 ADR への誘導等が考えられるが，事業再生 ADR を利用した際の高額な手続費用にも一因があるとの指摘もある*9。事業再生 ADR を利用した場合に，事業再生 ADR 事業者に支払う業務委託費は，(i)対象債権者数（6社未満～20社以上），(ii)対象債権者に対する債務額（10億円未満～100億円以上）に応じて4段階に分けて標準額が定められている（200万円～1000万円）。これに，手続実施者に対する報酬が加わる（基準額は，400万円から

---

*6　このことにつき，山本和彦・前掲*3・386～387頁，「裁判外事業再生」実務研究会編・前掲*3・131～132頁〔須藤英章〕，事業再編実務研究会編・前掲*4・347頁〔鈴木学〕参照。

*7　「裁判外事業再生」実務研究会編・前掲*3・133頁〔須藤英章〕，事業再生実務家協会編・前掲*3・33頁参照。

*8　以上につき，中島弘雅＝佐藤鉄男『現代倒産手続法』（有斐閣，2013年）398頁〔中島弘雅〕参照。

*9　事業再編実務研究会編・前掲*4・348頁〔鈴木学〕参照。

2000万円)。個別の事案ごとに，ⓐ事案の難易度，ⓑ調査内容・範囲，ⓒ手続実施者の職種・経験，ⓓ調査に要する補助者の有無・員数を考慮しながら，手続実施者の意見を聴いて金額が決定されるのが一般的なようである。加えて手続実施の過程等で新たに判明した事情により費用の増額・追納が求められることもある[*10]。この手続費用の高さが，この手続の利用者が上場企業や中堅企業(及びこれらを中核とした企業集団)に限られている理由である。かねてより事業再生ADRの利用対象者を中小企業にも拡大するよう求める声もあるが，後述のように，支援協議会手続の再生支援に要する費用については，国が負担し，利用者たる中小企業の費用負担が低く抑えられる仕組みになっているので，仮に事業再生ADRの手続費用を下げたとしても，事業再生ADRの利用者が増えるかどうかは，疑問である。

(b) 立法的課題と産競法の改正　事業再生ADRをめぐる近時における重要な立法的課題として，事業再生ADR制度の恒久化を前提に，事業再生ADRに多数決原理を導入できないかという問題がある。しかし，裁判外の手続で反対債権者を強制的に服従させることは，財産権の保障を定めた憲法29条に反するのではないかとの懸念もある。そこで，憲法問題を回避しつつ，事業再生ADRと法的整理の連携を確保することで，事業再生ADRから法的整理に円滑に移行させ，両者のメリットを最大限に活かすようにするための産競法の改正法が，2018年5月16日に成立した。今後の実務運用が注目される。

3　行政型倒産ADR

(1)　産業再生機構，企業再生支援機構及び地域経済活性化支援機構

(a)　産業再生機構及び企業再生支援機構による再生支援　産業再生機構(IRCJ)は，私的整理ガイドラインに基づく再生支援では，いわゆるメイン寄せに十分に対応できなかったことへの反省から，非メイン行の金融債権を，同機構に買い取らせ，メイン行との交渉を円滑に進めることにより，私的整

[*10] 「裁判外事業再生」実務研究会編・前掲＊3・135頁〔須藤英章〕，事業再生実務家協会編・前掲＊3・36〜37頁など参照。

理を円滑かつ迅速に成立・遂行させることを目的として，株式会社産業再生機構法を根拠法として設立された国策会社であった。しかし，IRCJ は，不良債権処理のための緊急避難的措置として 5 年の時限機関であったため，ダイエーやカネボウ等の有力企業を含む41企業グループ，合計195社の再生を支援し，2007年 3 月に予定の期限を 1 年前倒しして解散した。

　この IRCJ の解散と相前後して，私的整理ガイドラインに基づく再生支援スキームと裁判所における法的整理手続の中間に，何らかの実効的な事業再生のための恒常的なスキームが必要であるとの要請を受けて，2009年10月に成立したのが，株式会社企業再生支援機構法である。企業再生支援機構（ETIC）は，IRCJ と類似の機能をもち，金融機関からの債権の買い取りや出資，経営者の派遣等を行うものとされた。ETIC は，日本航空やウィルコム等の大企業の再生支援でも大きな役割を果たしたが，2012年12月の政権交代により成立した安倍自民党政権は，中小企業の支援強化の方針を掲げて，同法を見直し，2013年 3 月，新たに株式会社地域経済活性化支援機構法を成立させた。そして，従来の ETIC は，地域経済活性化支援機構（REVIC）に改組された[11]。

　(b)　地域経済活性化支援機構による再生支援とその課題　　株式会社地域経済活性化支援機構法は，原則として大企業を支援対象から除外し（同法25条参照），軸足を中堅・中小企業に対する支援に移すとともに，これまでの再生支援業務に加え，新事業・事業転換・地域活性化事業に対する支援業務も担うこととし，健全な企業群の形成・雇用の確保や創出を通じた地域経済の活性化を図ることを目的としている。ただし，地域経済活性化支援機構法も時限立法であり，2018年 3 月末にその期限を迎えることになっていた。

　REVIC による事業再生支援では，明確なメイン寄せこそ回避できるものの，私的整理ガイドラインによる再生支援と同様に，債務者の再生にメイン行の積極的な支援・関与が必要である。その点で，メイン行不在あるいは必ずしもメイン行が債務者の再生に積極的でなくても利用可能な事業再生ADR による再生支援との間に大きな違いがある[12]。

＊11　以上につき，中島＝佐藤・前掲＊ 8 ・383～386頁〔中島弘雅〕参照。

REVICによる再生支援では，大企業も支援対象に含まれていたETICと異なり，支援対象となった債務者として地方企業や医療法人・福祉法人が目につく。しかし，行政が事業再生案件をREVICに持ち込むよう仕向けていることも影響していると思われるが，REVICによる再生支援に対しては，メイン行が，REVICによる再生支援を決定すると，利害関係人はこれに抵抗できず，そのため過剰ないし不要な再生支援が行われているといった声も聞こえてくる。また，そもそも「窮境企業救済の是非と程度は，市場の判断に任せるべきで，圧倒的な財力をもつ公的恒常機関による介入〔＝支援〕は，市場競争を阻害し，退出させるべきゾンビ企業を蔓延させ，日本経済の活力を減退させるおそれがあり，地域経済活性化支援機構を18年3月以降も，期限をさらに延長して，公権力を背景とする支援を恒常化させてはならない。」との手厳しい批判があることは周知のとおりである[*13]。しかし，REVICは，18年3月以降も，なお存続したままである。

(2) 中小企業再生支援協議会

(a) 意義と概要　中小企業再生支援協議会（支援協議会）は，中小企業庁の委託を受け，中小企業再生支援業務を行う者として経済産業大臣の認定を受けた支援機関（多くは各都道府県の商工会議所）の中に設置された支援事業部門のことである（産競法127条参照）。2003年2月以降に順次設置され，現在，各都道府県に1ヵ所ずつ置かれている。

　わが国の産業の再生にとって中小企業の再生は不可欠である。しかし，中小企業は，多種多様で地域性が強いという特性をもつため，その再生には各地域の実情を踏まえた柔軟かつきめ細かな対応が必要である。かかる取組みを支援するため，「産業活力の再生及び産業活動の革新に関する特別措置法」（以下，「産活法」という）（当時。現産競法）に基づき各都道府県に設置されたのが，支援協議会である。支援協議会の主な業務は，公正・中立な第三者の立場か

---

*12　地域経済活性化支援機構の概要と業務については，鈴木学＝竹山智穂「地域の多面的な再生に向けて―地域経済活性化支援機構の概要と業務」事業再生と債権管理141号（2013年）4頁以下参照。

*13　高木新二郎「窮境企業に対する公的支援の半恒久化による弊害の懸念」金融財政事情2017年7月17日号（2017年）3頁。

ら，中小企業者について詳細な事業・財務 DD を実施し，窮境に陥った原因を把握した上で，中小企業者による経営改善計画策定を支援するとともに，金融機関に経営改善計画を提示し，金融機関調整を行うことである。

　支援協議会の再生支援業務は，第1次対応（窓口相談）と第2次対応（再生計画策定支援）に分かれる。対象債務者は，事業再生の必要があり事業再生の可能性のある中小企業者に限定されている（産競法2条17項）。大企業や上場企業，学校法人は対象外である。ただし，医療法人については，2015年2月より，従業員300人以下の法人も利用できることになった（中小企業再生支援協議会事業実施基本要領〔以下，「基本要領」という〕Q＆A10）。

　対象債権者は，再生計画が成立した場合に，金融支援要請を受けることが予定されている「取引金融機関等の債権者」（金融債権者）である。その中には，金融機関のほか，金融機関等から債権譲渡を受けた債権回収会社（サービサー）や金融ファンド，信用保証協会も含まれる（基本要領Q＆A17参照）[*14]。

　(b)　支援協議会による再生支援手続の流れ　　第1次対応（窓口相談）は，常駐専門家（統括責任者〔プロジェクト・マネージャー〕1名と統括責任者補佐〔サブ・マネージャー〕複数名）が，中小企業者に助言や支援機関等の紹介を行うものである。統括責任者のほとんどが金融機関出身者である。他方，統括責任者補佐は，金融機関出身者が半数で，他は公認会計士，中小企業診断士，稀に弁護士である。常駐する統括責任者補佐の数は，東京では20名，地方では3名ないし4名程度とのことである[*15]。

　第2次対応（再生計画策定支援）が開始すると，常駐専門家と中小企業者の連名で「返済猶予等」（一時停止）の要請を行う。第2次対応開始に際し実際に支援を行う個別支援チームが編成されるが，債権放棄を伴う計画案の場合には，外部専門家としての弁護士，公認会計士が支援チームに入るという運用が行われている。これに対し債権放棄を伴わないリスケジューリング（弁済条件変更）型の計画案の場合には，金融機関出身者だけで再生支援チームが編成される[*16]。

[*14]　以上につき，中島ほか・前掲＊2〈シンポジウム〉103頁〔加藤寛史報告〕参照。
[*15]　この点については，中島ほか・前掲＊2〈シンポジウム〉103～104頁〔加藤寛史報告〕参照。

私的整理ガイドラインや事業再生 ADR による再生支援では，手続開始前に財務・事業 DD を行い，手続開始後これをチェック・検証するという運用が行われている。これに対し支援協議会手続では，協議会が委嘱した外部専門家（弁護士，公認会計士，税理士，中小企業診断士等）が財務・事業 DD を行うという方法が一般的である（通常型スキーム）。もっとも，債務者が専門家に依頼し既に DD を実施しているときは，支援協議会が委嘱した外部専門家がその結果を検証するという（事業再生 ADR と同じ）方法で手続が進められる（検証型スキーム）[17]。債権放棄を伴う再生計画案については，原則として外部専門家たる弁護士が，その他の再生計画案については，統括責任者が再生計画調査報告書を作成する。

支援協議会手続では，事業再生 ADR とは異なり，債権者会議の開催を義務づける規律はない。債権者会議を開催するかどうかは任意であり，要するに，金融債権者全員の同意が得られれば，再生計画が成立する[18]。

(c) 支援協議会による再生支援の特徴　支援協議会手続の特徴としては，①支援協議会は，中立な第三者的立場で債務者と金融機関の間に立つ公的機関と位置づけられており，金融債権者の合意形成に一定の役割を果たしている，②支援協議会の支援決定は金融機関以外には知らされないので，法的整理と異なり，風評被害による事業価値毀損リスクを回避できる，③支援協議会が策定支援した再生計画は，一定の要件を満たせば，金融検査マニュアル上，「実現可能な抜本的な計画」と認められ，債務者企業の債務者区分をランクアップできるため，金融機関が不良債権として開示する必要がなくなる[19]，加えて，④支援協議会手続では，例えば，最初に暫定的なリスケ計画と経営改善計画に基づく施策を実施し，一定期間（3年程度）の改善状況を確認した後に，債権カットを含む抜本的な再生計画案の作成に着手するといっ

---

[16]　このことにつき，中島ほか・前掲*2〈シンポジウム〉104頁〔加藤寛史報告〕参照。

[17]　伊藤久人＝河本茂行＝山形康郎「中小企業再生支援協議会の下での私的整理」事業再生と債権管理152号（2016年）32〜33頁〔山形〕に，債権放棄を伴う事業再生事例に関するモデルケースが紹介されている。

[18]　以上につき，中島ほか・前掲*2〈シンポジウム〉103〜105頁〔加藤寛史報告〕，伊藤久人ほか・前掲*17・25〜26頁〔伊藤〕など参照。

[19]　以上につき，事業再編実務研究会編・前掲*4・91頁〔秋松郎〕参照。

た，柔軟でかつ実行可能性の高い事業再生計画案の策定が可能である[20]．それに何よりも，⑤支援協議会は全国47都道府県のすべてに設置されており，債務者企業にとって地理的に身近で利用しやすい存在である，等が挙げられる．

　(d)　再生計画成立の実績　支援協議会が支援業務を行う際の準則が，「中小企業再生支援協議会事業実施基本要領」である．基本要領には，再生計画案が満たすべき数値基準として，5年以内の実質債務超過解消，3年以内の黒字化，有利子負債CF倍率10倍以内といった要件も定められている．しかし，同時に，数値基準を満たさない計画案も許容している（基本要領6(5)②③④）．そのためもあり，計画案の9割以上がリスケジューリング（弁済条件変更）型である．しかも，基本要領は，法律でも規則でもなく，あくまでも国が認定支援機関に委託する支援事業の実施要領と位置づけられているため，その時々の国の中小企業施策に応じてしばしば改訂が行われる．

　2012年4月，内閣府・金融庁・中小企業庁は，翌年3月末の金融円滑化法終了後に企業倒産が増加するのを防ぐため，「中小企業金融円滑化法の最終延長を踏まえた中小企業の経営支援のための政策パッケージ」（いわゆる政策パッケージ）を公表したが，そこには支援協議会でより多くの支援案件を受け入れるという政府方針に基づき，年間3000件の再生支援を行うことが示されていた．2014年5月には，かかる方針に従い，再生支援を容易にするための基本要領の改訂が行われた[21]．支援協議会による再生計画成立案件（再生支援完了案件）は，支援協議会発足年である2003年から2011年までは年間300件から500件にとどまっていたが，政策パッケージが公表された2012年には1511件となり，続く2013年と2014年には，計画成立案件がそれぞれ2537件，2484件と急増した．この再生計画成立案件数の増加は，政府の積極的な中小企業施策の影響の現れである[22]．

　(e)　評価と問題点　しかし，その計画成立案件の中味を見てみると，債

---

[20]　この点につき，伊藤久人ほか・前掲*17・32～33頁〔山形〕参照．
[21]　このことにつき，中島ほか・前掲*2〈シンポジウム〉106頁〔加藤報告〕参照．
[22]　このことにつき，園尾隆司「法的整理と私的整理は今後どこに向かうのか——倒産事件現象の背景と将来展望」金法2050号（2016年）10頁参照．

権放棄を含むものは全体の1割もなく，そのほとんどは弁護士や公認会計士等の外部専門家が関与しないリスケジューリング（弁済条件変更）による再生であり，債務者企業の抜本的な事業再生にはなっていないように見うけられる。しかも，中には債務超過が著しく今後50年間返済を続けても債務を完済できない企業が，リスケにより事業継続をしている案件や，わざわざ支援協議会手続を利用しなくても，相対交渉で十分再生計画の合意ができたと思われる案件も含まれているとのことである[*23]。

確かに，経営不振に陥っていても，再生見込みのある企業を支援し，その事業を再生させることは何ら悪いことではなく，むしろ好ましいことである。しかし，利用件数や再生計画成立数の多寡にこだわるあまり，支援協議会による再生支援が，市場競争を阻害し，市場から退出させるべきゾンビ企業の延命の手段になっているとすれば，それこそ公明正大で透明性のある私的整理としての倒産ADR全体に対する国民の信頼を損なうおそれがある。その意味で，利用件数や計画成立件数の多寡にこだわらず，相談に訪れた企業を，必要に応じて適宜，民事再生手続や破産手続その他当該企業の実情に適した法的整理手続に誘導するのも，支援協議会の重要な役割の1つと考えるべきである[*24]。そのためには，弁護士や公認会計士等の専門家が支援協議会手続により積極的に関与することが必要である。

次に，支援協議会手続の問題点として費用負担の問題を挙げることができる。いうまでもなく債務者企業の事業再生にかかる費用は，受益者負担の観点から債務者企業が負担するのが原則である。民事再生，会社更生等の法的整理手続についてはもちろんのこと，他の倒産ADRでも受益者負担が原則である。そのため，事業再生ADRでは，極めて高額な手続費用がその利用を妨げていることは，前述のとおりである。ところが，支援協議会による再生支援に要する費用は，基本的に国の委託事業費から支出されており，利用者たる中小企業には費用負担が発生しないことになっている[*25]。しかし，こ

[*23] この点につき，中島ほか・前掲*2〈シンポジウム〉105頁〔加藤報告〕参照。
[*24] 中島弘雅「近時の行政型倒産ADRに潜む危険な兆候について」金判1499号（2016年）1頁。
[*25] このことにつき，伊藤久人＝河本茂行＝佐藤昌巳＝多比羅誠「民事再生手続が利用されない理由—私的整理が選ばれる理由」事業再生と債権管理152号（2016年）40頁参照。

れでは，本来，経営不振に陥った企業が，相応の手続費用のかかる民事再生等の法的整理手続を避けて，支援協議会手続に流れ込んでくるのは，当然の理である。しかし，支援協議会手続だけ，何故，手続費用を，受益者たる当該企業ではなく，国が負担するのかは疑問であり，およそ納得のいく説明はできないように思われる。

4　司法型倒産 ADR
(1)　特定調停をめぐる新たな動き

　特定調停法は，民事調停法下で，事実上，個人債務者について倒産手続として機能してきた「債務弁済協定調停」の機能を充実・強化する目的で2000年に議員立法で成立した法律である。そのため特定調停の当初の活用の舞台は，多重債務者の債務整理事案が中心であり，一般的な事業再生案件ではあまり利用されなかった。その理由としては，2001年に，私的整理ガイドラインが公表され，特定調停の出る幕がなかったためと考えられる。

　しかし，その後，事業再生 ADR で全員同意が困難な場合に，特定調停に私的整理を成立させる補完的機能が期待されるに至り，特定調停に注目が集まることになった。すなわち，私的整理で金融債権者の一部が事業再生計画への同意に難色を示している場合に，協議の場を特定調停手続に移し，そこで協議を進めて，それでもなお協議が調わないときに，調停に代わる決定（17条決定）（民調17条，特調22条）を用いて，裁判所の判断に対してまでは殊更に反対はしないという意向の金融債権者との関係で，特定調停を成立させるという使い方がそれである（産競法52条参照）。そして，東京地裁や大阪地裁では，実際にも，私的整理ガイドライン又はこれに準ずる私的整理手続から移行した特定調停事件において，裁判官の単独調停とした上で，倒産事件に通暁した弁護士に調査嘱託（民調規14条）を行い，事業再生計画案の合理性について第三者的立場からセカンドオピニオンを得た上で，調停委員会の提案する調停案に対する債権者の諾否を聴き，合意の成立を目指し，仮に調停不成立の場合にも，調停に代わる決定を得て，調停成立を図るという実務運用が行われてきたことが報告されている[*26]。

　しかし，これとは別に，近時，事業再生スキームとしての特定調停に注目

する新たな動きがある。それは，2013年3月末に時限立法であった金融円滑化法が期限を迎えるにもかかわらず，事業再生するのか，事業転換するのか，あるい事業から撤退するのかを決めかねている中小企業者がなお数多く存在していることを踏まえ，中小企業者に，関係者との協議を通じて事態の打開を促すきっかけを与えるため，日弁連が2013年に公表した『金融円滑化法終了への対応策としての特定調停スキーム利用の手引き』（以下，「利用の手引き」として引用する）の中で，特定調停に事業再生スキームとしての役割が期待されたことによる。この事業再生特定調停スキームは，比較的小規模の中小企業者を念頭に，予め特定債務者が所定の財務・事業DDを実施し，メインバンクその他の金融債権者との事前調整も経た上で（調停成立の見込みを受けて），特定調停の申立てを行い，専門性のある調停委員を選任しつつ，数回の期日でもって調停成立に至ろうというものである[*27]。

(2) **事業再生特定調停スキームの特徴**
(a) 利用対象者　　事業再生特定調停スキームの目的が，「経営困難な状況に陥り，本格的な再生処理が必要となる中小企業のうち，比較的小規模な企業の再生を支援すること」（利用の手引き1項）とされていることから，「中小企業のうち，比較的小規模な企業」がこのスキームの主たる利用対象者として予定されている。具体的には事業規模として概ね年商20億円以下，負債総額10億円以下の中小企業が念頭に置かれているようである（利用の手引き4項(1)）[*28]。
(b) 事前調整手続　　事業再生特定調停スキームでは，特定調停申立前

[*26]　鹿子木康「東京地裁民事第8部における特定調停の運用状況」事業再生と債権管理119号（2008年）65頁，本多俊雄「大阪地裁における倒産事件の動向と運用状況」商事法務2018号（2013年）29頁など。なお，中島・前掲＊1・603頁では，「先行する事業再生ADRが挫折した後に特定調停手続が使われたという例は聞かない。」と述べたが，本多・同29頁に，かかる事例が存在することが紹介されている。自らの不明をお詫びしたい。
[*27]　以上につき，中島ほか・前掲＊2〈シンポジウム〉108頁〔濱田芳貴報告〕参照。事業再生スキームとしての特定調停の有用性につき，事業再編実務研究会編・前掲＊4・366頁以下〔中井康之＝山本淳〕参照。
[*28]　日本弁護士連合会＝弁連中小企業法律支援センター編『中小企業再生のための特定調停手続の新運用の実務』（商事法務，2015年）10頁〔髙井章光〕，事業再編実務研究会編・前掲＊4・376頁〔中井康之＝山本淳〕参照。

に，申立代理人弁護士や補助者（公認会計士，税理士等）によって，財務・事業DDが実施されることが前提とされており，DDの結果を踏まえて経営改善計画案を予め策定してくることが求められている（利用の手引き5項(1)）[*29]。

(c) 申立て　申立てに際しては，当事者・法定代理人，申立ての趣旨及び紛争の要点等のほか（民調4条の2，民調規3条，非訟規1条），財産状況を示す明細書その他特定債務者であることを明らかにする資料（①資産，負債その他の財産状況，②事業内容及び損益その他の状況），関係権利者の一覧表，関係権利者との交渉経過及び申立人の希望する調停条項の概要，労働組合の名称等も明らかにすべきものとされている（特調3条3項，特調規1条・2条）。

ここにいう「申立人の希望する調停条項の概要」では，事前調整手続におけるDDの結果を踏まえ，事業再生の可能性，同意の見込み，経営者責任（私財提供，退任その他），株主責任（減増資，持分希釈化その他）といった事項を明らかにしておく必要がある[*30]。

(d) 手続機関　民事調停事件の管轄裁判所は，簡裁であるが，裁判官（調停主任）や民事調停委員が企業倒産や事業再生に必ずしも通暁しているとは限らない。そこで，事業再生特定調停スキームでは，地裁本庁に併設された簡裁に申し立てるのが適切であるとしている（利用の手引き5項(2)イ）。また，中規模を超える事案で特定調停を利用しようとする場合には，予めメイン行等との間で（倒産専門部のある）地裁に管轄合意をしておくことが望ましいとしている（利用の手引き5項(2)イ）。さらに，特定調停では，管轄違いの申立てであっても，広く自庁処理及び移送が認められている（特調4条ほか）。

民事調停では，調停主任1名と民事調停委員2名以上から構成される調停委員会で調停を行うのが原則である（民調5条1項・6条）。しかし，特定調停では，事案の性質に応じて必要な法律，税務，金融，企業の財務，資産の評価等に関する専門的な知識経験を有する者を民事調停委員に指定するものとされており（特調8条），また，必要に応じ裁判官単独で調停を行うことも可能である（民調5条1項ただし書・15条，特調19条，産競法52条）。

[*29] 日本弁護士連合会＝日弁連中小企業法律支援センター編・前掲*28・13頁〔髙井章光〕。
[*30] 以上につき，中島ほか・前掲*2〈シンポジウム〉112頁〔濱田芳貴報告〕参照。

その意味で，事業再生を目的とした特定調停では，民事調停委員や裁判官に，調査や和解の仲介などについて，他の倒産ADRにおける中立的第三者（事業再生ADRにおける手続実施者，支援協議会手続における個別支援チーム等）に相当する役割が期待されているのである[*31]。

(e) **調停期日**　調停期日は2回程度で終結することが想定されている。調停期日では，事前調整手続を経ていることを前提に，最終的な調整作業のみを行うことを予定しているが，調停期日間に，申立代理人が，適宜，各金融機関と協議をもち，調整を行うこともあり得よう（利用の手引き5項(3)参照）[*32]。

(f) **調停成立に資する制度**　私的整理の限界として，大多数の債権者が債務者提案に理解を示しているにもかかわらず，一部の債権者が異論を唱えている場合に，計画内容や協議過程がいかに適正であっても，調停が成立に至らないという難点が指摘されてきた。この点，特定調停では，いわゆる17条決定（調停に代わる決定）（民調17条，特調22条）が使えることから，裁判所の判断に対してまでは殊更に反対はしないという意向の金融債権者との間で，特定調停を成立させるという使い方も可能である[*33]。

(3) 事業再生スキームとしての特定調停の課題

前述のように，日弁連の事業再生特定調停スキームが公表される以前から，東京地裁や大阪地裁では，事業再生を目的とする特定調停が行われてきたが，全体的にその件数は必ずしも多くない。その最大の理由は，倒産事件に通暁した弁護士に支払う調査嘱託費用額（1000万円以上ともいわれる）にある。他方，日弁連の事業再生特定調停スキームも残念ながらほとんど使われていない。その原因は，特定調停申立前に，予め申立人のほうでDDを済ませ，それを踏まえた経営改善計画案まで準備してから申立てをしてくることを求めている，その仕組み自体にあると考えられる。したがって，特定調停がわが国で事業再生スキームとして定着していくためには，何よりもそうした課

[*31] 以上につき，中島ほか・前掲*2〈シンポジウム〉112～113頁〔濱田芳貴報告〕参照。
[*32] 日本弁護士連合会＝日弁連中小企業法律支援センター編・前掲*28・15頁〔髙井章光〕参照。
[*33] 以上につき，中島ほか・前掲*2〈シンポジウム〉113頁〔濱田芳貴報告〕参照。

題の解決が必要であるように思われる[*34]。

□■

[*34] 以上について詳しくは，中島弘雅「事業再生手法としての特定調停について―司法型倒産ADRの現状と展望―」高橋宏志先生古稀祝賀論文集『民事訴訟法の理論』（有斐閣，2018年）1255頁以下参照。

■論文 2

事業再生ADRの意義と問題点

弁護士　中井　康之

1　事業再生ADRの意義と実績

　民間型倒産ADRとして制度化されているものとしては，平成13年に公表された「私的整理に関するガイドライン」と平成20年11月から開始された事業再生実務家協会（以下，「JATP」という）が行う「事業再生ADR」の2つがある。行政型ADRとしては，中小企業再生支援協議会，地域経済活性化支援機構（REVIC）やその前身の企業再生支援機構（ETIC）などによる手続があり，司法型ADRとしては特定調停がある。

　経済活動である以上，成功と失敗があり，成長見込みのない企業が廃業し当該事業から撤退することは，資本の効率的な循環を促し経済を活性化するためにも必要である。他方，窮境原因を取り除くことによって，事業の再生を果たすことができる場合には，市場から撤退させるのではなく，再投資による成長を促進するために，早期かつ迅速に窮境原因を取り除く手続を実行することが好ましい。その受け皿として私的整理が存在し，制度化された私的整理手続は，法的倒産手続と並ぶ事業再生手法として意義がある。

　事業再生ADRの申請件数と成立件数を年度別に整理すると，【図表1】のとおりである。申請件数は，平成20年11月から平成30年7月3日までで66グループ221社，全員同意により事業再生計画が成立したのは45グループ188社，不成立（取下げ）は19グループ29社，進行中が2グループ4社である。事業再生計画が成立した45グループについて，申請から計画の成立（決議の成立）までの平均所要期間は，5ヵ月と21日である。

【図表１】

申請年度	申請件数	申請社数	成立件数	成立社数	取下件数	取下社数	継続中件数	継続中社数
平成20年度	4件	7社	0件	0社	0件	0社		
平成21年度	17件	108社	12件	103社	6件	8社		
平成22年度	6件	11社	6件	9社	2件	6社		
平成23年度	7件	7社	3件	3社	1件	1社		
平成24年度	12件	28社	3件	10社	3件	3社		
平成25年度	4件	24社	6件	12社	5件	9社		
平成26年度	4件	4社	5件	24社	0件	0社		
平成27年度	3件	8社	1件	1社	0件	0社		
平成28年度	2件	6社	3件	8社	1件	1社		
平成29年度	5件	14社	6件	18社	1件	1社		
平成30年度	2件	4社	0件	0社	0件	0社	2件	4社
合計	66件	221社	45件	188社	19件	29社	2件	4社

　この数字をどのように評価するかであるが、平成20年度から平成29年度までの申請件数が1年間に平均6.4グループ21.7社で、平成25年度から平成29年度までは、各年度順に、4グループ24社、4グループ4社、3グループ8社、2グループ6社、5グループ14社であり、それほど活発に利用されているとはいい難い。他方、申請から成立までに要した期間は6ヵ月以内で、迅速な手続進行であることがわかる。中小企業再生支援協議会手続と比べて、利用件数については、支援協がリスケ型中心であるとはいえ格段に少ないが、事業再生 ADR は事前に相当の準備が進められていることもあり、手続期間は相当に短い。

　事業再生 ADR は、中島弘雅論文（本章第2①論文1）も指摘するように、法務省の所管する「裁判外紛争解決手続の利用の促進に関する法律」と経済産業省の所管する「産業競争力強化法」以下の法令に根拠を置き、詳細な手続準則が定められ、手続の透明性が高く、公正・衡平な権利調整を可能とする制度として高く評価されている。

それにもかかわらず事件数が少ない。その原因を探求し，解決の方向性を明らかにすることが，事業再生 ADR そのものの再生と活性化のための喫緊の課題であろう。

2 事業再生 ADR の課題と対策
(1) 事業再生 ADR の利用が増えない理由

事業再生 ADR の件数が少なく，それが増えない理由として主に指摘されている点は，以下のとおりである。

(a) 制度自体が知られていないし，なじみが薄いこと　　窮境にある債務者企業はもとより，取引金融機関も事業再生 ADR の存在を知らず，存在を知っているとしても手続の流れを知らない。そのために，債務者企業が自ら積極的に事業再生 ADR 手続を利用しようとしないし，取引金融機関が債務者企業に対して事業再生 ADR を利用することを推奨又は紹介することもできない。

また，事業再生 ADR は，実際には，予測可能性の高い手続であるにもかかわらず，債務者企業も取引金融機関も，手続の流れを十分に理解していないために，手続の帰趨や事業再生計画の成立可能性について，的確な将来予測ができず，手続利用を躊躇する原因になっているように思われる。

(b) 手続費用が高いこと　　公表されている手続費用は，【図表2】のとおりで，相当に高い。企業規模や借入れの状況，具体的には，金融債権者の数と金融債務の総額によって段階を設けているものの，例えば，借入債務が30億円程度の中小企業であっても，事業再生計画が成立した場合は，JATP に対して，業務委託金・業務委託中間金と報酬金で総額2000万円程度の支払が必要である。さらに，手続を円滑に進めるためには，債務者企業が自ら選任する代理人弁護士や公認会計士の費用も負担する必要があるから，相応の資金負担能力のある企業でないと利用することが困難である。

(c) 申請前に事業再生計画案が作成されていること　　事業再生 ADR を申請するときは，債務者企業において，正式申込み前に，経営状況や財務内容の分析を行い，事業再生に必要な具体的施策を検討したうえ，将来の事業計画と収益計画を立案し，それを実行するために必要で合理的な範囲の金融

【図表2】

対象債権者の数	対象債権者に対する債務額	業務委託金	業務委託中間金	報酬金	合計
20社以上	100億円以上	1000万円	1000万円	2000万円	4000万円
10社以上20社未満	20億円以上100億円未満	500万円	500万円	1000万円	2000万円
6社以上10社未満	10億円以上20億円未満	300万円	300万円	600万円	1200万円
6社未満	10億円未満	200万円	200万円	400万円	800万円

支援（リスケ又は債権放棄）と，それを踏まえた弁済計画を内容とする事業再生計画案を策定しておく必要がある。しかし，債務者が中小企業であるとき，正式申込みより前に，事業再生 ADR 手続が求める事業再生計画を立案できる場合はそれほど多くはない。そのことが，利用を躊躇させている。

　(d)　法的倒産手続への移行が義務付けられていること　金融機関に債権放棄を含む金融支援を求める場合は，債務者が事業再生 ADR を申請するときに，将来，計画が不成立になった場合は，法的倒産手続に移行することを約束させて，これを手続実施者が確認するものとされている（平成26年1月17日経済産業省令1号「経済産業省関係産業競争力強化法施行規則」（以下，「施行規則」という）29条2項及び平成26年1月17日経済産業省告示8号「手続実施者に確認を求める事項」（以下，「確認事項」という）ニ(4)）。事業再生 ADR を利用した場合に，私的整理が成立する可能性について必ずしも的確に予測できない状況のもとで，法的手続への移行を約束させられることが，利用を躊躇させている。

　また，そのことが，事業再生 ADR も倒産手続と連動した手続であるとして，ADR 手続が開始したことが開示されると一定の信用不安が生じることが避けられず，そのことが事業再生 ADR の申請を躊躇させている側面もある。

(2)　**事業再生 ADR の改善策**

　そこで，JATP において，事業再生 ADR をより多くの債務者企業に利用してもらうようにするために，改革プロジェクトの立案と実行を進めている。

(a) 事業再生 ADR 手続の周知を図る　大切なことは，債務者企業や取引金融機関に事業再生 ADR という制度自体をよく知ってもらうことである。そのために，銀行協会，地銀協や中小企業団体である商工会議所などに制度の説明広報を行うことが重要である。JATP が自らこれら広報を行うだけでなく，事業再生を担当する経済産業省や対象金融機関を監督する金融庁等の関係機関の協力を得る必要がある。

また，事業再生に関する専門家集団である，監査法人，公認会計士や税理士，事業再生系のコンサル，再生ファンド，M＆Aの仲介専門会社などにも広報するとともに，これら専門家集団とともに，債務者企業に対して事業再生 ADR の利用促進を呼びかけることなども考えられる。

JATP としても，事業再生 ADR の利用状況の実際，成立件数の割合，一般的なスケジュール，申請から計画成立までに要する期間，債権者会議の回数とそこで決議される議案の内容，DIP ファイナンスや商取引債権の取扱い，税務上のメリットなどについて，金融機関等に対して，積極的に情報提供をすることが望まれる。

(b) 手続費用の見直し　現在の手続費用は，事業再生 ADR の手続の質を考えると決して高いものではない。しかし，行政型 ADR が行政からの資金支援を受けて低廉な費用で私的整理を請け負っている事実を前にすれば，質が高いからその負担は当然である，と考えていたのでは，利用件数は増えない。

現在の事業再生 ADR 手続の質を維持しながら，費用の低廉化を図る必要がある。具体的には，中小企業の事業規模と債務の状況に合わせた簡素化した手続を用意することである。現在，債権放棄を伴う場合には，手続実施者は３名以上を選任する必要があり，有利子負債が10億円未満の場合でも２名以上の選任が必要で，しかも，監督委員又は管財人の経験者と公認会計士がそれぞれ１名以上含まれる必要がある（施行規則22条3項）。リスク案件の場合や10億円を超える有利子負債があった場合でも，事業規模や内容に応じて，手続実施者の数を減らすことが考えられるし，それ以前に，手続実施者の資格要件（施行規則17条）を見直すことも検討に値する。また，事業性評価や資産評定の簡素化，手続実施者による調査報告書の簡易化なども含めた検討が

必要であろう。手続実施者の資格要件の緩和や関与する手続実施者の数を減員するには施行規則の改正が必要となる。

　ただし，事業再生 ADR によって成立した事業再生計画に基づく債権放棄については，債権者及び債務者の税務処理について法的手続の場合とほぼ同様のメリットが認められているが，手続の簡素化が，かかる税務上の取扱いに与える影響について十分に気を付ける必要がある。手続の簡素化が，質の低下を招くことのないように留意しなければならないことは当然である。

　(c) 正式申込時に作成しておくべき事業再生計画案　予期せぬ資金不足のために急ぎ私的整理を申し立て，金融債務について一時停止を得て資金繰りを確保する必要性のある事案や，事前に弁護士や公認会計士の協力を受けて事業再生計画を立案することができない事案も存在する。また，手続の透明性を図るために，事業再生 ADR が開始した後に，手続実施者の監督のもとで，事業譲渡又は会社分割を前提としたスポンサーの募集選定を行い，その結果に基づき再生計画を立案する場合もある。このような事案において，正式申込時に，完成した事業再生計画案の提出を義務付けるのは適切ではない。

　JATP の定める「特定認証 ADR 手続に基づく事業再生手続規則」（以下，「手続規則」という）21条では，正式申込前に事業再生計画案の概要の策定されていることが予定されているが，その概要の内容や程度については，事案の内容，手続進捗の程度，事案の規模や事業再生の方針に応じた柔軟な工夫が求められよう。

　もとより，事業再生 ADR の利用による一時停止の食い逃げを目的とした濫用的な申請と認められるような場合は，その利用を拒否すべきであるが，誠実な債務者が真摯に事業再生に取り組んでいる場合には，前向きな対応が望まれる。

　(d) 法的倒産手続への移行義務　債権放棄を含む金融支援を内容とする事業再生計画案を前提に事業再生 ADR を申請する場合，計画が不成立の場合に法的倒産手続へ移行することを債務者企業に約束させていることは前述のとおりである。これは，一時停止を得ることのみを目的とした濫用的申請を防止すること，債権放棄が必要な債務者企業は，事業再生計画が成立しな

い以上，早期に法的倒産手続に移行するのが，債権者一般の利益に資すると考えられるからであろう。

しかし，前者の目的が正当であるとしても，濫用的申立てを防止する方法はほかにもあり，申請時に法的倒産手続へ移行することを約束させることは，目的と手段の間に乖離があろう。また，事業再生計画が成立しない場合に早期に法的手続へ移行させることが一般債権者の利益になるかどうかは事案によるのであって一律に移行を求めるのは行き過ぎで，この点の見直しも検討するのが相当であるように思われる。これは，確認事項二(4)の改正問題となる。

(3) 私的整理手続における商取引債権の保護

(a) 私的整理における商取引債権の取扱い　私的整理は，対象債権をもっぱら金融債権に絞り，商取引債権は対象とはせず，通常どおりの支払を継続している。また，私的整理手続を行っていることは通常非公開としているから，対外的な信用毀損は生じず，事業価値の毀損も回避できる。このことが法的整理と比べた私的整理のメリットである。事業再生 ADR の場合も，手続は原則非公開である（手続規則7条1項）。ただし，事業再生計画が対象債権者全員の同意を得て成立した場合は，公表により，事業再生に著しい支障が生じるおそれがない限り，債務者より公表を行うことを予定している（確認事項二(3)）。

私的整理手続で，対象債権者全員の同意が得られないために私的整理が成立せず，法的倒産手続へ移行した場合，倒産処理法の原則に従い，商取引債権者の有する債権も，一般債権者として倒産債権として処遇されることとなる。このことは，事業再生 ADR において事業再生計画が成立しない場合も異ならない。

しかし，事業再生 ADR において，手続実施者が事業再生計画案の内容を調査し，その内容は法令に適合し，公正妥当で経済合理性が認められると評価し，その旨の報告書を提出し，それを受けて，対象債権者の大多数が同意しているにもかかわらず，一部の債権者が，合理的でない理由で再生計画に同意しない場合もないではない。そのような場合に，同意しない債権者を対象債権者から除外したうえ，同意した対象債権者のみで事業再生計画を成立

させる方法や，同意しない対象債権者のみを対象として特定調停を申し立てて同意を調達する方法も残されている。しかし，そのような方法も奏功せずに，一部の債権者による不合理な反対で再生計画が成立せず，法的倒産手続に移行し，そのために商取引債権者も巻き込んで事業価値が毀損し，結果として対象債権者の利益が害されることになるとすれば，それは不幸な事態というほかなく，これを回避する方策を検討するのが相当であろう（「事業再生に関する紛争解決手続の更なる円滑化に関する検討会報告書」（公益社団法人商事法務研究会，2015年3月）参照。以下，「検討会報告書」という）。

(b)　不合理な反対がある場合の改善策　　かかる事態を回避する方法としては，事業再生ADRによる事業再生計画の成立要件を対象債権者の全員同意とするのではなく，多数決によって成立を認める考え方があり得る。しかし，事業再生ADRも一つの私的整理手続であるにもかかわらず，計画に同意しない債権者に，計画に基づく権利の変更を強制させることができる法律的根拠は容易には見出し難い。また，社債の場合は，債権者集会における可決と裁判所の認可によって，社債権に対する権利の変更が可能であるとする見解もあり，法務省法制審議会会社法制（企業統治等関係）部会において平成31年1月16日に決定された「会社法制（企業統治等関係）の見直しに関する要綱案」では，社債権者集会の多数決による決議と裁判所の認可により社債権の減免ができることを明示する改正提案がなされているところである。かかる考え方をさらに発展させて，事業再生ADRにおいて対象となる金融債権についても，債権者会議による多数決の決議と裁判所の認可によって権利の変更，つまり，金融支援を内容とする再生計画の成立を認める方法を創設することも考えられる。しかし，権利の内容が均一で，利害が共通する社債権の場合とは異なり，個別に債務者に与信を与え，その与信の時期も条件も異なる金融債権を，抽象的に利害が共通するからといって，一体とみて多数決決議でその減免を強制することは，憲法で保障された財産権との関係でなお意見の一致をみない。

そこで，事業再生ADRが不合理な反対で成立しない場合に，その後に行われる法的倒産手続において，事業再生ADRで策定され同意の対象となった事業再生計画案をそのまま流用して，早期に決議を得て再生計画を成立さ

せる方法として，民事再生法に定められた簡易再生の活用なども提案されている（検討会報告書第２章第３参照）。

　このように，合理的理由のない不同意により事業再生ADRが成立しない場合の手当てについては，引き続き検討を要する。事業再生ADRは，私的整理手続の中でも法律に根拠をもち，手続準則も最も詳細かつ精緻に定められていることから，上記の検討の各論点については，まず事業再生ADR手続から検討すべきであるが，将来的には，他の準則型私的整理手続にも拡張していくことが想定されよう。

　(c)　産業競争力強化法の平成30年改正　　合理的理由のない不同意に対して改善策を講じるほかに，そのために法的倒産手続への移行を余儀なくされた場合に，法的倒産手続においても，商取引債権者の保護を図ることができれば，手続開始による事業価値の毀損を防ぐことが可能となる。さらに，事業再生ADRから法的倒産手続へ移行しても商取引債権が保護される蓋然性の高いことが明らかとなれば，事業再生ADRが開始したこと自体による取引債権者の信用不安を解消でき，それによる資金繰りの悪化や事業価値の毀損なども防止できる。

　そこで，平成30年５月に成立し同年７月９日に施行した改正産業競争力強化法では，事業再生ADRから民事再生法や会社更生法に基づく法的倒産手続へ移行した場合に，一定の要件の下で，商取引債権を保護することを可能とする仕組みが新たに設けられた。

　具体的には，事業再生ADRにおいて，対象債務者はJATP（具体的には，当該事案を担当する手続実施者）に対して，①対象となる商取引債権が少額であること，②当該債権を早期に弁済しなければ当該事業者の事業の継続に著しい支障を来すことの確認を求めることができ，手続実施者が，対象債権についてこれら要件を充足することを確認すれば，その後に，民事再生手続に移行した場合，裁判所は，民事再生法30条１項に基づく保全処分の対象債権の範囲，同法85条５項に基づく少額債権の弁済許可の範囲，さらに同法155条１項ただし書の「差を設けても衡平を害しない」ことの該当性について，手続実施者が上記①，②の確認をしたことを考慮して判断するものとする旨が定められた（改正産業競争力強化法59条以下。会社更生法の場合も同様）。

もとより，最終的には，法的倒産手続を担う裁判所が，許可等の判断をする際に，手続実施者が確認していることを考慮して判断することになるが，産業競争力強化法が改正された経緯に照らせば，法的倒産手続においても，事業価値を毀損しないように，手続実施者の判断を尊重して，確認を得た対象債権については早期に弁済することが期待されよう。

　かかる確認制度が創設されたことにより，事業再生 ADR の対象債権者にとっては，合理的理由のない反対をして，法的倒産手続に移行しても，手続実施者が確認した商取引債権については早期に弁済される蓋然性が高く，しかも，事業再生 ADR で提示された事業再生計画案が，そのまま法的倒産手続でも決議の対象となる可能性が高くなったといえる。本改正により，法的倒産手続へ移行した場合でも，商取引債権を早期に弁済して事業価値の毀損を防ぐことができるようになるとともに，それ以前の問題として，合理的理由がないのに計画に反対しても結果は同じになることが十分に予想し得ることから，合理的理由のない反対を抑制する機能が働き，事業再生 ADR における事業再生計画案の成立可能性の高まることが期待できる。

(4) **将来の課題**

　行政型 ADR は，一定の経済政策のもとで発展してきたものであり，それは一時的な政策目標を達成するための手続であり，これまで一定の役割を果たしてきたものと評価できる。しかし，過剰債務の整理は極めて私的経済活動に関する権利関係の調整であるから，近い将来には，行政型 ADR の役割は後退し，民間型 ADR や司法型 ADR が手続の中核となる時代が到来することとなろう（なお，行政型 ADR の一つである REVIC については，2018年3月末に再生支援・出資決定期限が到来する予定であったが，同年5月の地域経済活性化機構法の改正により，再生支援・出資決定期限が2021年3月末，機構の業務完了期限が2026年3月末までそれぞれ3年間延長されることとなった）。

　事業再生 ADR は，準則型私的整理手続の中でも，法令上の根拠があり，手続準則も最も詳細に整備されており，手続実施者の専門性も極めて高く，手続に対する信頼性も，結果に対する予測可能性も高いから，事業再生のための私的整理手続として，今以上に積極的に活用されることが，日本経済の活性化のためにも必要であり，期待される。そのためには，事業再生 ADR

を，中堅以上の企業にとどまらず，中小企業にとっても使いやすい制度に改善していくことが極めて重要である。JATPに対する期待は大きい。

■論文 3

行政型ＡＤＲ手続（再生支援協議会手続）についての意義と課題

弁護士　山形　康郎

1　本稿の目的

「倒産ADRの現状と課題」（中島弘雅教授論文。本章第2①論文1）（以下，「中島論文」という）において，中小企業再生支援協議会手続（以下，「支援協手続」という）に関して，評価と問題点が述べられている（中島論文3(2)(e)）が，これに関して，当職が実務で同手続に関与している経験を踏まえた観点から留意すべき点についてコメントを述べることを本稿の目的とする。

2　リスケジュールの多さに対する批判について

(1)　暫定リスケに関する意義と問題点

(a)　中島論文の指摘に対する留意点　中島論文では，支援協手続における成立案件のうち債権放棄を含む計画が1割を下回ることを前提にした批判がなされている。債権放棄を含む計画の成立が少なく，先送りされているものが含まれているのではないかという問題意識自体は，筆者も同意見である。しかし，批判の前提として述べられている成立案件数の中には，概ね50％前後の件数の暫定リスケ件数が含まれている。筆者としては，暫定リスケ数が多いことのみをもって批判するのは相当でないと考えている。

(b)　暫定リスケの意義　暫定リスケについては，そのネーミングのもつ印象に起因するのか，何ら手を施さず金融機関への返済を漫然とストップし，対策を講じることなく，時間だけが経過するもの，という誤解が支援協手続に関与することの少ない専門家間に存在するように思われる。

しかし，支援協手続が目指す暫定リスケの目的としては，窮境に陥った企業に対して，支援協の実施基本要領に定める数値基準を満たす再生計画では

ないものの，第三者専門家による財務・事業DD（デュー・デリジェンス）を実施し，現状を把握し，事業計画の実現性を高めるために立案したアクションプランの実効性を確認・検証する期間として，若しくは，滞納公租公課の解消のための期間として，3事業年度（再生計画成立年度を含まない）を限度としたリスケジュール計画を定め，次のステップ（債権カット，リスケジュール，事業の転換・廃業）の準備を進める点にある（実施基本要領Q＆A「Q32」参照）。

すなわち，窮境に陥った企業において，金融債務の元金弁済をストップしたり，大幅に減額したりするものの，商事債権の弁済を継続し，事業価値の維持は図りつつ，本来の収益性，過大債務のボリュームなどを確認し，再生の可否に関する見極めを経営者においても，金融機関においても自覚・準備をする点が，暫定リスケの目的である。

したがって，暫定リスケの成立件数が多いこと自体は，窮境企業が再生に向けての活動を第三者監視のもとでスタートさせたことを意味するのであって，批判の対象とすることは適切ではない。

（c）暫定リスケの問題点　暫定リスケの問題点としては，入口の問題点と出口の問題点が存在する。

　（イ）入口の問題点　入口の問題点としては，財務・事業DDや経営改善計画といっても，第三者である外部専門家が関与することなく，立案されたものであれば，財務状況や収益性に関する評価についての客観性や立案された計画の実行可能性にも疑問が生じるし，実行できなかった場合に，経営者・金融機関が次のステップに進むための納得感という面で機能しない可能性も高くなる。

こうした簡易な形でスタートする暫定リスケの数が多数に上るようであれば，中島論文の批判は相当程度的を射た批判であるといわざるを得ない。

この点，支援協手続の準則となる「中小企業再生支援協議会事業実施基本要領」においては，6(3)①「個別支援チームの編成」において，「個別支援チームには，必要に応じて，弁護士，公認会計士又は税理士等の外部専門家を含めることができる」とされ，(4)①「再生計画案の作成」においても「公認会計士又は税理士による財務面（資産負債及び損益の状況）の調査分析及び中小企業診断士等による事業面の調査分析については，必要不可欠な場合に限り

実施するものとする」とされていた。

　これは，平成24年4月20日に策定・公表された「中小企業金融円滑化法の最終延長を踏まえた中小企業の経営支援のための政策パッケージ」を受けて，同年5月21日に定められたものであり，外部専門家の関与した財務・事業DDなく，手続が進行することを容認する内容となっており，円滑化法終了後の直後のための対応としてはともかく，この運用を長期化させることは，入口での問題点を拡大させるものとも考えられる。

　そこで，平成30年7月13日付の改訂において，6(3)①では，「原則として外部専門家から構成される個別支援チームを編成し，再生計画の策定の支援を行う。ただし，迅速かつ簡易な再生計画の策定支援を実施する場合など統括責任者が個別支援チームに外部専門家を含めないと判断する場合はこの限りでない。」，(4)①においても，「原則として，個別支援チームに参画する公認会計士又は税理士による財務面（資産負債及び損益の状況）の調査分析及び個別支援チームに参画する中小企業診断士等による事業面の調査分析を通じ」と原則的に，個別支援チームに第三者である外部専門家が関与する形態とすることとされ，安易な暫定リスケを成立させることへの対策が講じられている。

　　㈻　出口の問題点　　次に出口の問題点としては，暫定リスケスタート後，一定の営業利益を上げることが明らかとなったものの，それに見合う債権カットに全行が応じる見込みが未だ明らかでないケースや，結果として，目指すべき経営改善が進まず，十分な収益を上げることができないことが明らかとなったケースなどについて，次のステップ（債権カットを伴う私的整理手続又は法的手続）に進むことなく，リスケ期間の満了を迎え，支援協から手離れしてしまう件数が多いのではないか，という点にある。

　本来，収益性のある企業であれば，その収益に見合った債権カットを伴う抜本的な計画（私的整理での経済合理性が確保できない場合には法的手続による計画）を方向づける必要があるし，逆に，収益性がないことが確定した企業であれば，一部ないし全部の事業譲渡を伴った廃業，若しくは，完全な廃業などで，これ以上の財産の流出を防止し，債権者への弁済の確保を方向づける必要がある。

　しかし，現実的には，何とかして存続を希望する債務者企業と，債権の処

理を望まない一部の金融機関の利害が非健全な形で合致し，支援協は両者の意向を汲み，現時点で具体的なアクションを起こすことはできないものの，近い将来，金融機関と債務者企業の間で抜本的な解決策がまとまる見込みがある，という理由で支援協手続を終了させているのではないかということが懸念される。

　なお，前記平成30年7月13日付「中小企業再生支援協議会事業実施基本要領」改訂において，8(1)④が，再生計画策定支援が完了した案件のフォローアップについて規定しているところ，「ただし，支援業務部門は，モニタリングの結果を踏まえ，事業の再生が極めて困難であると判断した場合にあっても，相談企業にその旨を伝え，必要に応じ，相談企業の経営者に対する『経営者保証に関するガイドライン』を活用した保証債務整理などの支援や弁護士会などを通じて弁護士を紹介する等，可能な対応を行う」という点が明記され，出口部分においても，再生が困難な企業に対しての対応を積極的にとっていくことが求められていることが規定された[*1]。

　上記懸念に対して，今後，支援協が実効的な対応をとっていくことができるか注目されるところである。

　(d)　支援協に期待される役割　　暫定リスケ自体は，企業経営者に再生のための最後のチャンスを与え，自覚を促すものとして位置づけられた猶予期間である以上，その道筋をつける責任は支援協にも期待される。

　入口の段階で第三者である外部専門家からの客観的な評価を受けた上で立案した計画に従って事業の再生を進めて行くことが，その機能を十分に発揮する前提として必要となるし，暫定リスケ期間の満了が近づいたタイミングで，当該企業に収益力が認められるのであれば，これに見合う債権カットを伴う再生計画案の立案に着手すべきである（全行同意が得られないこととなる場合でも，円滑な民事再生手続への移行により再生の可能性を探るべきである）。

＊1　なお，これと並行する形で平成30年5月18日付で，北海道，宮城県，東京都，愛知県，大阪府，広島県，香川県，福岡県の再生支援協議会において，弁護士資格を有し，中小企業再生支援の実務経験を有する者のサブマネージャーとしての募集がなされており，主な業務として，「経営者保証に関するガイドラインを活用した経営者の再チャレンジ支援に係る業務」が掲げられている。出口部分における機能を強化する施策としても注目されるところである。

一方，収益力が認められず，資産が毀損をし続ける状態となっているのであれば，弁護士を紹介するなどして事業譲渡や廃業といった方針を経営者にも，金融機関にも，自覚をさせた上で，暫定リスケ期間の満了までに活動することが期待される。

(2) リスケジュールによる再生計画の意義と問題点

　窮境企業に収益性が認められ，数値基準を満たす計画を立案することが可能である以上，あえて債権カット計画を立案するまでもなく，弁済を履行する計画を目指すことは適切であり，早期に再生計画に従った自助努力を進めることの意義は認められる。債権カットの必要のない企業も含めて債権カットを伴う再生計画件数の増加を求める批判は適切でないといえる。

　しかし，その収益力の評価について，甘い見通しを是認し，計画の実現が困難となっているにもかかわらず，当該企業に対する次のステップへの方向付けに積極的に関与できていないところにも支援協手続の問題点があると考える（リスケジュールによる再生計画の立案の際にも，前記で指摘した第三者である外部専門家が財務・事業DD及び計画立案に関与していないケースの存在が起因している部分もあると思われる）。

　実際にも，支援協手続において，合実計画や実抜計画としてリスケが成立した企業（収益性があり，完済の見込みがあると認定された企業）であるにもかかわらず，計画が達成されないまま，他のルートを介して筆者が紹介を受けるなどして，受任することとなったケースも相当数存在する。

　原因を突き詰めると，計画成立後の経済事情の急激な変化に起因することもあるが，それよりも当初の収益性の評価が明らかに甘かったり，成立後のモニタリング中に支援協として，次の方策を検討するような指導が適切になされていなかったりするものが多いように思われる。

　新規持込案件に関する成立件数のみならず，再生計画成立後の企業に対して，計画未達が続く場合の方向づけにも指導力を発揮することが期待される[2]。

3　費用負担に関する批判について

　中島論文は，支援協手続に関与する専門家の費用について，国の委託事業

費から支出され,中小企業に大きな費用負担が発生しない（軽減される）ことになる点について,受益者負担の原則からも説明がつかないと批判をしている。

債務者企業において,支援協の選任する専門家の費用について負担が軽減される点はそのとおりであるが,財務DDや事業DDを実施することに伴う専門家の費用である。これらの調査の費用は企業規模に正比例するわけではなく,中小企業規模であっても発生が見込まれるものであるし,その負担感については,数百万円であっても,小規模企業にとっては重いものとなる。

これらの企業に対して,財務の透明性を確保し,事業計画を持ちながら再建を果たすことを政策目的とした補助と考えれば,その支援自体は,ある程度許容できるのではないかと思われる。

なお,債務者がアドバイザー（代理人弁護士や公認会計士,コンサルタント）を選任して,自ら再生計画を立案し,その検証を支援協手続が行う検証型のスキームにおいては,検証を行う専門家の費用は別として,債務者アドバイザーの費用負担は債務者が全額負っている。この点は,司法型ADRである特定調停とも極端な相異がないように考えられる。

4 まとめ

バブル期後の不良債権処理のステージにおいては,過剰債務は文字どおり必要以上の債務を背負ったことに伴う過剰債務であり,本業の収益性自体は確保できている企業の場合,過剰債務を処理することが何より,企業の再生に直結していた。

＊2　なお,平成30年7月13日付でＱ＆Ａも改訂が加えられ,ここでは,数値基準を満たさない再生計画であっても,「債権放棄等を要請しない内容であって,継続して営業キャッシュフローがプラスであり,公租公課の滞納もなく,安定した事業継続が見込めると合理的に判断され,債務償還年数が相応の水準であるリスケジュール計画。（注）計画10年目における要償還債務が年間のキャッシュフローの20倍までを目安とする。」の成立も支援協として容認することが明記されている（数値基準上は,「計画終了年度（債務超過解消年度であり,通常5年目,長期のもので10年目）の要償還債務が,キャッシュフローの10倍」）。

　本来,収益を上げている企業に対して,数値基準をクリアできる程度までの債務の縮減を図り,過剰債務からの脱却を目指すべきであると考えるが,上記計画を容認することは,債務カットを行わず,超長期のリスケを容認することにもつながることになる。窮境企業の過剰債務状態からの脱却を阻害するおそれがあり懸念が残る。

しかし，現代における過剰債務は，従来の収益力があれば過剰とまではいえなかった債務も収益力の低下に伴って，過剰債務に変容したものも多い（借入時の見込みの甘さは別として）。再生を目指す上では，収益力の回復，事業の再構築に着目する必要が高く，これに焦点を当てて，一定の時間を確保した上で，再生を目指した支援協手続の意義は十分に認められる。

　なお，平成30年４月27日付で中小企業再生支援全国本部より公表された「再生支援企業の長期追跡調査結果について」では，平成15年〜23年に策定支援を完了した企業の追跡調査結果として，債権放棄等を受けた628社のうち，自力再生型が375社，スポンサー型が253社存在するところ，自力再生型においては336社（約90％），スポンサー型においては218社（86％）が事業継続をしており，民間調査機関において民事再生法適用企業の生存率が約30％と報じられていることと比較して事業継続割合が高いと報告されている。

　もちろん，前提条件が大きく異なっていると考えるので単純な制度比較を行うことは適切ではない。しかし，事業性の改善に着目した計画を立案していることとともに，商事債権を毀損させずに債権カットを伴う再建を図る私的整理の特徴がいかんなく発揮された結果とも評価できると考える。

　こうした実績を誇る以上，収益性のある暫定リスケ中の企業に対しては，支援協としても，債権カットを伴う抜本的な再生計画の立案についても躊躇せず挑戦していくことが期待される[*3]。

　一方で，現在の再生支援協議会は，多数抱えることになった窮境企業のその後の道筋をつけていく責任をどう果たしていくか，という点について，関係者間で意見の相違があったとしても，あるべき処方箋を実行していく役割も期待されている。

　これらのいったん抱えた窮境企業に対して道筋をつける，という役割が現時点では未だ十分に果たせていないことが，中島論文における「リスケジュールの多さ」という形での批判につながっているものと考えられる。

[*3] 本論の射程外ではあるが，今後の民事再生法の運用を考える上でも，事業価値の維持，事業性改善への試みといった支援協手続のポイントは，重要な示唆を含むように考えられる。

■論文 4

司法型倒産ADRとしての特定調停
――その意義と問題点

弁護士 　増市　　徹

1　はじめに

　事業再生を目的とする特定調停の利用件数は，まだ多くはないが，最近は，司法型倒産 ADR としての特定調停に期待を寄せる声を耳にするようになっている。筆者は10年以上にわたり大阪簡易裁判所の調停委員を務めてきたが，この２，３年の間に，事業者あるいはその代表者に係る特定調停を担当する機会が増加している。

　そこで，以下，今日までの事業者に係る特定調停の運用状況を簡単に振り返った後，現状の到達点と課題を概観し，あわせて将来への展望を述べてみたい。

2　特定調停の制度開始後における運用状況と問題点

　平成12年に開始された特定調停制度は，事業者・消費者双方の債務処理を念頭に置いたものであったが，開始当初から消費者に係る特定調停が圧倒的に多く，当初数年間は，消費者案件を中心に，申立件数はうなぎ登りの増加を示した[1]。これに対し，事業者を対象とする特定調停は件数的にも少なく，また，手続の長期化や合意形成の困難さが指摘されてもいた[2]。

　このような対照的な結果となったのは，消費者案件においては，従前から

---

[1]　特定調停の新受件数の推移につき，菅野雅之「倒産 ADR のあり方―特定調停手続の問題」高木新二郎＝伊藤眞編『講座　倒産の法システム第４巻』(日本評論社，2006年) 参照。平成15年まで毎年顕著な増加を続け，平成16年に減少に転じたとされる。
[2]　小林亘「東京簡易裁判所における特定調停事件の実情と課題」ジュリ1207号 (2001年) 78頁以下，吉川久雄「大阪簡易裁判所における特定調停事件の現状と課題」NBL721号 (2001年) 24頁。

の債務弁済調停事件処理の歴史があり，また，弁護士による裁判外の債務整理手法も行き渡っていて，これらにより特定調停手続の枠組みを比較的容易に形成し得たのに対し，事業者案件ではこれに類する下地が欠けていたこと，消費者案件が一般に事案としては単純で定型的処理になじみやすいのに対し，事業者案件は相対的に複雑で個別性も強く，類型化が困難であること等が原因と考えられる。そして，その根底には，特定調停制度が，民事執行手続の停止（特調7条）や文書等の提出要求（特調12条）等従来の調停にはない強制的な制度を設けたとはいえ，基本的には当事者間の合意を図る手続であって，事案に応じた柔軟な調整との観点から，債務者の資産状況の確認，負債額の確定，再建計画・弁済計画の策定等，倒産処理の骨格となる手続に関する規律を有しないという制度自体に内在する要因があると思われる。消費者案件においては，これら手続についての明文の規律がなくとも，上記事情により運用の枠組みを形成することが困難ではなかったのに対し，事業者案件では，枠組形成の手がかりがなく[*3]，特定調停が当事者及び裁判所の双方にとって処理に窮する要素の多い制度であったといえるのである。

3　運用改善の工夫・提言

かくして，制度開始後，事業者についての特定調停は，おそらくは一般に使い勝手の悪い制度とみられ，調停が成立に至るのは，私的整理に通暁した弁護士が，調停に適した事件と睨んで申し立てる場合に限られるというような状況が続いたものと思われる。その後，この状況を改善するための試みとして，次のような工夫・提言等がなされた。

(1) 東京地裁・大阪地裁による試み

東京地裁では平成13年頃以降，大阪地裁では平成19年頃以降，事業再生型

[*3] 特定調停規則1条1項は，申立人が事業者である場合には，「申立てと同時に（やむを得ない理由がある場合にあっては，申立ての後遅滞なく）関係権利者との交渉の経過及び申立人の希望する調停条項の概要を明らかにしなければならない」として，債権者等との協議・交渉を調停申立てに先行させ，調停条項（＝弁済計画）の内容についての意向をあらかじめ固めておくべき原則を明らかにしている。これは手続の基準を定めたものといえるが，規律というにはなお抽象的である。

の特定調停を地裁の倒産部裁判官が担当して迅速・適正な手続進行を確保するとともに，弁護士に調査嘱託をし，同弁護士が公認会計士を補助者として，申立人の策定した事業計画案の相当性を調査し，これを踏まえて調停手続を進行させるという運用が行われてきている[4]。調査嘱託弁護士による調査を手続進行の柱として，より強力な調整機能をもたせようとするもので，これによる調停成立例も報告されている[5]。ただ，こうした運用は今日まで広く利用されるには至っていない。これは，当該運用が一般に対し必ずしも十分に知られていないことに加え，調査嘱託弁護士への報酬等のため申立予納金が高額に設定されがちであること[6]等にも起因するものと考えられる。

(2) 特定調停の運用に関する提言

主として実務家から，事業者に係る特定調停をより活性化させるため，手続運用に関する提言がなされた。代表的なものを2つ掲げておこう。第1は，私的整理ガイドラインや事業再生ADRの手続において，一部の債権者が同意しないことにより再建計画が不成立となった場合に，17条決定を利用すべく特定調停へ移行することを提唱するものである[7]。特定調停を，私的整理ガイドラインや事業再生ADRの手続を補完するものとして利用しようという考え方といえる。第2は，特定調停の申立ての前提条件として，申立前に信頼性のある財務デュー・デリジェンスが実施されていること，計画案に多数債権者が同意していること等が必要であると説くもので[8]，これは運用に関する提言というよりも，特定調停の申立てに先立って債務者側が行っておくべき事項を挙示するものであり，そこでは，相当程度の合意形成がなされるまでに純粋な私的整理を先行させておく必要性が示唆されている。こ

---

[4] 鹿子木康「東京地裁民事第8部における特定調停の運用状況」事業再生と債権管理119号（2008年）65頁，林圭介「企業倒産における裁判所による再建型倒産手続の実務の評価と展望」ジュリ1349号（2008年）48頁。
[5] 鹿子木・前掲[4]・67頁以下，本多俊雄「大阪地裁における倒産事件の動向と運用状況」商事法務2018号29頁。
[6] 鹿子木・前掲[4]・65頁では，「概ね1200万円」とされている。
[7] 多比羅誠「特定認証ADR手続の概要と特定調停の実務」事業再生と債権管理119号（2008年）50頁。
[8] 松嶋英機「事業再生実務家協会の特定認証ADR構想と特定調停の実務上の留意点」事業再生と債権管理119号（2008年）62頁。

のように，第１，第２の提言の双方ともが，特定調停を，単独で倒産処理を完結させる手続としては捉えておらず，他の手続あるいは純粋な私的整理とセットで用いることを念頭に置くものであった。そして，この捉え方は，次の(3)で述べる日弁連スキームにおいても同様であり，特に上記第２は，日弁連スキームの原型ともいえる考え方であるといえる。

(3) 日弁連スキーム

日本弁護士連合会は，平成25年12月に「金融円滑化法終了への対応策としての特定調停スキーム利用の手引き」を，同26年12月に「経営者保証ガイドラインに基づく保証債務整理の手法としての特定調停スキーム利用の手引き」を，同29年１月に「事業者の廃業・清算を支援する手法としての特定調停スキーム利用の手引き」をそれぞれ公表した。これらスキームの詳細な説明は割愛するが[*9]，各スキームに共通する特徴は，特定調停申立てに先立って，申立人側で，自らの財産状況等につき十分な財務デュー・デリジェンス・財産調査を行い，これを踏まえた再建計画・弁済計画を立案し，債権者との間でよく協議をしておくことが求められていること，上記各作業を申立人側が行うにあたっての留意事項等が相当詳細に記載されていることである。これは，特定調停規則１条１項が定める「関係権利者との交渉」，「調停条項の概要」の内容を相当程度具体的に示すことにより，申立人の行動指針を明らかにしたものと評することができるが，「特定調停スキーム」と銘打たれてはいるものの，調停申立てに先立つ私的整理段階における債務者の活動内容が重要視されている点では，前記(2)と同様の考え方に立ち，これを敷衍したものと位置付けられよう。

4　特定調停の現状

前記日弁連スキームの公表後，特定調停事件は増加傾向にある。筆者は，大阪簡裁調停委員として，事業者若しくはその代表者の特定調停事件を平成

[*9] 各スキームの内容については，日弁連ホームページを参照されたい（https://www.nichibenren.or.jp/news/year/2017/141226.html）。スキームの解説として，中島弘雅「倒産ADRの現状と課題」銀法21・820号（2017年）31頁以下。

25年に初めて担当したが，以後今日までの担当件数は十数件にのぼる。うち約3分の2が代表者個人の調停事件，残余が法人の事件であり，調停が成立したのは，すべて代表者個人にかかる案件である（いわゆる単独型）。特に，平成29年以降は，経営者保証ガイドラインに則り，調停申立時点では債権者との間ではぼ合意に至っている案件が相次いでいる。これに対し，法人申立ての件は，数回の調停期日で合意に至るべく努めたものの調停成立に至らず，不成立・取下げのほか17条決定（決定後異議が申し立てられた）で終了している。

この私的な経験のみから全体を論じることは乱暴であるが，推察できるのは，日弁連スキームによっても，事業者たる法人にかかる特定調停を成立させるのは容易ではないということである。代表者個人については，財産調査や計画立案が相対的に単純な作業で，合意を形成しやすいのに対し，法人については，日弁連スキームの求める水準まで事前の準備を行うこと自体が容易ではないと思われるのである。

その意味で，日弁連スキームに基づく代表者の特定調停は，今後とも利用の拡大が期待されるのに対し，法人の特定調停にはなお大きな課題が残っているといえそうである。

5 事業法人の特定調停についての今後の方向性

事業法人の特定調停が抱える問題点を克服し，利用頻度を増加させる方策として，次の2つの方向性が考えられる。

第1は，日弁連スキームの要請を貫徹させる方向である。たしかに，申立人側において，財務デュー・デリジェンスとそれを踏まえた計画案の策定，債権者との交渉を事前にやりきることは容易ではない。しかし，近時は準則型私的整理の進展により，私的整理における債務者の作業指針が順次形成されつつある。これに加え今後の事例の集積により，日弁連スキームの細目についてのさらに緻密なマニュアルを作成する等して，より効果的・効率的なプラクティスを生み出していくことも期待できるのではないか。

第2は，前記東京地裁や大阪地裁の試みのように，調停の機能を拡充する方向である。日弁連スキームに従い調停が成立する場合は，調停本来の調整機能が発揮される余地は限られており，中には，即決和解における裁判所と

同様ほとんど認証機能が働くのみというケースもあり得るが、これとは逆に、調停のもつ調整機能を強化する方向である。ただし、高額な予納金の負担を余儀なくされるようなことのないよう、調査を嘱託するにしても、事案の規模等に応じ、調査を簡略化させ、その分を調停の場での協議の充実化によって補う等、運用上の工夫が種々必要である。近時、大阪地裁倒産部における事業再建型特定調停事件の取扱いに関する裁判官の論稿が公表され[10]、予納金額の目安として、特段の事情のない限り民事再生事件の申立予納金額[11]が上限となり、事案によってより低額になる旨も明らかにされている[12]が、これはこの方向の動きとして、注目したい。

---

[10] 千賀卓郎「大阪地方裁判所における事業再建型特定調停の概要」金法2087号（2018年）39頁。
[11] 大阪地裁における民事再生事件の申立予納金額は、負債総額1億円未満の場合300万円、1億円以上25億円未満の場合400万円、25億円以上50億円未満の場合500万円等となっている。
[12] 千賀・前掲[10]・43頁。

II 地域経済活性化支援機構を活用した事業再生

■論文

地域経済活性化支援機構の実務・再生事案について

弁護士 河本 茂行
地域経済活性化支援機構執行役員マネージング・ディレクター 坂田 達也
地域経済活性化支援機構マネージング・ディレクター 中島 宏記

1 はじめに

　株式会社地域経済活性化支援機構（以下，「機構」という）は，平成25年3月，それまでの株式会社企業再生支援機構を抜本的に改組し，地域経済の活性化支援策をより重点的に実施するものとされた。機構は，再生／活性化ファンド運営・金融機関への専門家派遣・保証付債権の買取りなど，新たな業務を実施しつつ，他方で，事業者に対し，ヒト・モノ・カネを総合的に投入し，私的整理による金融機関調整を実施する従来型事業再生プロセスについても，新しい取組みを積み重ねながら進化させてきた[*1]。

　本稿では，機構における実務を再生現場からの視点で紹介しつつ，機構以外では権利調整が困難と思われる，地方公共団体の権利についても変更を実施した事例や，その背景となった事案等について報告する。なお，本稿掲載事例は，個別事例であるとともに，本文中の記載はいずれも筆者らの個人的

[*1] 機構案件事例・手続に関する文献としては，河本茂行＝渡邊准＝中井一郎＝中桐悟＝田村誠一＝吉田大助「企業再生支援機構の再生事例集」事業再生と債権管理137号（2012年）90頁，羽田雅史「企業再生支援機構における病院再生の取組み―ハンズオン型病院再生」事業再生と債権管理139号（2013年）85頁，鈴木学＝竹山智穂「地域経済活性化支援機構の概要と業務」事業再生と債権管理141号（2013年）4頁などを参照いただきたい。

見解であって[*2]，機構の見解ではないことにつき，ご理解をお願いしたい。

また，本稿は，機構における2014年当時における再生支援業務等を紹介するものである。2018（平成30）年5月23日，機構の根拠法である株式会社地域活性化支援機構法（以下，「機構法」という）の改正案が国会審議を経て公布され，機構は，対象会社に対する支援決定期限を3年間延長し，2021年3月末まで（業務完了期限は2026年3月末まで）とすることとなった。なお，現在，機構は，経営者保証に関するガイドラインに沿った業務である再チャレンジ支援（特定支援手続）に注力しており，当該特定支援手続に関する詳細については，機構のホームページ（http://www.revic.co.jp/）をご覧いただきたい。

2 再生支援・投融資の実際

(1) はじめに

機構は，融資と出資の両機能を有するため，債権者や株主として，案件の再生に深くコミットしている。以下では，具体的に機構が出資を実行した案件において，どのような施策に取り組んだかについて報告する。

(2) 案件フェーズ1（案件相談〜支援決定まで）

(a) 概　要　このフェーズでは，デュー・デリジェンス（以下，「DD」という）と事業再生計画の策定を行うこととなる。事業者やメイン行とは，計画概要について協議をしながら進めることとなり，再生可能性について，迅速かつ慎重に検討することになる。

DDについては，基本的に，機構において，外部のアドバイザーに協力を依頼して実行するが，これは迅速な再生を実現する目的のほかに，結果に対して客観性を確保する目的もある。なお，費用の負担については企業規模により差があり，例えば，中小企業についてはDD総費用の10％を対象事業者に負担いただくこととしている。進め方については，対象事業者のごく限られた経営陣等を除いて，機構のDDが進行していることを認識していないこ

[*2] 本稿の「2　再生支援・投融資の実際」については，文責・坂田＝中島，「3　金融機関調整と同時に，地方公共団体の土地賃貸関係債権を変更した事例」及び「4　実質的公平性を基礎とした新メイン行積極関与型の権利調整例」については，文責・河本。

とが一般であるため，オープンに実施されるDDに比して，資料の準備や収集等に時間がかかる場合がある。時間がかかれば再生可能性に影響を与え，また，コストも増大するため，開示資料の収集について，DD開始前に十分に関係者が打ち合わせをしたり，必要に応じて関係者とのインタビュー・セッションを設定したりすることは必須である。案件の規模にもよるが，通常，機構のDDは，ビジネス・財務・法務・不動産（環境）の各分野の専門家の協力を得ることが一般的であり，それぞれの調査結果を踏まえながら，再生の方向性を検討し，事業再生計画に落とし込んでいくことになる。なお，経営上の数値に反映されるべきものは，すべて財務DDの結果に反映される必要があることなどから，アドバイザーにおいて，相互に情報共有及び連携をしながら進めることは必須であり，機構は計画策定上の統括者・アレンジャーとしての手腕を発揮することになる。

　事業再生計画において記載される重要な事項としては，金融支援（プレDIP資金の拠出等を含む）や，組織再編・雇用調整の方向性等であり，対象事業者が二次破綻に至ることのないよう，関係者の意向を汲みつつ慎重に検討される。

　(b)　財務面からの検討　　対象事業者の再生の成否は，様々な要素によって左右されることとなる。DDと計画立案のフェーズにおいては，多くの専門家が，それぞれの見地に基づいて，案件の検討を行うことになる。その中で，数値計画策定における留意事項について説明したい。機構の計画において数値計画といえば，通常いわゆる「財務3表モデル[*3]」を指すことになるが，策定における留意事項を概観いただくことにより，全体構造の把握の一助になれば幸いである。

　機構案件において，債権放棄等の金融支援を依頼する場合に，計画を元に算定される企業価値が，対象事業者にとって弁済可能な金額の最大値として

＊3　財務3表モデルとは，デュー・デリジェンスの結果を踏まえ，事業者の数値計画について，損益計算書のみならず，貸借対照表及びキャッシュフロー計算書も合わせて作成したものである。成長可能性・設備投資・コスト削減など，様々な変数を組み込み，諸数値について，実現可能性を念頭に置きつつ調整していくことなどにより，弁済可能額や，再生後の財務状況・企業規模等の把握を容易にするために作成するものである。

の意味合いをもつことになる。よって，数値計画は検証の対象となることからその合理性と蓋然性は高いものでなければならない。

以下，数値計画策定時に留意すべきポイントを列挙する。

(イ) 売上高の実現可能性　計画策定後，売上高にブレが出ると，計画自体の信頼性が揺らぎ，実行可能性に疑問符が付されることから，特に慎重な検討を行う必要がある。実現可能性を重視しつつ，企業としての改善努力が反映されているかを確認し，時には，戦略系コンサルタントと協働する場合もある。

(ロ) 売上原価構造の分析　原価構造の分析にあたっては，業種の特性を十分に考慮する必要があるが，まずは固変分析を行う必要がある。次に，それぞれの費目をどうすれば削減できるかについて，リストラプランと合わせて検討を行うこととなる。例えば，工場の運営コストを下げるのであれば，新規投資等が必要な場合等もあるが，この場合は設備費を資金支出として予定しておく必要がある。

(ハ) 販売管理費の削減　販売管理費については，過去の実績を十分に検証し，削減可能な費目がないか十分に検討する必要がある。なお，コスト削減については，各社自助努力を行っているとの説明を受ける場合が多いが，実際には更なる削減の余地がある場合も多く，意識しておく必要がある。

(ニ) 設備投資計画の検討　再生フェーズにおいては，過大となっている供給能力を削減することが重要なテーマとなることが多いが，一方で，前向きな投資をしないままでの業績回復には限界がある。そこで，事業継続のために必要な設備更新や，先に述べた設備投資費用など，重点的に取り組むべきビジネスに関しては，投資を当初より予定しておく必要がある。

(ホ) リストラ計画の検討　将来にわたって継続的に収益が出る組織に変えるために，十分なリストラ策が盛り込まれている必要がある。また，そのために必要な資金及び発生する損失は計画に盛り込んでおく必要がある。

(ヘ) タックスプラン　債務免除益が発生する金融支援を受ける場合に，放棄等を受けた同一年度から課税が発生するようなスキームをとることは，過剰支援との関連で問題がある。そこで，債務免除益が生じないよう企

業再生税制の要件を満たし，課税が生じないスキームとなるよう事前に検討しておくことが必要である。

(3) **案件フェーズ２（対象会社に対する支援決定～債権買取出資実行）**

(a) 概　　要　　このフェーズで実行することは，持込行以外の金融機関に対して，再生計画につき理解を得るべく鋭意努力することと，信用毀損を防ぎつつ，スムーズに，機構出資後の再生フェーズに移行できる準備をすることである。以下，この段階での主な活動について記載する。

(b) 持込行以外の金融機関に対する再生計画の説明　　持込行以外の金融機関に対しては，債権者集会を開催後，機構社員等が各金融機関を訪問する等して，合意を得るよう，再生計画の合理性等について説明を実施する。質問される事項は案件や金融機関によって異なるが，担保資産の評価の考え方や，金融支援の基礎となる各種数値の根拠については，丁寧な説明が求められる。

(c) 信用毀損の防止　　機構による支援決定は法的整理手続とは異なるものの，社名が公表されたり報道されたりすること等によって，風評による信用毀損が生じるリスクを想定し，支援決定当日以降の対応について十分に準備を行う必要がある（なお，現在は，支援に際して，社名を公表しないことができるようになっている）。具体的には，従業員説明会の開催，重要な取引先へのコンタクトスケジュールの立案や手交する文書の作成，各種問い合わせに対するＱ＆Ａの作成などがあるが，それに限られるものではなく，臨機応変に対応する必要がある。

(d) 円滑な組織再編手続　　第二会社方式を採用する場合の対応や人員削減の実施については，本格的なターンアラウンドが開始されるまでに目途をつけておくことが，その後の進捗を勘案しても望ましい。

人員削減については，組合や従業員との対話など，特に慎重な対応が求められるため，必要に応じて，外部に業務のサポートを依頼することもある。

(e) ターンアラウンドに向けた準備　　この段階では，事業再生計画を確実に実行するため，現場社員巻き込み型経営にシフトすべく，いわゆる「100日プラン」を実行することになる。具体的には，再生会議を設け，複数の分科会を設置する場合が多い。金融合意成立直後から，２～３ヵ月の短期間で

集中的に議論を行い，事業計画骨子のアクションプランを具体的な実行計画に落とし込む作業を行う。分科会活動を通じて，社員の巻き込み感は飛躍的に向上するとともに，優秀な社員の発掘にも大きく貢献する。

なお，分科会にて選ばれるテーマは案件によって大きく異なるが，営業戦略の見直し，コスト削減，資金ポジションの改善，管理レベルの向上，業務の効率化，新規分野への進出等が挙げられる。これまで分科会を実行したうえで得られた教訓として，第1にテーマを増やしすぎないということがある。日常業務をこなしながらの分科会参加となるため，あまり多くのテーマを設定しても，メンバーの負担が重くなりすぎて消化不良になったり，実行段階で優先度がぼやけたりする。第2に，なるべく多くのメンバーに責任が発生するような活動設計にすることが重要である。

(4) **案件フェーズ3（ターンアラウンド前期）**

(a) 概　　要　　分科会で決定した事項の推進を軸に，事業の選択と集中・採算の改善を徹底するのがこの段階である。

(b) 事業の選択と集中，アクションプランの実行　　採算の低い事業から採算の高い事業への人員シフトを行う等の改革を推進するが，部門の成り立ちや過去の業績の成功体験など，実行にあたっては心理的抵抗に会い，最悪の場合改善が頓挫することもある。そのため，再生会議を通じて，危機感の醸成と，過去に対する反省を共有すること，実行している計画の正当性・合理性について，データ等の根拠に基づき立証しておくことが，膠着しがちな状況を打開するために有効である。なお，過去の反省については，メンバーで共有することは必ずしも容易なことではなく，コンサルタント等による適切な外部視点からの指摘が有用な場合がある。

(c) 採算とリスク管理　　業績を回復させるには，売上のボリュームを追求することも必要であるが，製造業等においては，生産能力に限度があり，投資も抑制されるため，受注ごとの採算管理が大変重要な施策となる。そこで，低採算・不採算受注についてはルールを設け，一定以下の利益率における受注は原則禁止とし，一定採算以下の受注を行う場合には会議体の許可を必要としたり，受注会議を開催して，採算の考え方について徹底したりすることが，早期の業績改善に結びつきやすい。特に，技術の優位性にフォーカ

スをした運営がなされていた企業では，効果が早期に発現することが多い。

コスト削減については，大きく分けて不要なサービスを対象として，その内容を削減する場合と，提供を受けているサービスはそのままに価格の引下げを依頼する場合とがある。十分に価格引下げ努力がなされているとしても，不要不急のサービスを見直すことによってコスト削減が図られる場合は多々あり，また，成功報酬型のコスト削減アドバイザーに依頼することも効果的であった。なお，決裁権限を一時的に上部職位者にあげてしまうことも効果的である。これについて，例外的ではあるが，ある案件ではすべての支払を社長決裁としたことにより大幅な削減効果が得られたことがあった。

なお，コスト削減については，当初，機構が主導してプロジェクトを進行させる場合でも，徐々に成果が出てくることに伴い，現場が自律的に対応できるようになるケースが多い。

与信管理については，業種によって貸倒れの可能性が異なるため，案件によってどの程度力を入れるかはまちまちであるが，予期せぬ運転資金の増大は，再生プロセスに致命的な悪影響を及ぼす場合があるので，慎重に対応する必要がある。少なくとも一定以上の金額を超える受注については，すべて重要会議で決済することにすべきであろう（アジア等海外向けの債権で回収が滞っているものは，一般的に見ても，必ずしも追加的な回収は容易ではないが，粘り強く先方と再交渉し，追加で保全手続をとるなど対応したことによって，無事に回収できた例もあった）。

(d) 情報共有体制の構築　再生対象会社においては，組織間の情報共有が十分にできておらず，非効率な事業運営が放置されていることが散見される。そこで，幹部間のコミュニケーションを密にし，経営意思決定を適切に行うことができるよう会議体を設計する必要がある。また，部門間の情報共有を密にして効率を高めることも重要である。例えば，生産効率が上がらず原価が高止まりしている企業において，製造部と営業部が合同で週次の製販会議を開催し営業が現場の繁閑を把握するだけでも，製造現場の効率性が高まり，原価率は改善される。そこで，機構職員が出席して部門間のパワーバランスを調整したり，本来の会議の目的がぶれないよう指摘をしたりして，全体をコントロールしていた。

(e) コンプライアンス・リスクの管理について　対象事業者の中には，様々なコンプライアンス上の論点を抱えている事例が多い。特に，海外に進出している企業の場合，海外子会社がブラックボックスになっている可能性があるため，DDで調査をしていたとしても，支援後に多数の問題が発見されることがある（例えば，法務DDで調査の対象となるのは，通常，組織の仕組みやルールが適法かといったことであるが，コンプライアンス違反はルール等を遵守していないことから生じることが多いため，発見が困難な場合もある）。

そこで，コンプライアンスに関わる事項については，会議体や委員会を設けて情報を吸い上げ，適宜対策を打つことが重要である（現場からコンプライアンス事項や違反事例についての包括的な報告を受けるために，過去の事項について責任を問わないことを条件とすることで，円滑に情報が収集できた例があった）。

(f) **適切な原価の把握**　（特に非上場の）製造業において原価計算制度がないことが多い。原価計算が正確にできていないと，何をいくらで売れば利益が出るのか，損をするのかもわからないこととなり，再生を進めていくうえで障害となる。一方，原価計算制度を導入するには，現場での作業工数を把握し，記録し，検証することから始める必要があり，一朝一夕に対応できることではない。工程が比較的シンプルな事業であれば，単純な仮定を置いて簡便な計算を行い，徐々に精度を上げていくといった工夫が必要である。

(5) **案件フェーズ4（ターンアラウンド後期）**

(a) 概　　要　このフェーズにおいては，機構の投融資の回収（イグジット）を見据え，トップダウンないし機構関与の経営体制から，自律的な経営体制へと移行する必要がある。

(b) 安定体制への移行　徐々に機構派遣社員らが関与するトップダウンでの意思決定から，権限移譲を進め，自律的な合議体制にする必要がある。また，事業者における収益の従業員に対する分配について，ターンアラウンド前期においては，目標予算の達成に重きが置かれていることが多いため，実施することは多くないが，この段階ですでに業績が順調に回復している場合には，報酬配分の適正化の観点から，従業員に対する昇給・昇格や賞与における実績反映幅の拡大などを行うことも検討される。

(c) イグジットのプロセス　入札によってイグジットを図る場合には，

対象会社に対するDDが行われることが通常であるため，その対応に大きな工数を割く必要がある。ここで，複雑な企業体であれば，事前に売り手サイドでDDを実行したうえ，そのレポートを開示資料とすれば，DDの全体工数を減少させることができるし，未発見の指摘事項が買い手の調査で判明するリスクも下げることができる。

(6) 小　　括

事業再生に関して，企業の業種業態や置かれたステージなどによりとるべき方法は千差万別で，いわゆる必勝法のようなものは存在しない。対象事業者サイドと十分にコミュニケーションをとりながら，なすべきことを愚直に一つずつこなしていくことが必要であり，そのためには根気強く対応を進めていく必要がある。

3　金融機関調整と同時に，地方公共団体の土地賃貸関係債権を変更した事例

(1) 事業者の状況

Ｐ社は，関西以西に所在する産業機械部品の製造メーカーであり，複数の工場を所有し，部品の製造加工販売と，大企業の下請として受託生産（賃加工）を営んでいる。典型的な地方中小企業であり，従業員は60名程度，売上は10億円に満たない。

Ｐ社は，日本の重要輸出産業の特殊部品製造において，有数の能力を保有し，当該産業のサプライチェーンを支え，また，地域において他の事業者とも連携して，その能力を維持・発揮し得る状況にあった（地域における有用な経営資源の存在）。他方，重要取引先の製品製造撤退に伴う受注減による売上減少，専門能力を必要とする人員の維持を図ったことによる固定費削減の遅れによる収益性が悪化し，重要輸出産業向け設備についての過大投資により，有利子負債は20億円を超え，大幅な債務超過・過大債務の状況にあった。

Ｐ社は，このような状況のもとで，機構に対する相談を行ったが，国際マーケットにおける納品先事業の好転，製造工程の効率化，固定費削減の実施等により，徐々に収益力回復の実績を示しつつあった。

(2) 再生にあたっての基本方針

このようなＰ社の事業性の回復を前提に，Ｐ社と協議のうえ，更に再生施

策を個別に積み上げていくことにより、関係者から理解の得られる事業計画の策定が可能であると見込まれた。そして、実際に、計画を実現可能なものとしていくために、第1に、重要得意先である納入先の今後の製造・発注計画の確実性が必要であることから、機構においても、納入先と協議を行い、発注計画の確度を確認した。第2に、P社の事業環境は、マーケットの変動要素が大きいこと、スポンサーを得ることによる自己資本の増加・経営環境の安定が必要であることから、入札型でのスポンサー選定を実施することが望ましいと考えた。

第3に、P社の再生を実現するためには、次に述べる地方公共団体との権利関係の調整を実現することが必須条件であった。

(3) 地方公共団体との土地賃貸・買取予約契約

P社は、従前建設した新規工場について、地方公共団体設置の工業団地において建物を自社保有しつつ、底地を地方公共団体から賃借していた。この底地について、P社は、地方公共団体より、当初評価された土地の価額に基づき、これを賃借後10年経過時点で買い取る義務を負っており、買取りまでの間は、低廉な賃料を支払うこととしていた。

金融債務について、仮に弁済能力の範囲に削減する調整を実施したとしても、この土地買取義務は、かなりの影響度のある金額であったため、かかる義務が存在する状況では、再生が困難であった。そして、このような土地賃貸・買取予約契約に関する地方公共団体との協議は、前例もなく、相当な困難が予測された。

そのため、機構においては、案件初期の時点において、合理的と見込まれる全体的な処理方針案を策定することができ、これが全体として関係者に受け入れられる見込みがあると判断した時点で、地方公共団体に対し、厳格な守秘を求めつつ協議を依頼した。

事業再生手続については、複数の関係者に対して相応の負担を求める場合、公平性が求められることは当然であるが、このような土地買取義務と金融債務のように、権利内容が大幅に異なるものに対する権利変更に関して、形式的な公平性をあてはめて内容を確定することは困難である。この点は非常に悩ましかったが、大要、地方公共団体が有するこのような権利に対して

【図表1】地方公共団体・金融機関間の権利調整の概要

権利変更内容	地方公共団体 （土地買取債務）	地方公共団体 と金融機関の 優先劣後関係	金融機関（金融債務）
A：債権放棄依頼	なし	＞	あり
B：対象不動産の 時価評価	①土地評価を再実施したうえで買取価格を算定，②買取対象地を現実の利用部分である1/3に縮減，③再評価した土地の時価に基づいて残期間の賃料を引下げ	＝	担保不動産の時価評価を実施したうえで，保全評価額を算定
C：権利調整後の 債務の弁済順 序・期間	債権放棄後金融負債の弁済が終了した後に土地買取義務を履行（15年目以降に第1回目の分割支払を開始する後順位的扱い）	＜	債権放棄後残高を約15年程度で弁済（土地買取義務の履行に優先する早期弁済）

は，いわゆる債権放棄的な要請を行うことは，内容的・時間的にも容易ではないこと，他方，義務の履行時期についてはある程度柔軟に取り扱われる可能性があると考えられたこと，P社は，広大な土地の一部しか利用しておらず，土地の価格は，土地賃貸・買取予約契約を行った時点よりも低下していると見込まれたことなどから，次のように，大きな3つの論点につき，A：「債権放棄依頼」の点では地方公共団体が金融機関に優位，B：「対象不動産の時価評価」の点では地方公共団体と金融機関が同位，C：「権利調整後の債務の弁済順序・期間」については，地方公共団体が金融機関に劣後という内容を組み合わせ，地方公共団体と金融機関のそれぞれに対し，実質的な公平性に基づいて，権利変更（他方が自己に対する権利変更依頼に同意することを条件としたもの）を依頼した（【図表1】参照）。

また，機構法においては，合理的な計画に対する地方公共団体の協力義務が定められていること[4]，P社が破綻した場合の地域雇用・地域産業への影響，納税義務の履行状況等を説明し，地方公共団体において，これを踏まえて鋭意検討を行っていただき，最終的に，事業再生計画への金融機関からの同意が得られることを条件として，土地買取義務の権利変更について同意を得た[5]。

(4) 中小企業再生支援協議会と機構の連携

本件は,「中小企業の事業再生支援に軸足を移し,貸付条件の変更等にとどまらず,真の意味での経営改善が図られるよう,政府を挙げて取り組む」として,企業再生支援機構と中小企業再生支援協議会(以下,「協議会」という)の連携が掲げられた「中小企業の経営支援のための政策パッケージ」(平成24年4月20日公表)が具体化された手続となった。

具体的には,当初,機構がP社より相談を受け,事業再生計画の最終策定の前段階で[6],協議会手続を利用して金融機関に対する弁済猶予の要請を行い,機構において,DD・スポンサー選定プロセスを担当し,協働にて金融機関調整を実施した。

(5) 本件のスケジュール

本件の進行は,大要,【図表2】に示すとおりである。地方公共団体の権利関係に関する調整を含んでおり,途中,主要得意先の調達方針の変更もあったため,関係者で進め方を合意してから,計画の成立まで約10ヵ月を要している[7]。なお,従前の代表取締役については,債権者・スポンサーより,引き続き経営に関与することの必要性が認められ,中心的な取締役として経営

---

[4] 機構法1条では,(機構の目的)として,「株式会社地域経済活性化支援機構は,雇用機会の確保に配慮しつつ,地域における総合的な経済力の向上を通じて地域経済の活性化を図り,併せてこれにより地域の信用秩序の基盤強化にも資するようにするため,金融機関,地方公共団体等と連携しつつ,有用な経営資源を有しながら過大な債務を負っている中小企業者その他の事業者に対して金融機関等が有する債権の買取りその他の業務を通じた当該事業者の事業の再生の支援及び地域経済の活性化に資する資金供給を行う投資事業有限責任組合の無限責任組合員としてその業務を執行する株式会社の経営管理その他の業務を通じた地域経済の活性化に資する事業活動の支援を行うことを目的とする株式会社とする」と定められ,地方公共団体等との連携が意図されている。

また,機構法67条では,(国,地方公共団体,機構等の連携及び協力)として,「国,地方公共団体,機構その他の関係者は,事業再生計画に基づく再生支援対象事業者の事業の再生を円滑に推進するために協力が必要であると認めるときは,相互に連携を図りながら協力するように努めなければならない」とされている。

[5] 最終のバンクミーティングにおいて,地方公共団体も出席のうえ,その同意内容の説明と,金融機関への協力依頼が行われた。

[6] 機構手続においては,事業再生計画が策定され,金融機関等と事業者の連名で事業再生計画が機構に提出され,支援決定が行われるまでは,金融機関に対して正式な意味での一時停止要請を行うことはできない。

[7] これ以前に,事業者から相談を受け,事業性等,計画の成立可能性を見極めるためのプレDDを先行している。

【図表２】本事例の進行スケジュール

平成24年8月	P社，主要行等関係者において，本件手続につき，協議会・機構の連携スキームとして進めることを確認
平成24年9月上旬	デュー・デリジェンス（DD）開始
平成24年9月上旬	地方公共団体に対してX工場の土地買取義務の条件変更の打診開始
平成24年10月中旬	第1回バンクミーティング：主要行以外の金融機関へのデュー・デリジェンス（DD）結果の報告
平成24年12月中旬	第2回バンクミーティング：主要得意先の調達改革によって，P社への発注計画に重要な影響があることが判明し，スポンサー選定プロセス・事業再生計画案提示の延期
平成25年2月下旬	地方公共団体より，X工場の土地買取義務の条件変更について，計画成立を条件に基本合意
平成25年2月～3月	スポンサー選定プロセスを再開し，スポンサーを選定，事業再生計画の最終化
平成25年4月中旬	第3回バンクミーティング：金融機関に対し，事業再生計画案を提示
平成25年6月中旬	金融機関より，事業再生計画案に対する同意取得
平成25年8月上旬	会社分割の効力発生 新P社・新経営体制がスタート

への関与を継続している。

4　実質的公平性を基礎とした新メイン行積極関与型の権利調整例

　前記3に述べたP社に関する地方公共団体・金融機関間の権利調整手法の考案にあたって，参考とした事案がある[8]。

　S社はアパレル事業者であるが，納品先の在庫調整・過剰出店による損失等により，大幅な債務超過に陥っていた。本件では，再生計画立案・債権放棄の依頼・協議の過程において，一部の債権者が債権売却を指向し，計画成立のためには，債権売却行からの買取り（残高の一部一括回収）資金の調達（売却行はファンド等に一括回収部分の債権売却を行い，S社が金融機関から新規貸付を受け

---

[8]　中小企業再生支援協議会手続において，筆者（河本）がS社代理人として関与した事案である（機構手続ではない）。

て，ファンドに弁済＝リファイナンス）が必要となったところ，一般に，債権放棄依頼に応じつつ新規資金の貸出に応じる金融債権者は，例外的である。

そのため，中小企業再生支援協議会，新メイン行等の尽力のもと，相応の時間をかけた検討の結果，既存貸付行のうち，新メイン行となり，リファイナンス資金の供給に協力する金融機関と，債権を売却せず取引を継続する金融機関については，債権放棄依頼の対象から除外したうえ，新メイン行より，一部プロパー貸付・一部信用保証協会の保証付貸付にて新規融資を実行し，債権売却行の一部一括回収（未回収部分は第二会社方式を前提として特別清算にて放棄）に充当し，取引を継続するが新規融資を行わない既存金融機関については，新メイン行への弁済に劣後した弁済を行う計画が策定されることとなった[*9]。

より具体的には，①新メイン行による新規貸付金については，10年均等での優先的弁済とし，②新メイン行の旧債務については15年均等弁済とし，③新メイン行以外の新規貸付を行わない金融機関の残高については，当初10年均等で15％を弁済・その後5年均等で85％を弁済する計画とした。

つまり，一部の既存金融機関（複数の新メイン行）については，債権放棄依頼の対象としないが，新規貸付の実行によって事業者の将来のリスクを負担し（取引を継続するが新規貸付を行わない金融機関については，事業者の将来のリスクに関し，新規融資を行う金融機関に比してより多くのリスクを負担する），債権売却により取引を終了する金融機関については，債権放棄依頼の対象とするが，新メイン行の新規貸付金により，残高の一部一括回収を実現しつつ，残余は特別清算手続において放棄し，事業者において顕在化した過去の事業リスクともいうべきものを負担する（他方で将来の事業リスクは負担しない）という，実質的公平性の概念を背景とするものである（前記3の事例ではこの点を転用している）。

本件は，債権放棄依頼後の新規資金調達に困難を有する中小事業者の再生に際し，将来の事業性を評価する取引金融機関が存在する場合において，取

[*9] 実際には，債権売却行は，債権を入札等によりサービサー等に売却し，S社は第二会社方式を利用しつつ，新規メイン行より新S社に貸付を行い，新S社は，債務引受によって新S社が承継したサービサー等の一部債権を新規貸付金によって弁済，サービサー等は，旧S社向けに残った債権を旧S社の特別清算で放棄している。

引を終了する金融機関から債権放棄を受けつつ，取引を継続して新メイン行となる金融機関からの新たな与信を受け，数値基準を満たしたうえで，再生計画が成立した事例である。

　本事案は，あくまでも個別・例外事案ではあり，必ずしも一般化できるものではない。また，今後の事業者の将来性を評価し，再生途上における新規与信に積極的に取り組む金融機関が存在しなければ成立しないスキームである。

　もっとも，再生途上にある中小企業を取り巻く資金が回転する環境を作り，将来の追加与信・事業拡大の道が開ける可能性もあるスキームであり，既存地域金融機関ないし新規金融機関が，新メイン行として積極的に計画に関与し，再生プロセスを促進した一例として，現在の中小企業を取り巻く環境下において参考にしていただける部分があると考え，機構事例と合わせてご紹介する次第である。

■コメント

再生型の私的整理と法的倒産処理の連続性

同志社大学大学院司法研究科教授　中西　正

1　はじめに

　再生型法的倒産処理（民事再生，会社更生）は，同じく再生型の私的整理や，破産手続など清算型倒産処理と，どのような関係に立つのだろう。これが，本稿の検討課題である。この点に関して明確な理解を確立しなければ，再生型倒産処理の遂行に関連する多くの問題につき，明確な解答を得ることはできないと考えるからである。

　試論の域を超えないが，以下で検討を行うことにしたい。

2　強制和議・和議法的な理解

　まず，強制和議・和議法的理解と呼ぶべき見解が成り立ち得ると思われる[*1]。和議，強制和議は，収益弁済型の再生型倒産処理であった。すなわち，債務者が支払不能に陥った場合に，債務者の事業を解体・清算するよりも，債務者の収益力を改善させ，債務者が負う債務をその収益力で支払える範囲に圧縮（権利変更）して弁済した方が，債権者に対する配当が多いならば，そのようにして，債務者の支払能力を回復させようとする手続であった。

　これに依拠すれば，再生型法的倒産処理とは，破産手続が開始されるべき場合に，破産配当を上回る配当が可能であるなら，債務者の破産清算を回避するために行われる手続であることとなろう。清算価値とは債務者につき破産手続を遂行した場合に得られる配当の額であると定義しつつ，清算価値を上回る弁済ができれば，再生型法的倒産処理はその目的を達成したと見る立

---

*1　和議法，旧破産法における強制和議の概要については，中田淳一『破産法・和議法』（有斐閣，1959年）236頁以下・271頁以下を参照。

場は，このような理解に由来するのではないかと思われる。

しかし，倒産を契機に債務者の事業を再構築し収益力を向上させることが，再生型倒産処理の重要な役割であると見るなら，以上のような理解は，再生型倒産処理の役割とは調和しない。手続開始原因を支払不能とすれば，手続開始時には事業再構築はすでに手遅れとなってしまっているだけでなく，破産手続を行った場合の配当を少しでも超えればよいとする以上，再生型倒産処理における事業再構築＝収益力の向上（企業価値の向上）の重要性を導くことができないからである。

3　事業再構築の一場面とする理解

他方，強制和議・和議法的理解と対照的な，以下のような理解も成り立つと思われる。

債務者の事業を強化し収益力を向上させるため，企業が行う事業活動を，事業再構築と呼ぶことにする（旧産活法2条4項を参照）。

事業再構築は，当該企業が倒産状態にない場合にも行われるべきであるし，現実的にも行われている。必要なときに事業を見直し，当該企業の事業の強さ・収益力を高い状態に維持することは，当該企業にとっても，信用供与者にとっても，重要だからである（このような事業再構築を支援する体制を構築することは，活気ある，強い経済を創るうえでも，重要である）。

しかし，事業再構築が最も必要とされるのは，債務者である企業が負担する債務を返済できなくなるおそれのある場合だと思われる。したがって，事業再構築は倒産処理の重要な要素であるということができよう。生産要素を低生産性部門から高生産性部門に効率的に再配分することが倒産処理のマクロ経済的意義であるとするなら[*2]，低生産性の事業を高生産性に変換する事業再構築も倒産処理の重要な要素であるといって，問題はないと思われる。

このような事業再構築の観点から見れば，再生型倒産処理とは，事業再構築の1つの類型であり，ただ，債務者の事業継続のためには，事業再構築のみならず，株主や債権者に損失負担を求めなければならない場合，つまり権

[*2]　山本和彦ほか『倒産法概説〔第2版補訂版〕』（弘文堂，2015年）18頁以下〔水元宏典〕。

利変更が必要な場合であると，位置付けることが可能になる。そして，権利変更が債権者間の合意により可能な場合が再生型私的整理であり，法的強制によらねばならない場合が再生型法的倒産処理であるということになろう。

再生型倒産処理は事業再構築の一類型であると位置付け，低生産性の事業を高生産性に変換することが再生型倒産処理における事業再構築の重要な役割だと理解するなら，再生か清算かの分岐点となる，清算価値保障原則とは，事業再構築をしても継続的企業価値が清算価値を下回る場合には，もはや社会経済的に事業再構築は無意味であり，債権者の利益も害することになるので，清算を行うことにするというルールであると，解することになろう。

他方，再生型倒産処理は，事業再構築に属するが，時機に後れた失敗的場面という意味で，事業再構築概念の尽きる地点（清算に隣接する地点）に位置すると見ることもできる。その中で最も清算に近いのが，再生型法的倒産処理である。

4　事業再構築・私的整理・民事再生

以上のように考えるなら，私的整理も含めた再生型倒産処理に，事業再構築の一般的手法を持ち込むことは，きわめて自然であると思われる。

例えば，民事再生における事業再構築のプランは，再生債務者が，専門家（ビジネスコンサルティング会社，公認会計士系アドバイザリー，フィナンシャル系アドバイザリー等の，事業・財務アドバイザー）に依頼して作成し，債権者と協議するのが合理的である。協議の場は債権者委員会で行うのが適切であろう。別除権者を含む主要債権者が集団的に交渉する希望を有している場合には，同じ機会に折衝することが望ましいと思われる。

また，経営者に能力や信頼がない場合，これまでのしがらみから不採算部門の閉鎖など収益改善に必要となる施策を適切に実施できない場合などには，債権者は，早期に経営交代を求め，意見が通らない場合には，再生計画案に賛成できないことを伝える必要があろう。再生計画案が提出されてしまうと，既定路線が進みやすいことから，その前に，必要に応じて監督委員も巻き込んで，早期にコミュニケーションをとることが重要である[*3]。

なお，私的整理の柔軟な権利変更（例，金融債権者の損失負担，新規融資の保護）

についても，導入の余地があろう。

　以上のように，地域経済活性化支援機構が展開する事業再生の手法には，再生型法的倒産処理にも大いに参考とすべきものが数多く存在している。

　本稿で論じた問題をめぐる議論については，本稿脱稿後，著しい進展があった。例えば，「特集・私的整理と民事再生の境界」事業再生と債権管理152号9〜87頁，「特集・地域企業の経営改善・事業再生のために地域金融機関と法律家が果たす役割」事業再生と債権管理162号4〜93頁，中西正「『倒産法の基本原理』序説」共栄法律事務所創立20周年記念論文集『法の理論と実務の交錯』(法律文化社，2018年) 295頁以下を，参照されたい。

---

*3　このような交渉が誠実に行われる場を確保する手段につき，銀法21・753号（2013年）36頁を参照。

III 事業再生ADRと経営者保証ガイドラインを用いた一体再生

― ■論　文 ―

事業再生ADR手続と経営者保証ガイドラインを用いて一体整理を図った事例

弁護士　野上　昌樹
弁護士　渡邊　一誠
弁護士　木村　真也
弁護士　福井　俊一

1　はじめに

　地方百貨店は，地域経済が低迷する中，大型商業施設やネット通販との競合に加え，長びく消費低迷等の影響により，閉鎖や倒産が相次ぐ極めて厳しい経営環境にある。

　当職ら[*1]は，関西のある地方中核都市に所在する地方百貨店について申請した事業再生 ADR の中で，代表取締役会長（以下，「会長」という）及び代表取締役社長（以下,「社長」という）ら経営者の保証債務についても，経営者保証に関するガイドライン（以下,「ガイドライン」といい，ガイドラインの条項を引用する場合は単に「GL」という）を利用して一体整理を図った案件（以下,「本件」という）を事業者側及び経営者側にて担当する機会に恵まれたことから，一事例としてご紹介する[*2]。

2　事業再生 ADR とガイドラインの手続の概要

[*1]　野上及び渡邊は百貨店の事業再生 ADR の申請代理人，木村及び福井は保証人の支援専門家である。

(1) 事業再生 ADR の手続

　事業の再建手法としては，民事再生等の法的整理と私的整理が挙げられるが，法的整理は事業価値の毀損が大きいため，法的整理によるしかない特段の事情がない場合，主に金融債権者のみを対象債権者とし，非公開の手続にて債務の整理等を図ることができる私的整理による事業の再建手法が選択されることが多くなっている。

　事業再生 ADR は，経済産業大臣の認定及び法務大臣の認証を受けた特定認証紛争解決事業者である事業再生実務家協会（以下，「JATP」という）が行う，企業のための私的整理手続であり，裁判外紛争解決手続の利用の促進に関する法律，産業競争力強化法（旧産活法。以下，「強化法」という）等を根拠法令とする，いわゆる準則型私的整理手続[3]の一つである。

　事業再生 ADR の手続は，JATP という中立公正な第三者の関与により，法的整理に準じた透明性，公平性，信頼性が認められる点に特徴があり，現在までに60社以上が事業再生 ADR を利用している[4]。

(2) ガイドラインに従った保証債務の整理の手続等

　ガイドラインは，経営者保証の弊害を解消し，経営者による思い切った事業展開や，早期事業再生等を促進することを目的として，平成26年2月1日から適用が開始されており，早期事業再生等の促進という点では，厳しい保証債務の追及を忌避し，自らが経済的に追い詰められることを嫌うあまり，再生に踏み切れず事業破綻させてしまうこともあった保証債務の整理局面において，保証債務の整理を公正かつ迅速に行うための準則等を示している。

---

[2]　ガイドラインの適用開始前に，主たる債務者の事業再生 ADR の正式申込みが受理され，事業再生 ADR の手続中にガイドライン適用開始があったため，手続の途中から一体整理が図られた事例として，須藤英章＝富永浩明「事業再生 ADR において，経営者保証ガイドラインの利用により保証人である社長の自宅を残す債務整理案が成立した事案」金法1993号（2014年）6頁。主たる債務者の事業再生 ADR の手続利用の申請をするのと同時に，保証債務の整理についての手続利用申請を行った事例として，小林信明＝中井康之編『経営者保証ガイドラインの実務と課題』（商事法務，2018年）260頁〔木村真也〕。

[3]　中小企業再生支援協議会による再生支援スキーム，事業再生 ADR，REVIC（地域経済活性化支援機構）による再生支援，私的整理ガイドライン，特定調停等，利害関係のない中立かつ公正な第三者が関与する私的整理手続及びこれに準ずる手続をいう。

[4]　事業再生 ADR 手続の詳細については，JATP 編『事業再生 ADR のすべて』（商事法務，2015年）等を参照されたい。

具体的には，保証債務の整理の手続には準則型私的整理手続を利用することとし（GL第7項(2)），保証債務の履行基準（残存資産の範囲）に関しては，破産手続における自由財産に加えて，早期に事業再生等に着手するインセンティブとして，一定期間の生計費に相当する額や華美でない自宅等（インセンティブ資産）を残存資産に含め得るものとし（GL第7項(3)③），経営者の意思決定の促進が図られている。これらの点については，後記3及び4にて論じる。

なお，ガイドラインには法的拘束力はないが，主たる債務者，保証人及び対象債権者によって，自発的に尊重され遵守されることが期待されている。

3 事業再生ADRによる一体整理の手続
(1) 一体整理の意義

主たる債務の整理に準則型私的整理手続が利用される場合には，法的整理に伴う事業毀損を防止し，保証債務の整理についての合理性，客観性及び対象債権者間の衡平性を確保する観点から，保証債務の整理も，当該準則型私的整理手続を利用し主たる債務と保証債務を一体整理するよう努めることとされている（GL第7項(2)イ））。

そのほかにも，一体整理は保証債務の弁済も含めた案件全体における弁済の額，時期が明確であり，全体像が把握しやすくなるため，債権者や準則型私的整理手続を行う機関の関係者（事業再生ADRにおける手続実施者等）の検討が容易になるとともに，関係者の手続的負担も軽減すると思われる。

(2) 一体整理の手続

ガイドラインは，保証債務の整理の手続について，ガイドラインに記載のない事項は準則型私的整理手続に即して対応するとのみ定めているが（GL第7項(3)），強化法や同法施行規則，JATPの特定認証ADR手続に基づく事業再生手続規則（以下，「協会規則」という）にも一体整理に関する具体的な規定はなく，ガイドラインの精神を尊重しながら，事業再生ADRの手続準則に従って手続が進められることとなる。

本件についてJATPに事前相談を実施した平成26年10月当時は，JATPでは一体整理の手続に関して検討中であったが，本件が係属中の平成27年1月31日に発行されたJATP編『事業再生ADRのすべて』（前掲＊4）において，

事業再生 ADR における保証債務の整理の手続が具体的に明らかにされている（同書第5章（355頁以下））。

一体整理の手続の流れは，概要，以下のとおりである。

(a) 利用申請及び正式申込み　一体整理を図る場合，利用申請及び正式申込みは，主たる債務者と保証人についてそれぞれ同時に行うのが原則であるが，保証債務の整理手続の申込みが遅れた場合でも，決議会議（第3回債権者会議）までの間で，手続遂行の上で問題ないと JATP が特に認める場合には，JATP がこれを受理する場合があるとされている[*5]。

本件では，主たる債務者である地方百貨店の申請準備が先行していたため，保証債務の整理の利用申請及び正式申込みは，百貨店の正式申込み及び一時停止の通知後，概要説明会議（第1回債権者会議）前に行われた。

(b) 連名による一時停止の要請　事業再生 ADR の申込みが JATP に正式に受理されると，対象債権者に対し，一時停止の通知が発出される（協会規則25条1項）。一時停止の通知は，ガイドラインに基づく保証債務の整理手続が，主たる債務についての事業再生 ADR と一体のものとして行われることを明示のうえ，原則として JATP，保証人，主たる債務者，保証人の支援専門家の連名で行われる[*6]。

本件では同時申請が行われなかったため，一時停止通知は主たる債務と保証債務とで分けて発出されているが，保証債務の一時停止の通知については，上記4者の連名で行われた。

(c) 債権者会議　債権者会議は一体として行われ，本件でも，概要説明会議（第1回債権者会議）から決議会議（第3回債権者会議）まですべて一体的に実施された。なお，債権者会議での具体的な手続の内容については，JATP編・前掲*4の369頁以下を参照されたい。

(d) 弁済計画案の策定，提出　一体整理を図る場合，保証債務弁済計画案は，主たる債務者の事業再生計画案と同時に提出する（「経営者保証に関するガイドライン」Q&A（以下，「GL Q&A」という）7-22）。したがって，主たる債

[*5] JATP編・前掲*4・366頁以下。

[*6] JATP編・前掲*4・368頁。

務者及び保証人は，速やかに事業再生計画案ないし保証債務弁済計画案を策定し，協議会議（第2回債権者会議）の開催日前の手続実施者と合意した日までに，これらを手続実施者に提出しなければならない（協会規則27条5項）。

本件でも，百貨店の事業再生計画案と保証債務弁済計画案をそれぞれ策定し，手続実施者にもそれぞれが提出した。

(e) 弁済計画案の決議　一体整理を図る場合，決議会議（第3回債権者会議）において，事業再生計画案と保証債務弁済計画案の両方について，対象債権者による決議を行うこととなる。

本件でも，上記(d)で提出した事業再生計画案と保証債務弁済計画案のそれぞれについて同意書を配布し，会議前に手続実施者に提出するか，当日に同意書を持参する方法で決議を行った。

4　事業再生ADRに関する論点

本件で検討した事業再生ADRに関する論点や実務上の課題等は多岐にわたったが，以下ではそのうち特徴的なものをいくつか紹介することとする。

(1)　信用保証協会の取扱い

本件では，百貨店の子会社が信用保証協会の保証付融資を受けており（なお，制度融資ではなかった），百貨店が当該融資について連帯保証するとともに，信用保証協会の求償権について連帯保証していた。

信用保証協会は求償権を有する公的金融機関であり，信用保証協会も事前求償権者として対象債権者（協会規則1条・25条参照）とすることが公平性の観点から相当とも考えられたが，そもそも当該事前求償権は百貨店にとって相当間接的な債権であるうえ，子会社は事業を継続し約定弁済を行っていたこと，事前求償権の額が僅少であったこと（対象債権総額約65億円に対し，当該事前求償権は約1700万円）から，保証協会を対象債権者から外しても実質的に公平性を阻害することはないと考えられた。

そこで本件では，迅速かつ確実な事業再生計画の成立を期すため，上記の事前求償権は対象債権とせず，保証協会は対象債権者としなかった[*7]。

(2)　一時停止通知後の利息の取扱い

事業再生ADRの手続準則上，一時停止通知後の利息（以下，「後利息」とい

う）の取扱いに関する規定はなく，事業再生計画により合理的な対応を定めることは可能と解されるところ，一時停止通知後も事業再生計画の成立時までは従来の約定利息の支払を継続する例が多いと思われる。この背景には，利息について約定支払日の翌日から3ヵ月以上遅延する場合には債務者区分が変更されるため，リスケ等の条件緩和を実施する場合であっても，元本の支払猶予はしても利払いは継続することが原則とされる金融機関の実務があると考えられる。

本件では，事業再生ADR手続期間中に利払いが可能な程度に資金を生み出すことができなかったうえ，事業再生計画における弁済原資としてのスポンサーからの拠出額は一定額で決まっており，利息を支払えば元本免除額が増加するという関係にあった。そのため，後利息は手続期間中には支払わないものとし，事業再生計画においてその免除を受けることとなった。

結論的には納得を得たものの，事業再生ADRの対応に慣れている金融債権者から一般的な取扱いと異なると相当強い反発を受けることとなった。

(3) 株主責任

事業再生ADRの手続準則上，債権放棄を伴う事業再生計画においては，いわゆる株主責任を問うため，原則として，減資等により株主権の全部又は一部を消滅させることが必要とされている（経済産業省関係産業競争力強化法施行規則29条1項3号）。

規定上は株主権の一部消滅も認められているが，債務を完済できない以上株主に配分すべき残余財産はないのに，金融債権者の支援の結果，株式に価値が生じ金融債権者に劣後する株主が経済的メリットを受けることは不合理であると金融債権者が考えることも首肯できるところであり，債権放棄を伴う事業再生計画においては，上場会社のように株主権を全部消滅させないことがかえって企業価値の最大化に資するような場合以外は，株主権は全部消滅させている例が多いと考えられる。

本件では，百貨店は上場会社ではなかったものの，親会社である100％持株

---

*7　子会社に貸付を行っていた金融機関は，百貨店に対する貸付に係る債権者として対象債権者とした。

会社には地元企業や取引先，顧客等で構成された数百名の株主が存在しており[*8]，スポンサーは，百貨店の存立基盤に関わる既存株主を排除した場合，かえって百貨店の事業価値を毀損すると懸念し，百貨店につき減増資をするものの，親会社の株式を一部残すことを企図した。その結果，事業再生計画では，百貨店は減資のうえスポンサーに対して第三者割当増資を実施するものの，親会社の百貨店に対する持株割合を5％残すこととしたところ，事業再生計画での免除率が90％に及んでいたこともあり，一部の金融債権者から激しい反発を受けた。これに対しては，スポンサーと協議のうえ，スポンサーが引き受ける株式の一部を配当及び残余財産分配における優先株式として既存株式の価値増加に歯止めをかけるとともに，親会社に対して代表取締役一族が有していた株式をスポンサーに対して無償譲渡させるなどの対応を行い，同意を得るに至った。

(4) 担保不動産の売却方法

本件では，債権放棄の効力の発生時点は非保全債権の弁済の完了時とすることとなっていたところ，早期にバランスシート改善を行いたいとするスポンサーの要請もあり，事業再生計画成立後，早急に債権放棄を受ける必要があったため，早期に継続利用しない担保不動産の処分を完了させて，非保全債権額を確定させる必要があった。

そこで，事業再生計画における任意売却期間は計画成立から3ヵ月以内としたものの，実際には事業再生ADRの手続中の早い段階に入札を開始し，担保権者が納得感をもつ程度に余裕のある入札期間を確保したうえで，決議会議（第3回債権者会議）前には入札期限を設定できるようすべての処分対象物件につきアレンジを行った。その結果，事業再生計画の成立日の約2週間後に担保不動産の任意売却を完了でき，非保全債権の早期確定を行うことができた。

[*8] 百貨店は，地元に開かれた百貨店を目指し，地元企業や取引先，顧客等からの出資を受けていた。また，百貨店は，2012年6月に株式移転を実施し，直接の親会社は新たに設立した持株会社となっていた。

5 ガイドライン手続に関する論点

(1) 残存資産

(a) 会長の残存資産

(イ) 会長の残存資産　会長の残存資産とされたのは，現金のうち80万円，預貯金のうち100万円，保険のうち400万円（解約返戻金額，生命保険1本）であった。

(ロ) 残存資産の正当化理由　GL第7項(3)③に記載される一定期間の生計費に相当する額は，当時71歳の会長の年齢に最も近接する年齢区分の雇用保険給付期間240日を基礎とすると，264万円となる。これに拡張適格自由財産相当額の99万円を合算した363万円が残存資産の範囲の目安となる。

本件では，会長の経営者としての帰責性が高いとはいえないこと，早期事業再生の決断により弁済原資を増大させたこと，会長名義の資産の一部につき自己の資産であると主張していた配偶者を説得して同資産を弁済原資としたこと，自宅につき共有者の協力を得て任意売却を実施すること，将来的に相当額の医療費の支出が想定されること等から，上記目安を上回る資産を残存させることが相当であると説明した。

(ハ) 会長自宅の任意売却　会長の自宅土地建物（以下，「会長自宅」という）は，主債務者の債務のための物上保証に供されていた。会長自宅の鑑定評価額は8000万円を超えていたため，華美でない自宅とはいい難かった。もっとも，会長及びその配偶者が高齢であるうえに，高齢の会長の実母も同居していたことから，会長及びその家族は継続的に会長自宅に居住することが望ましかった。そこで，会長自宅の任意売却を行うものの，会長の配偶者が親族からの資金援助を受けて会長自宅を買い受けることを検討することとした。担保権者との協議の結果相対による買受けは断念し，入札を実施せざるを得なかったが，入札方法として次の工夫をした。すなわち，会長自宅全部の入札と，会長自宅の一部の入札を同時に行うこととした。そして，その結果に基づいて，会長の配偶者が，会長自宅全部の最高応札価格に50万円を加算した金額で落札できること（ラストルック），会長自宅全部の最高応札価格から会長自宅の一部の最高応札価格を差し引いた差額で会長自宅の残部を買い受けることができることとした。結果として，会長の配偶者がラストルック

を行使し、会長自宅全部を買い受けた。

　(b)　社長の残存資産

　　(イ)　社長の残存資産　　社長の残存資産とされたのは、預貯金300万円、保険200万円(生命保険、医療保険等3本)、自動車20万円、自宅マンション2100万円(面積96.14㎡、4LDK)であった。

　　(ロ)　残存資産の正当化理由　　GL第7項(3)③に記載される一定期間の生計費に相当する額は、当時39歳の社長の年齢に最も近接する年齢区分の雇用保険給付期間270日を基礎とすると、297万円となる。これに拡張適格自由財産相当額の99万円を合算した396万円が残存資産の範囲の目安となる。

　本件では、社長は主債務者の経営再建中に代表者に就任したために経営者の帰責性が低いといえること、早期事業再生決断により弁済原資を増大させたこと、社長名義の資産の一部につき自己の資産であると主張していた会長の配偶者を説得して同資産を弁済原資としたこと等から、上記目安を上回る資産を残存させることが相当であると説明した。手続実施者からは、上記の要素に加えて、残存資産とすることを求める資産の相当部分は生命保険・医療保険であるところ、これらは年齢及び健康状態によっては同一の資産を形成することが不可能となる性質のものであるとの意見が示された。

　　(ハ)　華美でない自宅の残存　　社長の自宅マンションについては、「華美でない自宅」該当性が問題になった。「華美でない」という具体的な内容及び判断基準については、ガイドラインにもGL Q&Aにも具体的な記載はない*9。そこで、本件では、物件の評価額だけではなく、物件の規模、所在地等諸般の事情を踏まえて、残存資産とするのに不相当に豪奢な自宅であるか否かによって華美か否かを検討することとした*10。

＊9　自宅が華美でないとして残存資産とされた事例として、須藤＝富永・前掲＊2・12頁〔自宅不動産の評価額1000万円〕、富岡武彦「法人代表者2名の保証債務について『経営者保証ガイドライン』に基づく保証債務の整理を行った事案」事業再生と債権管理147号（2015年）83頁〔自宅不動産の鑑定評価額として、正常価格1900万円、早期処分価格1200万円〕がある。

＊10　小林信明＝中井康之＝中村廉平＝佐々木宏之＝熊谷洋一「経営者保証ガイドラインの現状と課題〜経営者保証ガイドライン開始1年で見えてきたもの〜第2部　債務整理時（出口）における現状と課題」銀法21・787号（2015年）10頁の議論が大変参考になる。小林＝中井編・前掲＊2・103頁〔大宮立＝増田薫則〕は、周辺相場、築年数、同居者の人数、扶養家族や要介護者の有無等を勘案して個別具体的な事案ごとに判断すべきとする。

社長の自宅マンションについては，不動産業者査定価格が約2100万円ではあるがハイクラスとまではいえないとの評価がされたこと，築10年を超えていること，交通の便がよいわけではないことから，社長の自宅マンションは「華美でない自宅」であると説明した。手続実施者からは，上記の要素に加えて，床面積も4LDKで96.14㎡であり，社長の家族4名が居住する住居として不必要に広大とはいえず，同マンションの所在地は地方都市であり，住宅環境が狭隘な地域とはいえないことからも，上記の床面積が過剰に広大でないといえるとの意見が示された。

(2) **手続上検討した問題点**

(a) **対象資産の基準時**　本件ではGL第5項(2)イ）及びロ），同第7項(3)④イ）b）の趣旨，破産法34条との整合性，対象債権の基準日との整合性を一時停止の要請日としたこと，弁済原資の変動の回避の観点から，一時停止要請日の保証人の財産を本保証債務弁済計画の対象財産とし，その後その増減があっても，その増減部分は本保証債務弁済計画の対象財産を構成せず，その増減は弁済内容に影響しないことを原則的な取扱いとした[*11]。

(b) **表明保証違反の効果**　GL第7項(3)⑤ニ）では，保証人が開示しその内容の正確性について表明保証を行った資力の状況が事実と異なることが判明した場合には，免除した保証債務及び免除期間分の延滞利息も付したうえで追加弁済をすることにつき，保証人と対象債権者が合意して書面での契約を締結することを要するとされている。当時のGL Q&A 7-31（平成26年10月1日一部改訂版）には，この場合は過失の場合も含むと説明されていた。しかし，個人である保証人が，必ずしも自己の全財産を失念することなく把握しているわけではなく，軽過失の場合にまでそのような処理をすることは酷である。そのため本件では，表明保証に反したことが，保証人の故意又は重過失でない場合には，新たに判明した財産等により弁済可能な範囲に限って，追加弁済を行えば足りるものとした。その後改訂されたGL Q&A 7-31（平成27年7月31日一部改訂）にそのような処理も許容されることが明記された。

---

*11　小林＝中井編・前掲＊2・98頁〔大宮立＝増田薫則〕，305頁〔小林発言〕参照。

6 一体整理に係る論点

(1) 保証債務の附従性

(a) 問題の所在　本件では，会長自宅の任意売却等により保証債務弁済計画に基づく債務免除時期が主債務者の事業再生計画に基づく主債務の債務免除時期よりも遅れる可能性があった。そのため，民事再生法177条2項が再生計画による主債務の減免は債権者が保証人に対して有する権利に影響を及ぼさないとしていることと同様に，主債務者の事業再生計画に基づいて，対象債権者が主債務者に対する債権を免除した場合でも，保証人には免除の効力は及ばず，その範囲で，主債務と保証債務の附従性が失われるものとしておく必要があった。

(b) 本件の対応　債権者と保証人との間で，内容に関する附従性を否定する旨の特約をすることは可能であるというのが判例[12]・通説[13]であり，私的整理の実務においても，債権者と保証人との間でその旨の合意がされているようであった[14]。

そのため，保証債務弁済計画案及び事業再生計画案には，対象債権者への依頼事項として，対象債権者，主債務者，保証人との間で附従性排除の合意をすることを記載し，同合意が保証債務弁済計画案及び事業再生計画案の成立時に成立するものとした。事業再生計画案が先に成立した場合又は保証債務弁済計画案の成立が困難であると合理的に認められた場合には，同合意は事業再生計画案の成立に遡って成立するものとした。

(2) 求償権の放棄

(a) 問題の所在　保証人が保証債務を履行すれば，保証人は主債務者に求償権を有することになるが（民459条），主債務者の再建のために債権者から債務免除を受けたのに保証人の求償権が残存したのでは意味がない。そのため，保証人から，主債務者に対する求償権の放棄に係る意思表示を取得しておく必要があった[15]。

---

[12] 最判昭和46年10月26日（民集25巻7号1019頁）。
[13] 潮見佳男『債権総論Ⅱ〔第3版〕』（信山社，2005年）444頁。
[14] 内田敏春「私的整理手続で主債務が減免される場合の保証債務の取り扱い」金法2002号（2014年）111頁。GLにおける検討として，小林＝中井・前掲＊2・120頁〔富岡武彦〕参照。

(b) 本件の対応　事業再生計画案において，主債務者が保証人に対して求償権をすべて放棄することを要請する旨の条項を定め，保証債務弁済計画案において，保証人が保証債務の弁済と同時に主債務者に対する求償権を放棄する旨の条項を定めた。

(3) 物上保証人

主債務の物上保証人についても，附従性を排除し，求償権を排除しておく必要性があることは，保証人の場合と同様であった。

附従性排除に関しては，事業再生計画案及び保証債務弁済案において，物上保証人との間で附従性を排除する旨の合意を締結することを債権者に対する依頼事項として記載し，物上保証人が事業再生計画案及び保証債務弁済計画案が成立することを条件として担保権者との間で同合意を行う旨を記載した書面を担保権者に提出することによって同合意が成立するものとした。ただし，事業再生計画案が保証債務弁済計画案よりも先に成立した場合又は保証債務弁済計画案の成立が困難であると合理的に認められた場合には，同合意は事業再生計画案の成立に遡って成立するものとした。その上で協議会議の席上で，物上保証人から同合意を行う旨の「差入書」を担保権者に交付した。

求償権放棄に関しては，事業再生計画案において，主債務者が物上保証人に対して求償権をすべて放棄することを要請する旨の条項を定め，保証債務弁済計画案において，保証人から物上保証人に対して物上保証物件についての競売手続による配当の実施又は弁済により取得することとなる求償権等をすべて放棄することを要請する旨の条項を定めた。そのうえで，物上保証物件の任意売却終了後，物上保証人から主債務者に求償権の放棄書が差し入れられた。

(4) ガイドライン手続のみ存続させることの可否

主債務者の事業再生計画案と保証債務弁済計画案のいずれかが成立しなかった場合，事業再生ADR手続をどのように進行させることになるのかが問題として意識された。

---

*15　内田・前掲*14・111頁。

主債務者の事業再生計画案が成立し保証債務弁済計画案が不成立となることは，起こり得る事態である[*16]。この場合，主債務者の事業再生計画案成立により事業再生ADR手続そのものが終了するため（協会規則34条1項(1)），主債務者の事業再生計画案成立後，保証債務弁済計画案の成立のみを求めて，決議会議を続会することは想定されていないと考えられる。その後，保証債務弁済計画案を変更したうえで債権者の同意を得るための手続としては，特定調停の利用が考えられる。この特定調停は，事業再生ADR手続におけるガイドライン手続と連続性をもつものであるから，GL第7項(2)ロ）の「のみ型」ではなくイ）の「一体整理型」の手続として取り扱い，残存資産の範囲についてもGL第7項(3)③の履行基準を妥当させるべきである。

□■

[*16] JATP編・前掲＊4・371頁。一方で，主債務者の事業再生計画案が不成立であり保証債務弁済計画案が成立することは，基本的には想定されていない（同書371～372頁）。

■コメント

経営者保証ガイドラインと自由財産の範囲拡張

慶應義塾大学大学院法務研究科教授　髙田　賢治

1　はじめに

　野上ほか前掲論文（本章第2Ⅲ論文）は，事業再生ADRと経営者保証に関するガイドライン（以下，「ガイドライン」という）の手続の概略を示した上で，両者の一体整理について，主債務者である企業（以下，「企業」という）の事業再生ADR申請代理人及びその企業の保証人となっている経営者（以下，「経営者」という）の支援専門家の実務経験に基づいて，整理・検討する優れた論稿である。

2　事業再生ADRとガイドラインによる一体整理のメリット

　事業再生ADRとガイドラインによる一体整理には，企業の事業価値の維持・増加（実体的メリット）及び両手続の簡素化・迅速化というメリット（手続的メリット）がある。

　事業再生ADRには，これらの直接的なメリットのほかにも様々な間接的なメリットもある。例えば，雇用確保による従業員の失業回避，取引継続による取引先の将来収益の確保，連鎖倒産防止による債権者である金融機関（以下，「金融機関」という）の融資先企業の減少防止といったものが実際上，重要である。

　一体整理の直接・間接のメリットによって，金融機関が経済合理性に基づく判断へと導かれて，事業再生計画案及び保証債務弁済計画案が合意によって成立することになる。

3　ガイドライン自体の合理性

　前記のような事業再生のメリットとは別に，経営者自身がガイドラインを

利用することによって経済的再出発の機会を提供されることには，どのような意義があるか。

　経営者の保証債務整理に関する金融機関のメリットとしては，ガイドラインを利用することで，資産状況の任意開示，保全費用，債務名義取得費用，執行費用，強制執行による価格下落を回避することができるという点が重要である[1]。

　経営者にとっては，高齢・病気などの事情のある場合，又は扶養家族のある場合は，ガイドラインの利用によって自宅等を保持することで，退任後の本人と家族の生活保障が図られる。ガイドラインが残存資産として「華美でない自宅」の保持を認めている点は，経営者本人とその家族の生活保障の観点から積極的に評価すべきである。

4　保証債務弁済計画案のみ不成立のケース

　以上を前提として，事業再生ADRによる事業再生計画案が成立したが，保証債務弁済計画案が不成立となる要因を分析して解決策を検討しておこう。一部の金融機関の反対によって保証債務弁済計画案のみ不成立となる要因としては，次のような点が考えられる。

　破産手続においては自由財産として不動産を保持することは実務上認められていないことから，自宅を残存資産として認めることはできないという考え方があり得よう。また，事業の再生によって，インセンティブ資産があれば自宅保持を認めることはできるが，事業が廃止されてインセンティブ資産が認められないケースでは自宅保持を認めることができないという考え方もあり得る。このような考えは，早期廃業決断による保有資産の劣化防止を含むガイドラインの趣旨からすれば合理的なものとはいえないが，金融機関にとって無税償却時のリスクを低減するためにやむを得ないという事情もあろう。

---

[1]　「〔座談会〕経営者保証ガイドラインの現状と課題～経営者保証ガイドライン開始1年で見えてきたもの～第2部債務整理時（出口）における現状と課題」銀法21・787号（2015年）13頁〔佐々木宏之発言〕参照。

しかし，保証債務弁済計画案のみが不成立となると，一体整理のメリットが失われ，ガイドラインの利用をためらう経営者が多くなるという問題がある。

そこで，この問題の解決策として，特定調停の利用が有効である[*2]。いわゆる17条決定（民調17条による決定）によれば，公正な第三者である調停委員会が調停条項を合理的と積極的に判断したことになり，債権者の恣意性が排除されて金融機関にとって無税償却時のリスクを大幅に低減することができるからである[*3]。もっとも，ガイドラインによる保証債務弁済計画案の不成立後の特定調停は，当事者の異議があると不成立になることや時間が更にかかることが問題として残る。そこで，抜本的な解決策として以下の方法が検討されるべきである。

経営者の破産手続において，ガイドラインの保証人要件や残存資産要件（ガイドライン第7項参照）を自由財産の範囲拡張の考慮要素（破34条4項）として取り込むことが検討されるべきである。経営者について破産手続が開始された場合であって，ガイドラインの要件を充足するときは，華美でない自宅を自由財産の範囲拡張の裁判によって自由財産とする扱いが望まれる。東京のように地価が高いところでは実際上，困難かもしれないが[*4]，地価が高くない地方では，検討の余地があると考えられる。

ガイドラインを自由財産の範囲拡張の裁判の考慮要素に取り込むことによって華美でない自宅が自由財産となる事例が公表されると，裁判所という公正な第三者による合理的な判断によって自宅が自由財産になることが基礎付けられ，金融機関の無税償却時のリスクが大幅に低減されるというメリットが生じる。

一定の要件の下で自宅を自由財産の範囲拡張の対象財産とする破産実務が定着することで，ガイドラインの残存資産として自宅を含めることの合理性が裏付けられて，金融機関は保証債務弁済計画案に同意しやすくなると考え

[*2] 野上ほか・前掲論文5(4)参照。
[*3] 前掲*1・座談会24頁〔佐々木発言〕参照。
[*4] 不動産について自由財産の範囲拡張を否定する見解として，岡伸浩ほか編『破産管財人の財産換価』（商事法務，2015年）151〜152頁〔野村剛司〕。

5 おわりに

保証債務弁済計画案のみ不成立となるケースを回避するには，裁判所が，ガイドラインの残存資産（特に自宅）の範囲の合理性を積極的に評価して，その要件を自由財産の範囲拡張の裁判の考慮要素として取り入れることを検討すべきである。裁判所が，この問題を保証人破産における居住用不動産についての自由財産の範囲拡張の問題として，実務家と積極的に協議することを期待したい[*5]。

[*5] 不動産の換価において早期着手が重要であることは，大都市と地方との間で変わりがないことを強調する見解として，岡伸浩ほか編・前掲＊4・204頁〔北村治樹〕。早期着手の重要性について異論はないが，不動産について換価と放棄という選択肢に，自由財産の範囲拡張という3つめの選択肢を追加すべきであるというのが筆者の主張である。

第3｜民事再生

Ⅰ　中小企業の再生事例

■論　文

東京地裁における中小規模民事再生の実務

弁護士　平出　晋一
弁護士　小幡　朋弘

1　はじめに

　本稿は，筆者らが関与した実際の事例をもとに，近年の東京地裁における比較的中小規模の民事再生手続の実務につき，主として申立代理人の立場から検討及び報告を行うものである。

　ただし，当該事例は，事前にスポンサー企業を募ったうえで申立てを行ったいわゆるプレパッケージ型の案件であり，採用したスキームも再生計画によらない事業譲渡を活用したいわゆる第二会社方式による再生手続であるので，自主再生プロセスにはあてはまらない論点も多々存在する。

　また，平成26年から27年にかけての事案であるので，直近の運用とは異なる部分が存する可能性があることをご了承いただきたい。紙面の都合上，主要な項目に絞って検討を加えていることもご理解いただきたい。

　今回の報告が東京地裁での中小規模の民事再生手続における申立代理人の実務の理解に多少なりとも役立てば幸いである。

2　申立会社の概要

　申立会社は，百貨店や商業施設内に店舗を有するメンズファッションの販売会社であり，いわゆるデザイナーズブランドに属し，申立時点における店

舗数は36店舗であった。

　直近3年間の営業成績はいずれも営業損益段階ですでに赤字であったため，資金繰りに窮する状態が続き，金融機関に対する借入金の返済猶予だけでは事足らず，代表者一族からの借入れや仕入代金の支払の繰延べにより何とか資金繰りを維持していたのが実情であった。

　したがって，もはや自助努力での再建は不可能な状況にあったため，M＆Aのアドバイザリー会社経由で複数の企業にスポンサーとしての支援を打診したところ，紳士服業界に属する上場企業が申立会社の事業に関心を示したが，デュー・デリジェンスの結果，申立会社の財務状況に照らすと現状有姿での引受けは不可能であり，過剰債務の圧縮が図られれば支援を行うとの意向が示された。

　私的整理手続も検討したが，相談の時点ですでに仕入業者に対する支払の繰延べも始まっており，繰延後の支払資金の調達についても目途が立たなかったため，スポンサー企業への事業の承継を前提とした民事再生手続の活用を選択し，申立てを行った。

　その後，民事再生手続の中で，スポンサー企業が新たに設立した譲受会社に対して再生計画によらない事業譲渡（以下，「計画外事業譲渡」という）を実行し，事業譲渡代金を主な原資とした一括返済型の再生計画案を策定，当該計画は債権者集会を経て認可された。

　本件における主要なトピックスについては，時系列に沿って【図表1】のとおりまとめたので，参考とされたい。

3　申立てから開始決定までの手続

(1)　申立ての準備

　(a)　裁判所への事前連絡　　東京地裁では，申立予定日の3日前までに，所定の様式による「再生事件連絡メモ」[*1]と法人の場合には登記事項証明書

＊1　鹿子木康編著『民事再生の手引〔第2版〕』（商事法務，2017年）23頁及び舘内比佐志ほか編著『民事再生の運用指針』（金融財政事情研究会，2018年）59頁にひな型が掲載されている。なお，両書籍は，実務上の諸手続や論点がかなり網羅されていることから，東京地裁における民事再生手続の運用実務のバイブルといえる。

【図表１】

日時		項目	備考
7/10	11：00	申立て・予納金納付	
	12：00	保全処分発令・監督委員選任	
	12：00	従業員説明	
	13：00	進行協議期日	
		共益債権化の承認取得	
	13：30	ディベロッパー報告	
	14：00	銀行周り	
	17：00	債権者通知（FAX送付）	
7/11	10：00	債権者説明会	
7/14	12：00	第1回打合せ期日	開始決定関係
	13：00	開始決定	
8/7		監督委員に対する財産評定ドラフト説明	担当会計士同行
8/8		進行協議期日	計画外の事業譲渡に関する意見聴取期日の設定
8/12		事業譲渡契約書案監督委員送付	
8/14		再生債権届出期限	
8/21		事業譲渡に関する債権者説明会	
8/22		事業譲渡契約締結に対する同意申請	
8/25		事業譲渡契約締結に対する同意取得	
8/26		事業譲渡契約締結	
		事業譲渡許可申請（代替許可含む）	
9/8		第2回打合せ期日	財産評定書等関係
		財産評定書・125条報告書・再生計画案草案提出	
9/10		事業譲渡に関する意見聴取期日	
		事業譲渡許可決定（代替許可含む）	
9/11		認否書提出	
9/18		一般調査期間（始期）	
9/25		一般調査期間（終期）	
10/1		事業譲渡実行	
10/8		第3回打合せ期日	再生計画案関係
11/17		再生計画案提出	
		再生計画案付議決定	
1/13		再生計画案書面投票期限	
1/20		債権者集会	
		再生計画認可決定	
2/17		再生計画認可決定確定	

の提出（ファクシミリ送信可）が求められているが，申立日と同日に保全処分の発令を希望する場合には，連絡メモに加え，再生手続開始申立書及び保全処分申立書のドラフト，申立日前1年間の資金繰り実績表及び申立後6ヵ月間の資金繰り予定表の提出も必要となる。

　実務的には，申立日当日に金融機関等の主要債権者を訪問し，申立ての事実と保全処分及び監督命令の発令について報告を行うことが通常であろうから，申立日と同日に保全処分の発令を求めることは必須である。したがって，連絡メモの送付期限までに申立書のドラフトと資金繰り関係の資料の作成が必要となる。

　なお，東京地裁では，申立前の段階では，債権者一覧表の提出は求められていない[*2]。申立前の裁判所との事前面談も不要である[*3]。

　このように，東京地裁では，申立予定日の3日前までに，前記の方法による裁判所への告知を行えば，事前面談を行わなくても申立ては受理される運用になっているが，事案によっては，申立直後から裁判所及び監督委員に検討をお願いするなど判断を求めなければならない論点が存する場合があり，そのような場合には，監督委員候補者との間で事前の調整を行うために，論点の概要を記載した別紙を添付するなどして，可能な限り早期に連絡メモを提出することが望ましい。本件でも申立日の1週間前に別途作成した連絡メモを送付した。

　裁判所に連絡メモを送付した当日ないし翌日には，担当書記官から申立代理人宛に電話連絡があり，未払いの公租公課の有無やその金額，金融債権者の顔ぶれや負債総額に占める割合，破綻原因，再生のスキーム，保全処分の内容といった事情をひと通り聴取されるので，スムーズな回答を行うための事前準備も必要となる。

　（b）スポンサー企業との事前交渉　　プレパッケージ型の手続の場合，一般的には申立前の段階でスポンサー企業との協議が必要であり，大型案件では，事業価値の評価を中核とする具体的な支援条件やどちらかの当事者の意

[*2]　大阪地裁では，事前相談の時点で債権者一覧表の提出が必須とされている。
[*3]　大阪地裁では，裁判官又は裁判所書記官との事前面談が原則予定されている。

向により成約まで至らなかった際の違約金等の諸条件についてシビアな交渉を事前に行い，この点を書面化したスポンサー契約や基本合意書を事前に締結することが多いと思われるが，中小企業の場合には，通常オーナー企業であることもあって，そもそも自らの会社を手放すこと自体の決断に時間を要する一方，ひとたび資金繰りが悪化すると瞬く間に破綻に行き着いてしまうため，スポンサー候補者が見つかったとしても，申立前に細部の交渉まで完了させる時間がなく，なかなかスポンサー契約等の締結までには至らない。

本件でも，事業承継の根幹部分については，スポンサー候補者との間で事前のすり合わせを行うことができたものの，スポンサー契約の締結までには至らなかった。

事前交渉の場面では，窮境に陥った中小企業はなにかと足元を見られがちであるので，事業価値の評価や従業員の承継，経営陣の処遇といった支援の根幹部分については，申立代理人が通訳者となって経営陣の要望を伝え，彼らに絶えず寄り添いながら交渉を進めることが重要となる。

(2) **申 立 て**

(a) 申立手続　申立当日は，疎明資料を添付した再生手続開始及び保全処分の申立書を裁判所に提出し，その後に負債総額に応じて定められている予納金の納付を行い，納付確認後に監督命令及び保全処分命令が発令され，その決定書を受領するというのが標準的な流れとなる。

申立書等の副本は監督委員へ直送する。

通常，申立日当日に，裁判所において，裁判官及び監督委員との第1回の進行協議期日が開かれ，手続のスケジュールや再生の基本方針，資金繰り，当面の問題点などが確認され，情報の共有が図られる。

また，その場で，開始決定の是非を判断するための第1回の打合せ期日の日程調整が行われる（筆者らの経験では，債権者説明会の開催日の翌日が多い）。

(b) 予納金の借入れ　今回の案件ではないが，申立時点において予納金すら工面できないほど資金繰りが厳しく，スポンサー企業から当該資金を調達した事案がある。

この事案では，事前に裁判所及び監督委員候補者に事情を説明し，共益債権化の承認申請書のドラフトも事前に作成及び提示して，監督命令と同時に

共益債権化の承認を受けたもので，予納金納付のためにするスポンサー企業からの資金調達を認めてもらった。

(3) 申立直後の業務

(a) 初日の業務　　申立当日は，申立代理人団と経営陣が手分けして，金融機関を中心とする主要債権者への状況説明と従業員への説明を同時並行的に行う場合が多いと思われる。

その他の一般債権者への通知は，申立てに至るまでの経緯や今後のスケジュール，債権者説明会の案内を記載したレターを作成し，ファクシミリ送信により行うことが多い（その意味で申立前の債権者一覧表の作成にあたり，FAX番号の調査が極めて重要な意味をもつ）。

初日は主要債権者及び主要取引先への説明や，通常は倒産手続の経験のない従業員の動揺を抑えつつ急場の体制作りを行うことで精一杯であり，また，一般債権者の対応は可能な限り従業員の協力を取り付けた後に行うほうが望ましいため，ファクシミリの送信は夕方以降に行う場合が多い。本件でもファクシミリの送信は午後5時に開始した。

なお，筆者らが申立代理人となって民事再生手続を行う場合には，申立ての段階で，会社の代表者印及び銀行印を預かり，申立代理人の承認がない限り出金を行えないようにしている。

申立直後が最も混乱するためこの時期に不測の事態が生じるおそれが高いこと，再生債権に対する過誤払いを避けることが主な理由であるが，申立代理人側から見ても，印鑑を預かることにより申立会社に連日通う契機になるという効果がある。

(b) 主要取引先との交渉　　本件では，冒頭に紹介したように，申立会社が百貨店や商業施設に店舗を有していたことから，店舗の賃借人の地位を譲受会社に承継することに関して商業施設の運営主体から承認を得られるか否かが手続を進めるうえでの重要なポイントであった。

この点，本件では，申立直後に，上場企業であるスポンサー企業の代表者が，申立会社とともにそれぞれの施設の運営主体を訪れ，協力を要請してくれたことの効果が覿面であり，いずれの商業施設も申立会社の再生手続に協力的で，比較的早期にすべての運営主体から地位承継について事実上の内諾

を得ることができた。
　(c)　債権者説明会の開催　　申立直後の債権者説明会においては，経緯等報告書，民事再生手続の説明書，保全処分及び監督命令の決定書の写し，弁済禁止保全処分の説明書，取引継続に関する依頼書，直近の合計残高試算表，清算貸借対照表といった資料を配付し，申立てに至った経緯や再生の基本方針，今後のスケジュール等についてひと通りの説明を行う。本件のようなプレパッケージ型の民事再生の場合には，可能な限り申立日付けでスポンサー企業から支援表明書を発行してもらい，その写しを説明会で配付するようにしている。
　(d)　共益債権化の承認　　申立後開始決定前に，再生債務者の事業の継続に欠くことができない仕入等の行為をする場合には，その行為によって生じる相手方の請求権を共益債権とする旨の許可を行うことができ，裁判所は，監督委員に対し，裁判所の許可に代わる承認をする権限を付与することができる。
　東京地裁では，全件について，監督委員に対して共益債権化の承認の権限を付与している[*4]。
　取引の再開及び継続を要請する申立会社の立場から見た場合，当該承認申請は必須である。
　承認申請を行うに際しては，債権の発生原因となる行為をする前に承認を受けることが必要である点に留意する必要がある。
　加えて，共益債権化の承認申請は，対象債権を特定し，承認を求める理由を記載した書面により行うことが原則である。
　特定の程度についても，債権者名，概算金額，取引期間，発生原因は少なくとも特定することが要求される。
　東京地裁が公表している標準スケジュール[*5]では，申立てから開始決定発令までの期間は1週間とされているので，前記の取引期間を1週間として概算金額を計算するようにしている。

＊4　鹿子木編著・前掲＊1・64頁，舘内ほか編著・前掲＊1・31頁。
＊5　鹿子木編著・前掲＊1・7頁以下，舘内ほか編著・前掲＊1・17頁。

承認申請を行うにあたって，事前に書面を準備する余裕がない場合には，例外的にあらかじめ監督委員から口頭で承認を得て，後に書面を追完する方法でも差し支えないとはされているが[*6]，大型案件と比較すると中小規模の案件では債権者数も限られているので，原則に従い，極力漏れがないように承認申請書を整備し，可能であれば事前に監督委員候補者に送付し，監督命令発令と同時に承認申請を行い，申立当日には承認を取得できるよう心がけている。

4　開始決定後の手続（計画外事業譲渡）

(1)　計画外事業譲渡の必要性

申立会社の再生スキームは，申立当初から計画外事業譲渡スキームを用いて進めることを予定していた。

これは，申立会社の資金繰りはスポンサー企業からDIPファイナンスを受けざるを得ないほど切迫していたことに加え，申立会社の事業継続にとって必須となる店舗の維持を確実にするために，可及的速やかにスポンサー企業に対して事業を承継する必要があると判断したためである。

前述した本件の主要トピックス一覧記載のとおり，本件では申立てから2ヵ月後に裁判所の許可を取得し，そこから約半月というきわめて短期間で事業譲渡を実行した。

(2)　プレパッケージ型の留意点

本件では，申立前に複数の企業に対して申立会社の事業の引受けを打診していたが，民事再生手続内において正式な入札手続は行っていない。

そのため，スポンサー企業に対する事業譲渡の妥当性については慎重な対応を行うことを心がけた。

具体的には，スポンサー企業との間のDIPファイナンスに係る契約において，同社に対して事業の承継に関する独占的交渉権を付与する一方，手続開始後に申立会社の事業に興味を示す他の企業が現れた場合には，その時までのスポンサー企業からの借入金を完済することを条件として申立会社にお

[*6]　鹿子木編著・前掲*1・66頁，舘内ほか編著・前掲*1・95頁。

いて独占的交渉権を撤回し，以後入札手続に進むことができる旨を規定した。スポンサーの選定に関する公正性を担保する観点からである。

また，計画外事業譲渡の妥当性については，手続の必要性と条件の相当性を中核とする手続の許容性を丁寧に分析することが不可欠であるが，分析のファクターとして，須藤英章弁護士によるいわゆる「お台場アプローチ」[7]や，松嶋英機弁護士・濱田芳貴弁護士が提唱する指針[8]，事業再生とスポンサー選定研究会が提唱する基準[9]を参照することが有用である。

(3) **計画外事業譲渡に必要な手続**

計画外事業譲渡に関する裁判上の手続は，①事業譲渡契約締結に関する同意申請及び監督委員の同意取得，②事業譲渡契約締結，③計画外事業譲渡について裁判所への許可申請[10]→債権者からの意見聴取の手続→裁判所による許可の可否の判断という流れで進んでいく。

以下，前記の行程ごとに個別に検討を行う。

(a) **監督委員の同意の取得**　東京地裁では，監督命令において，「事業維持再生の支援に関する契約及び当該支援をする旨の選定業務に関する契約の締結」を監督委員の同意事項とする運用がなされており[11]，「事業維持再生の支援に関する契約」には事業譲渡契約自体も含まれると解釈されているので，事業譲渡契約の締結について監督委員の同意を事前に得ることが必須となる。

早期の事業譲渡を実現するためには，開始決定後早い段階から事業譲渡に向けた監督委員との協議を進める必要がある。

事業譲渡契約の内容はもちろんのこと，事業譲渡の必要性やスポンサーの選定過程の公正性，譲渡代金等条件の相当性，事業譲渡を行った場合に再生

---

[7] 須藤英章「プレパッケージ型事業再生に関する提言」事業再生研究機構編『プレパッケージ型事業再生』（商事法務，2004年）101頁。

[8] 松嶋英機＝濱田芳貴「日本におけるプレパッケージ型申立ての問題点」銀法21・631号（2004年）13頁。

[9] 事業再生とスポンサー選定研究会「事業再生における望ましいスポンサー選定のあり方　第3回スポンサー選定の実体的要件（下）」NBL1044号（2015年）64頁以下。

[10] 申立人が株式会社の場合，③の許可申請を行うに際しては，同時に事業譲渡に関する株主総会の決議による承認に代わる許可の申請を行うことが通例である。

[11] 鹿子木編著・前掲＊1・205頁，舘内ほか編著・前掲＊1・293頁。

計画案で予定する弁済の内容といった事項を詳細に書面化し報告することが不可欠である。

とりわけ，事業譲渡を前提とする再生債権の弁済率の合理性については，清算価値保障原則との整合性を保つことが不可欠であり，そのためには，財産評定書に基づく検証が必須となる。

本件でも，裁判所への提出期限の1ヵ月前に財産評定書のドラフトを監督委員に示し，清算価値保障原則の充足の検証を始めていただいたが，当該ドラフトは申立てから約1ヵ月で作成したものである。

このような短期間で財産評定書を作成するには公認会計士等の専門家の協力が必要不可欠であるが，専門家であれば誰でもいいというものではなく，事業再生分野に精通し，多くの業種の再生手続に関わった専門家であることが必要である。

申立代理人としては，日ごろからそのような卓越した専門家との連携を深め，いわば阿吽の呼吸で業務を進め得る人的関係を構築しておくことも重要である。

事業譲渡契約締結に対する監督委員の同意付与の判断に際して，再生債権者への情報提供とその判断も重要な要素となるので，債権者説明会を開催し，事業譲渡の概要等について説明することが必要である。

ここでも債権者向けの報告書面を作成し，事業譲渡の必要性，譲渡条件の相当性，再生計画案における弁済率の見込み，清算配当率との比較といった事項を丁寧に説明することを心がけている。

(b)　事業譲渡契約の締結　　事業譲渡契約締結に対する監督委員の同意が無事得られれば，速やかにスポンサー企業との間で調印作業に入る。

契約の相手方が上場会社のような大企業である場合には，必ずしも機動的な取締役会の開催を望めない場合もあるので，早い段階から先方の担当者との間でスケジュール調整を行うことが不可欠である。

事業譲渡契約は裁判所の許可の取得を効力発生の停止条件とすることになるが，許可申請に先立ち，契約の調印手続は完了している必要がある[12]。

---

[12]　鹿子木編著・前掲*1・205〜206頁，舘内ほか編著・前掲*1・294頁。

（c）裁判所の許可の取得　　事業譲渡契約の締結後速やかに，計画外事業譲渡に対する裁判所の許可を得るための申請を行う。

許可申請書には，計画外事業譲渡の必要性及び相当性を記載することになるが，その内容は監督委員宛の同意申請書と概ね同様である。

東京地裁では，原則として，許可申請後約2週間後に債権者からの意見聴取期日が設定され，裁判所が債権者の意見を直接聴取する運用がなされている[*13]。

裁判所から債権者に対して送付される意見聴取期日の通知書には，譲渡対象となる事業，承継財産，譲受会社の概要，事業譲渡代金，事業譲渡実行予定日などを記載した「事業譲渡の概要」のメモ[*14]を同封することになっており，申立会社において許可申請時までに作成し，申請と同時に提出する。

意見聴取期日後に，監督委員も交えた打合せ期日が開かれ，意見聴取期日で表明された意見や監督委員の意見を踏まえて，許可の可否が判断される。

特段問題がなければ，意見聴取期日の当日に許可決定が行われるが，本件でも当該期日当日に計画外事業譲渡に対する許可及び代替許可を受けた。

(4) 事業譲渡の実行

事業譲渡の実行に向け，取引先との間で譲渡対象事業が譲受会社に移転した後における取引の継続交渉を進めることが不可欠となるが，とりわけ本件では，申立会社が出店していた百貨店や商業施設との契約交渉が最重要課題であった。

本件では，スポンサー企業が上場企業ということもあり，幸いなことに譲受会社が引き受けるにあたって賃料増額等の条件付加を求めた賃貸人はなかったが，事案によってはこの点で難航することがあるため，契約の相手方と譲受会社との間の交渉が円滑に進むよう，申立代理人において適切な調整を行う必要がある。

従業員に対しては，事業譲渡契約締結の段階で速やかに情報を開示し，事

[*13] 大阪地裁では，意見聴取期日の設定は必要的ではなく，書面による意見聴取が一般的のようである。

[*14] 鹿子木編著・前掲*1・209頁以下，舘内ほか編著・前掲*1・295頁以下にひな型が掲載されている。

業譲渡実行日の前日には会社都合による解雇が行われる旨及び譲受会社が採用するにあたっての面談及び採用手続が行われる旨の説明を行う必要があるが，本件においても，この点は丁寧な対応を行ったつもりである。

　事業再生においては雇用の確保が最重要課題といってもよいので，従業員の雇用の継続については，スポンサー企業に強く要請する必要がある。本件でも譲受会社への転籍を希望する者は全員採用していただいた。

　事業譲渡が行われる場合，従業員はいったん全員が退職となるので，健康保険や年金手続の切替え，税金の特別徴収手続の異動や離職票の発行等，総務関係の業務が膨大となる。

　スポンサーサイドとの経理処理やシステムの連結，仕入先や販売先に対する個別の案内といった業務も同時並行的にこなしていくことがあるので，担当部署を細分化し，それぞれに責任者を定めたうえで，部署ごとに事業譲渡の完遂に向けた問題点の洗い出しを行い，行程表を作成し，最低でも週に1回はスポンサー側も交えて全体で進捗を管理していくことが必要となる。

5　再生計画案の提出と債権者集会

(1)　再生計画案の策定と提出

　本件のように再生スキームとしてスポンサー型の第二会社方式を採用した場合，事業承継の実行によって申立会社の事業は停止することになるので，再生債権者に対する弁済は，申立会社自身の収益ではなく，事業承継の対価が基本的な原資となる。

　一定のパーセンテージによる基本弁済に加え，残余財産が生じた場合には追加弁済を行う旨の記載を行うことが多く，本件でもかかる追加弁済条項を定めた[*15]。

(2)　付議決定と議決票の発送

　再生計画案の提出後概ね1週間以内に，当該再生計画案を決議に付することの相当性等に関する監督委員の意見書が提出される。

[*15]　鹿子木編著・前掲＊1・319頁以下，舘内ほか編著・前掲＊1・367頁以下に計画外事業譲渡型の再生計画のモデル案が掲載されている。

裁判所は当該意見書も踏まえたうえで，再生計画案を付議する旨の決定を行う。

付議決定では，議決権行使の方法等が定められることになるが，東京地裁では，原則として，債権者集会の期日において議決権を行使する方法（集会型），書面投票により裁判所の定める期間内に議決権を行使する方法（書面型）のうち議決権者が選択するものにより議決権を行使する方法（併用型）が採用されている[*16]。

付議決定がなされると，議決権者に対して議決票等を発送することになるが，発送事務は申立会社ないし申立代理人が行うこととなっており，議決票の返送先も，原則として，申立会社ないし申立代理人宛とされる（気付方式）[*17]。

なお，東京地裁では，議決票にバーコードが印字されており，これを読み込んで賛否を判定するため，議決票に再生債権者の押印は求められておらず，印鑑照合の作業もない。

(3) 債権者集会の開催と認可決定

書面投票により送付された議決票は，書面投票期限の翌日又は2日後に，まとめて裁判所に提出する。

議決票上及び債権者集会の席上で行使された賛成の議決権数が民事再生法の定める可決要件を充足する場合には，特段の事情がない限り，債権者集会の場で裁判所から再生計画認可の決定が告げられる。

6 おわりに

筆者らが関与した近年の企業再建に関する案件を分析すると，営業収益が出ており，一定期間の資金繰りの維持も可能であるならば，まずは自主再建型の私的再生プロセスを選択する局面が多い。

これは，中小企業再生支援協議会スキーム等いわゆる準則型の私的整理手

[*16] 大阪地裁では，申立代理人や監督委員の意見を踏まえて，いずれの議決権行使の方法によるかを案件ごとに定めているようである。
[*17] 大阪地裁では，裁判所が議決票の返送先とされている。

続が整備され，中小企業においても私的再生プロセスを選択し得る可能性が広がったことによるものと感じている。

他方で，民事再生手続を選択せざるを得ない企業は，営業損益の段階で赤字計上が続いており，独力での資金繰りの維持がもはや不可能な状況にあることがほとんどである。

したがって，法的手続を活用しても自主再生の道のりは険しく，どうしてもスポンサー企業からの支援が不可欠となる。

この場合に，事業承継の相当性を充たすことは当然の前提であるし，もちろん業種によりけりの部分もあるが，プレパッケージ型の民事再生手続では早期の事業承継が可能となるので，事業価値の最大化を図る観点からは有用な手法と考えられる。

■コメント

中小企業再生における事業譲渡の意義

大阪大学大学院高等司法研究科教授　藤本　利一

1　誰もが気づきながら，十分に論じられてこなかった問題

　平出＝小幡論文（本章第3①論文）によれば，本件は，「再生計画によらない事業譲渡を活用したいわゆる第二会社方式による再生手続」であり，事業の再生に成功したと思われる貴重な臨床事例の1つといえる。その意味で，申立代理人らの判断は，逼迫した事態への対応であったにもかかわらず，適正なものであったと評価できる。このとき，自主再建の選択肢も熟考されたはずであるが，民事再生法は，事業譲渡を選択するべきか，自主再建を選択するべきかについて，沈黙している。かかる規律を民事再生法はもつべきか（以下，「問い」という）。

2　American Bankruptcy Institute（ABI）の回答

　アメリカ連邦倒産法は，当該問題について，債権者に広い裁量を認めるイギリス法よりも，伝統的に介入主義的であり，利害関係人に対し，事業譲渡よりも自主再建を促すことは，第11章手続の明確な目的であった。会社の経営者は，自己の職を守ることを望むものであろうことから，その経営者に，事業譲渡に反対する強力な権限が付与されているのである。しかし，統一商事法典第9章の改正により，担保権者が債務者企業の全資産を担保にとることが容易になったことで，かかる担保権者の判断権限が強化されているという。

　ABIの報告書は，こうした傾向を元に戻すことを企図しつつ，特に中小企業に対する規律を提案する点において注目するべきものである。その第7章（272～302頁）によれば，中規模企業全体の収益はトップ100企業のそれを超え，GDPの40％以上を占めており，従業員数50人以上5000人以下の企業の雇

用は，5000人以上の企業のそれを上回る。それゆえ，いわゆる中小企業はアメリカ経済の背骨であるとされる。種々の実証研究を踏まえ，原則として企業規模を問わず適用される第11章手続（"one-size-fits-all" approach）は，中小企業に対し十分に機能しておらず，特別の規律が必要であるという。ではどのような基準で「中小企業」とするのか。提案では，従業員数や収益ではなく，資産ないし負債の額（1000万ドル以下）が基準として提示されている。

　ABIの分析対象となった中小企業の特徴は，経営陣に十分な経験がないこと，資産と負債の規模が小さいこと，収益が小さいこと，資金調達に関連する問題を理解することに課題があること，既存株主が設立者であり，経営を主宰していることである。こうした企業が倒産する主たる理由は，資金調達や債務整理に際し，必要な支援を受けられないことである。こうした問題に対し，手続の簡素化，低廉化の観点から，監視機関（watchdog）としての債権者委員会の関与の大切さは認めつつも回避し，原則として，倒産財団に中立的な第三者，とくにファイナンスの専門能力を備えた人材の関与が主張されている。

　債務者企業はアメリカ連邦倒産法363条(b)に基づきその資産すべてを売却することができる。債務者が，事業譲渡を行い，売却益で弁済する清算計画を立てるのは，例えば，その収益では事業の継続ができず，十分な資金を調達できない場合である。売却によって資産の価値は固定化し，現金化されるが，そのタイミングや市場環境等により，低い価値しか得られないこともある。ABI内部でも，事業譲渡を「再建」と呼ぶかは議論が分かれるが，これまでも，363条に基づく計画認可若しくは計画提出前の事業譲渡の可否が論じられてきた。自主再建の場合と比較し，十分な情報開示（1125条），議決権行使（1126条），クラムダウン条項（1129条）の適用がないからである。加えて，事業譲渡の場合，企業価値の適切な評価，他の再建手法利用可能性の網羅的検討，裁判所，利害関係人等への十分な情報開示と，検討時間及び意見表明機会の確保，が問題になる。また，申立てから事業譲渡に至る日数がきわめて短くなっており，十分な手続保障に欠けるとの意見が示されている。これらを踏まえ，ABIは，手続的要件として，より実質的な通知をより広く利害関係人に行うこと，また，実体的要件として，計画認可におけるクラム

ダウン条項（1129条）による保護と同様のものを債権者に与えるべきであるとする。後者は，主として，申立ての誠実性，清算価値保障，共益債権の全額弁済，反対する組への公正・衡平な取扱いからなる。また，事業譲渡に際し，原則として，60日間のモラトリアム期間を設けることも提案されている。

　中小企業の事業譲渡に対するABIの提案は明確ではない。中小企業の場合，自主再建は遂行可能性が低く，単にオーナー経営者を利するだけであり，事業譲渡の方がより効果的な再建手段であるとの指摘が存在した。中小企業は市場利率で計画により定められた弁済額全額を支払うことができないのが通常であり，それゆえ，計画の認可を得ることが困難であるとの見解も存在する。これらを踏まえ，問いに対するABIの回答を推し量れば，事業譲渡よりも，自主再建の可能性を高めることでバランスをはかろうとしているように思われる。たとえば，前述した第三者機関を選任することで，債務者企業をサポートすることなどである。

3　コメント

　アメリカ社会にとって，中小企業の再生は重要である。なぜなら，そこには，社会に革新的な価値をもたらすベンチャーが多く含まれるからである。中小企業が国家経済の背骨であり，イノベーションの基点となり得ることは，わが国でも変わらない。資金調達の難しさからしても，中小企業の再生が複雑困難であることはいずれの国も同じである。もっとも，民事再生法はそれらの難点の多くをクリアした高い完成度を誇っているように思われる。例えば，適用対象について企業規模の限定を置かず，議決権者の限定を適切に行い，株主の処遇もバランスがとれている。

　残された「問い」として，事業譲渡については，自主再建との対比が重要である。やはり「再建」とは原則として自主再建なのではないか。自主再建で債権者に保障される事柄は，事業譲渡の場合にも，可能な限り保障されるべきであると考える。その意味で，ABIがクラムダウンに言及したことは興味深いものであった。事業譲渡は単なる「売買」(Business)ではなく，法的素養をもった倒産弁護士によって初めて実現できる事柄(Justice)であると理解

するべきであろう。

［※本稿は科研費【24402007】，【25285028】の成果の一部である。］

Ⅱ 民事再生事件の履行監督と牽連破産

■論文 1

民事再生事件の履行監督と民事再生から破産への移行（牽連破産）事件の処理における一裁判官の雑感

奈良地方裁判所判事　島岡　大雄

1　本稿の目的

　本稿は，筆者が平成24年3月に判例タイムズ誌上で報告した「東京地裁破産再生部（民事第20部）における牽連破産事件の処理の実情等について（上）」判タ1362号4頁，「同（下）」判タ1363号30頁（以下，「判タ報告（上）」などという）を踏まえ，筆者が東京地裁破産再生部に在籍していた平成20年4月から平成23年3月までの間に経験し，又は見聞した民事再生事件のうち，再生計画認可の決定の確定後の再生計画の遂行過程で再生債務者又は再生債務者代理人の対応等に問題があったと思われる事例をいくつか紹介して，若干の雑感を述べるとともに，再生手続の廃止等により破産手続に移行した牽連破産事件のうち，判タ報告（上），（下）で取り上げた実務上の諸問題のいくつかについて，一裁判官としての雑感等を述べることを目的とするものである[*1]。なお，本稿中，意見にわたる部分は，あくまで筆者の個人的見解であり，東京地裁破産再生部に在籍した当時ないし現在の見解を述べるものではないことを予めお断りしておく。

[*1] 本稿は，平成28年10月29日開催の第42回倒産実務交流会において報告した内容をもとに，加筆訂正を行ったものである。同会の席上，出席者の弁護士，研究者及び金融機関の皆様から貴重なご意見，ご指摘をいただいた。この場を借りて厚く御礼申し上げる。

2　再生計画の履行監督について

(1)　民事再生法の規律

再生計画認可の決定が確定すると，再生債務者は，再生計画の遂行義務を負う（民再186条1項）。再生計画認可の決定の確定後，監督委員が選任されていない場合には，再生手続終結の決定がされる（民再188条1項）が，監督委員が選任されている場合（民再54条1項・2項）には，監督委員が再生計画の遂行を監督し（民再186条2項），再生計画が遂行されたとき，又は再生計画認可の決定の確定後3年が経過したときに再生手続終結の決定がされる（民再188条2項）。再生計画の遂行が確実であることが見込まれ，監督委員による監督の必要がなくなった場合には，監督命令の取消し（民再54条5項）により再生手続終結の決定がされることがある（民再188条1項）。

管理命令が発令されている場合（民再64条1項）には，管財人が再生計画の遂行義務を負い（民再186条1項），裁判所が管財人による再生計画の遂行を監督し（民再78条・57条1項），再生計画が遂行されたとき，又は再生計画が遂行されることが確実であると認めるに至ったときに再生手続終結の決定がされる（民再188条3項）。

(2)　東京地裁破産再生部における監督委員の権限等の時的限界

(a)　**同意権限**　監督命令上，監督委員の要同意事項の指定（民再54条2項）の終期は，再生計画認可の決定時までと定められている。したがって，再生計画認可の決定後も一定の事項（例えば，重要な財産の処分等）について監督委員の同意を要する旨の監督命令の変更（同条5項）をしない限り，監督委員は，前記認可決定後は同意権限を有しない[2]。

(b)　**月次報告書の受領**　監督命令に係る決定書において，再生債務者の裁判所及び監督委員に対する月次報告書の提出の終期は，再生計画認可の決定時までと定められている（民再125条2項）。もとより，監督委員は，再生計画認可の決定後であっても，再生債務者の業務及び財産の状況について報告を求め，再生債務者の帳簿，書類その他の物件を調査することができる（民再59条1項）が，前記決定書上は，監督委員が再生債務者から月次報告書の提出

---

[2]　鹿子木康編著『民事再生の手引〔第2版〕』（商事法務，2017年）59頁。

を受けるのは，前記認可決定時までである*3。

(3) 東京地裁破産再生部における履行監督の運用

筆者が東京地裁破産再生部に在籍していた平成22年半ば頃までは，再生計画による弁済があった場合に，その都度，再生債務者から裁判所及び監督委員に対して弁済報告書が提出され，監督委員が計画どおりの弁済がされなかったことを知ったときは，直ちに裁判所に報告がなされ，監督委員及び再生債務者代理人との間で対応について協議がされ，場合によっては，裁判所，監督委員及び再生債務者代理人が一堂に会して再生計画の変更（民再187条1項）を含めた対応が講じられ，それができない場合は再生手続の廃止（民再194条）を検討するなどの対応がされていた*4。その後，運用が改められ，いわゆる収益弁済型の再生計画の場合には，弁済報告書に加え，業務状況報告書（営業状況，収支，資金繰りの状況について記載した報告書）の定期的な提出が求められ，いわゆる清算型の再生計画案の場合には，弁済報告書に加え，財産処分状況報告書（収支状況，残余財産の内容及び処分状況，残務の内容について記載した報告書）の定期的な提出が求められている*5。

(4) 再生計画認可の決定の確定後の再生債務者と再生債務者代理人との間の委任契約について

再生計画認可の決定の確定後の再生債務者代理人の再生手続への関与の程度については，基本的に再生債務者と再生債務者代理人との間の委任契約の内容によることになると考えられる*6。したがって，再生債務者による再生計画の遂行及び監督委員による履行監督の在り方を考えるにあたり，前記委任契約の内容を無視することはできないように思われる。他方，裁判所の立場からすれば，再生計画の遂行に再生債務者代理人が適時適切に関与するこ

---

*3　鹿子木編著・前掲*2・59頁。
*4　西謙二＝中山孝雄編／東京地裁破産再生実務研究会著『破産・民事再生の実務〔新版〕（下）〔民事再生・個人再生編〕』（金融財政事情研究会，2007年）294頁。
*5　鹿子木編著・前掲*2・380頁。
*6　木内道祥監修『民事再生実践マニュアル〔第2版〕』（青林書院，2019年）335頁には，委任契約書のひな型が掲載されているが，同契約書の委任事項・範囲は，「再生計画の認可確定に至るまでの法律手続その他それに関連する一切の法律事務」とされており，認可決定確定後の再生計画の遂行に係る法律手続等は含まれていない。

とが期待されており，債権者の立場からしても同様と思われる。

　再生債務者代理人が再生債務者との間で取り交わす委任契約書では，再生手続の段階に応じて報酬額等の取決めがされることが多いようであり，再生計画認可の決定後の報酬額については，同決定前よりも低額に定められるようである。大阪地裁では，従前から，再生計画認可の決定後も2ヵ月ごとに報告書を監督委員に提出するものとされており[*7]，東京地裁破産再生部でも，前記(3)のとおり，平成22年半ば頃以降は，定期的に業務状況報告書（収益弁済型の場合）又は財産処分状況報告書（清算型の場合）を裁判所及び監督委員に提出するものとされているため，再生債務者代理人は，かかる報告書の作成及び提出について関与することが求められ，その対価として再生債務者から一定額の報酬を受けることが可能である。もっとも，再生債務者と再生債務者代理人との間の委任契約は，その性質上，当事者間の信頼関係を基礎としているため，様々な事情から信頼関係が失われる事態が起こることもあり得る（スポンサー企業の意向や経営陣の方針の違い等から，再生計画認可の決定後に再生債務者代理人が辞任ないし解任された事例もある）。再生債務者代理人は，再生計画認可の決定後においても，再生債務者との信頼関係の維持に努めながら，引き続き適時適切に再生手続に関与して再生手続に対する債権者を含む関係者の信頼を損ねることのないように対応することが望まれ，再生計画の遂行を監督する立場にある監督委員や再生手続を主宰する裁判所においても，再生債務者及び再生債務者代理人に対し，必要に応じて助言等を行うことが望まれるといえよう。

(5) 　事例紹介

　次の【事例1】ないし【事例4】は，再生計画の遂行過程で再生債務者又は再生債務者代理人の対応等に問題があったと思われる事例である。

【事例1】

　情報システム開発等を行う再生債務者Xについて，いわゆる減増資を含む収益弁済型の再生計画認可の決定が確定したが，その後，代表者ら役員6名が民

[*7] 森純子＝川畑正文編著『民事再生の実務』（商事法務，2017年）164頁・394頁。

事再生法違反（特定の債権者に対する担保の供与）容疑で逮捕されたこと等が報道され，結局，再生計画による履行ができなくなり，再生手続が廃止された[*8]。

（時系列）

平成20年7月頃	Xが第三者割当増資により資金を調達
平成20年8月下旬	Xが支払期限未到来の貸付金債権の担保のため売掛金債権の譲渡担保契約を締結
平成20年8月28日	第1回目の不渡り
平成20年8月29日	第2回目の不渡り
平成20年9月1日	再生手続開始の申立て
平成21年5月21日	再生計画認可の決定（減増資を含む収益弁済型）その後，減増資と1回目の弁済を実施
平成22年2月16日	代表者ら6名が民事再生法違反（担保供与）容疑で逮捕
平成22年3月29日	代表者ら4名が金融商品取引法違反（架空増資）容疑で逮捕
平成22年11月24日	代表者らに対して執行猶予付きの有罪判決
平成23年3月24日	再生手続廃止の決定，保全管理命令及び包括的禁止命令

（雑感）

【事例1】は，収益弁済型の再生計画の事例であったところ，平成22年半ば頃の運用見直し後の履行監督の運用を行うことができていたとすれば，遅くとも代表者らが民事再生法違反容疑で逮捕された直後の同年3月の月次報告書の提出又は不提出を契機に，Xの業務遂行及び財産の状況に重大な問題が生じていることが把握され，裁判所，監督委員及びX代理人との打合せ等を通じて，再生手続の廃止（民再194条）による保全管理命令及び包括的禁止命令の発令（民再251条1項1号，破91条2項・25条2項）又は管理命令の発令（民再64条1項）により財産の保全等を図ることができたのではないかとも考えられる

[*8] 時系列については，インターネット上の情報による。

事例である。再生計画の遂行過程における再生債務者代理人の適時適切な関与と裁判所及び監督委員との連携の重要性を再認識した事例と評することができよう。

【事例２】

　建設業と不動産業を営む再生債務者Ｘにつき，保有する現預金による基本弁済を行うとともに，一定の範囲の保有不動産を一定期間内に順次処分することによる追加弁済を定めた再生計画認可の決定が確定したが，その後，再生計画の遂行過程で，Ｘが追加弁済のために留保している資金から代表者Ａが報酬名目で極めて高額の資金を取得し，海外子会社に貸付金として送金されている事実が判明したほか，一定期間内に順次売却するものとされていた保有不動産の売却を進めようとしないことが判明し，債権者から管理命令の申立て（民再64条１項）がなされた。裁判所は，Ｘに対して一定期間内に問題点の是正措置を講じる機会を与えたが，期間内に是正措置が講じられなかったため，管理命令が発令された。その後，管財人が売却対象不動産の売却手続を進め，好条件で売却するとともに海外子会社から貸付金の回収を行うほか，代表者Ａに対する役員責任追及訴訟を提起して流出した資金の回収を行い，追加弁済を行って再生手続が終結された[*9]。

（時系列）
　　平成20年３月頃　　　　Ｘから立退交渉を依頼された会社の社長らが弁護士法違反（非弁行為）容疑で逮捕
　　平成20年６月24日　　　再生手続開始の申立て
　　平成21年４月　　　　　再生計画認可の決定
　　平成22年９月　　　　　債権者が管理命令の申立て
　　平成22年10月　　　　　管理命令発令
　　平成26年３月28日　　　再生手続終結の決定

（雑感）

[*9] 鹿子木編著・前掲＊2・511頁。なお，時系列については，インターネット上の情報による。

【事例2】は，Ｘ代理人が結果的に経営陣を適時適切に指導・監督することができなかったこともあると思われるが，経営陣（代表者Ａ等）の不適切な行為等により，債権者の申立てに基づいて管理命令が発令された事例と評することができる。管理命令の発令後は，管財人による不動産の売却手続等が円滑に進み，再生手続終結の決定がされたものと思われ，【事例1】とは対照的ということができるであろう。

【事例3】

> 不動産開発事業を営む再生債務者Ｘにつき，再生手続開始の決定後，ＦＡ（フィナンシャル・アドバイザー）を選定して事業全体を承継するスポンサーを探したが現れなかったため，一部の事業のみを切り離して事業譲渡を行い，残る事業については再生計画認可の決定の確定後もＸが物件の売却を継続して弁済を行う清算型の再生計画案を立案し，認可決定が確定した。その後，再生計画の遂行過程で，監督委員から財産の換価処分による収入と各種支払の支出の明確化の必要性が指摘され，公認会計士を補助者とする調査が行われた結果，再生手続開始の申立てから約2年間の専門家報酬が極めて高額であり，その半分余りがＸ代理人の報酬（認可時までの予納金の約50倍），その余の多くがＦＡの報酬であることが明らかになった。そこで，裁判所と監督委員の協議を踏まえ，監督委員が立ち会うＸ代理人主催の債権者説明会（民再規61条1項）が開催された[*10]。

（時系列）
　　平成20年8月13日　　　再生手続開始の申立て
　　平成20年12月22日　　 再生計画案提出
　　平成21年2月5日　　　 修正再生計画案提出
　　平成21年3月18日　　　再生計画認可の決定
　　平成23年3月11日　　　Ｘ代理人主催の債権者説明会を開催
　　平成24年4月16日　　　再生手続終結の決定

＊10　鹿子木編著・前掲＊2・503頁。なお，時系列については，インターネット上の情報による。

(雑感)

【事例3】は，X代理人の報酬の在り方等が問題となった事例である。再生債務者代理人の報酬のうち，再生手続の開始後の分については共益債権と扱われる（民再119条2号）が，その額については，再生債務者と再生債務者代理人との間の委任契約により合理的な額が定められるべきものである。もっとも，日本弁護士連合会の報酬基準が廃止された現在では，裁判所の立場からみて報酬額が高額に過ぎると考えたとしても，報酬額の当否等を適切に判断し得る基準ないし材料がないため，倒産事件に精通している監督委員が，必要に応じて問題点を指摘する等の対応をしているのが実情と思われる[*11]。この点について，「我が国においては，監督委員が再生債務者代理人の業務内容及び報酬を監督すること，再生債務者代理人の具体的な業務と報酬に関し，倒産専門の弁護士と裁判所の協議で，指針を示していくことが望ましい。裁判所は，監督委員を通じて，再生債務者の業務及び財産の管理状況を把握するだけではなく，再生債務者代理人が倒産事件に精通していない場合には，業務及び報酬が適正であるか監督すべきである。」とする見解がある[*12]。しかしながら，監督委員は，通常は再生債務者の業務の遂行及び財産の管理処分を監督する過程で，自ずと再生債務者代理人の報酬額についても認識し，監督委員からみても明らかに高額に過ぎると思われるような場合には，何らかの指摘ないし是正措置が図られることからすると，監督委員が再生債務者代理人の報酬について監督すべきであることを殊更強調することは，適切とはいえないように思われる[*13]。

【事例4】

> 各種発明考案品の設計・試作・試験の請負等を業とする再生債務者Xが提出した収益弁済型の再生計画案が債権者集会で否決され，続行後の債権者集会に

[*11] 鹿子木編著・前掲*2・503頁。
[*12] 我妻学「民事再生手続における再生債務者代理人の業務と報酬」高橋宏志ほか編『伊藤眞先生古稀祝賀論文集―民事手続の現代的使命』（有斐閣，2015年）1279頁。
[*13] 鹿子木編著・前掲*2・503頁。

おいて，従前の収益弁済型に加え，経営責任の明確化のため，代表者Ａを含む全取締役の退任と100％減資，Ｘの株主でもあり社内の信望の厚いＢを新たな代表者に選任することとＢを引受人とする増資の実施を内容とする修正再生計画案が可決され，認可決定が確定した。その後，代表者Ａが認可された修正再生計画とは異なる内容（増資額及び割当先の変更，取締役として新代表者候補のＣらの選任等）を議題とする臨時株主総会招集通知等を行ったため，Ｂ及びＸの取締役兼株主であるＤから前記議題を目的とする臨時株主総会開催の禁止を求める仮処分命令の申立てと管理命令の申立て等がなされた[*14]。

(時系列)

平成21年2月25日	再生手続開始の申立て
平成21年6月30日	再生計画案提出（収益弁済型）
平成21年8月26日	債権者集会で否決。頭数要件を満たしていたため，債権者集会を続行
平成21年10月2日	修正再生計画案提出（従前の収益弁済型に加え，経営責任の明確化として，代表者Ａらの有する全株式の消却と100％減資，全取締役の退任と新たな取締役の選任［Ｂを代表者とする］，Ｂによる増資［500株］の引受け，代表者Ａは民事再生又は破産の申立て予定であることを追加）
平成21年10月14日	修正再生計画案可決，再生計画認可の決定
平成21年11月28日	Ｘ代理人甲の事務所で取締役会開催（増資について，Ｂに500株を割り当てることに加え，Ｅに500株，甲に10株，乙［財産評定等に関与した公認会計士］に10株を割り当てること，取締役選任について，Ｂのほかに代表者Ａの関係者であるＣらを取締役に選任することを臨時株主総会の議題とすることを決議）
平成21年12月1日	代表者Ａが同年11月30日付け臨時株主総会開催通知を発出

[*14] 筆者が平成23年1月25日に東京弁護士会倒産法部第5回全体会で報告した事例である。

平成21年12月3日	B及びDが前記議題を目的とする臨時株主総会開催の禁止を求める仮処分命令の申立てと管理命令の申立て
平成21年12月7日	仮処分手続の審尋期日において，甲が同月8日の臨時株主総会の開催延期を表明
平成21年12月8日	仮処分決定 その後，B及びDが代表者Aの職務執行停止，職務代行者選任を求める仮処分命令の申立て
平成21年12月中旬	裁判所において，代表者Aと甲，Bらとその代理人，監督委員が同席して，修正再生計画どおりの減増資と役員変更の手続を行うことを確認し，その旨の合意書面を取り交わす。 減増資の実施及び役員変更手続の終了後，管理命令の申立ての取下げ

(雑感)

　【事例4】は，再生計画の遂行のうち，再生計画による再生債権の弁済ではなく，いわゆる減増資の履行が問題になった事例である。民事再生法186条1項所定の再生計画の「遂行」の意義については，再生債権の弁済に限らず，再生計画に記載された資本金の額の減少や募集株式を引き受ける者の募集等の遂行も含まれると解されており[15]，監督委員は，このような再生計画の「遂行」について監督義務を負うことになる。【事例4】のように再生計画に記載された減増資の履行が問題になった場合の監督委員の具体的な対応方法等については議論の余地があると思われる[16]が，監督委員は，その職務遂行について善管注意義務を負っている（民再60条1項）ことに鑑みると，【事例4】のような問題が生じた場合には，裁判所と協議をしながら，主体的かつ

---

[15] 伊藤眞『破産法・民事再生法〔第3版〕』（有斐閣，2014年）1032頁，西＝中山編・前掲＊4・298頁。
[16] 服部敬「再生計画の遂行・終結と監督委員の役割」事業再生研究機構編『民事再生の実務と理論』（商事法務，2010年）225頁，東京弁護士会倒産法部編『民事再生申立ての実務―モデル事例から学ぶ実践対応』（ぎょうせい，2012年）519頁。

積極的に事態の収拾に向けて行動することが望まれるといえよう。

3　牽連破産について
(1)　保全管理人による事業譲渡
(a)　事業譲渡の許否の判断　　法人の再生債務者について再生手続廃止等の決定がされた場合，全件につき保全管理命令（民再251条1項1号，破91条2項）が発令され，監督委員を務めた弁護士が保全管理人に選任されるのが通例である。そして，保全管理人は，保全管理中に再生債務者の事業の全部又は一部を譲渡することが少なくない[17]ところ，保全管理人による事業譲渡が行われる場合としては，大きく分けて，再生手続廃止等の決定前に既に事業譲渡契約を締結することが可能な場合（その多くは，再生債務者による事業譲渡契約の締結が可能であるものの，事業譲渡を実行しても公租公課等の一般優先債権〔民再122条1項〕が多額に上るため，履行可能性のある再生計画案を作成する見込みがない場合）と，保全管理人が人脈を使うなどして自ら事業譲渡譲受人候補者を選定して事業譲渡契約を締結する場合がある。

いずれの場合も，裁判所が事業譲渡の許否（破93条3項・78条2項3号）を判断するにあたっては，事業譲渡の必要性（破産手続の開始を待てない事情等），譲渡価格の相当性（破産手続における個別財産の換価よりも優位であることや財団債権の発生を防止できること等），事業譲受人候補者の選定及びその過程の相当性・合理性，関係者の意向（労働組合等については，破産法93条3項，78条4項により意見聴取が義務付けられている）等を考慮することになる。

(b)　再生債務者が株式会社の場合の事業譲渡の承認の株主総会特別決議（会467条1項・309条2項11号）の要否

(イ)　民事再生法43条1項所定の代替許可の利用可能性についての私見の修正　　筆者は，かつて，再生手続廃止の決定後，同決定が確定するまでの間であれば，保全管理人が民事再生法43条1項所定の株主総会決議に代わる許可を得ることもできるとの見解を述べたことがある[18]。しかしながら，そ

---

[17]　鹿子木編著・前掲 * 2・466頁。
[18]　判タ報告（上）18頁。

の後,東京地裁破産再生部において,保全管理人が同項所定の許可を得た事例はないようである[*19]。

　民事再生法42条1項は,裁判所が再生債務者の事業譲渡を許可することができるのは,「再生債務者の事業の再生のために必要であると認める場合」に限る旨規定しており,実務上,再生債務者の事業譲渡を許可しても再生計画案の作成の見込みがないことが明らかである（民事再生法191条1号所定の再生手続廃止事由がある）ような場合には,事業譲渡の許否の判断のための諸手続（債権者の意見聴取など）は行わず,再生手続を廃止して保全管理命令を発令し,保全管理人において事業譲渡を試みてもらうことになる[*20]。このように,同項は,再生計画案の作成の見込みがある（再生手続廃止事由がない）ことを前提に,再生計画によらない事業譲渡を許容する趣旨であると理解することができる。そして,同法43条1項の代替許可の制度は,同法42条1項の適用を受ける場合の株式会社についての特則規定であると解されることからすると,再生手続の廃止等の決定後に保全管理人が行う事業譲渡について,同法43条1項所定の代替許可を得ることはできないと解するのが相当である（したがって,筆者の従前の前記見解は改める）。

　(ロ)　破産管財人による事業譲渡について株主総会の承認決議を要しない理由　　特別清算手続は,債務超過の疑いが特別清算開始の原因とされており（会510条2号）,清算株式会社が事業譲渡を行う場合,株主総会の承認決議を要しない旨の明文規定がある（会536条3項）。他方,破産手続の場合,破産管財人が事業譲渡を行うにあたり,株主総会の承認決議を要しないと解されているが,その理由付けについては,①破産法上の明文規定がないものの,会社法の規定の適用がないことは当然であるとするもの[*21],②破産手続の開始により破産者の財産の管理処分権が破産管財人に専属する（破78条1項）ことから,破産者が債務超過状態にない場合でも,株主は破産管財人の財産処分行為に容喙することはできず,破産管財人は会社法上の手続を経ることな

[*19]　鹿子木編著・前掲＊2・489頁。
[*20]　鹿子木編著・前掲＊2・488頁。
[*21]　萩本修編『逐条解説新しい特別清算』（商事法務,2006年）145頁。

く事業譲渡ができるとするもの[*22]、③昭和13年の商法改正において特別清算における事業譲渡に株主総会決議が不要とされたことに根拠を求めるべきであるとするもの[*23]がある。

　破産管財人に破産者の財産の管理処分権が専属することを理由とするのであれば、保全管理命令により保全管理人に債務者の財産の管理処分権が専属する（破93条1項本文）ことから、再生手続の廃止等の決定後に保全管理人が事業譲渡を行う場合についても、株主総会の承認決議は要しないとの結論を導くことができそうである。しかしながら、破産法の立法担当者は、破産手続開始前の保全管理段階で保全管理人が事業譲渡を行う場合には、株主総会の承認決議を要すると説明している[*24]。また、昭和13年の商法改正等の経緯に根拠を求めるとしても、学校法人や医療法人等の破産手続における事業譲渡について、社員総会等の承認決議を不要とする根拠とすることはできないように思われる。

　破産手続は、裁判所が選任した第三者（弁護士）である破産管財人が破産財団に属する財産の管理処分権を行使して強制的に財産を換価し、これを債権者に公平に分配して清算することを目的とする裁判上の手続である。そして、破産管財人は、破産財団に属する財産を換価するため、任意売却のみならず、例えば、破産手続の開始時に行われていた強制執行又は一般の先取特権に基づく実行を失効させることなく続行することができる（破42条2項ただし書）し、破産財団に属する財産が共有であり、分割禁止の定めがある場合であっても、共有物分割（遺産分割を含む）を請求することができる（破52条1項）など、破産法は、破産管財人が強制的に破産財団に属する財産を換価するための様々なツールを用意している。このように、破産手続では、破産管財人が破産財団に属する財産を強制的に換価することができるよう、平時におけ

[*22] 竹下守夫編集代表『大コンメンタール破産法』（青林書院、2007年）335頁、伊藤眞ほか著『条解破産法〔第2版〕』（弘文堂、2014年）625頁。

[*23] 木内道祥「倒産手続における事業譲渡と株主総会決議の要否」一般社団法人金融財政事情研究会編『田原睦夫先生古稀・最高裁判事退官記念論文集―現代民事法の実務と理論（下巻）』（金融財政事情研究会、2013年）84頁。

[*24] 小川秀樹編著『一問一答新しい破産法』（商事法務、2004年）142頁。

る法律上の制約を破産管財人に及ぼさないようにしているものと理解することができる。破産管財人による事業譲渡について，破産法が株主総会の承認決議を要しない旨の規定を設けていないのは，このような破産財団に属する財産を強制的に換価する清算型の法的倒産手続である破産手続の本質に由来するもの，言い換えれば，破産手続であるから当然であるということができる。そして，このように解することにより，破産者が株式会社の場合に限らず，一般社団法人や一般財団法人，医療法人，学校法人の場合（一般法人147条・201条，医療46条の3第1項・46条の4の5第1項3号，私立学校42条1項1号・2項）等においても，破産管財人による事業譲渡について，社員総会や評議員会の承認決議を要しないものと統一的に理解することができる。

　(ハ)　再生手続の廃止等の決定後の保全管理人による事業譲渡における株主総会の承認決議の要否（再論）　前記(ロ)のとおり，破産管財人による事業譲渡については，株主総会等の承認決議を要しないところ，それでは，再生手続の廃止等の決定後，破産手続の開始前の保全管理人による事業譲渡についても同じように考えることはできないだろうか。

　破産法上，保全管理命令は，破産手続開始の申立てがあった場合において，法人である債務者の財産の管理及び処分が失当であるとき，その他債務者の財産の確保のために特に必要があると認めるときに，破産手続開始の申立てについての決定があるまでの間，発令することができる（破91条1項）とされている。条文の文言から明らかなように，債務者の財産の管理処分が失当であるなど，「債務者の財産の確保」のために特に必要がある場合が発令要件であり，破産手続の開始までの財産の保全措置の意味合いが強いことが窺える。これに対し，再生手続の廃止等による保全管理命令は，必要があると認めるときに職権で発令することができ（民再251条1項柱書），破産法91条1項の規定を準用しておらず，破産手続開始の申立てに伴う保全管理命令の発令要件よりも緩やかである。実務の運用に照らしても，再生手続の廃止等がされた場合には，法人についてはほぼ例外なく破産手続に移行し，その前提でほぼ全件につき保全管理命令が発令されており，法人の再生手続の廃止等の場合には牽連破産になる蓋然性が極めて高い。再生手続廃止等の決定に対しては即時抗告することができ（民再36条1項・175条1項・189条5項・195条2項），再

生手続廃止等の決定は確定しなければその効力が生じない（民再189条6項・195条5項）ため，再生手続廃止等の決定と同時に破産手続を開始することができないという制約がある。そして，民事再生法は，再生手続廃止等の決定から破産手続開始の決定までの空白を埋めるため，破産管財人とほぼ同内容の権限を有する保全管理人による保全管理命令を発令して破産手続開始の前倒しを実現する立法技術を採用したものと考えられる（保全管理命令と併せて包括的禁止命令が発令される場合も多く，そうなると，保全管理期間は，よりいっそう破産手続開始の前倒しであると評価することができる）[*25]。法的倒産手続であり，破産手続よりも開始原因が緩やかである再生手続（民再21条1項）においてすら，再生債務者が株式会社の場合には民事再生法43条1項の代替許可制度を利用することができるのに対し，破産手続への移行の蓋然性が極めて高い再生手続の廃止等の決定後の保全管理における事業譲渡については，平時の場合と同じく株主総会の承認決議を要する（しかも，前記(ロ)のとおり，同項の代替許可制度を利用することができない）と解することは，後に開始される破産手続において破産管財人が事業譲渡をする場合には株主総会の承認決議を要しないと解されることとの均衡を失するものといわざるを得ない。また，仮に株主総会の承認決議がされることなく事業譲渡が行われたとしても，破産手続の開始後に破産管財人が当該事業譲渡を追認することは可能であると解される[*26]。

以上の諸点に加え，前記のとおり，破産法上，保全管理人による事業譲渡について，株主総会等の承認決議を要する旨の明文規定がないことをも併せ

[*25] 堀野桂子「再生手続から破産手続への移行に関する諸問題」倒産法改正研究会編『続・提言倒産法改正』（金融財政事情研究会，2013年）274頁は，再生手続廃止の決定から破産手続開始の決定までの空白期間を埋めるため，再生手続廃止の決定，再生計画不認可の決定及び再生計画取消しの決定については，即時効力発生を認めるべきであると提言している。

[*26] 株主総会の承認決議を欠く事業譲渡契約は，手続上の瑕疵を理由に無効とされている（最〔1小〕判昭和61年9月11日（裁判集民事148号445頁・判タ624号127頁））が，会社が追認することは可能と解されている（落合誠一編『会社法コンメンタール12』（商事法務，2009年）62頁，判タ報告（上）19頁注31）。もっとも，株主総会の特別決議を欠いたまま保全管理人による事業譲渡がされた後，破産手続が開始されて保全管理人であった者が破産管財人に就任した場合に，瑕疵ある決議を追認することが許されるのかという問題は残る。そして，この点について，鹿子木編著・前掲*2・488頁は，「株主総会決議を欠くため効力に問題がある契約を，破産管財人が履行選択することは不相当であり，破産手続開始後に，破産管財人が改めて事業譲渡契約を締結すべきであろう。」と指摘している。

考慮すると，再生手続廃止等の決定後，破産手続に移行するまでの間の保全管理人による事業譲渡については，株主総会の承認決議を要することなく，裁判所の許可のみで有効に行うことができると解することも可能なように思われる。

(c) 再生債務者が医療法人や学校法人等の場合の社員総会等の承認決議の要否　前記(b)(ロ)のとおり，破産管財人による事業譲渡については，破産者が一般社団法人や一般財団法人，医療法人，学校法人等の場合であっても，社員総会や評議員会の承認決議を要しないところ，前記(b)(ハ)のとおり，再生手続廃止等の決定後の保全管理は，破産手続開始の前倒しと評価することができることなどからすると，保全管理人は，社員総会等の承認決議を要することなく，裁判所の許可のみで有効に事業譲渡を行うことができると解することも可能なように思われる。

(d) 事例紹介

【事例5】

> バッテリー機関車等の製造販売業を営む再生債務者Xが事業譲渡契約を締結して許可を得たが，想定していなかった共益債権の発生（Xが加入していた厚生年金基金の規約上，再生手続中に事業を譲渡した場合には任意脱退と扱われて特別掛金が発生する）が判明したため，事業譲渡を実行しても再生計画案の履行ができないこととなり，再生計画案の付議決定前に再生手続が廃止され，破産手続の開始後，破産管財人において事業譲渡契約が締結され，事業譲渡が実行された[27]。

（時系列）

平成21年10月2日	再生手続開始の決定
平成22年2月16日	停止条件付き事業譲渡契約の締結
平成22年2月24日	債権者の意見聴取期日，事業譲渡許可
平成22年3月5日	再生計画案（清算型）提出

---

[27] 鹿子木編著・前掲*2・466頁。

	その後，再生手続中に事業譲渡を実行すれば，厚生年金基金の規約上，任意脱退と扱われて多額の特別掛金が発生し，再生債権の弁済原資を確保できないことが判明し，修正再生計画案（収益弁済型）提出
平成22年3月25日	監督委員の意見書提出（提出済みの清算型の再生計画案の撤回と収益弁済型の再生計画案への修正は，民事再生法167条が定める再生計画案の修正の範囲を超える本質的変更である上，収益弁済型の再生計画案の履行の見込みもないことを理由に付議不相当の意見） 再生手続廃止の決定，保全管理命令及び包括的禁止命令
平成22年6月3日	破産手続開始の決定 その後，破産管財人が同じ譲受人候補者との間で事業譲渡契約を締結して実行

（雑感）

【事例5】は，Xが裁判所の許可を得て事業譲渡を実行する過程で多額の共益債権の発生の可能性が判明したことなどから，再生手続が廃止された事例である。既にXによる停止条件付き事業譲渡契約が締結されていたことから，保全管理人による事業譲渡も考えられたところであるが，保全管理人による事業譲渡であっても，共益債権ひいては財団債権となる特別掛金が発生する可能性等が考慮され，破産手続の開始後に破産管財人が事業譲渡を行ったものと考えられる。【事例5】のような場合には，保全管理人又は破産管財人による事業譲渡の許否の判断自体は，比較的容易であると思われる。

(2) 保全管理人による双方未履行双務契約の解除の可否

（再生）債務者の財産の管理処分権を有する保全管理人の権限の行使について，常務に属しない行為をするには裁判所の許可が必要であり（破93条1項ただし書），破産法78条2項各号所定の行為をする場合も裁判所の許可が必要である（破93条3項）。

破産管財人が双方未履行双務契約について履行の請求を選択する場合，裁判所の許可が必要であり（破78条2項9号），再生債務者が双方未履行双務契約

について解除を選択する場合において，裁判所の要許可事項に指定されている場合にはその許可が，監督委員の要同意事項に指定されている場合にはその同意が必要である（民再41条1項4号・54条2項）。

再生手続の廃止等により保全管理命令が発令される場合において，保全管理人が双方未履行双務契約（再生手続の開始前に締結された双方未履行双務契約で未だ履行選択がされていないもの，逆に履行選択がされたもの，再生手続の開始後に新たに双務契約が締結されて双方未履行であるもの）を解除する必要が生じる場合がある（例えば，賃借物件の明渡し等を要する場合の賃貸借契約の解除等）。しかしながら，保全管理人が双方未履行双務契約を破産法53条1項又は民事再生法49条1項により解除することができるかどうかについては，民事再生法にも破産法にも規定がなく，解釈に委ねられている[28]。

この点について，再生手続廃止等の決定が確定するまでの間は，保全管理人が，民事再生法49条1項の「再生債務者」の財産の管理処分権を有する主体として，同項により解除することができるが，再生手続廃止等の決定の確定後は解除することができない（再生手続廃止等の決定の確定時までに解除の当否の検討時間が十分与えられているから特段不都合が生ずることはない）との見解がある[29]。

前記(1)(b)(ハ)のとおり，再生手続廃止等の決定後，破産手続に移行するまでの間の保全管理が実質的には破産手続開始の前倒しと評価することができることなどに照らすと，再生手続廃止等の決定後は，同決定の確定の前後を問わず，破産法53条1項の準用ないし類推適用により，保全管理人が双方未履行双務契約を解除することは可能なように思われる。

(3) 破産管財人が再生手続で確定した再生債権の存否及び額を争う場合の債権確定手続に係る起訴責任

再生手続で確定した再生債権は，それが再生債権者表に記載されることにより，「再生債権者の全員に対して」確定判決と同一の効力を有する（民再104

---

*28 菅家忠行「倒産処理手続相互の移行」竹下守夫＝藤田耕三編集代表『破産法大系Ⅰ』（青林書院，2014年）451頁。
*29 髙井章光「牽連破産に関する諸問題」事業再生研究機構編・前掲＊16・237頁。

条3項・111条)。条文上は「再生債務者等」が含まれていないが,再生債権の調査手続に再生債務者等が関与していることや,前記規定と同様の規定である破産法124条3項,会社更生法156条3項の解釈論として,管財人に対しても確定判決と同一の効力が及ぶと解されていることから,民事再生法104条3項,111条の解釈においても,再生債権者の全員のみならず,再生債務者等に対しても確定判決と同一の効力が及ぶと解されている[*30]。

そして,確定した認可決定に係る再生計画の条項が再生債権者表に記載されることにより,再生債権に基づき再生計画の定めによって認められた権利については,再生債務者,再生債権者及び再生のために債務を負担し,又は担保を提供する者に対して確定判決と同一の効力を有し(民再180条1項・2項),再生計画不認可の決定が確定したときは,再生債権者表に記載された確定再生債権は,再生債務者に対して確定判決と同一の効力を有する(民再185条1項本文)。

ところで,証拠上,再生債権の存否及び額について合理的な疑いがあるにもかかわらず,再生債務者が再生手続への協力等を得る観点から,安易に届出どおりの内容で再生債権の存在及び額を認めていることなどを理由に,牽連破産において,破産管財人が,届出破産債権について破産管財人が異議を述べた場合の破産債権の確定手続に係る起訴責任に関して,届出破産債権者が破産法125条1項所定の破産債権査定の申立てをすべきである旨主張することがある[*31]。

この点について,会社更生に関してではあるが,更生手続内で確定した更生債権,更生担保権は更生手続内でのみ効力を有することから,その後,更生手続の廃止により破産手続に移行した場合には,後行の破産手続において更生債権,更生担保権の確定効は生じないとの見解がある[*32]。

[*30] 兼子一監修『条解会社更生法〔第3次補訂〕(中)』(弘文堂,1999年)705頁,斎藤秀夫ほか編『注解破産法〔第3版〕(下巻)』(青林書院,1999年)517頁,花村良一『民事再生法要説』(商事法務研究会,2000年)496頁,全国倒産処理弁護士ネットワーク編『新注釈民事再生法〔第2版〕(下)』(金融財政事情研究会,2010年)158頁,園尾隆司=小林秀之編『条解民事再生法〔第3版〕』(弘文堂,2013年)974頁。

[*31] 判タ報告(下)38頁。

破産法129条1項は，異議等のある破産債権のうち執行力ある債務名義又は「終局判決のあるもの」については，異議者等に債権確定手続に係る起訴責任を負わせているところ，先行する再生手続の債権調査手続で確定し，再生債権者表に記載された再生債権は，再生債権者全員のみならず再生債務者等に対しても確定判決と同一の効力が生じていることからすると，前記記載のある再生債権者表は，同項にいう「終局判決のあるもの」に準ずるものと解される。そして，再生手続が廃止されて破産手続に移行した場合に，再生債権者表に記載された再生債権について生じた確定判決と同一の効力を失わせることを許容するような法令上の根拠規定は見当たらない。

　したがって，破産管財人が届出破産債権について異議を述べた場合には，破産管財人が破産法129条1項に基づく債権確定手続に係る起訴責任を負うものと解さざるを得ないと考える[*33]。

4　おわりに——再生債務者代理人に期待する役割

　民事再生事件及び牽連破産事件を担当して痛感することは，再生手続の追行にあたり再生債務者代理人が果たすべき役割[*34]を十分に理解していない弁護士と，再生債務者の業務遂行及び財産の管理処分，再生手続の追行について公平誠実義務を負っている（民再38条2項）ことを正しく理解していない再生債務者（法人の場合の経営陣）に対し，いかにして再生計画認可の決定の確定後の再生計画の遂行の大切さや，再生計画の遂行過程における再生債務者代理人の適時適切な関与の重要性について理解を求め，実践していくかである。

　私的整理では，債権者等が事業再生計画の成立後，当該計画に定められた事業計画，資金繰り計画，弁済計画等の遂行状況を監視するモニタリングが

[*32] 兼子一監修・前掲[*30]・699頁，小畑英一「各種倒産手続が他の倒産手続に移行する場合の係属中の訴訟の帰趨」島岡大雄ほか編『倒産と訴訟』（商事法務，2013年）443頁。
[*33] 伊藤眞ほか著・前掲[*22]・911頁，森＝川畑編著・前掲[*7]・406頁。
[*34] 判夕報告（下）42頁，中山孝雄＝金澤秀樹編『破産管財の手引〔第2版〕』（金融財政事情研究会，2015年）420頁，全国倒産処理弁護士ネットワーク編『通常再生の実務Q＆A120問』（金融財政事情研究会，2010年）266頁・276頁・280頁，日本弁護士連合会倒産法制等検討委員会編『倒産処理と弁護士倫理』（金融財政事情研究会，2013年）252頁。

行われる場合がある。この場合のモニタリングは，債務者から債権者等に対し，継続的かつ定期的に，業績と事業計画等との比較など，事業再生計画の進捗状況の確認と遂行可能性の検証等に必要な情報が開示されることが要素となるといわれている[35]。再生手続では，監督委員が選任されている場合に認可決定の確定後3年間に限って，監督委員が再生計画の遂行を監督するものとされ，和議法の反省を踏まえて民事再生法が制定されたという立法経緯等からすると，監督委員による3年間の監督には相応の合理性を有するものと理解されている。しかしながら，事案（特に収益弁済型の再生計画の場合）によっては，再生計画の遂行の監督を監督委員のみに委ねることは，必ずしも十分ではない場合があるように思われる。むしろ，再生計画の遂行に最も利害を有する再生債権者自身が，監督委員とは別の立場で再生計画の遂行に目を光らせることができるようにすることが望まれる。民事再生法は，再生計画の履行確保の手段として，監督委員が選任されている場合の監督委員による再生計画の遂行の監督のほか，再生計画取消しの申立て（民再189条1項）や再生債権者表の記載による強制執行（民再185条2項）を用意している[36]が，そのためにも，例えば，再生計画の遂行過程において，再生債務者及び再生債務者代理人が，適時に適切な方法で業務の遂行及び財産の状況を再生債権者に報告する（報告書の写しを送付する，債権者説明会を開催するなど）などの情報開示を行うことが望まれる。裁判所及び監督委員としても，再生手続に対する国民の信頼を更に高めるため，現行法の枠組内で再生計画の履行確保を高める方策について検討し，実践していくことが望まれるところである。

---

[35] 全国倒産処理弁護士ネットワーク編『私的整理の実務Q&A140問』（金融財政事情研究会，2016年）137頁。
[36] 鹿子木編著・前掲＊2・508頁には，再生計画認可の決定の確定後に裁判所の承認を得た債権者委員会（民再117条1項）による手続関与の事例が紹介されている。

■コメント1

再生債務者代理人の職責と保全管理人の事業譲渡

慶應義塾大学大学院法務研究科教授　高田　賢治

1　計画遂行の監督と牽連破産

　島岡論文（本章第3Ⅲ論文1）は，2つの大きなテーマから構成されている。前半は，再生計画の遂行とその監督のあり方について，監督委員と債務者代理人の役割という観点から丁寧に事例を検討している。その背景には，再生債務者が計画を遂行することが困難という現実がある。後半は，再生手続が廃止されて破産手続が開始される牽連破産のケースにおいて生じる問題について理論的に検討している。いずれも裁判官の観点から的確な指摘がされており，再生債務者代理人となる実務家にとって有益な論稿である。以下，それぞれのテーマについて，再生債務者代理人と保全管理人に焦点を当てて簡単にコメントする。

2　再生債務者代理人の職責

　【事例1】・【事例2】は，再生債務者代理人と裁判所・監督委員との間の再生債務者の状況に関する情報共有が重要であることを示す。情報共有による手続廃止等の迅速な対応が債権者の利益保護に資するという指摘が重要である。

　実際の債権者は，計画遂行段階のモニタリングに熱心でないため，再生債務者と定期的に連絡をとって計画遂行の見通しを把握しておくことが再生債務者代理人の重要な職責となる。にもかかわらず，代理人が計画遂行に著しく不熱心な態度をとると，債権者にとって重大な不利益を及ぼすおそれがある。

　解決策として，①業務状況報告書等の定期的提出など裁判所・監督委員に

よる監督強化[*1]，②業務状況報告書等の債権者への送付など債権者のモニタリング促進が示されている。

もっとも，①の方向をあまりに充実させると，再生実務において平均的な再生債務者代理人に通常期待される程度の職責を果たすことに著しく不熱心な代理人は，裁判所・監督委員に依存する傾向がますます強くなる。

仮に再生債務者代理人が平均的な代理人と比べて著しく不熱心な場合，監督委員は，事実上その代理人の代わりにその職責を果たすのではなく，平均的な熱意をもつことの期待できる別の代理人に速やかに変更する（もしくは別の代理人を追加する）ように再生債務者に勧告するにとどめるべきであろう[*2]。

3 保全管理人の事業譲渡

再生手続が廃止されて破産手続が開始されるケースにおいて生じる問題として，①保全管理人による事業譲渡における総会決議の要否，②保全管理人による双方未履行双務契約の解除の可否，及び③確定した再生債権の破産債権確定手続における起訴責任という3つの問題が検討されている。以下，①についてのみコメントする。

再生手続は，代替許可（民再43条1項）によって総会決議を省略することができ，破産手続においては総会決議が不要と解されているにもかかわらず，再生手続廃止決定から廃止決定の確定までの期間のみ事業譲渡に総会決議を要するというのは，バランスを欠く[*3]。

島岡論文は，この問題意識を前提に，保全管理人は，総会決議を要せずに裁判所の許可のみで事業譲渡することができると解する（新島岡説）。その根拠を，破産管財人の事業譲渡に総会決議が不要とされていることに求める。そして，破産管財人の事業譲渡に総会決議が不要とされる根拠に遡って検討し，その根拠は，破産管財人が破産財団を強制的に換価するという清算型手

[*1]　山本和彦＝山本研編『民事再生法の実証的研究』（商事法務，2014年）355頁参照。
[*2]　松下祐記「再生債務者代理人の地位に関する一考察」高橋宏志ほか編『伊藤眞先生古稀祝賀論文集—民事手続の現代的使命』（有斐閣，2015年）1092頁注42参照。
[*3]　清水祐介「牽連破産（手続間の移行）」東京弁護士会倒産法部編『倒産法改正展望』（商事法務，2012年）582頁以下参照。

続の本質にあると指摘する。これは，破産申立てから破産手続開始決定までの間の保全管理人による事業譲渡の場合にも妥当するスケールの大きな見解であるが，その根拠から導かれる事業譲渡の許可基準は，財産処分の許可基準と同様のものとなろう。

しかし，民事再生法上の事業譲渡許可規定適用説（旧島岡説）を参照して許可基準を考えるべきではないか。牽連破産前の保全管理人による事業譲渡の場合，裁判所は，①債務者が債務超過（民再43条１項本文参照）であり，②債権者の意見聴取（民再42条２項参照）の手続をとることを要件として，許可すべきである。

会社法が事業譲渡に総会決議を要すると定めるのは，譲渡対価について利害関係のある株主を保護するためである。債務超過会社の事業譲渡の場合，譲渡対価について株主は利害関係がないため，総会決議を要せず事業譲渡することができるが，反対に，債権者に利害関係が生じることから，譲渡対価について利害関係のある債権者を保護するため，債権者の意見聴取が必要となる[*4]。

以上を前提とすると，保全管理人による事業譲渡を裁判所が許可するには，再生債務者の債務超過を認定し，かつ事業譲渡について利害関係を有する債権者の意見聴取を実施する必要がある。意見聴取の対象となる債権者は，再生債権者であるが，譲渡対価が一般優先債権の全額を償うに足りない場合は，一般優先債権者が意見聴取の対象となる。

なお，保全管理人による事業譲渡について総会決議を必要とする見解があることを前提として，保全管理人による事業譲渡に民事再生法43条類似の代替許可制度を導入すべきであるという改正提案がされている[*5]。

＊本稿は，科研費（基盤研究(B)25285028）による研究成果の一部である。

[*4] 松下祐記「倒産手続における保全管理人による事業譲渡について」伊藤眞ほか編『青山善充先生古稀祝賀論文集―民事手続法学の新たな地平』（有斐閣，2009年）881頁参照。
[*5] 全国倒産処理弁護士ネットワーク編『倒産法改正150の検討課題』（金融財政事情研究会，2014年）49頁〔上田慎〕。

■論文 2

牽連破産事件における実務上の論点

弁護士　木村圭二郎
弁護士　溝渕　雅男

1　本稿の概要

　本稿は，民事再生手続（以下，「再生手続」ともいう）から破産手続に至った牽連破産の事案について，民事再生手続の当初から保全管理人（同代理）・管財人（同代理）として関与した筆者らが，各手続で実務上問題となった論点を整理し，報告するものである。

　以下，後記2において事案の概要及び事件の経過を紹介し，後記3において，各論点を検討した後，本事案での実務上の処理について報告する。

2　事案の概要

(1)　債務者の概要

　本事案の債務者は，全国で約30店舗のボウリング場を運営する株式会社であった（当時，業界第2位の店舗数）。債務者が運営する店舗は北海道から鹿児島まで全国各地に存在しており，このうち約20店舗は債務者が賃借人となり自ら運営を行い，うち約10店舗は債務者の関連会社が賃借人となり債務者が当該関連会社から業務委託を受けて運営を行っていた。

　直近の決算書（平成24年12月末日時点）によれば，負債総額約48億円，売上額約37億円で，従業員数は，正社員約70名，パート・アルバイト約320名の合計約390名であった。

　民事再生手続開始申立書添付の清算貸借対照表によると，申立時点における清算配当率は0％であり，共益債権及び優先債権の額は約8000万円であった。

(2)　再生手続申立てに至る経緯

　(a)　倒産に至る経過　　債務者は，設立以来，主に既存のボウリング場を

買収する形でボウリング場ビジネスを手掛け，初期投資費用を比較的低額に抑えることで，業績も概ね順調であり，順次店舗数を拡大していった。ところが，債務者は，平成21年頃から新規に設備を導入してボウリング場を開業するようになり，初期投資費用等が過大になったものの，それに見合うだけの利益を得ることができなかった。

結果として債務者は，多くの不採算店舗を抱え，その収益が急激に悪化するという状況のなか，平成26年2月，メインバンク主導で中小企業再生支援協議会において再生の検討がされ，同年7月末日までのリスケジュールについて，金融機関の内諾が得られる見込みであった。

しかし，売上の急激な落込み等により資金繰りが想定を超えて悪化し，リスケジュールによっても早晩資金ショートが避けられないことが明らかとなった。具体的には，同年3月25日が支払期日の手形を決済するだけの資金を用意することができなくなったため，私的整理を断念し，法的倒産の申立てを行うことを決断するに至った。

　(b)　方針の決定・再生手続の申立て

　　(イ)　法的手続申立前の面談　　法的手続の申立前の面談において，申立代理人及び債務者は，自己破産の申立てを行った後，利益の見込める店舗（採算店舗）は債務者の関連会社で事業を承継し，利益の見込めない店舗（不採算店舗）については閉鎖する予定であると説明をした。採算店舗の従業員は関連会社で雇用継続され，不採算店舗の従業員は解雇予定ということであった。

申立代理人及び債務者によれば，賃貸人のほとんどが，ショッピングモール等の複合施設の中の大規模施設であるボウリング場が突然閉鎖されては困るという意見をもっているとのことであった。他方，例年，3月下旬からゴールデンウィークまでは利用客が多い時期であり，不採算店舗においても，賃料やリース料等の支払をしなければ現預金は増加し，当面の資金繰りの確保はできるということであった。

　　(ロ)　方針の検討　　筆者らは破産管財人（同代理）の候補として前記事情の説明を受けたが，以下に挙げる事情から，破産の申立てをして清算するのではなく，民事再生の申立てをして一定期間（具体的にはゴールデンウィークの末日まで）事業継続を行い，事業の承継人への事業譲渡を検討する方がよいので

はないかと考えた（以下，「本件方針」という）（この手続選択について，論点①として検討する）。

- 債務者において採算店舗と不採算店舗を分けたうえで，採算店舗は関連会社が承継し，不採算店舗は閉鎖するという処理が適切であるとの判断を行う情報と時間が不足していたこと（前記(イ)の法的手続申立前の面談は，申立予定日の直前であった）。
- 採算店舗の従業員の雇用が維持され，不採算店舗の従業員は解雇されるという差別的取扱いが従業員の納得を得られるものであるか，検討を要すると考えられたこと。
- 賃貸人は債務者の運営するボウリング場を至急閉鎖することを望んでいないとのことであり，一定期間事業を継続することは賃貸人の意向にも沿うと考えられたこと。
- 清算を方針とした場合，予納金の額（実際に引き継がれた予納金は60万円程度であった）を考慮すれば，秩序だった閉店処理を行うことは困難であると考えられたこと。
- ゴールデンウィークまでは，賃料・リース料等を支払わなければ，現預金は増加すると考えられたこと。
- 事業継続の期間が短期間であることから，明渡時期としては，清算を前提とする場合と大差はないと考えられたこと。

　(ハ)　再生手続の選択　　申立代理人及び債務者も，当該方針の妥当性を承認し，破産手続ではなく民事再生手続を選択し，平成26年3月24日，債務者は，大阪地方裁判所に対し，民事再生手続開始申立てを行い，同日保全管理命令・弁済禁止の保全処分が発令された。

(3)　再生手続申立後の経過

(a)　申立てから再生手続開始決定までの経過（平成26年3月24日～同年4月4日）

- 申立日当日に，保全管理人・保全管理人代理及び申立代理人が各エリアの責任者と面談し，今後の店舗運営の方法等につき協議を行い，本件方針を伝達した。
- 平成26年4月上旬に，①賃貸人向け説明会，②金融機関向け説明会・リ

ース債権者向け説明会，③一般債権者向け説明会を，それぞれ開催した。賃貸人に対しては，本件方針につき以下の内容を説明した。
・全店舗一括又は店舗ごとの事業譲渡を検討しており，同年5月上旬までは店舗運営を継続しながら譲受先を探索したいこと。
・再生申立・保全管理命令後の賃料債務等は共益債権となるが，支払の可否が不確定であるため支払を留保すること。
・従業員に対する給与，事業継続のために必要な仕入代金（金額としては少額）については支払うこと。
・仮に廃業した場合，財団が少額であるため明渡作業を行うことはできず，実際問題として，同年5月上旬までに明渡しをすることは困難であると思われること。
・賃貸人が直ちに店舗の閉鎖を求めるのであれば閉店に向けた協議を行うこと。
・閉店の場合には店舗の原状回復費用等を捻出することは困難であると見込まれること。

申立前から閉店が予定されていた店舗を除いて，賃貸人から早期閉店（同年5月上旬よりも前倒しの閉店）を求める意見は出なかった。

本件方針に基づき事業の承継人を募集したとしても，承継人からどの程度の対価を得られるかは不明であり，再生債権への弁済も含めた再生計画案の作成ができない可能性もあった。そのため，筆者らとしては，当初，民事再生手続を開始することなく，民事再生の保全段階で手続を進め，再生計画作成の可能性を見極めることを検討していた。

しかし，一部の電力会社から，申立後の同年3月26日を支払期限とする同年1月分の電気料金の支払がないことを理由として，店舗への電力供給を停止するとの通知がなされた。弁済禁止の保全処分に基づく不払いに対し電力供給の停止をすることは許されないとの主張をしたが（保全処分に基づく不払いを理由とする電力供給の停止について，論点②として検討する），電力会社の姿勢は強硬であった。

電力供給が停止された場合には店舗運営に直ちに影響が生じることに鑑み，裁判所に対し，再生手続を開始すべきであるとの上申書を提出し（同時点

では全店舗の承継を希望する者も存在し，再生計画認可の見込み等がないとはいえない状態であった），同年4月4日，再生手続開始決定がなされた。再生手続開始決定を受け，電力会社は，民事再生法50条に基づき電力供給に応じることとなった。

(b) 再生手続開始から再生手続廃止決定までの経過（平成26年4月4日〜同年5月15日）　再生手続開始後も各店舗の営業を継続しつつ，店舗の承継先を探索していたが，当初打診のあった全店舗の承継希望は撤回され，破産手続への移行が現実的となった。他方で，いくつかの店舗については承継希望者が現れた。当該承継希望者に対する各店舗の事業の承継について，これが民事再生法42条1項に定める「事業の重要な一部の譲渡」に該当し，再生債権者への意向聴取等の手続が必要になるか否かが問題となった（事業の重要な一部の譲渡の概念について，論点③として検討する）。

事業承継の形態としては，承継人への資産の譲渡及び破産会社による賃貸借契約の解除・承継人による新賃貸借契約の締結という手法（賃貸人への承継の場合は，賃貸借契約の解除という手法）を検討していた。

裁判所と協議した結果，賃貸人への事業承継の場合を含め，同項に定める「事業の重要な一部の譲渡」に該当するものとして取り扱うこととなった。しかし，その後破産手続への移行が具体化したことから，譲渡対象店舗について，譲受先との間で業務委託契約を締結して店舗の営業を委託し，再生手続廃止後に破産手続における事業譲渡を行った。そのため，実際には同項に定める手続は実施されなかった。

平成26年5月6日まで各店舗の営業を行い，譲渡先が見つからなかった店舗は営業を停止した。営業停止に際し，各店舗の閉店作業に弁護士が立ち会い（遠方については現地弁護士の協力を得た），閉店時の状況等を写真にとって残し，後日，店舗の明渡し等に関する合意をした。閉店店舗の大部分は賃貸人又は賃貸人の業務委託先がボウリング場としての営業を再開したようである。

賃貸人との間の明渡合意の内容としては，①資産譲渡の代金を受領したもの，②原状回復免除の合意を取り付けたもの，③明渡完了合意のみをしたものとに分かれた。

同年5月15日，各店舗の処理に関する見通しが立ったため，再生手続の廃止を上申し，同日，再生手続の廃止決定・保全管理人の選任命令が発令された。最終的な店舗の処理は，次のとおりとなった。

- 第三者に対する事業譲渡ができた店舗……1件（承継を希望する第三者が現れたものの，賃貸人や転貸人である関係会社が了承しないために承継が実現できなかった店舗もあった）
- 対価を受領して賃貸人への譲渡ができた店舗……2件
- 賃貸人との間で明渡しの合意をした後，ボウリング場として営業が再開された店舗……約20店舗
  ＊その他の店舗は，ボウリング場以外の用途に利用されているようである。

大半の店舗は賃貸人との間で明渡しの合意がなされた後，一定期間を経て賃貸人側においてボウリング場として営業を再開している。このような対応が可能となったのは，事前に営業停止日を決定し，債務者の閉店処理が秩序だって行われ，現場にほとんど混乱が生じなかったことが寄与していると思われる。

（c）再生手続廃止決定・保全管理命令から破産手続開始決定までの経過（平成26年5月15日〜同年6月11日）　転貸関係をめぐって紛争になっていた店舗，及び，賃貸人の依頼に基づき営業期間を若干延長した1店舗を除き，閉店をした店舗については，平成26年5月中には現地確認を終え，順次，賃貸人との間で明渡しに関する合意を締結した。合意書の調印作業につき時間を要した店舗もあったが，概ね同年6月中には，実質的な処理を終えた。

（d）破産手続開始決定から破産手続廃止決定までの経過（平成26年6月11日〜平成28年8月8日）　前記の転貸関係をめぐって紛争になっていた店舗について，和解による処理を終えるまでに相応の時間を要することになったが，その他の管財業務に関する実質的な処理は，平成27年5月頃までにほぼ終了した。

管財業務の処理の見通しが立った時点において，約7000万円の破産財団が形成された。

当該破産財団は，再生申立てがなされた平成26年3月24日から同年5月6日までの営業活動によって形成されたものであった（前述のとおり，引継現金は

約60万円であった)。

　再生手続中の営業期間中に発生した賃料，水光熱費，通信費や換価によって生じた消費税等の財団債権の額は約1億1000万円であり，破産財団を上回るものであった。

　このほか，債務者には，民事再生申立時点において8000万円を超える公租公課等の未払債務があったため，財団債権に対する弁済の優先順位等が問題となった（牽連破産に移行した場合の財団債権間の優先順位について，論点④として検討する）。

　破産手続は，異時廃止により平成28年8月8日をもって終了した。

3　論点の検討

(1)　論点①——事業継続及び手続選択

　(a)　廃業時の手続　　手続選択の問題を検討する前提として，事業を継続するか又は事業を廃止(清算)するかの選択をする必要がある。直ちに事業を廃止し清算すべき事案については破産手続が適していることに異論はないと思われる。

　(b)　破産手続における事業継続と再建型手続の選択　　本事案のように事業内容が相当程度劣化しているものの，事業継続をすべき必要性がある場合，破産手続での事業継続許可に基づき事業継続するという手法（「破産＋事業継続」）と，再建型手続に基づき事業継続するという手法（「再建型手続」）が検討対象となる。

　すでに事業の承継人が決定している場合に，当該承継人へ事業を承継するまでの間，暫定的に事業継続をするような場合，破産手続を選択しても特段の不利益はないことが多いと考えられる。しかし，事業継続をしながら事業の承継人を探索するような事例では，「破産＋事業継続」を採用することには相応のリスクがあるように思われる。

　まず，破産手続の開始は一般に会社の清算を意味するので，破産会社を取り巻く関係者は，実際上清算を前提とした行動をとる可能性がある。従業員の士気の低下・離反，取引先の離反（契約解除，更新拒絶，信用供与の拒否），顧客離れ，事業イメージの低下，関係先の不合理な対応等，いかなる影響が生じ

るかを事前に予測することは難しい。

　また，事業の承継人の探索という点においても，破産手続をとった場合，破産手続ではあるものの事業を継続し，かつ，承継人を探索しているということを積極的に周知しなければ，承継人の出現を期待することはできないと思われる。他方，再建型手続では，関係者は事業継続を前提とした対応をすることが想定され，比較的スムーズに事業の承継人の募集が可能になるといえる。

　これに対し，再建型手続を選択した場合，事業継続自体は比較的円滑となるが，「破産＋事業継続」との比較で，以下の問題が生じ得る。

・再建型手続から破産手続への移行に伴う問題が生じること（例えば，論点④として取り上げる再生手続中に生じた共益債権の破産手続における取扱い）。
・破産手続に比べて再建型手続の方が事業譲渡の手続が厳重であること。
・共益債権及び一般優先債権の行使による事業継続への支障のリスクがあること。

　(c) 本件における処理について

　　(イ) 事業継続の必要性　　引継予納金が約60万円しかない中で直ちに廃業するとすれば，店舗の明渡作業そのものの目途は立たなかった。事業継続をしたことによって，一定の資金を確保しつつ，従業員を清算作業に利用でき（管理部門の人員を維持できたことは清算作業の円滑な処理に大きく貢献した），店舗の明渡し，従業員関連の処理を秩序だって実施することができた。

　また，賃貸人側もボウリング場の突然の閉鎖という混乱を回避する必要性があった。事業継続により，前述のとおり平穏な明渡処理が可能となり，賃貸人側が後日ボウリング場を再開することができたのも，このような平穏な処理ができたことが寄与していると考えられる。

　　(ロ) 民事再生手続の選択　　本件においては，前述の破産手続の負の側面の影響を予測することが困難であったことから，民事再生手続を選択した。実際に，破産手続ではなく再生手続であるということを理由に，契約や供給の継続を了承してくれた相手先が存在した。また，債務者が民事再生を申し立てたというニュースを見て，事業の承継人として興味を示す会社も複数社現れた。

事業継続をする場合，破産手続の開始に対し関係者がいかなる対応をとるかが不明であることから，再生手続を採用する方が無難であると考えられる。なお，再生手続を開始するにあたっては，「再生計画の認可の見込みがないことが明らかではない」という事実を論証する必要があるため，その論証が不可能であるというケースでは，破産手続を選択せざるを得ないということになるであろう。

(2) 論点②——弁済禁止の保全処分による弁済拒絶を理由とする電力供給停止の可否

(a) 事実関係　債務者は，平成26年1月1日から同月31日までの電力の使用に対する電気料金として，同年3月26日に，約80万円を支払うべき義務を負っていた。

同年3月24日，債務者は民事再生手続開始申立てを行い，同日，保全管理命令及び同年3月23日以前の原因に基づいて生じた債務について弁済禁止の保全処分がなされた。なお，弁済禁止の対象外とされたのは，従業員との雇用関係に基づく債務及び公租公課に関する債務のみであり，電気料金等の債務は弁済禁止の対象となっていた。

なお，多くの店舗では，賃貸人が水道光熱費を支払ったうえで，債務者に対し，賃料と合わせて水道光熱費を請求することとされており，債務者が電力会社と直接契約を締結している店舗は限られていた。

(b) 問題点　民事再生法50条は，継続的給付を目的とする双務契約について，再生手続開始「後」は，再生手続開始前の給付に係る再生債権について弁済がないことを理由として供給を拒絶することはできないと定めている。

本件は，再生手続開始「前」の履行拒絶であるため，同条の適用はない（問題となった電気料金は，1月1日から1月31日までの給付で，申立日も含まれていないので，開始決定が出れば再生債権になる債権である）ところ，弁済禁止の保全処分がなされている場合，同保全処分に基づき再生債権の弁済がなされないことを理由として，供給者が履行を拒絶し得るか否かについて争いがある。

(c) 見解の対立

　(ｲ) 供給拒絶肯定説　弁済禁止の保全処分の有無にかかわらず供給者

が履行を拒絶し得るという説は，その論拠として，再生手続開始前にあっては，手続開始申立後の給付に係る債権が共益債権となって確実に支払われるという保証がないという意味では，弁済禁止の保全処分があるか否かに関わりがないと述べる[*1]。もっとも，「手続開始申立後の給付に係る債権が共益債権とな」るか否かについて，本件のように，保全管理人の要請により申立後・開始前になされた給付に係る電気料金債権は確定的に共益債権となると考えられる（民再120条4項）。また，再生手続開始後に同法49条1項に基づき解除した場合にも共益債権化されるという見解が有力であり[*2]，そのような見解に立てば，再生手続開始後の履行選択の有無にかかわらず確定的に共益債権となる。なお，牽連破産の可能性も含めると，共益債権になるとしても確実な支払の保障があるわけではない。

　弁済禁止の保全処分は，その発令後の不履行につき手続開始前の会社の責めに帰すべからざる事由によるものとし，履行遅滞を理由とする解除権ないし解約権の発生を阻止するとされている（最判昭和57年3月30日（民集36巻3号484頁・金判645号12頁））。しかし，同時履行の抗弁権は相手方の不履行が帰責性のあることや違法であることが要件とされていない。そして，継続的供給契約においては，前期の給付に対する代金の不払いを理由として，後期の給付につき同時履行の抗弁権を主張することは可能とされている（最判昭和42年6月29日（判時494号41頁））。

　したがって，民法上，電力会社は，再生手続開始前であれば，弁済禁止の保全処分の有無にかかわらず，反対給付たる電力供給を拒絶し得るという解釈が素直である。

　(ロ)　**供給拒絶否定説**　弁済禁止の保全処分がなされている場合には供給者は供給を拒絶できないという説は，保全処分によって支払を禁止された以上は，それを支払わないということを理由とする供給停止はできないとす

[*1]　園尾隆司＝小林秀之編『条解民事再生法〔第3版〕』（弘文堂，2013年）259頁〔西澤宗英〕。全国倒産処理弁護士ネットワーク編『新注釈民事再生法〔第2版〕（上）』（金融財政事情研究会，2010年）276頁〔中島弘雅〕。

[*2]　園尾＝小林編・前掲[*1]・278頁〔中島弘雅〕，岡伸浩ほか編著『逐条　破産法・民事再生法の読み方』（商事法務，2018年）527頁。

る*3。

　また，大阪地決昭和40年2月10日（判時402号62頁）（昭和42年会社更生法改正前の事件であり，継続的給付を目的とする双務契約についての規定が創設される前の事件）は，会社更生申立前の電気料金の支払をするために保全処分の一部解除を申し立てたという事案において，傍論ではあるが，以下のとおり述べて電力会社の履行拒絶を否定した。同決定は，「電気料金を支払わない場合には，一定の要件のもとに送電停止処分がなされる（電気供給規程Ⅷ，59(1)(2)）……（略）……右規定にいう需要家が電気料金等を支払わない場合というのは，需要家が自己の責任において支払わない場合を指すのであつて，需要家が法律の規定またはそれに基づく裁判所の裁判に従つて支払わない場合を含まないことは，債務不履行による債務者の責任を問うには，例外規定なき場合には，その不履行が債務者の責任に基づくことを要するとの民法の原則からも明らかである」としている。

　民法上は同時履行の抗弁との関係で供給拒絶ができるのが原則であるとしても，電気供給規定の解釈論を論拠として，電力供給を拒絶できないという結論を導くことも可能である。

　(d)　検　　討　　前述のとおり，継続的給付契約について，再生手続開始前の供給に係る債権は，手続開始後に履行選択がなされなかったとしても共益債権化されるというのが有力な見解であり，供給者側は，原則的には，申立後になされた供給に対する弁済を受けることができる。

　他方，供給拒絶を認めることになれば，供給拒絶を梃子にして，開始決定がなされれば再生債権となる債権が優先的に回収されることになってしまう。再生計画作成・認可の可能性等の見極めに時間を要する事件では，申立後開始決定までの期間が長期化することもあろう。

　理論的な見地からは，供給拒絶肯定説に分があるように思われる。しかし，電力等の供給の事業継続における重要性を考慮すれば，供給拒絶否定説にも相応の実質的根拠があり，事案により，裁判所は，信義誠実の原則による柔軟な判断を下すことも考えられる。

＊3　宗田親彦『破産法概説〔新訂第4版〕』（慶應義塾大学出版会，2008年）184頁。

(3) 論点③——民事再生法42条の「事業の重要な一部の譲渡」の概念

(a) 問題点　本件においては，店舗をまとめて引き受ける承継人が見つからず，それぞれの店舗を第三者や賃貸人に対して承継させることとなった。仮に，当該店舗に関する事業の承継が，民事再生法42条1項1号（本件当時は，同項2号は存在しなかった）の「営業又は事業の全部又は重要な一部の譲渡」に該当すると判断されれば，同条所定の再生債権者に対する意向聴取手続を行わなければならないことになる。

そこで，再生手続申立時において約30店舗の運営をしていた債務者について，そのうち1店舗のみの事業を譲渡することが「事業の重要な一部の譲渡」に該当するか否かが問題となった（前述のとおり，本件においては再生手続廃止後に事業譲渡をしたため，結果的に本論点は問題とならなかった）。

以下では，平成26年会社法改正により子会社株式の譲渡も一定の場合に株主総会決議を要するとされたこととの関係で，民事再生法42条の一部が改正され，民事再生法施行規則も制定されたことを踏まえ，同法42条1項における「事業の重要な一部の譲渡」に該当する範囲を検討する。

(b) 現行の会社法及び民事再生法の規定内容　民事再生法42条1項1号の文言は，「再生債務者の営業又は事業の全部又は重要な一部の譲渡」とされており，会社法467条1項の「事業の全部の譲渡」（同項1号），「事業の重要な一部の譲渡」（同項2号）とは，文言上の差異はない。

会社法467条1項2号においては，「事業の重要な一部の譲渡（当該譲渡により譲り渡す資産の帳簿価額が当該株式会社の総資産額として法務省令で定める方法により算定される額の5分の1……（略）……を超えないものを除く）」（下線筆者。以下同様）として，形式的に判断できる量的要件を定めることによって，株主総会決議が不要な範囲を明確にしている（平成17年会社法においてこのような要件が導入された）。

しかしながら，民事再生法42条1項1号においては，「事業の重要な一部」の意義について，そのような形式的に判断可能な量的要件は定められていない。

一般的には，同号の「事業の重要な一部の譲渡」に該当するか否は，再生債権者への弁済に与える影響の大小から判断されるべきであり，具体的には

資産や売上等について全体に占める割合等の量的側面や，本来の事業か付随的な事業か等の質的側面を考慮して決定されるとされている[*4]。

　少なくとも，形式的に判断可能な量的要件をもって，「事業の重要な一部の譲渡」に該当するか否かを画する見解は見当たらない。

　他方で，平成26年会社法改正によって，子会社株式の全部又は一部の譲渡については，譲渡対象の株式の帳簿価格が総資産額の5分の1を超える場合には株主総会決議が必要とされたこと（同法467条1項2号の2）に伴い，次のとおり，民事再生法42条1項2号が設けられている。

　「再生債務者の子会社等（会社法第2条第3号の2に規定する子会社等をいう。ロにおいて同じ。）の株式又は持分の全部又は一部の譲渡（次のいずれにも該当する場合における譲渡に限る。）

　イ　<u>当該譲渡により譲り渡す株式又は持分の帳簿価額が再生債務者の総資産額として法務省令で定める方法により算定される額の5分の1</u>（これを下回る割合を定款で定めた場合にあっては，その割合）<u>を超えるとき。</u>

　ロ　再生債務者が，当該譲渡がその効力を生ずる日において当該子会社等の議決権の総数の過半数の議決権を有しないとき」

　また，同号イを受けて，以下のとおり，民事再生法施行規則が定められた。

　「民事再生法……（略）……第42条第1項第2号イの規定に基づき，民事再生法施行規則を次のように定める。

　<u>民事再生法……（略）……第42条第1項第2号イに規定する法務省令で定める方法は，法第124条第2項の規定により作成した貸借対照表の資産の部に計上した額をもって再生債務者の総資産額とする方法とする</u>。ただし，再生債務者が，法第228条（法第244条において準用する場合を含む。）の規定により法第124条第2項の貸借対照表の作成をすることを要しない場合においては，同項の規定により作成した財産目録に掲げる資産の額の合計額をもって再生債務者の総資産額とする方法とする」

　すなわち，同法42条1項2号イに定める子会社株式の譲渡に該当するか否

[*4]　園尾＝小林編・前掲＊1・228頁〔松下淳一〕。鹿子木康編著『民事再生の手引〔第2版〕』（商事法務，2017年）200頁など。

かにつき，財産評定（同法124条）における総資産額の5分の1を超えないときは，形式的にこれに該当しないとする量的要件を定めている。

　(c)　検　　討　　以上のように，会社法においては，株主総会決議を要するか否かにつき，事業譲渡及び子会社株式譲渡のいずれについても，帳簿価格の総資産額の5分の1を超えるか否かという形式的に判断可能な量的要件を定めている。

　これに対し，民事再生法42条1項は，1号の「事業の重要な一部の譲渡」に該当するか否かについてはそのような量的要件を定めていないが，2号の「子会社株式の全部又は一部の譲渡」に該当するか否かについては，財産評定の総資産額の5分の1という形式的な量的要件を定めている。

　前述のとおり，同条1項における「事業の重要な一部の譲渡」に該当するか否かは，再生債権者への弁済に与える影響の大小という要素によって判断することとされているが，そのような観点からすれば，「事業の重要な一部の譲渡」と「子会社株式の全部又は一部の譲渡」において，異なる基準を適用する理由があるとは思われない。

　少なくとも立法論としては，同項1号の「事業の重要な一部の譲渡」についても，財産評定における総資産額の5分の1という形式的に判断できる量的要件を規定すべきであろう。

　なお，再生手続開始後，財産評定を実施する前に事業譲渡や子会社株式の譲渡をしようとする場合，財産評定における貸借対照表の資産額が存在しないことから，どのようにして「5分の1」という量的要件の充足を判断するかが問題となり得る。

　民事再生法施行規則の立法担当者の解説[5]によると，「再生手続開始の時の貸借対照表等が作成されていない期間に，子会社等の株式等の譲渡を行う場合の手続が問題となるが……（略）……同項2号の要件（筆者注：財産評定における総資産額の20％を上回るか否か）を満たすか否かが判明しない前記期間についても，裁判所の許可を得て譲渡をする必要があるものと解すべきであ

---

[5]　内野宗揮＝近江弘行「平成26年会社法改正に伴う民事再生法の整備および民事再生法施行規則の概要」商事法務2067号（2015年）35頁。

る」としているが，財産評定がなされていない段階において，何を基準として許可の要否を判断するかについては言及していない。

　困難な問題ではあるが，財産評定がなされていない以上，会社法上作成されている貸借対照表の帳簿価格を基準とせざるを得ないと思われる。個人又は会社以外の法人については，確定申告書や帳簿書類等，判断の指標となり得る資料をもとに，個別に判断せざるを得ないように思われる。

　(4)　論点④——再生手続中に発生した共益債権の破産手続における取扱い
(破産法148条1項1号・2号への該当性)

　(a)　問題点　　本件において，再生手続申立後の営業等によって発生した賃料，水光熱費，通信費や換価によって生じた消費税等の財団債権（共益債権が民事再生法252条6項に基づき財団債権となった債権）の額は約1億1000万円であり，破産財団の額（約7000万円）を超えていた。

　前述のとおり，民事再生申立時における引継現金は約60万円であり，当該破産財団約7000万円は，再生手続申立日（平成26年3月24日）から再生手続廃止日（同年5月15日）までの店舗営業による売上によって形成されたものであり，これは，前記賃料等に対応する役務提供等を受けたことによって獲得できたものである。

　破産財団が財団債権の総額を弁済するのに足りない場合，破産法148条1項1号（破産債権者の共同の利益のためにする裁判上の費用の請求権）又は2号（破産財団の管理，換価及び配当に関する費用の請求権）の財団債権に該当すれば，当該財団債権は他の財団債権に優先して弁済される（破152条2項）。

　牽連破産の場合，民事再生法252条6項に基づき，再生手続における共益債権は財団債権として取り扱われるが，条文の文言だけからすれば，破産法148条1号又は2号への該当可能性は認められないようにも考えられる。

　しかし，再生手続中の営業によって発生した賃料，水道光熱費，通信費や換価によって生じた消費税等（破産財団の形成に貢献した役務等に関する債権）が，再生手続申立前に発生していた公租公課等の財団債権（破産財団の形成に貢献していない債権）に優先しないとすれば，破産財団約7000万円は，申立時に存在した公租公課等の財団債権（約8000万円）と，再生手続申立後に発生した賃料等の財団債権（約1億1000万円）に按分して弁済されることになる。

このような処理は，専ら，再生手続申立後に発生した共益債権者・財団債権者（賃料，水道光熱費等）の負担のもとで形成された財産を，当該財産形成にまったく関わらなかった財団債権者（公租公課等）にも配分することを意味する。また，本件事案は，再生手続申立当初から破産に至る可能性が相当程度存在し（破産に移行する相当の可能性と「再生計画の認可の見込みがないとはいえないこと」とは論理的に非両立の関係にはない），当初より事業の承継人の探索期間としての約1ヵ月半という短期間の事業継続の期限を決め，結局，承継人を確保できなかったことから再生手続を廃止し破産手続に移行したという経緯があった。

このような場合に，破産手続における事業継続の許可の場合との対比（破産手続における事業継続を選択していた場合，賃料，水光熱費等に係る債権が破産法148条1項2号に該当することは争いがないと思われる）で，再生手続申立後の未払賃料等の共益債権に由来する財団債権を同号に準ずるものとして，他の財団債権に優先する財団債権として遇するか，それとも他の財団債権と区別することなく遇するかが問題となった。また，財団債権については債権確定の手続が存しないため，財団債権の優先順位の問題いかんにかかわらず，どのような手法で財団債権の弁済をするかが問題となった。

(b) 再生手続における管理換価に係る共益債権の破産手続での優先性に関する見解の対立

(イ) 優先性を否定する見解　再生手続中に発生した共益債権が破産法148条1項1号又は同2号に該当するか否かについては，以下のとおり，これを否定する見解がいくつか存在する。

・「先行手続において生じた共益債権の中には，破産手続移行後の破産財団の形成に寄与する場合もあるが，文言上，優先弁済を受ける財団債権として取扱うことは困難である」とする見解[*6]。
・破産手続→再生手続→破産手続という経過が生じた場合を前提として，「仮に最初の破産手続では法148条1項1号あるいは2号に基づく順位が高い財団債権だとしても，再生手続を経て再度破産になった場合には，

---

*6　山本克己ほか編『新破産法の理論と実務』（判例タイムズ社，2008年）170頁〔小畑英一〕。

今度は優先順位の低い財団債権になると考えるほうが筋ではないかと思うのです。なぜかというと，148条の1項1号・2号だけを切り出しているのは，当該破産手続にとって共益性が強いからであって，破産に移行すれば，先行する再生手続で発生した管財人等の報酬は劣位に置かれるわけです。そう考えますと，破産・再生・破産ときた場合の最初の破産では1号又は2号で共益性が高い請求権であっても，2度目の破産では，直接の共益性は観念できないのではないか」とする見解*7。

・「再生手続における共益債権，特に，再生債権者の共同の利益のためにする裁判上の費用の請求権（法119条1号），再生手続開始後の再生債務者の業務，生活並びに財産の管理及び処分に関する費用の請求権（同条2号）に係る共益債権は，牽連破産に移行した場合に法252条6項により財団債権として扱われるとしても，破産法148条1項1号又は2号若しくは4項所定の財団債権には当たらないため，他の財団債権と同列に扱われることになる。この点に関し，法119条2号所定の共益債権を有する債権者（多くは取引先）が牽連破産手続において，再生手続開始後の取引に係る債権の優先性を主張することが少なくない。しかしながら，これらの共益債権が破産法148条1項1号又は2号若しくは4項所定の財団債権に当たると解することができない以上，やむを得ないというほかない」とする見解*8。

(ロ) 一定の場合に優先性を肯定する見解　破産手続→再生手続→破産手続という経過が生じた場合を前提とするものであるが，「再生手続開始によって破産手続が中止され，その後に再生計画認可決定確定に至らず，再生手続が終了し，破産手続に移行する場合に，当該債権は，いったん財団債権から共益債権に変わり（民再39Ⅲ①），再び共益債権から財団債権に変わることになるが（民再252Ⅵ），新たに移行する破産手続固有の財団債権との順位が問題となる。破産管財人の報酬など，手続費用性の高い財団債権（破148Ⅰ①

---

*7　伊藤眞ほか編『新破産法の基本構造と実務』（有斐閣，2007年）35頁〔松下淳一発言〕。
*8　島岡大雄「東京地裁破産再生部（民事第20部）における牽連破産事件の処理の実情等について（下）」判タ1363号（2012年）37頁。

②)に関しては，移行する破産手続における財団債権の優先性を認めるべきであろう」として，先行手続での債権の性質が，後行手続における財団債権の優先性を決定することを認める見解[*9]がある。

(ハ) 優先性を否定するが和解的処理の余地を認める見解　これらに対し，「実務上は，DIPファイナンス債権や取引債権の保護の観点から，さらに進んで，これらの債権を法148条1項1号・2号の財団債権と同列に処遇することの可否が問題とされる……（略）……現行法の解釈としては困難であると言わざるを得ないが，先行手続と牽連破産手続との一体性を考慮すれば，優先順位を異にする扱いは公平性に疑義が残るところでもあり，実務的対応としては，保全管理段階における法152条2項括弧書の規定を活用した和解的処理の余地があるように思われる」とする見解[*10]がある。

(c) 本件での具体的処理

(イ) 優先性の有無に関する判断　条文の文言解釈からすれば，民事再生法252条6項に基づき財団債権として取り扱われる債権を，破産法148条1項1号又は2号に含めるという解釈はやや分が悪いように思われる。

一般論として，財団債権内での優先性を認めるためには「直接の共益性」が要件であるとしても，再生手続が廃止されて破産手続に移行した事例では，破産法148条1項1号又は2号の適用を正当化する「直接の共益性」の要件を実質的に捉えられないかが問題となる。

旧破産法下におけるものではあるが，最判昭和45年10月30日（民集24巻11号1667頁・金判244号11頁）は，条文上，財団債権である租税債権と同列であり優先性がない破産管財人の報酬が，財団債権である租税債権よりも優先するとの判決を下した。

すなわち，旧破産法においては，財団が不足する場合の財団債権間の優先順位に関し，破産管財人の報酬と財団債権となる公租公課とはこれを同順位とされていた。それにもかかわらず，同最高裁判決は，「破産手続において破

[*9]　伊藤眞『破産法・民事再生法〔第4版〕』（有斐閣，2018年）1217頁脚注11。
[*10]　全国倒産処理弁護士ネットワーク編『注釈破産法（下）』（金融財政事情研究会，2015年）4頁脚注5〔籠池信宏〕。

産管財人の受けるべき報酬は，破産法47条3号にいう『破産財団ノ管理，換価及ビ配当ニ関スル費用』に含まれると解すべきである。そして右費用は，共益費用であるから，それが国税その他の公課に優先して支払を受けられるものであることはいうまでもないことであるが，このことは破産財団をもってすべての財団債権を弁済することができない場合でも同様であると解するのが相当である。破産法51条1項本文は，財団財産が財団債権を弁済するに不足した場合には，法令に定める優先権にかかわらず各財団債権の額に応じて按分する旨を規定するが，前述のような共益費用が国税その他の公課に優先すべきことは，元来自明のことであって，破産法51条の規定がこの法理までも変更したものと解することはできないのである」として，破産管財人の報酬は，財団債権となる公租公課に優先するとした。

当該判示は，条文上は，同列の優先順位とされているものの，管財人報酬の共益性に着目して，これを財団債権となる公租公課に優先させるという価値判断を行ったものと解される。

本件においては，財団債権の優先順位について実質的判断を行っている最高裁判決の立場及び伊藤説（前記(b)(ロ)の見解）が一定の場合に破産手続に先行する倒産手続の債権の実質を考慮して優先性を考慮していることを前提として，以下の事情に基づき，再生手続中に発生した共益債権を，破産手続で事業継続が行われた場合に準じて，破産法148条1項1号，2号と同様に優先的な弁済の対象とした。

・再生手続開始申立当初，破産会社において見るべき資産はほとんどなく，破産手続に移行する可能性も相当程度見込まれる中で，再生手続が進められたという経緯があったこと。
・破産財団は，そのほとんどが再生手続申立後の営業活動によって生じたものであり，同申立後の営業期間中に発生した賃料，水道光熱費，通信費等の債務負担を不可欠の前提として形成されたものといえること。
・当初から破産手続が選択されていた場合，廃業をしても事業継続をしたとしても，再生手続申立時に存在した公租公課等に対する弁済は一切期待できなかったのであり，営業期間中の賃料等の債権を優先的に弁済し，再生手続申立時の公租公課等に対する弁済がなされなかったとして

も，同公租公課庁等が不当に不利に扱われたとはいえないと考えられること。
・当初の保全管理手続，再生手続開始及び再生手続廃止という一連の手続が約１ヵ月半という短期間で連続しており，一貫して管理型として手続が遂行されてきたことから，当初からの手続の一体性が強いこと（破産手続の保全管理人の行為による場合（破152条２項かっこ書）との実質的な権衡論）。

(ロ) 財団債権の弁済手続　財団債権については，破産法上「確定」の手続が規定されていない。そのため，財団債権の弁済は，破産管財人が把握している財団債権の内容及び財団債権者に関する破産財団等に関する情報提供と異議の機会の付与に基づき行われることとなる。適切な情報提供と異議の機会の付与が行われていれば，少なくとも当該破産手続との関係では破産管財人の善管注意義務違反が問題となることはないと思われる[*11]。

本件における財団債権の弁済方法としては，裁判所と協議をした結果，まず，前述のとおり，再生債務者の事業上の収入の形成に直接的に寄与した債権は，実質的に破産財団の形成に直接的に寄与した債権として，破産法148条１項２号の財団債権と同様に取り扱うこととし，そのうえで，財団債権の弁済の手順として，全債権者に対しその旨を告知するとともに，同号の財団債権に該当する債権（前述の同号と同様に取り扱われる債権を含む）を有する者は当該財団債権を破産管財人宛に書面をもって届けるべきこと，及び，前記破産管財人の見解を争う財団債権者が現れた場合には訴訟手続によってその内容を確定することを予定していることを告知した。

結果として，管財人の処理方針に対し異議を申し出た債権者は存在しなかった。そこで，前記財団債権の届出を受けた後，破産管財人の認識と異なる内容を届け出てきた者（破産債権や管理換価と無関係の財団債権を，管理換価に関して発生した財団債権であると主張する者等）に対し異議の通知をし，その内容につき擦り合わせを行い合意に至った（なお，合意書等は締結していない）。

[*11] 結果として財団債権の弁済方法が誤っていた場合，不利に扱われた財団債権者としては，有利に扱われた他の財団債権者に対し，有利に扱われた限度で不当利得返還請求を行うことで救済を受けることとなると考える。

その後，破産管財人における弁済案を周知し，前記手続を踏まえて同弁済案に基づき按分弁済を行うことにつき裁判所の許可を得て，同許可に基づき，同法152条2項に基づき優先的に弁済をすべき財団債権に対する按分弁済を行った。財団債権の按分弁済を行う場合，破産管財人の善管注意義務の観点からも，破産管財人が把握している財団債権に関する情報提供は重要である。

4 まとめ

以上のとおり，本件においては，再生手続及び破産手続において，従来十分に論じられていない問題に遭遇した。特に，論点④の再生手続における共益債権の破産手続における取扱いについては，異時廃止で終結する牽連破産事件において重要な問題として顕在化することになる。

前述したように，本件で生じた問題は，破産財団のほとんどが再生手続中の共益債権の負担のもとで形成された等の特殊な事情が存在するものの，他の事案でも問題になり得ると思われる。本稿がそのような実務上の問題の解決の一助になれば幸いである。

□■

■コメント

牽連破産手続における優先的財団債権の射程

大阪大学大学院高等司法研究科教授　藤本　利一

1 本稿の目的

　松下淳一教授は，かつて「牽連破産において先行する再建型手続の手続機関の報酬が破産手続への移行時に未払いの場合に，その報酬にかかる財団債権（民再252条6項前段，会更254条6項前段）を条文通り第2順位としてよいか」を問題にされた[*1]。牽連破産の場合には先行手続は弁済してから移行することが通常であり，またそれが想定されているという認識[*2]に触れつつ，松下教授は，前記設例を「実際にはあまり考えられないであろう」とされたが，木村＝溝渕弁護士の報告事例（本章第3 Ⅲ論文2）は，かかる設例に対するバリエーションとして興味深い問題提起となる。松下教授は，再生手続機関の報酬について，後行破産手続において第2順位の財団債権の犠牲においてでも弁済されるべき性質の請求権であるかに着目し，移行時に未弁済の当該報酬債権が第1順位の財団債権となる余地（破産法148条1項2号の類推適用）を示唆された。本稿は，この考え方を敷衍し，先行する民事再生手続における共益債権（営業を行ったことについて発生した賃料，水光熱費，通信費等に関する債権，以下，「本件債権」という）が牽連破産手続において第1順位の財団債権となる可能性を模索する。

[*1] 松下淳一「財団債権の弁済」民訴雑誌53号（2007年）44頁・65頁脚注12。手続相互の一体性を強調する観点から，伊藤眞ほか編『新破産法の基本構造と実務』（有斐閣，2007年）353頁・354頁〔松下淳一発言〕。先行手続での債権の性質から後行破産手続の優先性を検討するのは伊藤眞『破産法・民事再生法〔第4版〕』（有斐閣，2018年）1217頁脚注11。なお，拙稿「牽連破産手続における優先的財団債権該当性について」阪大法学68巻1号（2018年）23頁参照。

[*2] 山本和彦ほか『倒産法概説〔第2版補訂版〕』（弘文堂，2015年）93頁〔沖野眞己〕。

2　旧会社更生法の問題

　青山善充教授は、会社更生計画が認可後破産手続に移行する場合における、共益債権の処遇をかつて論じられた[*3]。職権移行の場合、旧会社更生法（昭和27年法律第172号）24条により、共益債権は財団債権となる。そして共益債権には、更生計画認可前のものも含まれるとした。更生管財人が共益債権を弁済する前、申立てにより破産手続が開始された場合において、未払いの共益債権の処遇が問題として残されたのは、更生管財人が共益債権を弁済してしまう（旧会更282条）から問題は生じないと考えていたためであり、その弁済が実質的に先行手続の後始末としてなされる場合には、財団債権とするべきだ（旧会更24条準用）と解された。

3　若干の検討

　後行する破産手続における、先行した民事再生手続の共益債権の処遇をめぐる問題は、現行の会社更生法254条6項、民事再生法252条6項により対処された。民事再生法について付言すれば、その趣旨は、再生手続中の取引から生じた債権の優先性を後行する破産手続でも維持し、取引の安全を保護することにある[*4]。

　一方、財団不足の場合の財団債権の弁済に関し、旧破産法の構造は優先順位を3段階に分けていたが、現行破産法は共益費用にかかる財団債権（破148条1項1号・2号・4項）を第1順位、それ以外の財団債権をすべて第2順位とする2段階構造（破152条2項）を採用した。その結果、本件債権が第2順位の財団債権となれば、按分弁済がなされる（同条1項）。条文の文言からすればやむを得ないともいえる[*5]。

　松下教授は、破産管財人が管財業務の遂行過程で契約を締結した場合、相

---

*3　青山善充「破産手続への移行」竹下守夫＝藤田耕三編『裁判実務大系(3)会社訴訟・会社更生法〔改訂版〕』（青林書院、1994年）629頁。また、青山善充「更生手続上の諸債権の後行破産手続における取扱い」麻上正信監修『破産法―実務と理論の問題点―』（経済法令研究会、1990年）123頁参照。
*4　松下淳一「倒産処理手続相互の関係」ジュリ1273号（2004年）110頁。

手方の請求権の破産法148条1項2号該当性について，双方未履行契約が履行選択された場合に同項7号が適用されることとの均衡を考慮し，原則として同項2号の適用を否定する[*6]。もっとも，性質上破産財団の信用リスクを負担させるべきでない請求権については，同号の適用を認めるべきだとされ，その展開として，移行時未弁済の再生手続機関の報酬債権につき同号の類推適用の可能性を示唆された。後行破産手続における第2順位の財団債権の犠牲においてでも弁済されるべき性質の請求権か否かということであり，本件債権が優先的財団債権に該当するか（同号の類推適用）が問われる。

　本件債権の性質が優先的財団債権に値するか（同号の類推適用），後行手続での性質論を松下教授の見解を踏まえ検討したい。前提として，共益債権の根拠は，再生債権者全体に対する共益性とされ，再生・破産手続を一体として考えると，共益債権を発生させた債務者の行為が，牽連破産手続においても債権者全体の利益（共益性）に資するものでなければならない[*7]。事業譲渡の場合，破産手続であっても財団の価値を維持するため事業は継続される。このとき事業維持にかかる取引費用は第1順位となるべきではないか。そう解することで，事業価値（財団の価値）が維持ないし向上し，第2順位の他の財団債権への弁済率，さらには破産債権者への配当可能性も高まる。事業が残れば雇用は維持され，収益をあげれば課税の対象ともなる。かかる共益性を観念できれば，手続の一体化を通して，本件債権に同号の類推適用の基礎が作られよう。なお，収益性のある事業を譲渡して残存させる場合，レピュテーションリスク等の理由から破産手続が直ちに利用しにくい現状も踏まえる必要がある。

　以上から本件債権は優先的財団債権性（同号の類推適用）があるものと解する。しかしこう解した場合，破産管財人報酬が本件債権と同列になることには違和感がある。再び解釈により報酬債権の優先性を高め3段階構造とする

[*5] 木村＝溝渕弁護士の報告事例（本章第3③論文2），小畑英一「再建型手続から破産手続へ移行した場合の財団債権の範囲」山本克己ほか編『新破産法の理論と実務』（判例タイムズ社，2008年）170頁参照。
[*6] 松下・前掲[*1]・48〜49頁。
[*7] 松下淳一『民事再生法入門〔第2版〕』（有斐閣，2014年）87頁・176〜177頁参照。

べきか*8。また，本件債権の存否が争われた場合，どのような手続で処理するかも難問であろう*9。

［※本稿は科研費【16Ｋ03402】【24402007】の成果の一部である。］

---

*8　最判昭和45年10月30日（民集24巻11号1667頁）参照。
*9　髙井章光「牽連破産に関する諸問題」事業再生研究機構編『民事再生の実務と理論』（商事法務，2010年）236頁，244頁以下参照。

第2章

スポンサー選定に関する諸問題

第1 │ 手続移行とスポンサー選定

■論 文

再生手続から更生手続に移行する事例におけるスポンサー選定の問題

弁護士　森　　恵一
弁護士　小谷　隆幸

1　はじめに

(1)　概　要

本事例は，あるゴルフ場（以下，「本クラブ」という）の経営会社（以下，「当社」という）について再生手続が開始されスポンサー選定もなされたが再生計画案が否決されて再生手続が廃止に至り，その後会社更生手続に移行して再度スポンサー選定が行われて，最終的には更生計画の認可に至ったというものである。

(2)　再生手続におけるスポンサー選定とその後の進行

当社は，民事再生手続開始申立てを行い，フィナンシャル・アドバイザー（以下，「FA」という）を入れて入札方式でスポンサー募集を行い，最高額の支援額を提示したA社を選定した。しかし，一定数を占める預託金債権者らで構成される組織（以下「守る会」という）は，メンバーシップ制が維持されなくなる（優先的プレー権が奪われる）可能性がある等を理由に，A社がスポンサーになることに反対していた。その中で，再生債務者は，A社の支援（会社分割スキーム）による再生計画案を提出したが，債権者集会で否決された。

(3)　更生手続における管財人によるスポンサー選定

その後，大口債権者の申立てにより会社更生手続に移行した。管財人は，改めて，FAを活用し，入札方式で広くスポンサー募集を行ったが，最高額の支援額を提示したのはA社であった（なおA社は，資金手当ての裏付け・信用力もあ

り，同種事業の経験もある企業であった）。他方，守る会が推薦ないし希望していたスポンサー応募者B社の提示した支援金額は次順位であった（また，資金手当ての裏付け・信用力に疑問があった）。その結果，管財人は，A社をスポンサーとして選定した。

(4) **債権者が選定したスポンサーの支援による更生計画案の提出**

その後，守る会を構成する預託金債権者複数名が作成した，B社からスポンサー支援を受けることを基本とする更生計画案が提出された。裁判所は，資金手当ての信用性の点について調査委員による調査命令を発令した。裁判所から選任された調査委員からは，調査の結果，B社の資金手当ての見込みはないという報告がなされ，裁判所は，預託金債権者から提出された更生計画案は，決議に付する旨の決定（付議決定）をしなかった。

(5) **管財人作成の更生計画案のみが付議される**

この結果，管財人が提出した更生計画案のみが付議決定され，関係人集会において，預託金債権者を含む一般更生債権の組でも，更生担保権の組でも賛成多数を得て認可された。

2 再建型の法的倒産処理手続におけるスポンサー選定の方法

(1) **スポンサー選定方法**

スポンサー選定の方法としては，相対（単独）での交渉方式や入札方式等がある。

(2) **それぞれのメリットとデメリット**

入札方式は，時間を要するため事業価値が劣化する点，企業情報（企業秘密）を複数の候補者へ開示することになる点等が，デメリットとして指摘されている。

しかしながら，入札方式は，スポンサー選定手続の透明性・妥当性を確保しつつ，複数のスポンサー候補者からの，支援金額を含めた支援内容について比較検討ができるし，市場原理が働くことにより支援金額についても最高価を形成しやすいことを考えると，複数候補打診先がある限り，少なくとも管理型会社更生手続においては，入札方式によるのが相当な場合が多いと思われる。

3 再建型の法的倒産処理手続におけるスポンサー選定の基準

(1) スポンサー選定における考慮要素

複数のスポンサー候補者の中から1社を選定する基準としては，①当該スポンサー候補の支援金額の多寡のほか，②当該支援金拠出の確実性（資金力）の有無，③当該スポンサーによる事業継続の可能性（スポンサー候補者の当該事業運営の経験や実績の有無・程度等），④今後の事業計画の内容（買収後の転売可能性や業態変更可能性の有無，大幅リストラ実施による多数の従業員の雇用が確保できなくなるおそれの有無等），⑤債権者の意向（特に，今後も取引継続等による利害関係を有する債権者のスポンサー選定に対する意向）等が考えられる。

(2) スポンサー選定の基本的基準——考慮すべき要素の軽重

このように様々な考慮要素が考えられるが，基本的には支援金額の多寡と資金力（支援金拠出の確実性の有無）を基準として，スポンサーを選定することになると思われる。

すなわち，再建型の法的倒産処理手続は，いうまでもなく，債権者に対し，更生計画（再生計画）により一定額の債務免除（債権カット）を求めるものであるから，弁済率（弁済額）は，債権者にとり重大関心事であるし，管財人としても，弁済額の最大化を図ることが求められていると思われる。したがって，同手続におけるスポンサー選定のあり方としては，支援金額の多寡を基準とするのが相当であろう[*1]。また，スポンサー選定基準は，債権者に対し，客観的かつ公平・明確な基準であることが好ましいから，この点でも支援金額の多寡を基準とすることは相当といえる。ただし，たとえ支援金額が最高値であっても，現実に拠出されなければ意味はないから，当該スポンサーの支払能力の裏付けを確認することは不可欠である。例えば，自己資金ではなく金融機関等からの融資資金で支援金額の拠出を提案するスポンサー候補者について，その支払能力に疑義があれば，当該金融機関等作成の融資を確約した書面等の交付を求めること等も必要であろう。

(3) その他の基準（要素）を考慮する必要性・相当性

[*1] 事業再生迅速化研究会第2PT「会社更生手続における手続迅速化に関する運用上・立法上の提言（上）」NBL987号（2012年）79頁。

例えば、支援金額が最高値のスポンサー候補者ではあるが（資金力にも問題はない）、当該事業の経験がまったくなかったり、実績に相当の疑義があるとか（まったく異業種の候補者等）、あるいは、今後の事業計画の内容（買収後当該事業施設が解体されそこで別の業態が営まれる可能性がある、大幅リストラ実施により多数の従業員の雇用が確保できなくなるおそれがある等）から、当該事業の維持更生（再生）の可能性を認め難いが、他方で、支援金額では次順位のスポンサー候補者が、当該事業の豊富な実績を有し、雇用確保が十分に期待できる（当該事業の維持更生の可能性が認められる）ケースもあり得る。

このような場合、常に支援金額の多寡のみを基準としてスポンサー選定を行うことは、必ずしも好ましいとはいえないであろう。つまり、更生会社（再生会社）には、債権者のほかに、従業員や販売先（取引先）等様々な利害関係人が存在していることも考慮する必要があろう。この点、会社更生法1条が、「事業の維持更生を図ることを目的とする」と規定している（民再1条は「事業の再生を図ることを目的とする」と規定している）点は、弁済率の最大化を図りつつも、究極的には、多数の利害関係を総合的に調整することを指向している現れと思われる[*2]。

したがって、上記のようなケースにおいては、支援金額の多寡を基本としつつも、当該事業運営の経験の有無や実績の程度、あるいは今後の事業計画の内容等を含めて当該スポンサーによる事業継続（維持更生・再生）の可能性を総合考慮して、スポンサー選定を行うことが相当な場合もあると思われる。ただし、このような場合は、支援金額の多寡以外の要素を考慮してスポンサーを選定した理由を、債権者等の利害関係人及び裁判所に対し、合理的に説明できることが前提となる。もっとも、管財人は、スポンサー選定過程におけるすべての情報を開示する必要はなく、事案に応じて情報開示の必要性、相当性を考慮し、合理的な範囲で情報開示する一定の裁量が認められるべきであろう[*3]。

[*2] 事業再生迅速化研究会第2PT・前掲*1・80頁。再建型の法的整理手続の理念は、単なる債権者に対する弁済額の極大化にとどまるものではなく、これに加えて、事業を再建し、もって債務者を取り巻くすべての利害関係人について、「最大多数の最大幸福」を図ることにあるといえるとする。

(4) 債権者等の意見を考慮する必要性，相当性

（a） 一部の債権者（例えば更生会社がゴルフ場経営会社である場合の預託金債権者の大多数）から，支援金額が次順位のスポンサー候補者を選定するよう強く意見が出ている場合は，どうすべきであろうか。

この点，前述のケースのように，支援金額の最高値のスポンサー候補者における今後の事業継続の可能性に疑義がある一方，支援金額が次順位のスポンサー候補者は問題がないような場合は，支援金額の多寡以外の要素も総合考慮して判断することが相当であるから，債権者の意向も加味したうえで判断することは許されると思われる。

（b） しかしながら，複数のスポンサー候補者間で，支援金額以外の点では特段の遜色がない場合，基本的には，一部の債権者の意向だけを尊重すべきではなく，やはり支援金額の多寡を基準に，スポンサーを選定すべきであろうと思われる。

たしかに，債権者の中には，今後も取引継続等により利害関係を有する者もおり，この債権者にとっては，弁済率のみならず，どこがスポンサーになるかも重大関心事である。しかし他方で，債権者の中には，弁済を受けるだけで，以後利害関係を有さない債権者（例えば，金融債権者や更生担保権者は，そのような債権者であることが多いであろう）も現実に存在する。そして，更生手続をはじめとする法的倒産処理手続においては，基本的には，これら利害の異なる多数の債権者に対して，公平により多くの弁済を実現するという要請がある。したがって，一部の債権者からの意向だけを重視してスポンサー選定をすることは好ましくないと思われる。

もっとも，全債権者に対してスポンサー選定に関する情報開示を行い，意向聴取をするなどして債権者の十分な理解と協力を得たうえで，一部の債権者が希望するスポンサー候補者に決定することは，あり得る方法ではないか

＊3　事業再生迅速化研究会第2 PT・前掲＊1・81頁。スポンサー選定過程におけるすべての情報を開示しなければならないとすると，迅速なスポンサー選定の妨げとなったり，あるいは営業秘密が外部に流出するなどして事業価値の毀損が生じたり，競争環境を醸成できずに入札価値が低迷したりといった事態が生じかねず，かえって債権者に不利益な結果をもたらしかねない。そのため，管財人には，情報開示について一定の裁量を認める必要があるとする。

と思われる。

（c）DIP型再生手続の場合　　以上は，会社更生手続ないしは民事再生手続について，管理型（管財人型）を念頭に置いて検討したものである。これに対してDIP型の場合でも，基本的には，以上に述べたことが妥当すると思われる。ただ，DIP型（主として民事再生手続）の場合は，再生債務者の判断が基本的には尊重されるから，再生債務者が，債権者に対し，十分な情報開示と理解・協力を得る工夫をしたうえで，債権者の多数が希望するスポンサー候補者を正式スポンサーとする方法を採用することは，全体的な選定基準に合理性がある限り（支援金額の多寡も考慮要素から外さない等），許容される割合が大きいと思われる。

(5)　スポンサー選定手続における課題（問題提起）

（a）以上，複数の候補者が現れた場合のスポンサー選定基準について個人的な意見を述べたが，他方，弁済率について清算価値保証原則を充足している限り，弁済率の最大化の要請は，それ以上に重視すべきではなく，したがって，このような場合には，スポンサー選定基準としても支援金額の多寡（客観的な基準）を重視する必要はなく，他の要素（当該債務者のスポンサー選定に対する意向，スポンサーによる事業継続の可能性及び債権者の意向等）を積極的に考慮することは許容されるべきであるという見解もある。このような見解に立てば，例えば，ゴルフ場経営会社が更生会社又は再生債務者である管理型事案において，管財人が選定しようとする候補者の支援提示額は10億円であるがメンバーシップ制は廃止すると言っているのに対し，会員債権者の多数派が選定したいと考える候補者の支援提示額は8億円だがメンバーシップ制は維持すると言っている場合，後者によっても弁済率が清算価値保証原則を充足する限り，多数派会員債権者の意思を尊重して後者をスポンサーに選定すべきであるということになろう。

このように考えてみると，スポンサー選定の問題は，弁済率の最大化の要請と，①対立する複雑な利害とをどのように調和させるかという側面とともに，②清算価値保証原則との関係をどのように理解すべきかという側面も有しており，また，③債務者が再生債務者の場合には，誠実公平義務をどのように理解するかとも関係する問題といえよう。

(b) 他方，債権者（とりわけ管財人や再生債務者等が選定するスポンサーに反対する債権者）の立場からすれば，スポンサー選定過程に積極的に関与できる（意見を反映できる）手続的な制度が十分に整備されていない現在の倒産処理法制においては，管財人や再生債務者等に対し，スポンサー選定状況について，適時適切な情報開示や説明を求めていくことにならざるを得ない。しかしながら，スポンサー候補者との秘密保持契約による制約の関係で，管財人や再生債務者等からの情報開示には限界がある。

また，債権者が希望する候補者がスポンサーに選定されなかった場合の一つの対抗手段として，債権者において，当該候補者をスポンサーとする計画案を作成し，裁判所へ提出することができるが，情報量等が十分ではないという点で，作成上の限界がある。なお，裁判所に提出された計画案は，裁判所の付議決定手続に服するから（会更189条，民再169条），債権者にとって，同手続には，管財人ないしは再生債務者が行ったスポンサー選定方法の適正性をチェックするという側面を認めることができよう。この管財人や再生債務者から提出された計画案と債権者から提出された計画案をともに付議するかどうかについては，裁判所において慎重な審議がなされることになる。特に債権者から提出された計画案については，例えば調査委員を選任し，不認可事由の有無に関する調査報告を踏まえて付議するかどうかを判断することが考えられ，実際にもそのような手法がとられた例があり，相当なものといえよう。

このように，スポンサー選定基準の適切な適用を実現するうえで，管財人や再生債務者による適時適切な情報開示や説明が望まれるが，債権者の立場からすれば，債権者の意向を手続的にいかにして，またどこまで反映させるべきか，という問題もある。

4 本事例におけるスポンサー選定の特色

(1) 民事再生手続で否決されたスポンサーを会社更生手続におけるスポンサー募集に加えることの是非

本事例では，民事再生手続において再生計画案の内容として当該スポンサーによる事業再生には反対であるとして否決され会社更生手続に移行した。

そこで、会社更生手続の管財人が、改めてスポンサー募集をする際に、当該スポンサー候補者を募集対象から除外すべきか否かが一応問題となる。

しかし、これについては、除外しなかった。すなわち、会社更生手続におけるスポンサー募集・選定手続は、民事再生手続とは別個の新たな手続において管財人という異なる主体が行うものであること、会社更生手続において改めてスポンサー募集をするに際し、当該スポンサー候補者しか存在しない事態も想定されることからすれば、管財人から、あえて除外する合理的理由はないと考えた。むしろ、スポンサー募集に応じるかどうかは、候補者側で判断すべき問題であろう。

(2) **本事例における**スポンサー選定手続から更生計画認可までの顛末

(a) 管財人の行ったスポンサー選定過程　本事例では、守る会が、A社がスポンサーになれば、メンバーシップ制が維持されなくなる（優先的プレー権が奪われる）可能性がある等を理由に、A社をスポンサーとすることに反対していた。

管財人は、スポンサー募集を行うに際し、メンバーシップの維持（優先的プレー権の維持）と雇用継続をスポンサー表明の基本条件とするとともに、かつ選定過程では、各候補者の提示金額の多寡と資金調達能力を主たる基準としつつ、二次的にゴルフ場経営の経験の有無や実績のほか、各候補者が提示する改修等設備投資を含めた今後の事業計画の内容も加味して判断することとしていた。

そして、実際のスポンサー選定過程では、守る会が推薦するB社の提案した支援金額は次順位である一方で、最高値の支援金額を提示したA社は、資金手当ての裏付け・信用力もあり、同種事業の経験も豊富な企業であった。そして、A社は、数回にわたる管財人との選考面談において、メンバーシップ制の維持についても確約をした。

このような選定過程を経て、管財人はA社をスポンサーに選定した。

(b) 更生計画の認可までの経過　その後、守る会を構成する預託金債権者複数名が作成した、B社をスポンサーとする更生計画案が裁判所に提出されたが、冒頭で述べたとおり、調査委員による調査の結果、B社の資金手当ての見込みはないという報告がなされたため、裁判所は、付議決定をしなか

った。

　このため，管財人が提出した更生計画案のみが付議決定されたのであるが，その後は，守る会からの反対意見も特に提出されることはなく，関係人集会では，預託金債権者を含む一般更生債権の組でも，更生担保権の組でも賛成多数を得て認可されるに至った。

　(c)　管財人がスポンサー選定に関し行った工夫　　反対多数派が存在する場合，これに対する理解と協力を得るための工夫をすることは通常必要なことであるから，本事例においても，管財人は，A社をスポンサーに選定した後は，A社同席で関係人説明会を複数回実施し，今後の経営方針等を説明してもらい，債権者の理解を得るよう努めた。

　また，常に全債権者（特に多数を占める守る会の会員全員）が，この説明会に参加できるわけではないから，A社に，本クラブ会員の優先的プレー権を保持すること（メンバーシップ制の維持）等，今後の経営方針を記載した書面を作成してもらい，これを全債権者へ送付する等の工夫も行ったことを付言する。

5　補　　遺

　本稿が公表された後，スポンサー選定の要件（諸要素）の検討基準について，事業再生研究機構より，二重の基準説（総合考慮）の提案がなされている。すなわち，第1段階として複数のスポンサー候補者を競争させる選定手続がふさわしい規模及び状況にあるケースとそうではないケースを振り分け，第2段階として前者におけるスポンサー選定基準として「厳格な基準」を，後者における選定基準として「合理性の基準」を提案するものである。この提案は，スポンサー選定の場面において，実務上，必要とされている基準が，法的責任の問題に関する基準ではなく，スポンサー選定における相当性を担保する基準であるという点（従来この点が混同されがちであった）を明確にしたものであり，今後の活用が期待されるところである[*4]。

＊4　山本和彦＝事業再生研究機構編『事業再生におけるスポンサー選定のあり方』（商事法務，2016年）42〜55頁。

■コメント

スポンサー選定の問題

同志社大学大学院司法研究科教授　中西　正

　森＝小谷論文（本章第1論文）は，倒産処理手続におけるスポンサー選定の基準と手続のあり方について，具体的事例に基づき，優れた論考を展開している。そこで，本稿でも，この問題につき，若干の検討を行いたい。

1　はじめに

　債務者Aは民事再生手続開始決定を受け，自主再生型（分割弁済型）民事再生を目指して手続を遂行していた。ところが，BがAの事業全体の買受けを望み，その額はAの再生計画案における総弁済額を現在価値に引き直したものより多かった。それにもかかわらず，Aは自主再生に固執し，Bに対する事業譲渡型（一括弁済型）民事再生を拒絶しているとする。本設例では，再生債権者の利益の保護が問題となろう。以下，その方法を検討する。

2　清算価値保障原則

　第一は，清算価値保障原則における「清算価値」を買受希望者が提案する価値と破産手続により解体・清算した価値のうち，高い方であると解する方法である[*1]。この見解に従えば，買受希望者がいる場合，再生債務者が買受希望価格を上回る価値を再生計画で弁済できないときは，債権者集会で可決されても当該再生計画は不認可とされることになる（民再174条1項4号の清算価値保障原則違反）。

　この見解に対しては，以下のような批判がある。①再生計画を不認可とす

[*1] 山本和彦「清算価値保障原則について」青山善充先生古稀祝賀論文集『民事手続法学の新たな地平』（有斐閣，2009年）911頁を参照。

ると，基本的に牽連破産が行われ，そうなれば企業価値が著しく毀損される点で，合理的でない。②事業譲渡の相手方は買受希望価格だけでなく，履行（例：譲受人による売買代金の支払，再生債務者による事業譲渡）の可能性，譲渡後の従業員の処遇，事業継続の可能性（例：事業の買受人が将来事業に投下する資金の多寡），地域社会への貢献などを基準として決定すべきであるが，事業譲渡型か自主再生型かの選択（比喩的にいえば再生債務者に売るか買受希望者に売るかの選択となる）にも同じ基準が妥当すべきである。譲渡価格だけを決定基準とするのは妥当でない。

3　再生債権者の選択

次に考えられるのが，Aに自主再生型再生計画案を，Bへの事業譲渡を求める再生債権者に事業譲渡型再生計画案を策定させ，双方を債権者集会にかけ，いずれを選択するか決定する方法である。

この方法に対しては，以下のような批判がある。①現在の実務では，東京など一部の地域を除けばこの方法を実現することは困難ではないか。②再生債権者の計画が可決されても，再生債務者が譲渡の意思表示を拒否する場合には計画は実現できない。③前記2で述べた譲渡先の選定基準から乖離した不当な決定がなされる危険性も高い（債権者は売買代金のみを基準に決定しがちである）。④前記2で述べた選定基準は，譲渡先はある意味再生債権者全体の意思を超えた客観的な基準で決定すべきである（再生債権者の意思は一定の客観的制約を受ける）という価値観を含意していると解釈すべきであるが，この見解によれば再生債権者の意思は何の制約も受けないことになる。

4　管理命令

さらに，民事再生で，自主再生型か事業譲渡型かの選択，あるいは事業譲渡先の選択をめぐって対立が生じた場合，裁判所は管理命令を発令できるというルールが，考えられる。民事再生法64条1項を拡張的に解釈するのである。

このルールでは，まず，管財人が再生計画案の策定を通して自主再生型か事業譲渡型かを決定することになる。買受希望者が複数いる場合は，管財人

と裁判所が許可申請と許可決定（民再42条1項）を通して譲渡先を決定することになる。いずれの場合も，前記2で述べた基準に従って選択が行われるべきである。債権者集会はこれを受け容れるか否かを決定することができる（いわば拒否権を有している）。ただし，否決すればAの事業価値は著しく毀損されるだけに，債権者集会の拒否権には事実上，重い制約が付されていることになろう。再生債務者と届出再生債権者も再生計画案を提出できる（民再163条2項）。その場合，債権者集会がいずれを選択するかを決定する。

しかし，このルールには，DIPの制度趣旨に反する，あるいは民事再生法の基本構造に反するとの有力な批判がある（中井康之弁護士からの批判である）。

すなわち，民事再生法は会社更生法とは異なり，株主や資本，組織に法は積極的には介入しない（企業の所有者の変更を強制しない）という基本的な立場をとっており，株主の変更・追加については再生債務者（現経営者）の意向を尊重する。したがって，①自主再生を選択しようとする企業所有者（株主）に，それより高い価値を再生債権者に支払うことのできるスポンサー株主に会社（株式）の譲渡を強制することはない，②現経営者が引き続き経営し，会社株主を変更せず，従来の資本構成を維持するという前提のもとで迅速・簡易に再生を図ることを認めるのが，民事再生法の基本原則であると解すべきである。ただし，①，②は中小企業の簡易で円滑な再生を前提とした仕組みであり，民事再生法を大会社・上場会社に適用する際には①，②とは異なったルールを適用すべき場合は存在するであろう。その場合でも，買受価格（再生債権者への配当率）のみがスポンサー選定の判断基準となってはならない，とされる。

5 検　討

(1) スポンサー選定の基準

物的・人的資源を，もつべきでない人・企業から，もつべき人・企業へと移転し，経済社会全体の生産性を高めることは，倒産処理の重要な機能の1つである[*2]。したがって，自主再生型か事業譲渡型かの選択や事業譲渡先の選択の問題は，当該事業を誰が所有すれば経済社会全体の生産性を最も高めるのかという観点から決定されるべきだと思われる。とするなら，当該事業

の収益力を最も高める人・企業に譲渡されるべきであり，当該事業の買受価額が最も重要な判断基準となるべきであろう（買受価額は基本的には事業再構築後に当該事業が上げると予測される収益力に基づいて決定されると見られる。なお，自主再生型では債権者は事業再生失敗のリスクを負う）。再生債権者が被るクレジット・ロスを最小限に抑えることが経済社会にとって重要である点や，倒産した企業の実質的所有者は債権者であると見るべき点も，この結論を支えよう。ただ，経済社会全体の生産性を最も高めるという観点は，従業員の雇用に関する要素や事業の継続に関する要素を顧慮することを排除するものではないと思われる。このような意味で，前記2で述べた基準は正当であると思われる。

(2) 判断の仕組み

問題は，このような基準で判断する仕組みをどう構築するかである。前記3で述べた方法ではすべての再生債権者の利益を十分に保護する（汲み上げて検討する）ことは必ずしもできない点や，債権者集会だけでは合理的な選択・判断ができるとは限らない点を考慮するなら，自主再生型か事業譲渡型かの選択や，事業譲渡先の選択をめぐって対立が生じた場合，裁判所は管理命令を発令し，管財人が中心となって再生計画案を策定し，それに異議ある再生債務者，再生債権者も独自の再生計画案を策定し，裁判所は付議決定の際に一定の選別を行い（民再169条1項），最終的には債権者集会がどの案で行くかを決定するというスキームが，合理的ではないかと考える（ただし，前記3で述べた方法を排除する趣旨ではない）。

しかし，DIP 制度は再生債務者に自主再生する機会を与えている，あるいはみずからの事業を誰に譲渡するかを決める権限を与えているが，このルールは再生債務者のこのような権限を奪う点で不当であるという批判は，傾聴に値する。DIP 制度の本質とは何かという根源的な問題を提起しているからである。

本稿でその検討は到底なし得ないが，DIP 制度は少なくとも再生債権者の

＊2 伊藤眞『破産─破滅か更生か─』（有斐閣，1989年）7頁以下，山本和彦ほか『倒産法概説〔第2版補訂版〕』（弘文堂，2015年）18頁以下を参照。

利益を不当に侵害してまでも再生債務者の利益を図ることを正当化するものではないと思われる。また，再生債務者も現実には民事再生手続の利害関係人の一人と見るべきであり，設例のように利害関係人間で利益の対立が生じた場合には，再生債務者が中立的立場に立って公平誠実に再生手続を遂行し(民再38条2項参照)，利害の対立を調整するというルールは，非現実的であろう。このような場合，再生債務者も管財人のもとで他の利害関係人とともにみずからの利益を図るべく活動し，管財人がこれらの利益を統合し，最終的に債権者集会が結論を出すというのが，合理的で公平なスキームではないかと思われる。今後検討されるべき問題である。

　その後，私は，第84回・日本民事訴訟法学会大会(於九州大学)・シンポジウム「倒産手続の担い手—その役割と考え方—」において，この問題につき，報告を行った(中西正「D.I.P.制度と再生管財人」民訴雑誌61号108頁以下を参照されたい)。そこでは，再生管財人の下で再生債権者と再生債務者が交渉するというスキームに代えて，裁判所の下で再生債権者と再生債務者が交渉するというスキームが提案されている。また，D.I.P.制度の本質については，さらに，D.I.P.制度の本質論については，中西正「『私的整理連続型』民事再生手続序説」事業再生と債権管理162号80頁以下，84頁にて，さらに改訂を行っている。参照されたい。

第2 | 中小企業のスポンサー選定

■論　文

中小オーナー企業のスポンサー選定に関する考察

弁護士　木村圭二郎
弁護士　溝渕　雅男

1　本稿の目的

　本稿は，再生債務者のオーナー経営者が，民事再生手続の申立前に，特段のスポンサー選定手続を経ることなく，その有する支配株式を，自らがスポンサーとして選定した者に譲渡し，スポンサー側が再生債務者の支配権を取得して代表取締役等の経営者を選定した後に申し立てられた民事再生手続に関するものである[*1]。

　このように，スポンサーが事前に支配株式を取得して申し立てた民事再生手続において，事業の再生が，債権者集会における再生計画の決議という形式ではなく，再生計画によらない裁判所の許可による事業譲渡（民再42条，以下，「計画外事業譲渡」という）という形式でなされる場合，当該スポンサーは，特段のスポンサー選定手続を経ることなく，再生債務者の経営者の判断のみで，再生債務者の事業を取得できることとなる。

　民事再生手続開始申立前に選定されたスポンサー（以下，「申立前に選定された

[*1]　本件と同様の事案について，濱田芳貴「再生債権者による再生計画案の提出について」慶應法学12号（2009年）202頁は，「事前にスポンサー候補者が債権を買い集めて大口債権者となり，ときに株式も取得する等して，経営支配への手づるを掌中に収めた上で，債務者をして民事再生手続の申請をせしむるという手法の普及である」とし，また，髙井章光弁護士は「予め株式のほとんどを取得するなどしてスポンサーとなる場合」全国倒産処理弁護士ネットワーク編『通常再生の実務Q&A120問』（金融財政事情研究会，2010年）として検討しており，本件事案が希有なものではないことが窺える。

スポンサー」という）が，民事再生手続後もスポンサーとしての立場を維持し得るかについては，後述のとおり，再生債務者が双方未履行の双務契約としてのスポンサー契約を解除する義務を負うか否か又は再生債務者・監督委員の注意義務違反の存否という観点から議論されてきた。

本件は，特殊な態様で申立前に選定されたスポンサーに関するものであるが，監督委員として，その対応を検討するうえで，申立前に選定されたスポンサーに関する従来の議論，民事再生法の目的，民事再生手続の構造，そして，計画外事業譲渡の許可要件等の解釈論を踏まえる必要が生じた。そこで本稿は，事例報告とともに，事例を処理するうえで必要となった法律論の検討結果を敷衍して報告することも目的とする。

2 事案の概要

(1) 再生債務者の概要と再生手続開始までの経緯

再生債務者（【図表1】において，「A社」と表記する）は，いわゆる「100円ショップ」で販売される商品の製造・卸売を主たる事業とする株式会社であり，再生債務者の民事再生手続開始申立時の財務状態等は，直近の帳簿や債権届出等によれば，資産約90億円，負債約110億円，年間売上約70億円，従業員約260名であった。

再生債務者は，民事再生手続開始申立ての約2年前に，従前から有していたX工場に加え，新規商品の生産のために，約11億円を借り入れて大型工場（Y工場）を新設したものの，導入した機械の不具合等で売上を計上することができず，その返済のために資金繰りに苦しむようになった。また，為替デリバティブ取引に伴う債務もその経営を圧迫した。

再生債務者は，バンクミーティング等で私的整理の方策も探求したが，一部金融機関の反対もあって断念し，その後，民事再生手続開始の申立てを行い，民事再生手続開始決定がなされた。

(2) 再生債務者のスポンサー選定（スポンサーによるDIP型）

再生債務者は，民事再生手続開始申立前に，スポンサーとしてB社（現実の事業はその完全子会社のC社が行う）を選定し，B社は，再生債務者の株式の90％以上を保有する再生債務者のホールディング会社の株式を，相応の対価と引

【図表 1】 関係図

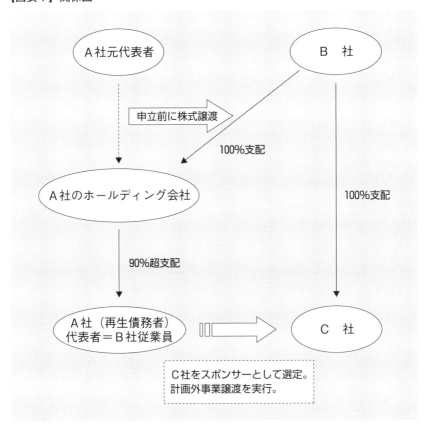

換えに取得した。なお，B社をスポンサーに選定する過程において，入札等の手続は経られておらず，また，支援額を決定するための第三者の事業評価も得られていなかった。

B社は，民事再生手続開始申立前に，C社を，再生債務者の売り先及び仕入元の双方の商流に介在させる形で，実質的なファイナンスを提供し，売り先及び仕入元に対する信用補完をしていた。そして，B社が再生債務者のホールディング会社の株式を購入し支配権を獲得した後，再生債務者の代表取締役には，B社の従業員が就任した。したがって，民事再生手続開始申立時

点では，B社の従業員が代表取締役として再生債務者を経営し，民事再生手続は，スポンサーが支配する再生債務者のDIP型として進行していくこととなった。

(3) C社に対する**計画外事業譲渡とその問題点**

再生債務者は当初，収益弁済型の再生計画の策定を企図していたが，顧客である大手小売店の棚割り（どの商品をどの棚で扱うかの割振り）が2月と8月に行われ，次の2月の棚割りの時点でも「民事再生中の会社」であると評価されれば，大手小売店で再生債務者の棚を確保できない可能性があるということであった。

そのため，再生債務者は，次の2月の棚割りを控えた11月頃から，計画外事業譲渡を行う方針を検討し始めた。しかしながら，当該事業譲渡には以下のような問題点が存した。

(a) **構造的な利益相反関係**　再生債務者は，B社の実質支配の下にあるため，C社との事業譲渡契約につき，再生債務者の経営者は，スポンサーとしてのB社（及びその支配下にあるC社）の利益を考慮せざるを得ない立場にある。それは，当該事業譲渡契約において，再生債権者の利益に配慮しなければならないという再生債務者の役割との関係で，構造的な利益相反関係ということになる。したがって，売主と買主との間の，いわゆるArms-lengthのネゴシエーション（独立当事者間の交渉）の結果として，事業譲渡代金が決定されたと考えることはできなかった。

(b) **スポンサー選定過程等の合理性を担保する事情の不存在**　B社をスポンサーとして選定する過程で入札等の手続はとられておらず，手続的な観点から，支援内容が適切であることを担保する事情はなかった。また，監督委員の立場から見て，入札を採用することが困難な事情も，他の会社ではなくB社をスポンサーとして選定しなければならない事情も，あるとはいえなかった。

計画外事業譲渡の許可申立てに際し，監督委員として，手続の適正を担保するために入札を実施することを打診したが，再生債務者は，新たな入札を実施することなく，計画外事業譲渡の許可申立てを行うこととなった。新たに入札を実施した場合，現実的に，他のスポンサー候補が現れるか否かにつ

いては，監督委員の立場から見て，いずれとも判断できかねる状況であった。

（c）事業譲渡代金の適切性についての疑念　再生債務者の事業計画は，Y工場を閉鎖することを予定しながら（それに伴い，Y工場に関わる売上はゼロとなる），Y工場の人員をそのまま維持し（Y工場の人員についての人件費はそのまま発生することとなる），その結果，再生債務者の事業は，10年間，赤字を計上し続けるというものであった。そのような事業計画をもとに，再生債務者は，再生債務者の事業価値はDCF法等による試算を経るまでもなく，ゼロであると判断していた。

再生債務者とB社は，具体的な事業譲渡代金を，商品在庫等の簿価に一定額の暖簾代を加算したものとして算出しており，事業価値がゼロである以上，その価格は適正であるという見解であった。しかしながら，監督委員の立場から見て，事業を譲り受けた企業がある工場の完全閉鎖を予定しつつ，その工場の人員整理を行わないまま，将来的にも赤字を継続するという計画が合理的であるとは判断できなかった。

再生債務者は，監督委員の疑問点の指摘に対し，幾度か事業計画を修正した。そして，最終的に，閉鎖を予定しない他の工場（X工場）の人員が不足していることを理由に，閉鎖予定のY工場の一定人数を当該工場に移管する必要があることを根拠として，X工場に移管されなかった人員分の人件費削減を前提とした事業計画を策定し，当該事業計画に基づきDCF法による事業価値の評価をした。

当該事業計画に基づくDCF法による事業価値は，商品在庫等の簿価に一定の暖簾代を加算して算出された，再生債務者が事業譲渡代金として想定する額を超えるものではなく，結果として，事業譲渡代金の増額はされなかった。

再生債務者が最終的に提示した事業計画についても，それが，果たして適切な経営判断に基づくものであるかについての疑念，言い換えれば，当該事業計画はスポンサーサイドの事業取得の予算との関係で決められたものではないかとの疑念を払拭することはできなかった。

他方において，再生債務者の事業の維持については，B社はDIPローンを

提供したり，前述のとおり，C社を取引に介在させる方法により資金繰り支援をしたりすることで，相応の貢献をしており，また，提示された事業譲渡代金額は，破産を想定した場合の清算価値を相当程度上回っており，破産の場合と比較すれば，事業譲渡を認めることは，雇用及び取引先の維持を含め，十分な意味があった。

(4) **監督委員としての対応**

(a) 事業譲渡代金の上乗せの打診　再生債務者は，以上のような経過で策定された事業計画に基づき事業価値を評価して，その額を上回るものとして，商品在庫等の簿価に一定の暖簾代を加算した額を代金とする事業譲渡の許可を申し立てた。

監督委員としては，その補助者（公認会計士）に対し，再生債務者の事業計画をもとにしながら，Y工場の売上とY工場の人員についての人件費をともにゼロとするよう修正した事業計画を作成し，それに基づき，再生債務者の事業価値を算出するよう依頼した。その額は，再生債務者が提示する事業譲渡代金額を超えるものであった。

そのうえで，再生債務者側に対し，当該事業価値の評価を前提として，事業譲渡代金の上乗せが可能か打診したが，再生債務者からは，スポンサーは事業譲渡代金の増額に応じない姿勢である旨の回答がなされた（新たに入札を行う意思がないことは，前述のとおり，すでに確認されていた）。

(b) 本件の問題点を踏まえた基準の策定　大阪地裁の民事再生手続の実務では，裁判所が，民事再生法42条に基づく許可を出すに際し，監督委員に対し意見が求められることとなっている[*2]。監督委員の役割について種々の議論があるが，本件では，前述の問題点，とりわけ構造的な利益相反関係の存在に照らし，監督委員として，相当の関与が必要であると判断された[*3]。

[*2]　東京地裁では，監督命令において，「事業維持再生の支援に関する契約及び当該支援をする者の選定業務に関する契約の締結」が監督委員の同意事項とされている（鹿子木康編著『民事再生の手引〔第2版〕』（商事法務，2017年）61頁）。
[*3]　松下淳一「民事再生の現状と課題」事業再生と債権管理123号（2009年）7〜9頁は，監督委員の種々の役割を多面的に検討する。民事再生法42条の許可について裁判所の後見的作用が担われることを述べるが，この場合，監督委員は裁判所の補助機関として，その後見的作用が発揮される土台を形成する役割があると考えられる。

そこで，監督委員として意見を出す前提として，事業譲渡契約の内容について，再生債務者に不利と考えられる条項を中心として，相当の注意をもって検討し，その検討結果を，再生債務者に提示した（再生債務者は，概ね，その指摘に基づき契約条項を修正した）。

また，計画外事業譲渡を行うにあたって，監督委員として許可相当の意見を出すためのものとして，事前に裁判所に対し，概ね，以下の基準を報告し，再生債務者にも提示した。

① 監督委員が選任した補助者（公認会計士）による事業評価が行われること。

② 再生債務者及び監督委員が選任した補助者（公認会計士）による事業評価の内容が主要債権者に開示されること。

③ 事業評価の開示がされた後，主要債権者に対し，再生債務者から事業譲渡の概要に関する説明が適正に行われること。

④ 計画外事業譲渡のための法定の意向聴取手続とは別に，監督委員において主要債権者の意向を個別に確認し，相当数の債権者の賛成が得られることが確認できること。

再生債務者は主要債権者を対象とする説明会を開催し，監督委員も同説明会に参加して，自ら作成した資料を配付し，監督委員が選任した補助者（公認会計士）による事業評価の結果や本件の留意事項を明確にしたうえで，意向聴取の手続を行った。その結果，最終的には，金融機関を中心とする主要債権者のうち半数近い債権者（債権額による）が事業譲渡に賛成の意見を表明したことから，監督委員として，裁判所に対し事業譲渡の許可を出すことが相当である旨の意見を提出し，裁判所は民事再生法42条に基づく許可決定をした。

3 本件の法的検討

(1) 申立前に選定されたスポンサーの維持に関する問題

従前，申立前に選定されたスポンサーを，その後の民事再生手続で維持できるかは，双方未履行の双務契約の解除の要否の問題又は再生債務者・監督委員の注意義務違反の問題として検討がされてきた。

このように，スポンサーの選定につき法的規律を及ぼそうとする議論の背景には，民事再生手続がM&Aの手段として利用され，再生債務者の事業の取得を希望するスポンサーが複数現れる事例が散見されるようになったことがある。そして，選定されたスポンサーの支援内容が再生債権者に対する弁済額に影響を及ぼすことから，必要に応じ，スポンサー選定手続を競争環境のもとで行い，スポンサーが拠出する資金を増加させることが，再生債務者の義務として理解されることとなった。

(2) **申立前に選定されたスポンサーに関する従前の議論の検討**

(a) 申立前に選定されたスポンサーに関する従前の議論　　申立前に選定されたスポンサーを，その後の民事再生手続のスポンサーとして維持することの可否についての要件論は，株式会社東ハトに関する民事再生事件を契機として盛んになった。

公表された文献[4]によれば，株式会社東ハトの事案では，申立前に入札がなされ，第1次入札において，入札条件とされた資金援助に応じたのがユニゾンキャピタルのみであったことから同社がスポンサーとして選定されたものの，民事再生手続開始後に他の入札参加者がより多額の資金援助が可能である旨を申し立てたため，民事再生手続開始後に再入札が実施されることになり，結果的に，ユニゾンキャピタルが当初の入札額より多額の対価を支払うことを約して再落札したという経緯があったということである。

申立前に選定されたスポンサーを，その後の民事再生手続で維持するための要件に関する代表的な見解として，須藤英章弁護士のものがある。同見解（いわゆるお台場アプローチ）は，7つの要件を立て，それらが充たされる場合には，スポンサー契約を双方未履行の双務契約として解除しなくとも，再生債務者の公平誠実義務（民再38条2項）違反とはされず，監督委員の善管注意義務（民再60条）違反ともされない基準を示した[5]。

この見解は，7つの要件を，再生債務者等の義務違反を否定するセーフ・ハーバー的な基準として提案していたが，実務界では，その要件が厳格にす

---

[4] 佐山展生「東ハトのケースにみる〜プレパッケージ型再建手続」事業再生と債権管理106号（2004年）120頁。

ぎるという意見も強く，松嶋英機弁護士は，入札を採用しなくとも，申立前に選定されたスポンサーを維持することができることを前提として，5つの要素からなる基準を提案した[*6]。

(b) 申立前に選定されたスポンサーに関する従前の議論の限界と疑問

それら従前の議論は，申立前に選定されたスポンサーに関する問題について，双方未履行の双務契約の解除をすべきか否かという視点又は再生債務者・監督委員の注意義務違反の存否との関連で行われたことから[*7]，必然的に，計画外事業譲渡の許可の場合だけでなく，債権者集会における債権者の決議がなされる場合をも射程とするものであった[*8]。

すでに述べたとおり，本件のように，支配株式を事前に移転する形式でスポンサー選定がされた場合，双方未履行の双務契約の解除は問題となり得ない。もちろん，そのこと自体は，再生債務者の支配権の移転が，再生債務者との契約ではなく，再生債務者の株式移転に基づくという結果にすぎず，従前の議論がこのような場合を想定していないことは，従前の議論の枠組みの問題とまではいえないという評価も可能かもしれない。

しかしながら，申立前に選定されたスポンサーの維持に関する従前の基準

[*5] 須藤英章「プレパッケージ型事業再生に関する提言」事業再生研究機構編『プレパッケージ型事業再生』（商事法務，2004年）101頁以下。①あらかじめスポンサー等を選定しなければ事業が劣化してしまう状況にあること，②実質的な競争が成立するように，スポンサー等の候補者を募っていること，③入札条件に，価額を下落させるような不当な条件が付されていないこと，④応札者の中からスポンサー等を選定する手続において，不当な処理がなされていないこと，⑤スポンサー契約等の内容が，会社側に不当に不利な内容となっていないこと，⑥スポンサー等の選定手続について，公正である旨の第三者の意見が付されていること，⑦スポンサー等が，誠実に契約を履行し，期待どおりに役割を果たしていることが要件として掲げられた。

[*6] 松嶋英機＝濱田芳貴「日本におけるプレパッケージ型申立ての問題点」銀法21・631号（2004年）13頁。①メインバンク（又は主力取引債権者）がスポンサー交渉に関与し，少なくとも結果について承諾していること，②複数の希望者と交渉し，少なくとも打診はしたこと，③当時の企業価値の評価として一応妥当であること，④スポンサー契約が民事再生申立ての決断又は早期申立てに寄与したこと，⑤スポンサー契約に至る過程において，スポンサー候補者が資金繰りや営業継続上の協力（仕入れ，販売，人材派遣，技術提供，不良資産の買取り，その他）をしたこと（絶対的条件ではない）を要素として挙げる。

[*7] 松嶋＝濱田・前掲*6・11頁。濱田・前掲*1・200頁も，双方未履行の双務契約の解除の問題としてこの問題を捉えている。

[*8] 例えば，松嶋英樹「日本におけるプレパッケージ型申立ての諸問題」新堂幸司＝山本和彦編『民事手続法と商事法務』（商事法務，2006年）67頁では，再生計画案の提出に関する監督委員の善管注意義務違反の問題として議論されている。

が再生債務者・監督委員の法的義務違反の存否を画するものということであれば，そのような議論は，後述する民事再生法が想定する手続構造にそぐわないように思われる。また，それらがセーフ・ハーバーを明確にするための議論ということであれば，法的義務違反となる場合を比較的狭く解する本稿の立場からは，従前の議論が，セーフ・ハーバーのための基準として意味があるのかにつき疑問が残る。

申立前に選定されたスポンサーを民事再生手続で維持することが再生債務者等の法的義務に違反するか否かに関する議論は，民事再生法の目的及び民事再生法の想定する手続構造との関連で再検討されるべきものと考えられる。

(3) 民事再生法の目的及び民事再生法の想定する手続構造

(a) 民事再生法の基本的な構造　　民事再生法は，経済的窮境にある債務者の事業の再生を図ることを目的とし，その手続は，再生債務者及び再生債権者の自律性・独立性を重視している。

民事再生手続は，いわゆるDIP型として構想され，従前の経営主体が手続主体として手続を進めることが予定されており，その財産の管理又は処分が失当であるときその他事業の再生のために特に必要が認められない限り，管財人による管理が命じられることはない（民再64条1項）。実務上必須とされている監督委員による監督も，法文上は任意のものとされている（民再54条1項）。

再生債務者がどのような再生計画を策定するかは再生債務者の判断に委ねられており，清算価値保障原則を含む，所定の例外事由に該当することがない限り，その提出する再生計画は債権者集会に付議され（民再169条），また，債権者集会で再生計画が可決された場合，所定の例外事由に該当することがない限り，それは認可されることとなっている（民再174条2項）。また，出席した議決権者の過半数の同意及び議決権総額の2分の1以上の同意に基づき（民再172条の3），再生債権一般の権利変更を認めるという点で，再生債務者の再生を比較的容易にする仕組みを提供しているとの見方もできよう。

再生債務者の提出する再生計画の内容についていえば，それが清算価値を超えている限り，たとえ，再生債権者の受領すべき額が，再生債務者の総資

産の「時価」を下回っていても付議決定・認可決定の支障とはならない[*9]。このことは，事業譲渡を骨子とする再生計画についていえば，事業譲渡の代金が事業を構成する資産の清算価値を超えていれば，たとえ，有機的な統一体としての事業が有する「時価」を下回っていたとしても，そのことのみでは，当該再生計画に対する付議・認可の支障とはならないことを意味する。

　ただし，このような断定をするについては，民事再生法の目的及びそのことと関連して再生債務者等が負う法的義務の内容を検討する必要がある。

　(b)　民事再生法の目的　　民事再生法の法文（民再1条）から窺えるとおり，民事再生手続の究極の目的は「事業の再生」にあると解されるが，更に，その目的をめぐっては，大きく分けて以下の2つの考え方があり得る。

　1つの考え方は，民事再生法における事業の再生にあたっては，再生債権者の利益の最大化が達せられなければならないという考え方である。株式会社においては，「株主の利益最大化」が会社を取り巻く関係者の利害調整の原則であるとされている[*10]ところ，民事再生法における事業再生では，再生債権者の利益を最大化することが必要であるという考え方である（このような考え方を以下，「債権者利益最大化説」という）。

　米国倒産法典363条セールにおける裁判例では，管財人に財団の極大化を果たす義務があると述べるものが多く，それら裁判例を見る限り，米国倒産法典においては，債権者利益の最大化を重視する見解が採用されていると考えられる[*11]。

　もう1つの考え方は，民事再生法における事業再生にあたっては，関連する利害関係を総合的に調整することが重視され，再生債権者の利益は，民事再生に関わる多様な利害（労働者の利益，取引先の利益，地域の利益等）の実現に伴

[*9] 不認可事由が認められない限り認可決定をしなければならず，裁判所には認可・不認可の裁量はないとされる（園尾隆司＝小林秀之編『条解民事再生法〔第3版〕』（弘文堂，2013年）921頁〔三木浩一〕）。

[*10] 江頭憲治郎『株式会社法〔第7版〕』（有斐閣，2017年）22頁。

[*11] In re Lionel Corp 事件（722 F2d 1063 1983），In re Gulf States Steels 事件（285 BR 497 2002）等。また，例外的な場面での公益の重視をした裁判例として，In re United Health Care System, Inc 事件（1997 U.S. Dist. LEXIS 5097）。水元宏典『倒産法における一般実体法の規制原理』（有斐閣，2002年）39頁は，倒産債務者の財産価値最大化が倒産手続の正当化の根拠の1つであると述べる米国の理論を紹介している。

う制約を受けて，その限度で保護されるにすぎないとする考え方である（このような考え方を以下，「多元的価値説」という）。

わが国の実務は，概ね多元的価値説に基づき運用されているということができる[*12]。再生債権者への弁済の最大化（債権者利益の最大化）に尽きない様々な要素を，民事再生手続におけるスポンサー選定の判断要素とすることが肯定されている。

（c）再生債務者の公平誠実義務　再生計画の内容が，原則として，清算価値保障原則を充足していれば，付議及び認可決定を出すことは可能であるとの結論を出すうえで，再生債務者の公平誠実義務（民再38条2項）が，再生債権者の利益を最大化すべきことに及ぶか否かという問題を検討する必要がある。

仮に，再生債務者が，一般的に，そのような義務を負っているという見解に立てば，清算価値保障原則は充足しているが再生債権者の利益を最大化していない再生計画は「法律の規定に違反し，かつ，その不備を補正することができないものであるとき」（民再169条1項3号・174条2項1号）に該当し，付議を認められず（民再169条1項3号），また，可決要件を充足してなされた債権者集会の決議の認可も許されないこととなる（民再169条1項3号・174条2項1号）。

この見解は，それが論理必然とまではいえないにしろ，前述の民事再生法の目的に関する債権者利益最大化説の考え方に馴染むものと思われる。

ことは民事再生法の本質に関わる議論である。前述のとおり，民事再生法は，再生債務者及び再生債権者の自律性・独立性を重視する規定を有し，債権者集会の多数決により再生債権の権利変更を認めることで，再生債務者の事業の再生を容易にするという構造を採用している[*13]。再生計画の内容が再生債権者の利益を最大化するものではないと判断される場合，再生債権者の

[*12] 松嶋＝濱田・前掲＊6・6頁は「従業員の雇用や労働条件の維持，取引先との取引継続や取引条件の維持，場合によっては地元等との友好関係，当該事業資産や名称が具有する歴史的意義への配慮といった事項までもが総合的に考慮される必要があり，それが金額の最大化と両立するとは限らない」とする（同10頁）。同旨，中村清「倒産手続におけるスポンサー募集上の留意点」田邊光政編『最新倒産法・会社法をめぐる実務上の諸問題』（民事法研究会，2005年）258頁，濱田・前掲＊1・199頁，事業再生迅速化研究会第2ＰＴ「プレパッケージ型民事再生をめぐる問題点とその解決のための方策」NBL922号（2010年）58頁。

意向にかかわらず，裁判所の判断で，再生計画の付議及び認可が否定されることとなるという考え方は，前述の民事再生手続の基本的な構造にそぐわないように思われる。

公平誠実義務の内容は，合理的理由なく再生債権者を不平等に取り扱うことを許さず，また，自己又は第三者の利益と債権者の利益が相反する場合に，自己又は第三者の利益を図って債権者の利益を害することは許されないという義務（消極的義務）[14]と捉えられるべきであり，具体的な再生計画の内容として，債権者の利益の最大化を図ることまでは含んでいないと解される。

再生計画の内容，ひいては，申立前に選定されたスポンサーの維持が再生債務者の公平誠実義務違反を構成することになるのは，それが，再生債務者の不当な利益や目的を達するためになされたといった極端な場合に限られることとなろう。そのような，ごく例外的な場合以外は，再生計画の内容の当否は，債権者集会における再生債権者の判断に委ねられるべきこととなる[15]。

再生債務者の提示する再生計画に対する議決権の行使という受働的な関与に納得できない再生債権者は，自ら再生計画を提出すること[16]や，会社更生手続を申し立てる等の方法によって対抗することとなろう。

(4) **再生計画の決議のための監督委員の対応**

本件では，計画外事業譲渡により再生を図ることに方針変更がされたため，再生計画の付議はなされなかった。前述のとおり，債権者集会が開催さ

---

[13] 債権者集会における決議が再生債権者と再生債務者の間における集団的和解であり，裁判所による再生計画の認可又は不認可の決定は，当事者の私的自治に対する後見的な審査・監督であるとするものとして，三木・前掲＊9・915頁。
[14] 全国倒産処理弁護士ネットワーク編『新注釈民事再生法〔第2版〕（上）』（金融財政事情研究会，2010年）189頁〔三森仁〕。
[15] 事業再生迅速化研究会第2 PT・前掲＊12・922号57頁は，公平誠実義務との関連で「これらの経営判断の結果として債権者に配分される価値が適正か否かは，債権者集会における債権者の判断を仰ぐことができるとの手続構造にも鑑みれば，一定の合理性ある判断がなされていれば，ただちに公平誠実義務違反にはならないといえよう」とする。また，松下淳一ほか「倒産法全面改正後の実情と問題点」ジュリ1349号（2008年）16頁で，服部敬弁護士は，再生計画案の決議を前提とする場合に，スポンサーの選定が幅広い経営判断に基づくものであることを述べる。
[16] 再生計画案における事業譲渡の法的問題点について，濱田・前掲＊1・209頁以下を参照。

れる場合，再生計画の内容の当否の問題が再生債権者の判断に委ねられるべきであるということは，その場合に監督委員が何らの対応もする必要がないということを意味するものではない。

申立前に選定されたスポンサーの場合，再生債権者にとって，スポンサー選定過程は不透明である。そのため，監督委員は，再生債権者の再生計画に対する議決権行使が有意なものとなるように，情報を収集し提供する役割を果たす必要があると考えられる。スポンサー型の事業計画においては，当該選定過程についての情報として，スポンサー選定理由，他のスポンサー候補の有無，入札が行われなかった場合にはそのことの合理性，支援価格の妥当性等を調査し，その内容を再生計画に対する監督委員の意見書に記載することが望ましいであろう[*17]。

監督委員は，再生債務者が清算価値保障原則を遵守する限り，具体的な事情のもとで再生債権者にとって最も有利な再生計画を提出させる義務を負うものではない。しかしながら，再生債権者の議決権行使の判断に重要であると考えられる限り，その評価を含めた情報を，自らの意見として述べることは，監督委員の役割として肯定されるべきと考えられる。

スポンサー選定に関するものではないが，大阪地裁の実務として，「監督委員の補助者である公認会計士などが，事業収益が大きく改善される見込みを示し，弁済率を10％程度に上げることを提案したにもかかわらず，債務者が6％の弁済率をそのままにした計画案を提出したような場合もある。このような場合であっても，監督委員の意見書には『収益率が大きく改善される見込みであり，6％で10年分割という弁済計画については，清算配当率との関係で問題があると考える余地がある』と注意喚起しつつ，『本件計画案については，これらの諸般の事情を総合的に検討した上での債権者の判断に委ねる

[*17] 民事再生実務合同研究会編『民事再生手続と監督委員』（商事法務，2008年）186頁〔三村藤明〕は，監督委員のスポンサー選定に関する情報提供を重視する。濱田・前掲＊1・203頁も，再生債務者が情報提供の義務を適正に履行することで，スポンサー支援の内実が理解され，監督委員の的確な指導助言や再生計画案に関する意見と相まって，再生計画案が検証され賛否が表明されるプロセスを肯定的に評価する。松下ほか・前掲＊15・16頁〔服部敬発言〕は，民事再生手続の債権者と債務者の当事者対立構造を実質化するための監督委員の情報提供機能を重視する。

べきであり，付議するのが相当であり，不認可事由があるとはいえない』とする内容になるのが通常である」との指摘がある[18]。

(5) 計画外事業譲渡の許可手続の基本的な構造

(a) **計画外事業譲渡に対する法的規制**　計画外事業譲渡は，一般に，再生計画を決議する債権者集会前になされ，当該事業譲渡を行うためには，裁判所の許可が要件とされている（民再42条1項）。そして，裁判所の許可は「再生債務者の事業の再生のために必要があると認める場合」に限りなされることが定められており，計画外事業譲渡が認められるか否かは，ひとえに，裁判所が同条の許可要件を満たすと判断するか否かにかかっている[19]。

同条の要件は，必要性の要件と相当性の要件として議論されるのが一般的である。そして，必要性の要件については「営業譲渡をすることが再生手続の目的（第1条参照）に資することを意味する」とする説[20]や「営業等の譲渡以外の事業継続方法を選択することが経営の観点あるいは必要な時間等の観点から困難である場合」とする説[21]等の考え方がある。

実際問題として，民事再生手続に服する事業は劣化しがちであり，一般に早期の事業譲渡は利害関係人にもメリットがある場合が多いため，実務上，必要性の要件が問題となるケースは少ないように思われる。本件においても，棚割りに関する事業上の必要性が根拠とされている以上，必要性の要件は充足していると考えられた。問題は「相当性」の要件の意義とその判断基準である。

(b) **「相当性」の要件の意義**　民事再生法42条の法文には「相当性」の語はなく，同条の許可に際し，「相当性」の判断は不要であるという見解も成り立ち得る。そのような見解に立てば，計画外事業譲渡の必要性が肯定され，清算価値保障原則を充足する事業譲渡であることが認められれば，別途，事

---

[18] 林圭介「企業倒産における裁判所による再建型倒産手続の実務の評価と展望」ジュリ1349号（2008年）46頁。監督委員が計画案の合理性・相当性に疑義をもつ場合であっても，通常は，その根拠となる情報を開示したうえで債権者の判断に委ねることになる。
[19] 計画外事業譲渡の許可の決定については不服申立ては認められていない（民再9条参照）。
[20] 深山卓也ほか『一問一答民事再生法』（商事法務研究会，2000年）72頁。
[21] 園尾隆司＝小林秀之編『条解民事再生法〔第3版〕』（弘文堂，2013年）230頁〔松下淳一〕。

業譲渡のためのスポンサー選定方法やスポンサーの支援内容について検討することなく，許可がなされるべきということになろう。しかしながら，同条の許可において「相当性」の要件は実質的な機能を有するものと考えられる。

　清算価値保障原則における清算価値とは，一般には，再生債務者の財産を解体清算した場合の配分利益[22]，破産清算市場における早期売却修正を施した処分価額であると解されている[23]。前述のとおり，民事再生手続における再生計画においては，再生債権者への分配に関し，そのような意味における清算価値の保障が求められている[24]。

　他方において，民事再生手続が係属していない場合，倒産状態にある債務者の資産譲渡の詐害性としての「対価の相当性」は，原則として，市場価格（時価）を基準として判断[25]されている。市場価格と清算価値とは異なるものと解されており[26]，詐害行為取消しや否認が問題となる場合において，清算価値さえ上回っていれば[27]，詐害性が否定されるわけではない[28]。

　これに対し，民事再生手続では，債権者集会の多数決により再生計画が可決される場合，清算価値保障原則が充足されている限り，債権者に分配される額が，再生債務者の純資産の「時価」を下回っていたとしても，他に不認可事由がない限り当該決議は認可され，また，当該再生計画が事業譲渡を内容とするものであれば，その対価が再生債務者の純資産の「時価」を下回っ

---

[22]　伊藤眞『破産法・民事再生法〔第4版〕』（有斐閣，2018年）1089頁。
[23]　林・前掲[18]・45頁。
[24]　ただし，山本和彦ほか『倒産法概説』（弘文堂，2006年）24頁〔水元宏典〕及び山本和彦「清算価値保障原則について」伊藤眞ほか編『青山善充先生古稀祝賀論文集─民事手続法学の新たな地平』（有斐閣，2009年）925頁は，一定の場合に現実の又は想定された事業譲渡代金を清算価値保障の基準とする。本稿で詳細に検討する紙幅はないが，一般には民事再生手続が係属した効果として，継続価値の維持が可能となるのであり，そのような価値を清算価値とする考え方には疑問が残る。
[25]　全国倒産処理弁護士ネットワーク編・前掲[14]・725頁〔中西正〕。
[26]　佐々木宗啓「適正価額売買」全国倒産処理弁護士ネットワーク編『論点解説　新破産法（上）』（金融財政事情研究会，2005年）233頁は，不動産の売買についてであるが，相当な対価の有無につき，「破産管財人が任意売却をする際の清算処分価格に相当する時価を確保すれば足りるとまでは解することができない」として，清算価値と「相当な対価」は同一ではないとする。
[27]　ただし，具体的な事案における「時価」の認定にあたり，それが現実的に譲渡可能な価格かどうかという問題は別途検討される必要がある。
[28]　森恵一「狭義の詐害行為」全国倒産処理弁護士ネットワーク編・前掲[26]・205頁。

ていたとしても，事業譲渡は適法に行われることになる。

　このことが正当化されるのは，前述のとおり，民事再生手続が，制度として再生債務者と再生債権者の自律性・独立性を重視しつつ，清算価値を超える企業価値の評価を，再生債権者の多数の判断に委ねることで，事業の再生を容易にするという政策を採用したことにあると考えられる。

　しかしながら，計画外事業譲渡の場合，そのような制度的保障はなく，その許可に際し，裁判所が実質的な要件としての「相当性」を判断しないとすれば，債権者集会の決議を経ることなく，時価を下回る価格による事業譲渡がされることの正当化は困難なように思われる。

　(c)　「相当性」の判断基準　　従来，「相当性」の要件の意義について詳細な検討がされていたとはいい難いが，相当性の判断基準として，「営業譲渡による事業再生についての再生債務者の判断が健全な経営判断と認められれば，許可をすべきである」とする見解[29]や「営業等の価値は，本来的に一義的に算出できるものではないこと，営業等の価値の劣化が進まないうちに迅速に譲渡する必要があり，代金の相当性の審理に時間をかけるのは適当ではないことから，『相当性』について高度の心証は不要であると解すべきである」とする見解[30]が出されている。

　それらの見解が，相当性を判断するうえでどのような具体的な手法をとるかについては明らかでないが，その表現からすれば，相当性の要件の検討は緩やかにされることが述べられているようである。しかしながら，事業譲渡先の選定が当該民事再生手続における再生債権者の利益に密接に関わるものである以上，「相当性」は，再生債権者による決議の欠缺を補い，事業譲渡の適切性を評価するために機能する具体的要件として位置付けられる必要があるように思われる。

　このような方向性を有する見解として，計画外事業譲渡について「再生債権者の再生計画への決議という形で自らの財産権の処分方法を決定する（投資判断をする）機会，その過程で発揮し得た交渉力とその成果」が失われてい

---

[29] 伊藤眞「再生債務者の地位と責務（下）」金法1687号（2003年）41頁。
[30] 園尾＝小林編・前掲[21]・230頁〔松下〕。

ることを指摘し,「許可権限を付与された裁判所にはそれと引き換えに剝脱された債権者の利益を補完する職責があるといえる」,「端的にいえば, 裁判所には『適正な』計画外事業譲渡『のみ』を許可する職責がある」とする見解[*31]が出されている。

　この見解は, さらに,「相当性」の具体的な基準として「その交渉の経緯を剝脱した42条の適用場面で敢えてこれを観念するならば, それはありうべき債権者の利益の保障という意味で,『再生計画によっていたならば得られたであろう』価格」(同説はこれを「再生価格」と呼ぶ)を最低限度とするものでなければならないとする[*32]。

　この見解が計画外事業譲渡に関する裁判所の後見的な機能を重視し, 計画外事業譲渡の許可の要件を独自に定立しようとしている点は本稿と論旨を同じくする。しかしながら, 再生価格という基準に基づき相当性の判断ができるかには疑問が残る。そもそも, 再生計画により再生債権者に保障されているのは清算価値であり, それを超えてどのような価格が再生債権者に実現され得たのかを一義的に判断することは不可能であると考えられるからである。

　計画外事業譲渡の「相当性」の判断は, あり得べき再生計画を仮定して行うものではなく, 事業譲渡の条件が決定された具体的な事実関係に照らして行われなければならない。その検討に際しては, 申立前に選定されたスポンサーを維持するための要件に関する従前の議論が参考とされるべきであろう[*33]。しかしながら, 従前の議論は, 本件よりも規模の大きい企業を想定しているようにも思われる。民事再生事件には, それぞれ個別性があるため, あらゆる事案を想定した相当性の判断基準を定立することは困難であろう

[*31]　河崎祐子「民事再生手続における計画によらない事業譲渡について」法学73巻3号(2009年)23頁。田頭章一「事前調整型事業再生手続の意義と限界」ジュリ1401号(2010年)26頁は,「決議による意思表示をする債権者の手続的権利やそれに対する裁判所の認可の手続を潜脱することがないよう, 慎重な配慮が求められる」と述べる。
[*32]　河崎・前掲[*31]・28頁。
[*33]　すでに述べたとおり, 株式会社東ハトの民事再生事件は計画外事業譲渡の可否をめぐる争いであった。したがって, そこでの要件論は, 相当性の要件をめぐるものとして捉えることもできるものであった。

が，以下，本件の処理にあたって前提とした考え方について述べる。
(6) 「相当性」に関する具体的検討
(a) 入札によるスポンサー選定　多元的価値説に立つとしても，再生債権者の利益の最大化が，民事再生手続の重要な目的であることに疑問の余地はない。事業譲渡代金の最大化の手段として入札を経ることは，具体的な状況のもとで，市場競争原理に基づき事業の評価を確認するという点で望ましい対応であると考えられる。

そして，入札で最高価を提示した者を事業の譲受人とすることに相当性が認められるという判断には異論は少ないように思われる。複数のスポンサー候補が現れることが想定される場合には，入札を通じたスポンサー決定が一応の原則であると考えられる。

入札も行われず，金額の適正さの確認もできない場合に，監督委員が，再生債務者に対して新たな入札の実施を促した例が報告されている[34]が，監督委員の促しに応じて入札が行われた場合，相当性を認定することは問題ないであろう。

(b) 入札によらないスポンサー選定　入札によるスポンサー選定が妥当であるとしても，入札を経ないスポンサー選定が，常に「相当性」の要件を欠くとまではいえないと考えられる。本件においては，B社が，支配株式の取得という手段で，事実上スポンサーによるDIP型で手続を進めていた。この場合，B社以外の企業に事業の引継ぎをさせることとなれば，一定の混乱が生じることは否定できないであろう。

異論の余地もあろうが，実務的には，現に経営が継続されているという「事実」を無視してしまうことはできないと考えられる。譲受人の支払う事業譲渡代金が，第三者の評価に耐え得るものであるとすれば，入札を実施せずとも，監督委員として，相当性を肯定した意見を提出することはできると

---

[34] 大阪地裁においては，計画外事業譲渡において，入札の公正さや透明性などの手続的な適正を検証し，必要に応じ，手続開始後に入札を再実施し，評価人を選任して継続企業価値を評価し（民再124条3項），譲渡価格を増額させたりする等の対応がなされた例が報告されている（林圭介「大阪地裁の実務にみる民事再生手続4年の特徴と総括的諸問題」事業再生と債権管理105号（2004年）62頁）。

いう前提で考えていた。

　第三者による事業価値評価に基づき，監督委員が，再生債務者に対し，スポンサーとの間で事業譲渡価格の増額交渉を行うよう促した事例が報告されているが[*35]，そのような促しに応じて増額措置がとられた場合，相当性を認めることも問題ないと考える。

　民事再生法の目的につき，多元的価値説に基づく以上，事業譲渡代金以外の雇用の維持，地域社会への影響，取引先の維持，事業継続の永続性等といった事由に基づき，スポンサーを選定する余地を否定することはできない。案件によっては，複数のスポンサー候補の出現が期待できない場合も想定されるし，事業維持の緊急性等により，目前の企業をスポンサーとして選定しなければならない場合も想定される。

　いずれにしても，入札の実施や事業譲渡代金の適切性といった，一般的にスポンサー選定を正当化する事由に基づき「相当性」の判断ができない場合に，再生債権者の意向を積極的に参酌し，「相当性」を判断することの当否が本件が提示する問題である。

　(c)　「相当性」の判断要素としての債権者の意向　　計画外事業譲渡を行うにあたっては，再生債権者の意向を聴取することが規定されている（民再42条2項）。大阪地裁の実務としては，原則として，事業譲渡の概要等を記載した再生債務者作成の書面を意向聴取に関する連絡文とあわせて再生債権者宛に発送し，事業譲渡につき意見のある債権者は，意見を記載した書面を裁判所に送付するという方法によっている。

　これに対し，東京地裁の実務としては，原則として，債権者の意見聴取期日を設け，再生債権者宛てに，再生債務者作成の書面と意見聴取期日開催についての招集通知を送付することとされている[*36]。また，東京地裁では，実務的な運用として，意見聴取期日に先立ち，再生債務者による債権者説明会が開催されている[*37]。

　前述のとおり，民事再生法においては，債権者集会における再生計画に対

[*35]　林・前掲*34・62頁。
[*36]　鹿子木編著・前掲*2・206〜207頁。

する再生債権者の多数決が，再生債務者による再生計画の内容の当否を支える実質的根拠と考えられる。債権者の意向聴取手続における債権者の意見が，計画外事業譲渡についての「相当性」の有無の判断において考慮されるべきことについて，異論は少ないであろう[*38]。

　事業譲渡代金の適切性やスポンサー選定手続の合理性が一応の前提となっている多くの事案では，意向聴取手続は，再生債権者から相当性を否定するに足りる事由が出されるか否かの確認の手段として利用されていると思われる。したがって，同手続において，再生債権者の賛否の数を確認するといった作業は行われていない。しかしながら，本件において，再生債権者から異議が出されていないという消極的な対応に基づき「相当性」を肯定することには躊躇を覚えた。

　本件では，冒頭に述べたとおり（前述1(4)），監督委員の補助者（公認会計士）による事業評価及び監督委員の認識する問題点を再生債権者に開示し，金融機関等の主要債権者から個別に意見提出を求め，再生債権者の意見を聴取し，積極的に事業譲渡を肯定する意見の数を，相当性判断の重要な要素として考えることとした。そして，概ね半数の賛成が出されたことを主たる理由として，監督委員として「相当性」が認められる旨の意見を提出し，裁判所は計画外事業譲渡の許可をした。

　(d)　管理命令の当否　　計画外事業譲渡の許可の申立てがなされ，スポンサーの選定方法及び支援内容等から「相当性」を認定することができない場合，裁判所に管理命令の発令を促し，管財人を選任したうえで，改めて入札の実施や事業譲渡対価の増額の交渉を行うべきであるという見解も考えられなくはない。

　本件では，再生債務者とスポンサーとが構造的な利益相反関係に陥っていることから，そのような措置は合理的なようにも思われる。しかしながら，

[*37] 鹿子木編著・前掲*2・206頁，西謙二＝中山孝雄編『破産・民事再生の実務〔新版〕（下）』（金融財政事情研究会，2008年）129頁。

[*38] 鹿子木編著・前掲*2・211頁，相澤光江「計画外の営業譲渡」田邊光政編集代表『今中利昭先生古稀記念—最新　倒産法・会社法をめぐる実務上の諸問題』（民事法研究会，2005年）236頁，永石一郎ほか「営業譲渡による再生事例に接して」銀法21・581号（2000年）65頁。

計画外事業譲渡の「相当性」と管理命令の要件とはその基準を異にする。したがって，計画外事業譲渡の「相当性」が認められないことをもって，管理命令の要件とは離れて，直ちに管理命令を発令することは許されないと解される[39]。

4　結びにかえて

　スポンサー選定は民事再生手続の成否に重要な意義を有している。しかしながら，申立前に選定されたスポンサーの維持の問題を，双方未履行の双務契約の解除又は再生債務者・監督委員の注意義務違反として議論することは妥当とは思われない。

　他方，スポンサーが選定される民事再生手続において，民事再生法42条に基づく計画外事業譲渡が活用される例が多いにもかかわらず，同条の相当性の要件が，スポンサー選定の基準と絡めて議論がされた形跡は乏しい。

　早期の事業再生を図るために，民事再生法42条に基づく計画外事業譲渡の制度を利用することは有益であるが，他方において，民事再生手続の信頼を確保するうえで，同条の適正かつ公正な運用に意が用いられる必要がある。

　本稿を執筆するきっかけとなった事案は，事例としては特殊なものであるかも知れないが，当該事案を処理するうえで検討した論点は民事再生手続に通有する事項であるように思われる。本報告が，今後の民事再生事件の処理の参考となれば幸いである。

□■

---

[39]　「事業譲渡先の選択をめぐって対立が生じた場合，裁判所は管理命令を発令し，管財人が中心となって再生計画案を策定し，それに異議ある再生債務者，再生債権者も独自の再生計画案を策定し，裁判所は付議決定の際に一定の選別を行い（民事再生法169条1項），最終的には債権者集会がどの案で行くかを決定するというスキームが合理的ではないかと考える」とする見解がある（中西正「スポンサー選定の問題」銀法21・753号（2013年）36頁）。しかしながら，本文に記載したとおり，管理命令の要件を検討することなく，事業譲渡先の選択をめぐる対立を理由として管理命令を発令することは許されないと考えられる。

■コメント

計画外事業譲渡は「濫用」か？

大阪大学大学院高等司法研究科教授　藤本　利一

　本件事案では，再生債務者A社と事業譲渡先のC社が，ともに，スポンサーB社の事実上の支配下にあったという特殊性から，監督委員によって，事業譲渡代金の増額が打診されていた。監督委員は，本件事業譲渡契約に際し，A社とその債権者との間に，構造的な利益相反関係があると考えたからである。本稿では，スポンサーと再生債務者との間で決められた事業譲渡代金の適正さを誰がどのように担保するべきか，という視点から，若干のコメントを述べる。ただし，紙幅の関係から，文献の引用は最小限にとどめた。木村圭二郎＝溝渕雅男「中小オーナー企業のスポンサー選定に関する考察」（本章第2論文。以下，「本論文」という）の引用文献をご参照いただきたい。

1　計画外事業譲渡の問題点

　計画外事業譲渡について，アメリカ法で指摘されている点を確認する。「伝統的な手続では，さまざまな利害関係人が，提出された再建計画案を議決することになるが，だらだらと時間がかかるため，倒産会社は，しだいに，連邦倒産法363条(b)に基づいて，その資産全部または実質的にみて全部といえる資産の売却を試みるようになった。当該売却は，告知聴聞の手続を経た後，裁判所によってのみ許可される。効率性の観点から，かかる事業譲渡は，伝統的な手続に対して，多くの利点を備えている。迅速に処理され，厳格な情報開示にさらされることもなく，議決権行使の要件もない。……（略）……その結果，完全な形の（full-blown）倒産手続は不要となる（Douglas G. Baird & Robert K. Rasmussen, The End of Bankruptcy, 55 STAN. L. REV. 751 (2002).)[*1]」[*2]。

　Bairdらによる「予言」は今日外れたといわれるが，その言明から，事業譲渡の利点がよくわかる。もっとも，同時にその難点も浮き彫りとなる。再建

計画を立てるために，債権者には徹底した情報開示が行われ，それに基づいて債権者は計画案に対する賛否を行う権限を有し，最終的に，裁判所が計画の遂行可能性など，第三者的にチェックし，裁断する。こうした倒産手続における厳格な手続保障が事業譲渡型スキームでは制限されている，との批判が米国には存在している。このことは，再建型手続の目的とも関連する問題であり，DIP 制度の趣旨が問われることにもなる。その意味で，本論文が民事再生手続の目的や手続構造に遡って分析を行うことは正しい。

2 事業譲渡の「必要性」（民事再生法42条1項）の程度と「相当性」

計画外事業譲渡に対する前記批判をどのように受け止めるかによって，「必要性」（民再42条1項）の程度についての解釈は分かれる。本論文では，前記批判の趣旨を真摯に捉えているように思われるが，事業譲渡の「必要性」は実務上（また本件でも）問題にならない場合が多いとし，書かれざる「相当性」の要件を重視して，その分析を行っている。裁判所が実質的要件としての「相当性」を判断しなければ，債権者集会の決議を経ることなく行われる事業譲渡が，時価を下回る価格によりなされることを正当化できないというのである。

本論文は，「相当性」の判断基準として，まず，スポンサー選定の合理性を入札の実施の有無とともに検討している。しかし，重要な点は，その合理性判断において，事業譲渡代金の適切さを監督委員が考慮すると主張する点であろう。本論文でも引用される河﨑祐子教授[*3]は，再生手続がアメリカ合衆国連邦倒産法（以下，「連邦倒産法」という）第11章手続とは異なり，裁判所に権限を集約した手続であるとしつつ，裁判所が，その責務として，売却事業の価格の「適正」さを判断しなければならないという。そして，「適正」価格とは，清算価値以上の「再生計画によっていたならば得られたであろう」価格（「再生価値」）を意味すると解する。本論文はこうした「価格」判断を否定する

[*1] 本論文について，倉部真由美「紹介」民訴雑誌51号（2005年）206頁参照。
[*2] Jacob A. Kling, Rethinking 363 Sales, 17 Stan. J.L. Bus. & Fin. 258 (2011–2012).
[*3] 河﨑祐子「民事再生手続における計画によらない事業譲渡について─構造分析の観点からの一考察」法学73巻3号（2009年）1頁。

も，監督委員補助者（公認会計士）による事業評価に基づく事業譲渡代金の適切性チェックを重視していると思われる。そして，入札実施や事業譲渡代金の適切さにより「相当性」の判断ができないときには，再生債権者の意向を「積極的に参酌」するとしている。すなわち，金融債権者等の主要債権者に意見提出を求め，再生債権者の意見を聴取し，事業譲渡を肯定する意見が過半数となったことを理由に，「相当性」が認められた，という。

3　若干のコメント

本論文で引用される In re Lionel Corp 事件（1983年）以前においては，米国の裁判所は，資産が浪費されることで価値を毀損されるような「緊急」事態でなければ，連邦倒産法363条に基づく事業譲渡を認めることはほとんどなかったとされる。In re Lionel Corp 事件は，立法者意思及び倒産手続の目的から，経営判断による正当化を行い，より簡易に事業譲渡を認めた判例と評されるが，その後も，同条に基づく事業譲渡は，大企業について普及することはなかった。1996年以降，複数の事例が生じるようになったが，リーマンショック後の大不況（Great Recession）時に，もっともよく利用された（2008年：過去最高の割合（41％），2009年：過去最高件数（24件））。2010年・2011年には，過去の数値に戻っているようである。

計画外の事業譲渡に関する問題は，近時，米国でも議論が生じている。例えば，事業譲渡により処理された事件が，収益弁済計画を立てた事件と比較して，債権者に対する弁済率がかなり低くなることである[4]。同じく，実証研究に基づき，LoPucki 教授らも，この「低価値」問題について「苛烈な」批判を展開する[5]。しかし，一方で，連邦倒産法363条による事業譲渡を有益な再建ツールとして認める研究も存在する。個々の事例において，事業譲渡ではなく再建計画を立てた方がより大きな価値がもたらされたのか，というこ

---

[4] Jared A. Wilkerson, Defending the Current State of Section 363 Sales, 86 Am. Bankr. L.J. 591（2012）．森まどか＝藤本利一「再生手続における財産評定・情報提供」NBL998号（2013年）56頁・66頁。

[5] Lynn M. LoPucki & Joseph W. Doherty, Bankruptcy Fire Sales, 106 MICH. L. REV. 1, 37-38（2007）．

とは不明であり，単純に平均値を比較するだけでは不十分だという*6。もし，個別事件において，事業譲渡ではなく再建計画を選択していたら，より低い価値での弁済しか受けられなかったかもしれないとするのである。

　計画外事業譲渡の「相当性」については，本論文も述べるように，「完全な形の（full-blown）倒産手続」で保障されるはずのものを債権者に保障すれば足りるように思われる。それは，債権者に対する徹底した情報開示と，議決権行使に代替する意向聴取であろう。前者については，たとえば，民事再生法42条2項よりもその対象を広げ，株主への情報開示と債権者集会への同席の許否が検討されるべき問いの1つであろう。より広く利害関係人を取り込むべきである。後者については，債権者（ら）の意向をまず踏まえたうえで，事業譲渡代金の「正しさ」に踏み込むべきではないか。事前に（ex ante）「正しい」価格や価値を設定すれば，「評価」にかかる争いが生じてしまう可能性もある。簡易迅速な手続である再生手続にそのコストを負担できる事例は多くないであろう。本論文でも本件事案の特殊性を強調している。そのためやむを得なかったかもしれないが，一般に，監督委員は，事業譲渡代金の過小性について，そのリスクを負う債権者（ら）の意向をまずは尊重するべきであろう。

　この問題は，DIP型手続における監督委員の役割とも連関する。機関論としては，民事再生法42条2項ただし書にいう，債権者委員会の活用も検討されるべきであろう。米国では，事業譲渡の是非をめぐり，債権者委員会の沿革やその役割等について否定的な議論もなされているようであり*7，安易な活用は許されないけれども，「完全な形の（full-blown）倒産手続」の代償を考える場合，債権者の果たす役割を再考することは検討に値しよう。

＊6　Wilkerson, supra note 4 at 598-599.
＊7　Troy A. McKenzie, Helpless Groups, 81 Fordham L. Rev. 3213（2012—2013）等参照。これによれば，少額多数の投資家（無担保社債権者）の利益が旧来のレシーバーシップでは無視されており，利益代表としての債権者委員会の不完全さから，議会はそれを中立の管財人に置き換え（チャンドラー法第X章），さらに行政機関（SEC）の監視をつけた。委員会と債務者内部者との談合（交渉）を敵視した結果である。この社会実験は既存の倒産実務（家）の否定を企図したが失敗に終わった。なお，クラスアクションのスキームはこのニューディール期の論議（適切代表）を参照して成立した。

4　結びにかえて

　かつて私的整理と和議手続の連関を主張された田頭章一教授は,「法的整理は単に多数決制度を用意し, 再建計画の認可により反対債権者等の利益を最低限チェックするだけの手続ではない。利害関係人に提供される情報の量や正確さ, ……（略）……各種利害関係人への意見聴取の機会の保障など, 利害関係人の利害を適切に調整しつつ事業再生を実現する（民再 1 条, 会更 1 条参照）場としての法的整理の意義を問い直すべき」と述べる[*8]。事業再生 ADR など, 裁判所の外での事業再生が活発化する中, 裁判所を経由した事業再生の意味が今後問われることになろう。本論文はこうした問題について貴重な示唆を多く含んでいる。

[＊本稿は【基盤研究(B)24402007】の成果の一部である。]

[*8]　田頭章一「事前調整型事業再生手続の意義と限界」ジュリ1401号（2010年）21頁。

第3章

担　　保　　権

別除権協定に関する平成26年6月5日最高裁判決と今後の別除権協定

弁護士　上田　裕康
弁護士　北野　知広

1　はじめに

再生債務者と別除権者との間で担保目的物である不動産について分割払いの別除権協定が締結され再生手続が終結した後，再生計画（分割払い）及び別除権協定の履行完了前に再生債務者に破産手続開始決定がなされた事案において，平成26年6月5日最高裁第一小法廷判決（以下，「本判決」という）は，別除権協定の解除条件に関する合意につき，再生債務者が再生計画の履行完了前に再生手続廃止の決定を経ずに破産手続開始の決定を受けた時から別除権協定が効力を失う旨の内容をも含むと判断した。

当職らは，別除権者の代理人として上告審から本件に関与していたことから，本判決及び別除権協定全般について倒産実務交流会で報告する機会を得た。本稿では，本研究会での議論も踏まえ，本判決の内容と今後の別除権協定のあり方を検討したところを報告したい。

2　本判決の事案の概要等

(1)　事案の概要

本判決の事案の概要は，以下のとおりである[*1]。

① 平成14年3月，債務者Aは，再生手続開始決定を受けた。

[*1] 理解の便宜のため，事実関係を一部省略し，他方で，本判決及び下級審判決に明示されていない事実関係を加えている。また，金額は概算額を記載しているが，事実関係の省略に伴い被担保債権額は仮定の概算額を記載している。本判決が前提とする正確な事実関係は本判決のほか第一審判決（松山地判平成23年3月1日（判タ1375号240頁以下））及び原判決（高松高判平成24年1月20日（判タ1375号236頁以下））を参照。

② 平成14年9月26日，債務者Ａの再生計画案が可決され，同再生計画が認可された。
③ 平成14年10月，再生計画認可決定が確定した。
④ 平成14年10月9日，債務者Ａは，別除権者Ｂとの間で，債務者Ａ所有不動産（以下，「本件不動産」という）に設定された抵当権（以下，「本件抵当権」という）に係る別除権付再生債権（別除権付再生債権額は6億5000万円。以下，「本件別除権付再生債権」という）につき，次の条項を含む協定書を締結した（以下，「本件別除権協定」という）[*2]。
　ア　本件不動産の受戻価格を5000万円とし，同額が本件抵当権の被担保債権の額であることを確認する。
　イ　債務者Ａは，別除権者Ｂに対し，上記受戻価格を分割弁済する。
　ウ　債務者Ａは，事業を継続するために本件不動産を使用できるが，分割弁済を2回以上怠ったとき等には，本件不動産を明け渡し，別除権者Ｂが本件抵当権を行使することに異議を述べない。
　エ　分割弁済の完了により担保権が消滅することを確認する。
　オ　別除権予定不足額を6億円とする。
　カ　本件別除権協定は，再生計画認可の決定の効力が生じないことが確定すること，再生計画不認可の決定が確定すること又は再生手続廃止の決定がされることを解除条件とする（以下，「本件解除条件条項」という）。
⑤ 平成17年10月，債務者Ａにつき，再生手続終結決定がされた。
⑥ 債務者Ａは，再生計画及び本件別除権協定に基づく弁済を続けていたが，それらの履行完了前の平成20年1月に，破産手続開始決定（以下，「本件破産手続開始決定」という）を受けた。
⑦ 本件破産手続開始決定前になされた再生計画に基づく弁済額は2000万円，本件別除権協定に基づく弁済額は1500万円であった。なお，再生計画に基づく弁済率は8％であり，再生計画に基づく分割弁済が完了した

---

*2　実際には別除権者はＢのほかに2社存在し，平成14年9月26日，同年10月29日にそれぞれ別除権協定を締結している。

場合，別除権者Bは再生計画に基づき4800万円の弁済を受けることができた。
⑧　別除権者Bから本件別除権付再生債権を譲り受けていたC^{*3}は，本件不動産について担保不動産競売の申立てをし，平成20年10月，その開始決定がされた。
⑨　担保不動産競売の配当表（以下，「本件配当表」という）に記載された配当額は1億3000万円であり（売却額もほぼ同様），本件別除権協定による受戻価格（5000万円）から上記⑦の本件別除権協定に基づく弁済額（1500万円）を控除した残額（3500万円）を超えるものであった。なお，担保不動産競売事件で提出された不動産鑑定士作成にかかる評価書における本件不動産の評価額は1億6800万円であった。
⑩　平成21年9月，債務者Aの破産管財人は，上記競売事件の配当期日において，本件配当表のうち上記の超過部分（3500万円を超える部分）につき異議の申出をし，本件配当表の取消しを求める配当異議訴訟を提起した。

A破産管財人の異議が認められた場合，担保権者Cが競売事件において配当を受ける額は3500万円となるが，異議が認められない場合，担保権者Cは競売事件において1億3000万円の配当を受けられるという事案であった。

なお，上記⑦の再生計画に基づく弁済額及び本件別除権協定に基づく弁済額の取扱いは特段争点とされていなかった。

(2)　**当事者の主張及び下級審判決の概要**

A破産管財人は，概要，以下のとおり主張した。
①　本件別除権協定により，本件抵当権の被担保債権額は受戻価格に減額され，別除権予定不足額も確定した。これらの効力が覆滅することはない。
②　債務者Aにつき破産手続開始決定がなされることは本件解除条件条項のいずれにも該当せず，本件別除権協定は失効していない。
③　したがって，担保権者Cは，受戻価格から既払金を控除した額を超え

---

*3　ただし，本判決の判断においては，債権譲渡を経ていたことは特に考慮されていなかった。

る部分につき，配当を受ける地位にない。

　A破産管財人は，別除権協定の不履行があった場合といえども，別除権協定を解除して被担保債権額の減額の効力を覆滅させることは認められないという見解（いわゆる固定説[*4]）に依拠して，上記主張を行ったものであった。

　これに対して，担保権者Cは，概要，以下のような反論を行った。
①　別除権協定に基づく被担保債権額の減額の効果は確定的なものではなく，別除権協定の失効により被担保債権額は復活する。
②　本件解除条件条項は例示にすぎず，別除権協定は本件破産手続開始決定により失効した。

　担保権者Cは，別除権協定の失効により被担保債権の減額の効力は覆滅し，被担保債権額が別除権協定締結前の額に復活するという見解（いわゆる復活説[*5]）に依拠して，上記主張を行ったものであった。

　以上の各主張を踏まえ，松山地裁判決は，本件別除権協定は本件破産手続開始により失効する旨を判示し，A破産管財人の配当異議を認めなかった。

　これに対してA破産管財人が控訴したところ，高松高裁判決は，本件破産手続開始決定は本件解除条件条項に該当せず，本件別除権協定は失効しないと判示した[*6]。

　これに不服として担保権者Cが行った上告受理申立てに対して，最高裁が上告を受理し，本判決がなされた。

[*4]　別除権予定不足額が確定（民再88条・182条）したと評価するには，別除権協定に基づく債務の不履行があっても，被担保債権の範囲に変更がないことが必要であるとする立場である（才口千晴＝伊藤眞監修／全国倒産処理弁護士ネットワーク編『新注釈民事再生法〔第2版〕（上）』（金融財政事情研究会，2010年）472頁以下〔中井康之〕，四宮章夫ほか編『詳解民事再生法―理論と実務の交錯―〔第2版〕』（民事法研究会，2009年）312頁〔山本和彦〕，山本和彦ほか編『Q&A民事再生法〔第2版〕』（有斐閣，2006年）253頁〔難波修一〕参照）。

[*5]　将来の不履行に備えて担保権を残存させておきたいと考える担保権者の利益を保護する立場である（上野正彦ほか編著『詳解民事再生法の実務』（第一法規，2000年）386頁〔須藤英章〕参照）。

[*6]　なお，予定不足額の確定・被担保債権の減額に，被担保債権の減額の登記・登録を要するかも従来から議論されており（全国倒産処理弁護士ネットワーク編・前掲＊4・472頁以下〔中井〕参照），本件でも争点の1つとされていた。本件では被担保債権額を変更する旨は登記されていなかったが，第一審・控訴審ともに登記不要説に立っており，本判決も登記不要説を前提としていると理解される。なお，本研究会に参加した再生債務者代理人経験者からは，別除権予定不足額の確定・被担保債権の減額のために登記をした例は報告されなかった。

(3) **本判決の概要**

本判決の概要は以下のとおりである。
① 本件別除権協定は，債務者Aにつき再生計画の遂行を通じてその事業の再生が図られることを前提として，その実現を可能とするために締結されたものである。
② そのため，本件解除条件条項は，再生計画の遂行を通じて事業の再生が図られるという前提が失われたというべき事由が生じたことを解除条件としている。
③ 再生計画認可決定確定後に再生手続終結の決定がされたが，その再生計画の履行完了前に破産手続開始の決定がされる場合は，もはや再生計画が遂行される見込みがなくなり，上記の前提が失われた点において，再生手続廃止の決定がされてこれに伴い職権による破産手続開始の決定がされる場合と異なるものではない。
④ また，別除権協定の締結に際し，再生計画履行完了前に再生手続廃止の決定を経ずに破産手続開始の決定がされた場合をあえて解除条件から除外する趣旨で，この場合を解除条件として本件解除条件条項中に明記しなかったものと解すべき事情もうかがわれない。
⑤ そうすると，本件解除条件条項に係る合意は，契約当事者の意思を合理的に解釈すれば，債務者Aがその再生計画の履行完了前に再生手続廃止の決定を経ずに破産手続開始の決定を受けた時から本件別除権協定はその効力を失う旨の内容をも含むものと解するのが相当である。
⑥ 本件抵当権の被担保債権額は本件別除権協定の締結前の額から再生計画及び本件別除権協定に基づく弁済額を控除した額になり，本件配当表に記載された配当実施額はいずれもこれを超えないから，別除権者は配当を受け得る地位にあるといえる。

3 本判決の分析

(1) **合理的意思解釈としての事例判断**

本判決は，当事者の合理的意思解釈として，上記2(3)⑤の事例判断を下した。

(2) 固定説・復活説（再生計画に基づく弁済の保持）について

　本判決は復活説を明確に採用したわけでも，再生計画に基づく弁済とその保持が正当であることを正面から肯定したわけでもない[*7]。そのため，本判決を前提としても，再生計画に基づく弁済が実は民事再生法182条の要件（別除権不足額の確定）を満たさない弁済であったとして，債務者Aの別除権者B又は担保権者Cに対する不当利得返還請求が認められるとも考え得る。本研究会でもそのような意見が述べられていた。

　しかし，本判決は，上記2(3)⑤⑥のとおり，別除権協定は将来に向かって失効すると判断した上で，本件抵当権の被担保債権の額は，本件別除権協定の締結前の額から再生計画及び本件別除権協定に基づく弁済額を控除した額になり，本件配当表に記載された配当実施額はこれを超えないから，別除権者は配当を受け得る地位にあるといえると判示した。被担保債権の額の算出にあたり再生計画及び本件別除権協定に基づく弁済額を控除していることからは，再生計画及び本件別除権協定に基づいて行われた弁済を別除権者が保持することを前提としているように理解し得る。このように本判決が再生計画及び本件別除権協定に基づく弁済の保持を認めたと理解すれば，本判決は固定説とは相容れず[*8]，本判決は固定説を否定している（少なくとも，再生計画に基づく弁済を行うのに別除権不足額が固定される，すなわち被担保債権の復活が認められないことを必要としていない）と捉えることになる[*9]。

(3) 別除権協定に基づく弁済の保持について

　本判決について，再生計画及び本件別除権協定に基づく弁済の保持を認め

[*7]　本判決を紹介した金融商事判例1456号12頁の匿名記事は，復活説・固定説の議論につき最高裁の採用する立場が明らかにされたとはいえないと述べている。また，再生計画及び別除権協定に基づく弁済の保持について，中井康之「別除権協定に基づく協定債権の取扱い」伊藤眞ほか編『担保・執行・倒産の現在―事例への実務対応』（有斐閣，2014年）324頁は本判決の射程外とし，髙木裕康「別除権協定の失効とその場合の既払金の扱い」事業再生と債権管理146号（2014年）115頁も本判決は何らの判断も示していないものとみるべきとする。

[*8]　固定説は，再生計画に基づく弁済を実施するには，別除権協定に基づく債務の不履行があっても被担保債権額が復活することなく別除権不足額が確定（民再88条・182条）する必要があるとの立場であるから，被担保債権額の復活を認め，かつ，再生計画に基づく弁済の保持を認める立場とは相容れない。

[*9]　伊藤眞『破産法・民事再生法〔第3版〕』（有斐閣，2014年）900頁は，本判決は復活説に親和的であるとする。

たものと理解すれば，担保権者Ｃは，競売事件で１億3000万円の配当を受けることができ，かつ，本件別除権協定（及び再生計画）に基づく弁済額（合計3500万円）も保持できる。

かかる結論に対しては，合理性がなく清算を要するとする見解[*10]，別除権者に担保目的財産と一般財産からの二重取りを認めるに等しく，他の再生債権者の利益を害することになるから原則として許されないとする見解[*11]がある。

そのような見解の結論が合理的である場面が存在することは否定しない。一方で，例えば，本件不動産の受戻額が１億円，再生計画及び別除権協定に基づく弁済額が合計500万円，競売における配当額が１億円であった場合は，必ずしも不合理とはいえないであろう。債務者は，別除権を実行されずに不動産を利用することができたのであり，別除権協定に基づく弁済は，その対価（賃料）に相当するとも考えられるからである[*12]。この点については，担保権不可分の原則をどう理解するかにも関連して，本研究会でも様々な意見が出たところであるが，本研究会では別除権協定に基づく弁済の保持を是認し清算を要しないとする意見[*13]が多かったように思われる。

ところで，本件では，競売事件における売却額は１億3000万円，評価額は１億6800万円であり，評価基準時が異なることを考慮しても，本件別除権協定に基づく受戻額（5000万円）は当時の評価額よりも低廉な額で合意されていたのではないかとも推測された。別除権者としては，事業再建に協力するため，あるいは，再生計画に基づく弁済額と別除権協定に基づく受戻額の合計で総回収額を想定し，想定される破産配当率や競売での落札見込額との比較

[*10] 髙井章光「牽連破産に関する諸問題」事業再生研究機構編『民事再生の実務と理論』（商事法務，2010年）260頁以下。別除権協定に基づく弁済額は別除権者に帰属させるものの，弁済額に応じて担保権が一部消滅するとする考え方等を提示している。また，髙木・前掲[*7]・115頁は，担保権者は別除権協定に基づく既払金を直ちに返還する必要はないものの，競売による回収まで含めた担保権者の回収のうち，「担保目的財産の処分代金」と「これを前提に算定される別除権不足額に対する計画弁済」の合計額を超える部分は不当利得として破産管財人に返還する義務を負うとする。
[*11] 中井・前掲[*7]・312頁以下。
[*12] 中井・前掲[*7]・313頁も，そのような場合があることを認めている。
[*13] 髙井・前掲[*10]・262頁でも，同様の意見があったと紹介されている。

により，受戻額自体は評価額より低廉な額で合意する事態もあり得る。例えば，再生計画案が可決・認可されずに破産した場合の破産手続における配当見込額がゼロであり，競売手続での落札見込額が6000万円であったとすると，破産に至った場合，別除権者は再生計画及び本件別除権協定に基づく弁済額の合計額を下回る回収しかできない。このようなことから，当職らは，別除権者Bが債務者Aの再建に協力する趣旨で，再生計画に基づく弁済額や想定破産配当率等も考慮の上で，あえて低い受戻額での別除権協定に応じた可能性があり，本件では被担保債権額の縮減の効果が固定される結論が合理的ではない可能性もあると考え，上記2(3)①ないし③のような趣旨を主張して上告受理申立てを行っていた。

これに対して，仮に当初の別除権協定における受戻額が，実際の競売手続における評価額と同じく1億6800万円とされていれば，再生計画及び別除権協定に基づく弁済合計3500万円を競売での配当額に加味しても，受戻額に満たないため，本件のような争いが生じることはなかった。本研究会でも，通常は，別除権者の要求する受戻額は高額であるため，本件のような事態は生じにくいとの意見が述べられていた。

いずれにせよ，今後重要となるのは，本判決が再生計画及び別除権協定に基づきなされた弁済の保持を認めたとも考えられるところである。その結論の是非や理論的検討はさておくとして，本稿においては，本判決を踏まえた今後の別除権協定のあり方を検討することにしたい。

4 本判決が他の別除権協定に及ぼす影響

本判決は事例判断を示したものであるが，以下の理由から，分割弁済型の別除権協定につき本判決と同様の判断がなされる可能性が高いと考えられ，他の別除権協定に対して及ぼす影響は少なくない。

まず，本件解除条件条項は，過去の文献で紹介されている分割弁済型の別除権協定の解除条項と同一であり[*14]，したがって，同一の解除条件条項を含む分割弁済型の別除権協定は数多く締結されていると推測される。そして，本判決は，本件の事案の特殊性を取り立てて論じることなく，本件別除権協定が，再生計画の遂行を通じてその事業の再生が図られることを前提とし

て，その実現を可能とするために締結されたものであり，再生計画の遂行を通じて事業の再生が図られるという前提が失われたというべき事由が生じたことを本件解除条件条項により解除条件としていると判示するところ，かかる判示は分割弁済型の別除権協定一般に通じる理論と思われる。

5 本判決を踏まえた今後の別除権協定についての留意点

以上を踏まえ，別除権者・再生債務者及び監督委員それぞれの立場で，今後の別除権協定において留意すべき点につき検討したい。

(1) 別除権者の立場から

(a) 破産手続への移行等について　上記のとおり，本件解除条件条項と同様の解除条件が付された別除権協定は，破産手続に移行し又は同手続が開始した場合，将来に向かって失効すると判断される可能性が高い。そして，本判決が再生計画及び別除権協定に基づく弁済の保持を認めつつ，被担保債権額の復活を認めたものとの理解に立てば，破産管財人から再生計画及び別除権協定に基づく弁済の返還は求められない。そうだとすれば，別除権者としては，これまでと同様の解除条件を付した別除権協定を締結すれば足りると考えられる。

加えて，本件で問題となった事由を解除条件に加えて被担保債権額の復活を規定し，かつ，別除権協定が失効した場合にも再生計画及び別除権協定に基づく弁済を保持することを規定すれば，より疑義が少なくなり，別除権者には有益と思われる。

解除条件については，例えば，再生手続終結後，再生計画履行完了前に法

---

*14　園尾隆司＝須藤英章監修『民事再生法書式集〔新版〕』（信山社，2001年）157頁・159頁で既に本件と同様の解除条件が紹介されていた（同書の〔第4版〕373頁，375頁でも同条項が紹介されている）。また，大阪地裁倒産部（当時）の井田宏判事も，「本件民事再生事件につき再生手続廃止，再生計画の不認可又は再生計画取消しの決定が確定した場合において，再生債務者について破産宣告がなされたときは，本協定は将来に向かってその効力を失う。」と定めることで，別除権協定に基づく金員支払債務が牽連破産の場合に財団債権となる事態を防ぐことができると論じて，本件と同様の解除条件を紹介している（井田宏「民事再生手続におけるリース料債権の取扱い―大阪地裁倒産部における取扱い及び関連する問題点の検討―」判タ1102号（2002年）7頁）。なお，別除権協定に基づく債務の共益債権性を否定した例として，東京地判平成24年2月27日（金法1957号150頁）。

的倒産手続（破産手続のみならず再生手続や更生手続，特別清算手続を含む），私的整理手続又は特定調停手続等が開始され再生計画の遂行の見込みがなくなること，あるいは，再生手続係属中に更生手続開始申立てがなされ更生手続が開始すること（この場合，再生手続は中止され（会更50条1項），再生計画不認可決定や再生手続廃止決定を経ない場合がある）などを明記することが考えられる。しかし，問題となり得る事由を網羅的に列挙することは容易ではないように思われる。別除権者として重要な点は，再生計画の遂行を通じて事業の再生が図られるという前提が失われることであるから，バスケット条項としてその旨を規定しておくことも考えられる。

ただし，そのような被担保債権額の復活を認める内容の合意では不足額が確定したといえず，別除権部分の弁済が完了するまでの間は再生計画に基づく弁済を受けられない（再生計画に基づく弁済を許容する合意では監督委員の同意が得られない）可能性があり得ることには留意を要する。

また，本判決を前提としても，固定説の立場から，再生計画に基づく弁済が実は民事再生法182条の要件を満たさない弁済であるとして再生計画に基づく弁済の保持に異を唱える見解もあり，別途，返還請求がなされる可能性があることにも留意されたい。別除権協定もあくまで当事者間の合意である以上，解除・失効の場合に，その効果を遡及させるか（解除・失効の場合に別除権協定に基づき既になされた弁済の保持を認めるか）については，当事者が自由に合意できる。しかし，固定説は，別除権不足額の確定により再生計画に基づく弁済を行うことができるのは，復活が許されない「確定」が生じた場合だけとするものであり，民事再生法182条を強行法規として取り扱うものであるから，当事者間でこれに反する内容を合意することを許さない。したがって，固定説が正当であることを前提とすると，被担保債権の復活を認める限りは，再生計画に基づく弁済の保持を合意しても，強行法規違反として当該合意の有効性が争われる余地が残るのである[*15]。

(b) **更生手続への移行等について**[*16]　次に，更生手続に移行し又は同手続が開始した場合を検討する。

本件解除条件条項と同様の条項がある場合に，更生手続に移行等した場合も，本判決と同様の結論が導かれるか，すなわち，再生計画及び別除権協定

に基づく弁済の保持を認めつつ，別除権協定締結時点の被担保債権額から弁済額を控除した額を被担保債権とする担保権付債権があるものとして，更生担保権の認否がなされるかという問題である。

本判決の「再生計画の遂行を通じて事業の再生が図られるという前提が失われたというべき事由が生じたことを本件解除条件条項により解除条件としている……再生計画の履行完了前に破産手続開始の決定がされる場合は，もはや再生計画が遂行される見込みがなくなり」という点を重視すれば，更生手続に移行等した場合も，再生計画の遂行を通じての事業再生という前提が失われたのであるから，上記のような結論となるように思われる。

そうすると，別除権者としては，これまでと同様の解除条件を付した別除権協定を締結することで足りると考えられる。しかし，やはり一定の疑義が残る以上，更生手続に移行等した場合の処理を明記しておくほうが望ましいであろう。

(2) **再生債務者及び監督委員の立場から**

これに対して再生債務者及び監督委員の立場では，いかなる点に留意すべきか。

(a) 再生計画及び別除権協定に基づく弁済の処理　再生債務者としては，まず，破産手続又は更生手続へ移行し，あるいはいずれかの手続が開始

---

*15　この点，固定説を前提にしつつも，契約当事者の意図するところに応じて別除権協定を類型的に検討すべきであるとして，①不足額の確定を目的とする協定と，②不足額の確定を目的としない協定に分けて別除権協定の効果・あり方等を論じるものとして，中井・前掲＊7・309頁以下参照。同趣旨に立ち，①不足額の確定を目的とする別除権協定と，②不足額の確定を目的としない別除権協定のモデル案を提示したものとして，長谷川卓「民事再生手続における別除権協定の諸問題―あるべき別除権協定の姿とは―」倒産法改正研究会編『続々・提言倒産法改正』（金融財政事情研究会，2014年）133頁参照。また，不足額確定型協定が失効した場合に被担保債権額の復活を肯定したとしても，協定失効までの別除権者に対する再生計画及び別除権協定に基づく既弁済分についてそれぞれ必要な調整を行うこととする限りにおいて，そのような合意は再生手続における不足額責任主義に反するものとまではいえないとする，栗原伸輔「再生手続における合意による不足額の確定」高橋宏志ほか編『伊藤眞先生古稀祝賀論文集―民事手続の現代的使命』（有斐閣，2015年）841頁参照。

*16　先行する再生手続で成立した別除権協定につき，後行の更生手続で生じる問題点を検討したものとして，中森亘＝木村真也＝野村祥子＝北野知広＝溝端浩人「他の倒産手続から更生手続への移行に関する事例分析と論点検討」松下淳一＝事業再生研究機構編『新・更生計画の実務と理論』（商事法務，2014年）666頁以下参照。

した際にも，再生計画及び別除権協定に基づきなされた弁済を債権者が保持することを是認するかを検討する必要がある。

再生計画に基づく弁済については，予定不足額を確定させるかをまず検討することになり，確定させるとして別除権協定に基づく債務の弁済完了までの間に再生計画に基づく弁済を実施するか，破産手続へ移行等した場合に被担保債権額の復活を認めるのか，再生計画に基づく弁済の保持を認めるかを検討する必要がある。なお，固定説の立場から一定の合意の有効性が争われる余地があることは前記のとおりである[*17]。

別除権協定に基づく弁済については，本件では解除条件成就の場合の遡及効を規定していなかったため，民法127条2項に従い別除権協定は将来に向かって失効する，したがって原状回復の必要がないと判断されたと考えられる。そのため，破産手続へ移行等した場合の保持を是認しない場合，まずは，別除権協定の解除・失効の場合の遡及効（民127条3項）と別除権協定に基づく弁済額の返還を明記することが考えられる。解除条件の建付けとしないことになり，本判決のような結論を回避することも考えられる。もともと解除条件が設けられることとなったのは，牽連破産の際に別除権協定に基づく債務が財団債権とされることを回避するためであって，本判決のような事態は想定していなかったと思われることからしても，解除条件のあり方については検討を要すると思われるところである。

一方，以上の処理は，別除権協定に基づく弁済の返還を求めるもので，実務感覚には合致しないように思われる[*18]。そこで，別除権協定に基づく弁済の保持を是認したうえで，必要な清算を行う条項を規定しておくことも考えられる[*19]。

(b) 解除事由の明確化　本件解除条件条項は例示列挙と判断されたものであるが，これを企図しないのであれば，限定列挙であることを明記する必要がある。

[*17] 以上につき，前掲*15参照。
[*18] 髙井・前掲*10・259頁・262頁参照。
[*19] その内容として，前掲*10参照。

(c) 監督委員の立場から　　監督委員としては，本件解除条件条項のような遡及効のない解除条件が付された別除権協定については，本判決と同様の結論となる可能性を念頭に置きつつ，別除権協定の妥当性を検討すべきこととなろう。この点，固定説の立場に立つ場合，被担保債権額の復活を認める内容の合意では不足額が確定したといえないとして，別除権部分の弁済が完了するまでの間は再生計画に基づく弁済を許容しない（そのような余地のある合意書には同意しない）という可能性もあり得ると思料される[20]。

(d) 交渉上の問題点　　本判決が再生計画及び別除権協定に基づく弁済の保持を認めているとの理解に立てば，別除権協定の解除・失効の場合の別除権協定に基づく弁済の返還・清算や，予定不足額が確定していないとして再生計画に基づく弁済を行わないことを内容とする別除権協定を別除権者が受け入れるとは考え難い。実際，近時の事例では，再生計画及び別除権協定に基づく弁済の保持に加え，再生計画の履行が頓挫した場合に改めて抵当権を実行して担保物件からの回収を行えることを前提に，別除権協定に関する交渉を行う金融機関が増えてきているとの感想を抱いている。

また，別除権者は相当程度の議決権を有する場合が多く，再生債務者としては，再生計画案の否決リスクをとってまで別除権者とぎりぎりの交渉をするインセンティブが働きにくい側面もある。そのため，監督委員の適切な監督権限の行使が求められるところであるが，監督委員にとっても相当難しい判断を迫られる事態が生じることが想像される[21]。

(e) 交渉にあたって　　とはいえ，再生債務者としては，公平誠実義務を負い，再生債権者全体の利益を図る立場にあることを自覚して適切な処理を目指す必要があるし，監督委員においても，受戻額やその決定過程，再生計

---

[20] 中井・前掲*7・312頁以下は，別除権協定を解除しても受領済みの協定に基づく弁済額の保持を認めるのは，別除権者に担保目的財産と一般財産からの二重取りを認めるに等しく，他の再生債権者の利益を害することになるから原則としては許されず，監督委員の同意が得られないとするが，受戻額が正常な評価額に比して低く合意されているような場合などでは，不当な結論にならない場面も存在すると思われる。

[21] 受戻額の適正の点で同様の問題意識を提示する倉部真由美「別除権協定について」事業再生研究機構編『民事再生の実務と理論』（商事法務，2010年）344頁・349頁参照。公平誠実義務・再生債権者全体の利益を考慮して受戻額を決めざるを得ないであろうと述べられており，ここでも同様の考慮をすることになろう。

画に基づく弁済額,別除権協定の解除・失効の場合の処理その他の事情を総合的に勘案して,当該事案において合理的な内容の別除権協定であるか否かを吟味する必要がある。そのため,別除権協定の具体的な条項や,破産手続に移行した場合に予想される帰結を精査し,より適切な実務運用を定着させていく必要がある。

この点,別除権協定について類型化したうえで,不足額を確定させる類型(固定説を前提としており,別除権協定の解除・失効の場合に被担保債権額の復活を認めない)において,別除権協定に基づく支払債務を共益債権とすることを提唱する見解がある[22]。かかる構成を採用する方が,別除権協定の解除・失効の場合に被担保債権額の復活を認めるよりも,総債権者の利益に資する場合があり得る。別除権者にとっても,受戻額が共益債権とされるのであれば,それ以上の要求は合理性がないようにも思われ,かかる構成は別除権者の妥協を引き出すための手段として優れていると思われる(ただし,別除権者の要求により受戻額が高額に合意される場合や,破産手続への移行等が相当程度見込まれる場合には,監督委員としては,共益債権化(破産手続に移行等した場合の財団債権化)を認めるには特に慎重な判断を要するように思われる)。今後は,そのような類型の協定をも念頭に置いて,別除権協定の内容を細かく検討していくことが必要である。

---

[22] 詳細は,中井・前掲＊7・317頁以下参照。別除権者は,事業継続ひいては再生債権者一般の利益のために別除権の実行を猶予し,協定の締結により評価額の分割弁済を受け入れたのであるから,その後の担保目的財産の価格下落リスクを別除権者に負担させるのは衡平ではないというのがその理由である。その見解を是認するものとして,山本和彦『倒産法制の現代的課題―民事手続法研究Ⅱ』(有斐閣,2014年) 141頁。

■コメント

別除権協定における解除条件条項の有効性

慶應義塾大学大学院法務研究科教授　髙田　賢治

1　はじめに

　上田＝北野論文（本章論文）は，最判平成26年6月5日（民集68巻5号403頁）（以下，「本判決」という）について，別除権協定が失効した場合の被担保債権に関する固定説・復活説という見解の対立を踏まえた上で，本判決を的確に位置付けて，今後の別除権協定への影響や実務上の留意点を指摘する優れた論稿である。

　上田＝北野論文は，本判決を，本件別除権協定について固定説を採用しないことを前提に別除権者が本件別除権協定及び再生計画に基づく弁済額の保持を許したものと位置付ける[1]。本稿は，上田＝北野論文による本判決の位置付けを前提に，本判決について若干の検討を試みる。

2　別除権協定の法的性質
(1)　双方未履行の双務契約

　別除権協定は，①担保権の不行使，②被担保債権の一部放棄，③担保目的物の受戻額，④受戻額の弁済方法・弁済期間，⑤受戻額弁済後の担保権抹消，⑥不足額の確定を組み合わせる内容が多く，場合により，⑦債務不履行等協定終了事由とその効果などについても合意されることがある[2]。

---

[1]　本判決が固定説と矛盾しないと解する余地を指摘するものとして，粟原伸輔・耕・判例解説Watch16号（2015年）199頁がある。本判決を問題ごとに固定説，復活説に位置付けるものとして，野村秀敏・金判1454号（2014年）10頁がある。立法的な検討の必要性を指摘するものとして，倉部真由美「Ⅱ　民事再生手続における別除権協定の位置づけ（シンポジウム倒産法と優先順位）」民訴雑誌64号（2018年）90頁以下。

[2]　倉部真由美「別除権協定について」事業再生研究機構編『民事再生の実務と理論』（商事法務，2010年）342頁。

前記別除権協定について、別除権者は、担保権の行使をしない義務（担保目的物について再生債務者に使用・収益をさせる義務）及び受戻額弁済完了後の担保権抹消登記手続協力義務を負っており、再生債務者は、別除権者に対する受戻額弁済義務を負っている双務契約と考えられる。そうすると、再生債務者が、別除権協定の締結後、受戻額の弁済完了前に破産した場合、別除権協定は、双方未履行の双務契約となる。

(2) **別除権協定に対する破産法53条適用の可否**

では、受戻額完済前の別除権協定を双方未履行の双務契約と考えて、破産法53条の適用を肯定すべきであろうか。肯定説は、破産手続において裁判所から事業継続の許可を得て再生手続中に締結した契約を最後まで履行しなければならないという結論は、清算を目的とする破産手続と相容れないことは明らかで、相手方保護の要請があったとしても、破産手続による清算を進めるために破産法53条1項による解除は許されるものと考える[3]。否定的見解は、再生手続の信頼性を削ぐことになり、既払金返還請求権が発生することになると担保権者が踏んだり蹴ったりになることを理由に挙げる[4]。

(3) **本件解除条項の有効性と破産法53条との関係**

本判決別除権協定には解除条件条項が付されていた。別除権協定について破産法53条適用肯定説に立つ場合、破産管財人の履行選択権を妨げるような解除条件条項の有効性が問題となる。

しかし、本判決は、再生計画の遂行を通じての事業の再生が図られるという前提が失われたというべき事由が生じたことを本件解除条件条項により解除条件としていると解して、解除条件条項の対象となる事由をかなり広く認める判断をしている。それゆえ、本判決は、破産法53条適用否定説を前提に判断しているように思われる。

また、前記の破産法53条適用肯定説は、破産管財人が別除権協定の履行を強制されることが妥当でないという理由によるものであって、本件のように破産管財人が履行選択を望んでいる場面を前提とする見解ではない。

---

[3] 髙井章光「牽連破産に関する諸問題」事業再生研究機構編・前掲[2]・258頁。
[4] 髙木裕康・事業再生と債権管理146号（2014年）112頁。

(4) 破産管財人に履行選択を許すべきではない理由

　別除権協定の内容として担保目的物の受戻額の合意がある。これは事業継続のため担保目的物の評価によって受戻額を決めざるを得ないことを前提に，再生債務者と別除権者との間で受戻額等を合意するものである。受戻額の弁済完了前に再生債務者の事業が廃止され，現実に担保目的物の処分が可能になった場合は，評価による受戻額を維持する必然性はなく，処分価値による満足を許すのが適切であろう。

　仮に破産法53条適用肯定説に立つとすると，破産管財人は，別除権協定における受戻額と破産手続における担保目的物の現実の処分価値とを比較し，処分価値が別除権協定の受戻額よりも低ければ解除を選択するか，又は解除条件条項の効力を認め，担保目的物を財団から放棄する。他方，処分価値が別除権協定の受戻額よりも高い場合は解除条件条項の効力を否定して別除権協定の履行を選択して担保目的物の処分価値（売得金）の一部を受戻残額として別除権者に支払うことによって別除権を消滅させることができることになる。これは，破産管財人にチェリーピッキングを認め，別除権者に著しく不公平な状況を生じさせるものである。反対に，担保権者のみに別除権協定の履行・解除の選択権を認めると破産財団に著しく不公平な結果となる。

　したがって，本件別除権協定について破産法53条適用肯定説（解除条件条項無効説）は妥当ではない。本件と同じ内容の別除権協定が締結されて，別除権協定に基づく義務の履行完了前に再生債務者が破産して事業が廃止された場合，評価によって受戻額を決めざるを得ないという前提が失われていることから，解除条件条項の有効性は広く認められるべきである。

3　おわりに

　再生債務者と別除権者によって締結される別除権協定は，担保目的財産を現実に処分することができないために評価による受戻額の決定によらざるを得ないことを前提とするものである。担保目的財産が現実に処分可能になった場合は，現実の処分価額による満足を許すものとするのが再生債務者と別除権者の双方にとって合理的な別除権協定の解除条件条項であると考える。

第4章

相　　殺

第1 | 割引手形

■論　文

割引済手形と破産・民事再生
―― 近時の最高裁判決や銀行取引約定・
　　商事留置権・相殺禁止規定を踏まえて

弁護士　上田　　純
弁護士　豊島ひろ江

1　はじめに

銀行が顧客から預かった手形につき，倒産手続開始後の取立てに係る取立金を，銀行取引約定に基づき，顧客の債務の弁済に充当することは，破産の場合に最判平成10年7月14日（民集52巻5号1261頁）[*1]（以下，「平10判決」という）で認められていたが，近時，最判平成23年12月15日（民集65巻9号3511頁）[*2]（以下，「平23判決」という）において，民事再生の場合にも有効であることが確認された。そうすると，銀行が顧客から割引依頼を受けて実際に割引実行した手形につき，倒産手続開始後・取立前に預金相殺等により買戻請求権の回収がなされたとき[*3]も，銀行取引約定に基づき，顧客の債務の弁済に充当するこ

[*1] 平10判決は，割引依頼を受け預かっていた約束手形の商事留置権者たる銀行は，破産宣告後も同手形を留置する権能を有し管財人からの返還請求を拒否できるとした上で，手形交換という適正妥当な方法によることを前提に，適法な占有権原を有し，かつ特別の先取特権に基づく優先弁済権を有する場合には，手形を取り立てて弁済充当できる旨の取引約定は破産手続上も有効であり，他の特別の先取特権がない限り，同約定に基づく取立て，弁済充当は有効であると判示した。

[*2] 平23判決は，取立委任に係る約束手形の商事留置権者たる銀行は，その計算上明らかになっている取立金を留置できるとした上で，再生開始後の取立ての場合も，民事再生法53条2項の別除権の行使として同取立金を留置できること等により，同取立金を債務の弁済に充当できる旨の銀行取引約定は，別除権の行使に付随する合意として，同法上も有効であるとして，同約定に基づく弁済充当を認めた。

とが認められるのではないか。この点は，判例上明確になっていないため，前記各判決等を踏まえて検討する[*4]。また，合わせて，近時議論されている取立金返還債務を停止条件付債務と構成してする相殺処理についても言及する。なお，本論稿の内容は，平成25年7月開催の倒産実務交流会で発表の機会を得たものである。

本稿中，意見にわたる部分は筆者の私見であり，筆者の所属する団体・法律事務所の意見ではない。

【例題】

> (1) Y銀行は，A社との間で，①貸金100万円と②B社振出の約束手形（額面100万円）の手形割引並びに③預金100万円の取引があったが，A社が破産手続開始決定（管財人X選任）を受けたため，開始決定後，②の手形の買戻請求権と③の預金を相殺し[*5]，同手形を管財人Xに返還せず，その後到来した満期に同手形を取り立て，取立金100万円を①の貸金に充当した。
>
> X管財人は，Y銀行に対し，同手形取立金を貸金に充当できないとして同取立金を返還するよう求めた。Y銀行は，X管財人の返還請求に応じる必要

[*3] 本論稿の契機となった事案は複雑であったため，論点を明確にするために，簡略化した例題を作成して検討した。ちなみに，当該事案は，銀行が貸金と手形割引の取引がある取引先の破産により貸金と手形買戻請求権を債権届出し，手形が不渡りとなったため債権全部が認められ，中間配当がなされた後，その手形金を銀行が全額回収したケースであり，銀行が手形買戻請求権に対する中間配当金相当額を貸金残部に充当・相殺できるかという問題があったものである。

[*4] 近年，手形取引は急減している（ピーク時の手形交換高は4億3486万枚〔昭54〕・4797兆円〔平2〕，不渡手形は407万枚〔昭40〕・2兆2629億円〔平3〕であるのに対し，平成30年の手形交換高は5137万枚・261兆円，不渡手形は1.5万枚・1055億円である）ものの，電子記録債権（電子記録債権法2条1項）の取扱高（例えば全銀協の「でんさい」の平成30年の取扱高は206.5万件・14.3兆円，支払不能でんさいは45件・2.1億円）とはなお格差があり，また，今後手形が電子記録債権に代替されても，手形における議論が参考になる（「座談会」金法1963号（2013年）22頁以下参照）ため，手形に関する議論を深める意義はなお存する。

[*5] このような場合，銀行実務では，①の貸金と③の預金を相殺するのが通常と思われるので，手形取立金の弁済充当の可否の問題は生じない。しかし，事情によっては，②の手形と③の預金を相殺することもあり得る。また，例題(2)の事案であれば，どちらかの手形と預金を相殺せざるを得ない（ただし，破産であれば，満期まで待ってから相殺を検討すればよく，多くは両手形とも回収でき，相殺は不要となるケースが多いと考えられる）。勿論，本論稿の契機となった事案（前掲*3）のような場合には，取立金の弁済充当の可否の問題は避け難い。

があるか。

A社につき民事再生手続開始の場合はどうか。

(2) ①が貸金ではなくC社振出の約束手形（額面100万円）の手形割引だった場合はどうか。

A社につき民事再生手続開始の場合はどうか。

【本稿の立場】

一連の判例[*6]により、破産・民事再生手続開始前に債務者から割引依頼を受けて預かった手形につき、商事留置権を有する銀行が、銀行取引約定書ひな型（以下、「旧ひな型」という）4条4項の規定に基づき、開始後に取り立て、その取立金を債務者に対する債権の弁済に充当することができることが明確となった。

そうすると、例題の事例においても、取立・弁済充当できるとする取引約定は有効と認められ、銀行は、同約定に基づき、手形を取り立て、その取立金を債務者に対する他の債権の弁済充当ができると考えられる。

なぜならば、同じように割引依頼を受け、手形を預かった場合、直ちに割引（債務者に金銭を交付）した銀行が、時間をかけて結局割引（債務者に金銭を交付）しなかった銀行より、破産・民事再生上不利に扱われる[*7]ことになり、不当・不合理な結果となるからである。

なお、逆の観点から、割引実行しなかった場合には商事留置権の成立や行使を制限する方向の議論もある[*8]が、債権保全のため割引を留保する意図を秘匿し、速やかに割引実行すると装い、その旨誤信した割引依頼人の錯誤に

[*6] 平10判決（破産・割引依頼）、最判平成10年7月14日（金判1057号28頁）（破産・取立委任。以下、「平10②判決」という）、平23判決（民事再生・取立委任）。なお、名古屋高金沢支判平成22年12月15日（金法1914号34頁）（民事再生・割引依頼）。

[*7] 例えば、Aに対し100万円の債権を有するB銀行が、Aから額面100万円の手形の割引依頼を受け、その後Aが破産・民事再生手続開始となった場合、割引実行したBの開始時債権額は200万円でその後当該手形の取立てにより100万円を回収しても債権額100万円が残るのに対し、同じ状況で割引実行しなかったC銀行の開始時債権額は100万円でその後当該手形の取立てにより100万円を回収しこれを100万円の債権に弁済充当できるので債権額は0円に減ること（全額回収）となる。

[*8] 藤田友敬・ジュリ1232号（2002年）186頁。

乗じて手形を取得した場合[*9]のように信義則違反といえるような例外的場合にのみ制限されると考えられる[*10]ことから，それ以外の通常の場合には，やはり，前述の不当・不合理な結果は避けられない。

本稿はそのような観点から検討したものである。

2 手形割引・買戻請求権の法的性質

はじめに，手形割引や買戻請求権の法的性質について確認しておく。

(1) 手形割引

手形割引とは，第三者振出の約束手形又は第三者引受の為替手形の所持人が，満期前の手形を現金化するために，金融機関等へ裏書譲渡し，手形金額から譲渡の日以後満期日までの利息その他手数料を差し引いた金額を受領する取引[*11]とされる。

その法的性質は，古くから争いがあり，売買説が通説[*12]であるが，消費貸借説も有力[*13]である。

売買説によれば，手形割引は，割引依頼人を売主，割引人を買主とする手形ないし手形上の権利の売買となるから，手形権利は完全に割引人に移転することになる。旧ひな型（昭和37年8月6日）も，売買説を前提に規定（6条等）を整備したとされる[*14]。

これに対し，消費貸借説によれば，手形割引は，割引依頼人を借主，割引

---

*9 東京地判平成11年2月25日（金法1574号48頁）。
*10 田邊光政『商法総則・商行為法〔第3版〕』（新世社，2006年）192頁，藤田・前掲*8・187頁。生田治郎「留置権と倒産法」米倉明ほか編『金融担保法講座Ⅳ』（筑摩書房，1986年）120頁も同旨。民事留置権について，我妻栄『新訂担保物権法』（岩波書店，1968年）36頁。
*11 田邊光政『最新手形法小切手法〔五訂版〕』（中央経済社，2007年）315頁。
*12 西原寛一「手形割引」鈴木竹雄＝大隅健一郎編『手形法・小切手法講座(3)』（有斐閣，1965年）307頁，鈴木禄弥＝庄子良男「各種の貸付取引の法的構成」鈴木禄弥＝竹内昭夫編『金融取引法大系(4)』（有斐閣，1983年）258頁。大阪高判昭和37年2月28日（高民集15巻5号309頁）。
*13 鈴木正和・金法105号（1956年）14頁，田邊・前掲*11・317頁，西尾信一『銀行取引の法理と実際』（日本評論社，1998年）117頁以下，数野昌三「手形割引と割引手形買戻請求権─銀行取引を中心として─」東京交通短期大学研究紀要（2000年6月）121頁。
*14 西原寛一「『銀行取引約定書雛型』の成立」鈴木竹雄編『小町谷操三先生古稀記念─商法学論集』（有斐閣，1964年）201頁，水田耕一『新基本金融法務講座(3)貸付取引（上）』（金融財政事情研究会，1971年）134頁・150頁・258頁，田中誠二『新版銀行取引法〔四全訂版〕』（経済法令研究会，1990年）375頁，鈴木＝庄子・前掲*12・252頁。

人を貸主とする消費貸借であり，当該割引手形は担保のために割引人に譲渡される（譲渡担保）と考えられる[*15]。

(2) 買戻請求権

消費貸借説によれば，買戻請求権は貸金返還請求権となる。

これに対し，売買説の立場からは，担保責任説，売買契約解除説，再売買説等，様々な考え方[*16]があるが，旧ひな型6条1項は停止条件付再売買，2項は再売買の予約を定めたものとされる[*17]。

3 割引手形の権利移転時期

次に，後記6(1)(b)や7(1)で問題となる商事留置権の成立時期の前提論点として，手形割引の売買説を前提に，割引手形がどの時点で銀行又は債務者のものになるのかを検討する。

(1) 割引時

実務的には，通常，裏書譲渡の形で債務者から割引手形を受け取り，審査・手形点検を経て割引実行が確定した段階で手形権利は完全に銀行に移転（割引契約成立による他主占有から自主占有へ転換）すると考えられる[*18]。

(2) 買戻請求時

旧ひな型6条3項の合意[*19]等により，銀行実務としては買戻債務が履行されるまでは銀行の手形との認識であり，買戻債務を履行した時点で手形権利が債務者に移転・復帰（自主占有から他主占有へ復帰）すると考えられる。

[*15] 鈴木正和・前掲*13・14頁。田邊・前掲*11・317頁，数野・前掲*13・121頁は，割引手形は履行ないし支払のために授受されるとする。
[*16] 河本一郎『総合判例研究叢書商法(6)』122頁，西尾・前掲*13・126頁，西原・前掲*12・314頁。
[*17] 石井眞司・金法821号（1977年）13頁，鈴木禄弥編『新版注釈民法(17)』（有斐閣，1993年）343頁〔中馬義直〕，西尾・前掲*13・127頁，西原・前掲*14・202頁。
[*18] 柴崎暁・判タ1034号（2000年）33頁は，割引実行が確定し，その旨の通知が割引依頼人に到達した時点で権利移転となると考えるようであるが，実務的には必ずしもその段階で通知をしない。
[*19] 旧ひな型6条3項は，買戻債務を履行するまでは銀行が手形所持人として一切の権利を行使できる旨を規定している。

4　割引手形の取立・弁済充当に関係する取引約定

続いて，取立・弁済充当の根拠となる旧ひな型の規定を確認する。

(1)　旧ひな型4条4項[*20]

担保設定合意との考え[*21]もあるが，取立処分・弁済充当権限授与とするのが通説である[*22]。

近時は，より分析的に，①銀行が法定担保権をもたない場合における取立ての準委任契約と，②銀行が法定担保権を有する場合の担保権の実行に関する特約を含むとされる[*23]。

(2)　旧ひな型8条4項[*24]

担保設定合意との考え[*25]もあるが，取立処分・弁済充当権限授与とするのが通説[*26]である。

旧ひな型4条4項との関係としては，同条項が差引計算[*27]後の割引手形についても適用されることを注意的に特に規定したものにすぎないと考えられる[*28]。

---

*20　旧ひな型4条4項は，債務不履行時に，銀行の占有する債務者の「動産，手形その他の有価証券」を取立・処分し，債務に充当できるとする旨を規定している。
*21　鈴木禄弥・判タ490号（1983年）34頁，清水元「銀行取引約定書4条4項の担保性」鈴木禄弥＝竹内昭夫編『金融取引法大系(5)』（有斐閣，1984年）214頁。なお，東畠敏明・金法21・741号（2012年）25頁。
*22　最判昭和63年10月18日（民集42巻8号575頁）。全国銀行協会連合会法規小委員会編『新銀行取引約定書ひな型の解説』（金融財政事情研究会，1977年）71頁，本間輝雄・金法585号（1970年）12頁，吉原省三・判タ411号（1980年）298頁，西尾信一「銀行取引約定書上の留置的機能を営む諸制度」加藤一郎＝林良平編『担保法大系第2巻』（金融財政事情研究会，1985年）865頁，生田・前掲*10・121頁，米津稜威雄「銀行取引における債権保全条項の効力」米倉明ほか編・前掲*10・94頁，淺木愼一「銀行顧客の破産と代金取立手形による貸付金債権保全の効果」青竹正一ほか編『現代企業と法』（名古屋大学出版会，1991年）447頁。
*23　菅原胞治・銀法21・509号（1995年）28頁。平成10年判決の理解として，鳥山恭一「判平」平成10年度重判解111頁，弥永真生・金法1556号（1999年）52頁，山本和彦・金法1535号（1999年）10頁，落合誠一＝神田秀樹編『手形小切手判例百選〔第6版〕』（有斐閣，2004年）201頁〔吉本健一〕。ただし，田中昌利「判解」最高裁判所判例解説民事篇平成10年度（下）686頁は否定的。
*24　旧ひな型8条4項は，差引計算後なお期限到来済みの債務がある場合，手形を留め置き，取立・処分の上，債務に充当できるとする旨を規定している。
*25　鈴木正和・金法689号（1973年）192頁，新堂幸司ほか編『倒産判例百選』（有斐閣，1976年）67頁〔吉原省三〕。なお，東京地判昭和46年10月13日（判時655号81頁）。
*26　大阪地判昭和49年3月18日（判タ308号267頁）。水田・前掲*14・351頁・220頁，田中・前掲*14・409頁。
*27　相殺（旧ひな型7条1項），逆相殺（同7条の2），払戻充当（同7条2項）。

同条項は取引先の利益保護の立場から問題があるとしてその有効性に疑義を挟む見解[*29]もあったが，割引依頼人に二重弁済の危険を生じさせるものでなく，契約自由の所産として有効性を認めるのが通説[*30]である。

5 買戻請求権の回収後に取り立てた手形金の期限到来済み別口債権への充当・相殺の可否（非倒産時）

差引計算による買戻請求権の回収（一部回収も含む[*31]）の場合，旧ひな型8条4項により手形取立金の別口債権への充当は可能である。

差引計算以外による買戻請求権の回収（一部回収も含む[*32]）の場合は，買戻債務履行による手形権利の移転（復帰）により，銀行の占有する債務者の手形といえることになるので，旧ひな型4条4項により別口債権への充当は可能である。

いずれにしても，平時は，旧ひな型8条4項又は4条4項に基づき充当が認められる。

なお，取立金返還債務と別口債権との相殺も可能である。

6 破産開始後の買戻請求権の回収[*33]後に取り立てた手形金の別口債権への充当・相殺の可否

[*28] 西尾・前掲*22・869頁，酒井忠昭「銀行取引約定書第八条第三項の解釈」手形研究190号（1972年）17頁，鈴木編・前掲*17・393頁〔中馬〕参照。

[*29] 宮川種一郎・金法671号（1973年）16頁。

[*30] 水田・前掲*14・350頁，田中・前掲*14・409頁，西原・前掲*14・206頁，大隅健一郎＝河本一郎『注釈手形法・小切手法』（有斐閣，1977年）430頁，鈴木編・前掲*17・391頁以下〔中馬〕。大阪地判昭和49年3月18日（判タ308号267頁），東京地判昭和46年10月13日（判時655号81頁）。

[*31] 鈴木編・前掲*17・392頁〔中馬〕。

[*32] 全額回収されなければ手形権利は債務者に復帰しない（旧ひな型6条3項参照）ので，一部回収にすぎない場合，当該手形は債務者の手形とはいえず，旧ひな型4条4項の要件を満たさないとされる余地もあるが，一部とはいえ回収している以上当該手形につき一定の権利を債務者は有するに至ったとも考えられる。また，同6条3項により，銀行は手形取立権限を有し，取立金は買戻請求権の残額に充当され，それにより買戻請求権は全額回収される以上，少なくともその段階で手形権利は債務者に完全に復帰し，（銀行の占有する）債務者の手形といえることになるため，取立金の残額は，同4条4項により別口債権に充当することができると考えられる。

(1) 旧ひな型4条4項や8条4項に基づく弁済充当の効力

(a) **参考判例**　平10判決は、旧ひな型4条4項の取立充当権につき、破産法上の有効性を認めている。

ただ、当該手形につき破産手続上商事留置権（特別の先取特権として別除権）の効力が認められることが要件となっている（他の要件は本件では満たしていると考えられる）ことから、以下、この点を検討する。

(b) **商事留置権**

(イ) 商事留置権の成否［実体法上の問題］　商事留置権は、通常、目的物の所有者（権利者）兼占有者たる債務者から債権者に占有移転した場合に成立するが、本件では、逆に手形権利者兼占有者たる債権者から債務者に手形権利が移転するので、そのような場合にも商事留置権が成立するか争いがある。

この点、商法521条のⓐ「商行為によって自己の占有に属した」、ⓑ「債務者の所有する……有価証券」の各要件を厳格に解して否定する考え[34]もあるが、手形の占有取得が割引契約という商行為に基づくことからⓐを満たし、買戻債務履行により債務者に手形権利が復帰することでⓑも満たすので、肯定すべきである[35]。

(ロ) 破産法66条1項、2条9項該当性［倒産法上の問題］　破産法66条1

---

[33] 差引計算の場合、払戻充当（旧ひな型7条2項）や逆相殺（旧ひな型7条の2）は、その時期や銀行の認識により否認（破162条1項）される可能性がある。これに対し、相殺（旧ひな型7条1項）の場合は、支払停止や破産申立等の事由（旧ひな型5条1項各号）発生により直ちに買戻請求権が具体化し（旧ひな型6条1項）、また、割引契約が買戻請求権の「前に生じた原因」（破72条2項2号）といえる（最判昭和40年11月2日（民集19巻8号1927頁）参照）ので、通常は、相殺禁止（破72条）に抵触しないと考えられる。なお、差引計算以外では、否認等の問題が生じにくい回収方法として、保証人等による弁済、破産配当等が考えられる。

[34] 京都地判昭和32年12月11日（下民集8巻12号2302頁）は、他人の所有物が自己の占有に移ったとの要件を欠き、また相殺は商行為にあたらないとして否定する。なお、竹田省『商行為法』（弘文堂、1931年）31頁は売買契約解除による所有権復帰の場合に否定する。

[35] 大隅＝河本・前掲＊30・315頁、鈴木竹雄編『手形割引（銀行取引セミナー(4)）』（有斐閣、1963年）84頁・85頁〔竹内昭夫〕、江頭憲治郎・ジュリ552号（1974年）123頁。なお、大隅健一郎『商行為法』（青林書院、1958年）48頁、松本恒雄「商法上の留置権と民法上の留置権」谷口知平＝山木戸克己編集代表『民商法雑誌創刊50周年記念論集Ⅱ』（有斐閣、1986年）186頁、平出慶道『商行為法〔第2版〕』（青林書院、1989年）144頁、田邊・前掲＊10・192頁は売買契約解除による所有権復帰の場合につき肯定する。

項，2条9項の文言上，開始時に商事留置権（特別の先取特権）の存在が必要とされるが，買戻債務の履行により手形権利が債務者に復帰する（前記3(2)参照）ので，買戻債務の履行が開始後であれば，開始時に商事留置権の要件（(イ)ⓑ）が満たされず，破産手続上，その商事留置権は特別の先取特権や別除権と扱われないのではないかが問題となる。

しかしながら，
(i) 破産法上問題となる「債務者所有物」要件と「占有」要件のうち，「占有」要件は開始時に満たされており，また，一定事実発生を停止条件として債務者に買戻債務を負わせ，その履行により当該手形権利も債務者に復帰することが予定されている停止条件付再売買たる割引契約を開始前に締結しているから，「債務者所有物」要件の基礎は開始前に存在したといえ，銀行には潜在的な商事留置権が開始時に認められ，実質的にみて66条1項・2条9項に該当すると考えうる。そうすると，開始時に，銀行は，当該手形の全面的支配権を有する完全なる権利者の地位と，潜在的な商事留置権の地位（二重の地位）を有していたと考えられる。

(ii) 当該割引手形は，開始時には破産財団（法定財団）に含まれず，否認権行使の対象にもならないことから，他の破産債権者は，同手形につき配当原資としての期待の対象とすべき状況になかったのに，銀行の弁済充当が否定されれば，棚ぼた的に利益を得ることになる。

等の理由から，破産手続上，別除権として商事留置権（特別の先取特権）の効力を主張でき，少なくとも旧ひな型の各規定の破産手続上の有効性を基礎付けることができると解される。

(ハ) 破産法48条1項抵触性［倒産法上の問題］　破産開始後の権利取得として管財人に対抗できないとされるかについても問題となるが，開始時に潜在的な商事留置権が認められる（前記(ロ)）ので，同条項に抵触しないと考える。

(c) まとめ　以上により，旧ひな型4条4項や8条4項に基づく取立充当権は破産手続上肯定され，本件弁済充当は有効であると考えられる。

ただし，実務的には，弁済充当につき無効主張がされるリスクを考慮し，後記(2)の相殺処理も予備的に行うことが考えられる。

なお，債権者が商人でない信用金庫・信用組合の場合は，商事留置権が成立せず，弁済充当を有効に主張できないため，後記(2)の相殺処理によるほかない。

(2) **相殺処理の効力**

(a) 取立金返還債務を停止条件付債務と構成できるか　手形取立金返還債務を受働債権とする別口債権との相殺は，開始後に取り立て，返還債務を負っているから，破産法71条1項1号に該当し，相殺禁止に該当するように見える。

しかし，同返還債務は買戻債務の履行と手形金の受領を停止条件とする債務と考えられる[*36]ので，破産法67条2項後段により，相殺可能となる[*37]。

ところで，商事留置権が認められない場合，委任契約は破産で当然終了する（民653条2号）ため，適法な占有権原・取立権限がない（取引約定書上の権限が失効した）として，手形金回収により現実化した手形金返還債務は停止条件付債務と認められず，開始後負担債務として相殺が禁止されるとの立場[*38]があるが，そのような立場を前提としても，預り手形の場合（平10判決・平10②判決や前掲*22・最判昭和63年10月18日の事案）と異なり，割引済み手形については，銀行は破産手続開始時においてその完全な権利を有し，それに基づく占有権原・取立権限を有することから，停止条件付債務性は否定されないと考えられる。

(b) 相殺権濫用，合理的相殺期待　停止条件付債務と破産債権との相殺

[*36] 平10判決や平23判決の事例において取立金返還債務を停止条件付債務と認める考えを示すものとして，平23判決金築補足意見，岡正晶・金法1867号（2009年）13頁，岡・金判1384号（2012年）1頁，岡・金法1914号（2011年）33頁，山本克己・金法1876号（2009年）57頁，伊藤眞ほか「座談会」金法1884号（2009年）16頁以下〔山本和彦発言〕〔岡正晶発言〕，村田渉・金法1896号（2010年）34頁，笠井正俊・金判1361号（2013年）67頁，山本和彦・金法1929号（2011年）14頁，中井康之・ジュリ1438号（2012年）80頁，伊藤眞「再生手続廃止後の牽連破産における合理的相殺期待の範囲」松嶋英機ほか編『門口正人判事退官記念——新しい時代の民事司法』（商事法務，2011年）215頁，「パネルディスカッション」事業再生と債権管理136号（2012年）33頁〔浅田隆発言〕。他方，反対するものとして，東京地判平成23年8月8日（金法1930号117頁），福井地判平成22年1月5日（金法1914号44頁），同「パネルディスカッション」33頁〔中本敏嗣発言〕，同「座談会」16頁以下〔村田発言〕。

[*37] 最判平成17年1月17日（民集59巻1号1頁）（以下，「平17判決」という）。

[*38] 中井・前掲*36・80頁，山本克己・前掲*36・58頁。前掲*22・最判昭和63年10月18日。

が一定の場合に制限されるかについては，平17判決の「特段の事情」にも関連して次のように議論されている。

　　(イ)　相殺権濫用説[39]　　破産法67条2項を創設的なものと見た上で，相殺権濫用に該当する場合のみ相殺が否定される（合理的相殺期待は濫用判断の重要な考慮要素）とする。

　　(ロ)　合理的相殺期待説　　多くは破産法67条2項を確認的なものと見た上で，合理的相殺期待が認められる場合に相殺を肯定する。

　合理的相殺期待説の中でも，相殺否定範囲に広狭があり，破産債権者が開始時に停止条件付債務を負担している場合には原則として合理的相殺期待が認められるとする立場[40]，倒産債権が債務者に対する担保信用の供与を基礎としていない場合（委託なき保証人の求償権）や停止条件成就の蓋然性が経験上極めて低い等により定型的に見て当該条件付債務の財産的価値が乏しく担保信用を認める余地がない場合に合理的相殺期待を否定する立場[41]，停止条件付債務につき，予め金額の上限も定まらず，発生の蓋然性も高いといえない場合には，相殺禁止の可能性があるとする立場[42]がある。

　手形取立金返還債務は，条件成就の蓋然性が高く，財産的価値も十分あり，また，手形金額も確定しているので，どの立場によっても合理的相殺期待は否定されないと考えられる。特に，銀行と債務者間では，取立金を別口債権に充当するとの事前合意（旧ひな型4条4項や8条4項）がされている（同合意の破産手続上の有効性が仮に否定されたとしても，同合意をした事実は否定されない）ため，同手形取立金を別口債権と相殺する期待を銀行が有している[43]といえ，合理的相殺期待は認められると考えられる[44]。

　(c)　まとめ　　以上より，手形取立金返還債務を受働債権とする別口債権との相殺による対応も可能（商事留置権を前提としないので，銀行だけでなく，商人

---

*39　二木素十「判解」最高裁判所判例解説民事篇平成17年度（上）17頁。
*40　伊藤眞ほか『条解破産法』（弘文堂，2010年）523頁。債務の額が不確定な場合（最判昭和47年7月13日（民集26巻6号1151頁）。以下，「昭47判決」という）は合理的相殺期待を否定する。
*41　才口千晴＝伊藤眞監修『新注釈民事再生法〔第2版〕（上）』（金融財政事情研究会，2010年）498頁以下〔中西正〕。
*42　伊藤・前掲＊36・213頁。
*43　大森直哉「判解」曹時69巻1号（2017年）198頁参照。

でない信用金庫や信用組合も相殺可能）と考える。

　ただし，実務的には，相殺禁止（破71条1項1号）とされるリスクを考慮し，例題(1)の事案であれば，①の貸金と③の預金を相殺し，例題(2)の事案（BとCの信用度が同程度*45）であれば，①の手形買戻請求権50万円分及び②の手形買戻請求権50万円分と③の預金を相殺*46することが考えられる。

7　再生開始後の買戻請求権の回収後に取り立てた手形金の別口債権への充当・相殺の可否

(1)　旧ひな型4条4項や8条4項に基づく弁済充当の効力

　平23判決は，旧ひな型4条4項の取立充当権について，民事再生法上の有効性を認めているが，当該手形につき商事留置権（別除権）を有していることが前提となっているため，再生手続上商事留置権の効力が認められるかが問題となる。

　この点，破産の場合と同様に，商事留置権の成否，民事再生法53条1項該当性，同法44条1項抵触性が問題となるが，再生手続上も銀行は別除権として商事留置権の効力を主張でき，少なくとも，旧ひな型4条4項や8条4項

---

*44　昭47判決の事案（会社整理開始後の譲渡担保実行により生じた清算金支払義務を受働債権，別口手形金債権を自働債権とする相殺につき，商法が準用する破産法71条1項1号（改正前破104条1号）により否定）においても，このような事前合意があれば，相殺は否定されなかったと解される（鴻常夫ほか編『会社判例百選〔第6版〕』（有斐閣，1998年）177頁〔青山善充〕，山木戸克己・民商68巻2号（1973年）297頁参照）。

*45　振出人（BとC）の信用度が異なるのであれば，信用度が低い方が不渡りリスクが高い（信用度が高い方が取立てできる可能性が高い）ため，信用度が低い方の手形の買戻請求権と預金を相殺することが考えられる。

*46　①②の手形がどちらも取立てできた場合とどちらも不渡りとなった場合には例題(2)の処理と結論は変わらない。ただ，どちらか片方のみ取立てでき他方が不渡りとなった場合，例題(2)の処理だと①の手形が取立てできれば全額回収となるが，逆に①の手形が不渡りとなれば②の手形取立金と①の手形買戻請求権との相殺（又は弁済充当）全体が否定されるリスクにさらされる。これに対し，①②の手形買戻請求権の各50万円分と相殺しておくのであれば，どちらか片方のみ取立てでき他方が不渡りとなった場合，取立金の相殺（又は弁済充当）を否定されるリスクは常に50万円分となる上，両手形とも全額相殺（又は弁済充当）しないため，取立完了まで手形の返還義務を負わないことになるところ，破産宣告後に取り立てて得た手形金との相殺を否定した前掲*22・最判昭和63年10月18日は金融機関が取立時に当該手形の返還義務を負っていたことを相殺否定の根拠の一つとしていると考えられることから，相殺禁止のリスクが低減されると考えられる。

に基づく取立充当権は再生手続上肯定され，本件弁済充当は有効であると考えられる。

ただし，実務的には，弁済充当につき無効主張がされるリスクを考慮し，後記(2)の相殺処理も予備的に行うことが考えられる。

なお，債権者が商人でない信用金庫・信用組合の場合は，商事留置権が成立せず，弁済充当を有効に主張できないため，後記(2)の相殺処理によるほかない。

(2) 相殺処理の効力

(a) **停止条件付債務と構成できるか**　手形取立金返還債務を受働債権とする銀行による別口債権との相殺について，破産と異なり，再生開始は委任の終了原因とならず（民653条2号参照），旧ひな型8条4項・4条4項による占有権限・取立権限が残存することから，買戻債務の履行と手形金の受領を停止条件とする手形取立金返還債務を観念することは，より一層認められやすいと考えられる[*47]。

(b) **停止条件付債務を受働債権とする再生債権者の相殺の可否**　民事再生法においては，停止条件付債務を受働債権とする相殺を認める破産法67条2項後段のような明文規定がないことから，同条項を創設的なものと見る立場からは否定説[*48]に，同条項を確認的なものと見る立場から肯定説（ⓐ開始後債権届出期間満了までに条件成就して相殺する場面[*49]，ⓑ条件不成就の利益を放棄して相殺する場面[*50]）になる。

ところで，ⓑ場面については，平23判決の評釈において，手形取立金返還

[*47] 山本克己・前掲＊36・57頁。岡正品・前掲＊36・金法1867号13頁，岡・前掲＊36・金判1384号1頁，伊藤眞ほか・前掲＊36「座談会」16頁以下〔山本発言〕〔岡発言〕，村田・前掲＊36・34頁，笠井・前掲＊36・67頁，山本和彦・前掲＊36・14頁，中井・前掲＊36・80頁も同旨。

[*48] 園尾隆司＝小林秀之編『条解民事再生法〔第3版〕』（弘文堂，2013年）479頁〔山本克己〕，全国倒産処理弁護士ネットワーク編『論点解説新破産法（上）』（金融財政事情研究会，2005年）200頁〔山本克己〕，伊藤眞『破産法・民事再生法〔第2版〕』（有斐閣，2009年）707頁。伊藤・同709頁は，合理的相殺期待が認められる場合にはそれを保護すべきとして，ⓐ場面につき相殺を許すべきとしていたが，同書〔第3版〕（有斐閣，2014年）910頁でⓐ場面の相殺も禁止する考え方に改められた。

[*49] 山本和彦ほか『倒産法概説〔第2版〕』（弘文堂，2010年）264頁〔沖野眞已〕，才口＝伊藤監修・前掲＊41・504頁〔中西〕，伊藤・前掲＊48・709頁以下。合理的相殺期待が認められる限り相殺を肯定する。

債務を停止条件付債務として条件不成就の利益を放棄して相殺することにつき，かかる相殺は手形の回収をしたということにしてなされるので，相殺後に手形を留置する理由はなくなり，相殺後に手形を取り立てることはできない等として，否定的な考えが示されている[*51]。しかしながら，条件不成就の利益の放棄とは不渡り等手形金回収不能のリスクを銀行が負うという意味[*52]にすぎないところ，条件不成就の利益を放棄して相殺した後に手形の取立てが許されないとすれば，不渡りにならない場合も含め常に手形金は受領できないことになり，不合理な結果を招く。そもそも，手形金の支払を受ける際には当該手形を手形債務者に交付する必要がある（手形39条1項・77条1項）から，銀行が手形を交付すべき先は手形金の支払をした手形債務者たる振出人等であり，銀行は，将来振出人等に交付するという目的の範囲内でなお占有継続する理由があると考えられる。よって，実際に手形金回収が可能となった段階でその銀行が占有継続していた手形を振出人等に交付することは，手形法が予定する手続を履践したにすぎず，条件不成就の利益を放棄して相殺することと何ら矛盾することはない。したがって，この場合も相殺は認められるべきである。

(c) **合理的相殺期待**　上記(b)で合理的相殺期待を要件に相殺を肯定する立場によると，合理的相殺期待の有無が問題となるが，事前合意により合理的相殺期待は認められると考えられる（6(2)(b)参照）。

この点，最判平成26年6月5日（民集68巻5号462頁）は，停止条件付債務である投資信託受益権の解約金支払請求権（支払停止後開始決定前の条件成就）を受働債権とする相殺につき，当該事例においては合理的相殺期待が認められないとして「前に生じた原因」（民再93条2項2号）該当性を否定し当該相殺は許されないとしたところ，開始決定後の方が相殺が広く許されるものではないため，同様の事例であれば開始決定後の条件成就の場合も同様に相殺は許され

[*50]　山本和彦ほか・前掲[*49]・264頁〔沖野〕，前掲[*48]・『論点解説』100頁・104頁（注46）〔山本和彦〕，松下淳一『民事再生法入門』（有斐閣，2009年）113頁（必ずしも合理的相殺期待を要件としていない）。なお，伊藤眞ほか・前掲[*40]・509頁も同旨。

[*51]　野村剛司「判批」民商146巻3号（2012年）306頁。

[*52]　平23判決金築補足意見。

ないと解される。

　しかしながら，平26最判の事例と比べ，例題(1)(2)の割引済手形の事例は，合理的相殺期待が相当高く認められる。すなわち，①支払停止時・開始決定時において割引済手形は銀行が権利者として占有しており債務者の責任財産ではなく[*53]，②割引済手形は自由に債務者が銀行から取戻しや他の銀行への移管をすることができず，③取引約定等により預り手形の取立・充当権が定められている等の事情がある。

　したがって，平26最判を踏まえても，なお，例題(1)(2)の事例において合理的相殺期待は認められると考えられる。

　(d)　相殺処理の限界　　破産の場合と異なり，相殺の時期的制限（民再92条1項前段）があるため，本件のような事案で，仮に停止条件付債務と構成して相殺が認められるとしても，相殺による処理では事実上対応が困難という問題が残る。

　すなわち，例題(2)の事案において，預金を相殺せず，債権届出期間満了までに一方の手形金が回収できた場合には，それに対応する買戻請求権は消滅し，その後直ちに預金を残りの買戻請求権と相殺すれば，停止条件付債務との相殺や商事留置権を持ち出さなくとも，銀行には未回収は生じないので，この場合には上記停止条件付債務との相殺の議論は事実上不要である。

　他方，債権届出期間満了までに手形の満期が到来しない等により両手形金を回収できない場合，同期間満了までに，一方のB手形の買戻請求権を預金と相殺し，他方のC手形の買戻請求権はB手形の（将来の取立てに係る）取立金返還債務の停止条件不成就の利益を放棄して相殺するはかないが，これは銀行においてB手形の不渡りリスクをすべて負うことになる[*54]（B手形が不渡りとなった場合，相殺していなければ再生債権（C手形の買戻請求権）に対する計画弁済を受けられたが，相殺によりその計画弁済も受けられないことになる）ため，実務上容易に取り得ない方法である。

[*53]　売買説（前記2(1)）。消費貸借説でも，割引済手形は銀行が譲渡担保権者として占有するため，再生債権者が債務者の責任財産として期待すべきものではないと解される。
[*54]　平23判決金築補足意見

そのため，実務的には，手形の買戻請求権と預金との相殺をするのみで，(将来の取立てに係る) 取立金返還債務の停止条件不成就の利益を放棄して相殺することはせず，残った手形買戻請求権を債権届出することになる。

その相殺の際，（BとCの信用度が同程度であれば）B手形とC手形の各買戻請求権50万円分と預金とを相殺[*55]することが考えられる。その後，債権届出期間満了後に，例えばB手形は取立てできたがC手形が不渡りとなった場合，そのB手形の取立金をC手形の買戻請求権に弁済充当[*56]することになる。

8 その他の考え方

なお，取立充当ができるとの同結論に至る異なる考え方[*57]が複数あるが，以下のとおり，それぞれ難点がある。

(1) 割引手形の買戻請求時の権利移転時期を買戻請求権が具体的に生じた時点とする考え方

この考え方によれば，買戻請求権が具体的に生じる支払停止時や法的倒産申立時（旧ひな型6条1項・5条1項1号）に当該割引手形の権利が債務者に移転することになるから，その後の開始時には債務者の手形を銀行が預かっている（他主占有）状態となり，開始時の商事留置権の存在に疑義がなくなり平10判決や平23判決が直接適用でき，旧ひな型の取立充当規定に基づく弁済充当は特段問題なく認められると考えられる。

しかしながら，権利移転時期の認定は当事者の意思解釈の問題でもあるところ，この考え方は，買戻請求権が履行されない限り当該割引手形は銀行のものである（自主占有から他主占有に復帰しない）との実務感覚とずれがあるのが難点である。

(2) 手形割引につき消費貸借説とする考え方

消費貸借説によれば，割引手形は買戻請求権（貸金返還請求権）を被担保債権とする譲渡担保の目的物であり，旧ひな型4条2項により別口債権も被担保

[*55] 前掲[*46]参照。
[*56] 時期的制限により相殺はできない。信用金庫・信用組合は，弁済充当も有効になし得ない（前記7(1)）。
[*57] 上記8の(1), (2)は本交流会にて示唆された考え方である。

債権に含まれることになるため,旧ひな型4条4項・8条4項や商事留置権を持ち出すまでもなく,別除権又は自己の財産として[*58],破産・再生手続外での実行(取立充当)が認められることになる。

しかしながら,旧ひな型は売買説を前提に作成されており,(経済的会計的には貸出に分類されるとしても)実務的に手形割引は手形の売買であると一般に認識されていることから,売買説を否定するのは困難であると考えられる。

(3) 手形割引につき売買説を前提としつつ割引手形を担保とみる考え方[*59]

この考え方(手形割引を一種の「売渡担保」[*60]と見る立場か)によれば,割引手形は買戻請求権を被担保債権とする担保の目的物であり,前記(2)の消費貸借説の場合と同様に,破産・再生手続外での実行(取立充当)が認められることになる。

しかしながら,実務上,手形割引時に担保差入書の交付を受けることもなく,当事者において担保設定の認識は薄弱であり,また,旧ひな型の規定(4条4項・8条4項等)も担保設定の趣旨とまでは読み取れない[*61]ことから,割引手形につき担保合意を見出すのは困難である。

[*58] 会社更生において,更生担保権説(石田真・金法458号(1966年)28頁,谷口安平『倒産処理法』(筑摩書房,1976年)230頁,田邊光政・法時65巻9号(1993年)36頁,竹内康二・金判719号(1985年)157頁,斎藤秀夫=麻上正信編『注解破産法〔第3版〕(上)』(青林書院,1998年)584頁,渡部晃「手形の譲渡担保」竹下守夫=藤田耕三編『裁判実務大系(3)〔改訂版〕』(青林書院,1994年)474頁,竹下守夫編集代表『大コンメンタール破産法』(青林書院,2007年)280頁)と更生債権説(時岡泰・金法505号(1968年)42頁,菅野孝久・ジュリ703号(1979年)64頁,松田二郎『会社更生法〔新版〕』(有斐閣,1976年)232頁,伊藤眞『会社更生法』(有斐閣,2012年)211頁)の対立があるが,破産・民事再生においては,いずれの立場でも手続外行使が認められるので結論に大きな差異はない(別除権付債権か否かの点で債権届・債権調査において差異が生じる)。

[*59] 谷口・前掲*58・230頁は,倒産との関係においては担保と解すべきとする。山崎潮「割引手形の買戻請求権発生後の手形金請求権の行使」判タ390号(1979年)223頁は,買戻請求権発生後の銀行の手形金請求権行使の根拠として担保と見る。

[*60] 大判昭和8年4月26日(民集12巻767頁)。我妻栄『民法研究IV』(有斐閣,1967年)123頁以下。売渡担保も譲渡担保の一類型として扱うのが近時有力である(柚木馨=高木多喜男編『新版注釈民法(9)』(有斐閣,1998年)838頁〔福地俊雄〕,高木多喜男『担保物権法〔第4版〕』(有斐閣,2005年)332頁,道垣内弘人『担保物権法〔第3版〕』(有斐閣,2008年)297頁)。

[*61] 前掲*22・最判昭和63年10月18日。

9 結　　論

　以上のとおり，例題の各事例については，各手形につき銀行の商事留置権が認められることから，破産・再生手続上も旧ひな型の取立充当規定の有効性が認められ，弁済充当は可能であり，管財人や再生債務者からの返還請求に応じる義務はないと考えられる（商人でない信用金庫・信用組合は除く）。相殺処理については，信用金庫・信用組合も適用可能であり，破産では十分有用であるが，民事再生では相殺の時期的制限により事実上困難である。

■コメント

割引手形と破産・民事再生

同志社大学大学院司法研究科教授　中西　正

　上田＝豊島論文（本章第1論文）は，Y銀行とA社が手形割引をした場合に，Y銀行が裏書譲渡を受けた割引手形，その取立金返還債務が，Y銀行のA社に対する他の債権の担保となるかという問題を，検討している。

　Y銀行とA社が手形割引をし，A社が甲手形をY銀行に裏書譲渡した後，A社に対する破産手続開始決定がなされた場合，その時点で，Y銀行は，甲手形の所有者の地位と，潜在的な商事留置権者の地位を併有していると解する点が，上田＝豊島論文のポイントの1つである（「二重の地位」説）。手形割引を消費貸借と解することができるなら，Y銀行は，甲手形上に，当該手形割引に基づく貸金返還請求権については譲渡担保権を有し，その他の債権については商事留置権を有すると法律構成できようが，売買説に立つと「二重の地位」は論証がやや困難になる。ただ，手形割引の本質が信用供与である点を考慮するなら，上田＝豊島説は基本的に正当であると思われる。

　上田＝豊島論文は，次に，Y銀行とA社が手形割引をした時点で，①Y銀行はA社に対し取立金返還債務を停止条件付債務として負担すると構成し，②この債務とY銀行のA社に対する債権（当該手形割引に基づく貸金返還請求権以外の債権）との間にも合理的な相殺期待を認めることができるとするが，いずれの点も問題ないと思われる。

　合理的相殺期待が認められる基準については見解が対立するが，いずれの見解に立っても，本設例での合理的相殺期待は肯定されよう。例えば筆者の見解の場合[*1]，Y銀行がA社に信用を供与してY銀行のA社に対する債権（以下，「Y・A債権」という）が発生し[*2]，その時点ですでにA社のY銀行に対する債権（以下，「A・Y債権」という）が成立していたか，Y・A債権と同時に成立した場合には[*3]，その時点で，合理的相殺期待が成立する。また，Y・A

債権成立後にA・Y債権が成立した場合には，後者の時点で合理的相殺期待が成立する。私の立場からも，本設例で合理的相殺期待が認められることは，明らかであろう*4。

その後，私は，合理的相殺期待につき，さらなる検討を行った。「民事手続法における相殺期待の保護・上」NBL1046号（2015年3月）35～47頁，「民事手続法における相殺期待の保護・中」NBL1047号（2015年4月）37～46頁，「民事手続法における相殺期待の保護・下」NBL1048号（2015年4月）50～56頁を，参照されたい。

*1　拙稿「いわゆる『合理的相殺期待』概念の検討」事業再生と債権管理136号（2012年）46頁以下をご参照いただければ幸いである。
*2　Y・A債権は基本的に期限付債権であるが，保証の場合は停止条件付債権になる。ただし，この「停止条件付債権」という法律構成については今後，検討の対象となる可能性がある。
*3　ただし，A・Y債権は金融取引において担保の対象となり得る債権でなければならない。具体的には，差押えが可能な債権，すなわち，現在債権だけでなく，将来債権（すでにその発生の基礎となる法律関係が存在したうえで，将来におけるその発生が確実又は相当程度に見込めるもの）でもよいと考える。このような債権も，期限付債権又は停止条件付債権と表現されよう。
*4　なお，拙稿・前掲*1・53頁以下も参照されたい。

第2 | 投資信託解約金

■論文

投資信託解約金債務を受働債権とする相殺の可否——最高裁〔1小〕平成26年6月5日判決

弁護士　渡邉　一平

1　はじめに

　この事件は会社と代表者個人の民事再生事件の中の一コマである。私はたまたま再生事件と本件を代理人として担当した。以下はその事例報告である。

　金融自由化の流れの中で，かつては証券会社が行っていた金融商品（投資信託，国債等）の窓口販売が普通銀行等金融機関に認められた。預金が低金利のため魅力がなくなり，投信販売は銀行にとり大きな業務になった。証券会社は融資をしないので相殺という問題は起きないが，融資を行う銀行が投信販売に乗り出した。銀行は投信販売業者であることを融資の回収に使いたい。これが本件の背景である。

　その結果，融資先が破綻した場合に融資先や連帯保証人が金融機関から購入し保有している投資信託を換価し，換価の結果生ずる金融機関の投資信託解約金返還債務を相殺して融資の回収にあてるケースが出てきた。相殺の可否は積極説・消極説が分かれ，実務上争いが生じていた。本件はその解決基準を示した判決となった。

　倒産時における相殺の可否につき，判例の流れは相殺をより広く認める方向であるとの理解もあったが，本判決は「相殺の担保的機能に対する合理的期待」という表現で，相殺の可否は「相殺する側の利益と倒産時に要請される債権者平等をどう調整するか」という問題であることをあらためて判示

し，最高裁判所は相殺を無限定に広げる立場をとっていないことを示した点も重要である。

2 問題の発端，民事再生の概要，解約金返還債務に対する相殺

平成20年12月10日，包装材メーカーＡ社は資金繰りが困難になり，名古屋地裁に民事再生を申し立てた。15日の債権者説明会では社長Ｘ氏の保証債務の弁済方針についても質問が出た。「多額の保証債務があり支払不能状態で債務整理を行う方針だが，当面経営に当たる必要があるので個人の債務整理は一段落したら行う。それまでの間，個人資産は弁護士が管理する。」旨説明した。当事務所はＸ氏から委任を受けて個人資産の管理・換価に着手し，専用口座に保管した。なお，判決の事実認定ではＸ氏は12月29日支払停止したとなっている。

Ｘ氏は銀行6行から投資信託を購入していた。6行ともＡ社に融資しており，Ｘ氏は連帯保証人だった。投資信託を換金して当事務所で管理したいと申し入れたところ簡単に応じていただいた銀行もあったが，回収にあてたいと渋られる銀行もあった。交渉した結果，5行は同意され換金して専用口座で預かった。本件の相手方Ｙ銀行は同意されなかった。

翌21年3月23日，Ｙ銀行は，債権者代位権に基づき，投資信託委託者に対しＸ氏の投資信託につき解約を申し込み，26日，委託者の指示により受託者から送金された解約金717万3909円を受領し，31日，Ｘ氏に対する連帯保証債務履行請求権（自働債権）と投資信託解約金返還債務（受働債権）を相殺した。

4月1日，Ａ社の事業譲渡が実行でき一段落した。そこで4月28日，Ｘ氏についても民事再生を申し立て，5月12日開始決定が出た。

3 訴訟提起した理由

「投資信託は信託会社の金融商品であり銀行は債務者ではない。国債や社債と同じく銀行は販売・管理しているだけではないか。担保にしていなければ返して当然である。」と直感的に思った。この時点では投資信託の規定集を見たこともなく，解約とか振替えの仕組みも知らなかったし，民事再生法

の相殺の規定もうろ覚えであり，さしたる根拠があったわけではない。まさしく直感である。

　この投資信託が回収できても回収額は約700万円で配当率はわずかに上がるだけだし，訴訟は再生手続の終結を遅らせるのでやりたくないのが本音だった。しかし，債権者説明会では「責任をもって管理する。」と説明しており，理由なく放棄するわけにはいかない。換価に協力してくれた5行に対する信義もある。Y銀行だけ相殺を認めては申し訳ないと思った。

　調べてみると実務で相当争われている問題であり，判例を作るつもりで訴訟提起した。そのため和解はまったく考えなかった。債権者には迷惑をかけないように，原資のうちわずかを残して弁済し，投資信託解約金が回収できた場合は追加弁済を行うこととし，訴訟提起を決めた。

4　破綻時に投資信託は相殺できるのか
(1)　投資信託の仕組みと民事再生手続についての相殺の規定や判例・学説
(a)　投資信託の仕組み・販売銀行の役割
　(イ)　投資信託は信託契約の一種　　投資信託は，委託者・受託者・受益者の三者契約（契約型投資信託）である。委託者（投資信託委託会社）が投資信託を企画し資金を集め運用を指図する。受託者は委託者の委託により，信託財産を保管・運用し，償還金・解約金を支払う。受益者は信託の利益を得る立場である。当初は委託者自身が受益者を兼ねているが受益権を小口に分割し顧客（投資家）に販売し，販売後は顧客が受益者になる。

　(ロ)　販売業者の役割　　販売業者（証券会社や銀行）は，委託者から受益権の販売や顧客管理を業務委託され，顧客に投資信託を販売する。販売業者は顧客と投資信託管理委託契約を締結し，以後の管理（分配金・償還金・解約金の授受や解約等の取次）を行う。通常の場合，顧客は販売業者を通じて分配金・償還金・解約金を受け取ることとなる。

(b)　相殺についての法規制　　倒産法は，債権者平等原則とその例外である相殺とのバランスを考えて規定されている。
　(イ)　相殺の根拠規定　　原則としては，対立する債権債務がある場合，相殺は公平にかなうので認められている（民再92条1項，破67条1項）。

(ロ) **相殺禁止事由** しかし，倒産手続開始以後や，支払不能・支払停止・手続申立てを知った後に負担した債務や取得した債権による相殺は，合理的な相殺期待保護の必要がなく，平等原則を阻害するので禁止されている（民再93条1項・93条の2第1項，破71条1項・72条1項）。

(ハ) **相殺禁止解除事由** しかし，債務負担や債権取得の原因が禁止時期より前にある場合は負担や取得はやむを得ないことだし，原因の発生時には相殺の期待をもっているといえるので上記(ロ)の禁止の例外として相殺が認められている（民再93条2項・93条の2第2項，破71条2項・72条2項）。

(ニ) **条件付債務（受働債権）による相殺** 条件付債務による相殺については民事再生法と破産法では規定が異なっており，民事再生法は，条件付債務を受働債権とする相殺は認めていないが，破産法は認めている（破67条2項）。本件は民事再生の事案なので破産法67条2項は検討する必要がない。条件はいつ成就したか，条件成就の時点で禁止事由があったか（民再93条1項3号），さらに禁止解除事由があるか（民再93条2項）を順次検討していくことになる。

(2) **かつての考え方**

(a) 受益者に対し投資信託契約上，解約金支払義務を負うのは委託者（信託会社）である。解約金も償還金も債務者は委託者であり，販売銀行は委託者の委託により受託者から支払を受けたら顧客に支払うだけのいわば取次である。逆に，委託者・受託者が運用に失敗したり破綻しても販売銀行は受益者に対し責任を負わない。

受益者が販売銀行経由で委託者に解約を申し込むと，受託者から解約金が販売銀行に送金される。かつては，販売銀行に解約金返還債務が発生する時期は，販売銀行が受託者から実際に解約金を受け取った時と考えられていた。

(b) そのため融資先破綻の際も，銀行が一方的に投資信託と貸金を相殺して回収することは行われていなかった。解約金返還債務が破綻後に生じた債務になるので，相殺禁止事由があり相殺できないと考えられていたのである。

(3) **MMF最高裁判決による変化**（最判平成18年12月14日（民集60巻10号3914頁））

(a) MMF 最高裁判決が出て状況が一変した[*1]。

(b) MMF 事件の上告人はBに対する公正証書に基づきBが保有する投資信託に執行した。執行方法は，投資信託の販売銀行を第三債務者とする債権差押えである。被差押債権は「Bと第三債務者の投資信託管理委託契約に基づく，Bの第三債務者に対する解約金債権」とされていた。

(c) Y銀行（奇しくも MMF 事件の販売銀行・被上告人はY銀行であった）は，販売銀行は受益者に対し解約金返還債務を負っているものではなく，差押えは無効であると争った。東京地裁は差押有効（上告人勝訴）としたが，東京高裁はY銀行の主張を認め差押えを無効と判断し請求を棄却したので，上告人が上告した。

(d) 最高裁は上告人の主張を認め高裁判決を破棄し，「販売銀行は受益者に対し委託者から解約金の交付を受けることを条件とした解約金支払債務を負っており，受益者は条件付解約金支払請求権を有する。」[*2]ので被差押債権は存在し，差押えは有効であると判示した。

(e) MMF 最高裁判決が出てから，投資信託販売時に停止条件付解約金返還債務を負ったのなら，支払停止前に債務負担の原因が生じているといえるから，解約金返還債務と融資を相殺しても相殺禁止規定に抵触しないという考え方が現れた。ネックは販売銀行には解約権がないことだが，債権者代位権により受益者の解約権を行使して解約するというものだった。

(f) この考え方は，MMF 最高裁判決の判例価値（レシオ・デシデンダイ）を十分検討しておらず誤った三段論法と考える。MMF 事件は，危機状態の相殺の可否が争点ではなく，差押対象といえるかどうかが争点の事件だった。当然ながら破綻の際の相殺の可否は判断されていない。相殺禁止除外事由である債務負担の原因が発生した時期がいつかという争点については判例価値

[*1] MMF（Money Management Fund）とは，国債や公社債を運用対象とする利回りは低いが相場変動も少ない普通預金に似た投資信託である。本件の投資信託は株式や不動産リートを運用対象とする投資信託でありMMFではない。一審判決や一部の評釈には本件の投資信託がMMFであるかの文言があるが誤解である。

[*2] 「停止条件付解約金支払請求権」という法律構成は最高裁が行ったものであり，上告人の差押段階，地裁判決，高裁判決は停止条件付債権とはしていない。

がなかった[*3,*4]。

　私は，そもそもMMF最高裁判決で条件付請求権とまでいう必要があったかどうかも疑問で，条件付ではない将来発生する債権であるとの法律構成でも差押適格は肯定できたと考える。

　その債権が差押対象となるかどうかの判断に必要な要素は，「特定」と「第三債務者に不当な負担を与えないか」である。この点を満たす法律関係さえあれば条件付債権として発生していなくてもいい。例えば，将来診療報酬債権の差押えは認められているが，これは期限付債権にも条件付債権にもあたらない。しかし，診療機関と支払基金とが将来診察をすれば支払う旨契約していれば，特定も十分で，第三債務者である支払基金にも不当な負担は与えないから被差押債権とする適格は認められている。なお，この場合，支払基金が診療機関に対し貸金などの自働債権をもっていたらどうなるか。危機時期以後の診察により生ずる診療報酬債権との相殺は認められないであろう。預金の場合の破綻後入金預金と同じである。

　ところがMMF最高裁判決が一人歩きし，一部の金融機関では破綻時に債権者代位権に基づき解約して相殺することが行われだした。

(4)　「原因が生じたとき」とは何か。どういう債務は合理的な相殺期待があるといえるのか

　(a)　結局，原点に立ち返り，相殺を保護する趣旨が問われ，どういう債務（受働債権）だったら合理的な相殺期待があるといえるのかを検討する必要があると考えた。

　(b)　「固有対立型と後日対立型」　　上告受理理由書（民集68巻5号472頁以下）

[*3]　同旨，全国倒産処理弁護士ネットワーク全国大会（沖縄）パネルディスカッションにおける鹿子木康判事の発言「最判18.12.14は，MMFの差押の具体的事案における判断であって，一部解約金返還請求権を停止条件とする判断部分を一般化して，破産法67条2項適用の判断にまで射程が及ぶかどうかはやや躊躇を覚えないでもない。」（事業再生と債権管理136号（2010年）33頁）。

[*4]　山本和彦教授は本件判例評釈（金法2007号（2014年））において，本判決が投資信託解約金返還債務を販売時に発生した条件付債務とした法律構成そのものは否定せず，民事再生法93条2項2号の危機状態前に「債務負担の原因」が存したかどうかの検討では「原因」にあたらないのは論理矛盾であるとして，本判決を強く批判され，「別の可能性としては，解約金支払債務を停止条件付債務ではないとすることが考えられる。」と述べておられる。

でも述べたが，受働債権の性質を分析しないといけないと考えた。自働債権と受働債権の対立の構造に2つのタイプがあるのでないか。表現は「固有対立型と後日対立型」とした[*5,*6]。

(イ) 固有対立型　自働債権と受働債務は，当初から債権者と債務者間で対立して存在しているのが通常である。こうした場合，債権者が一方で債務者から受働債務全額の支払を求められながら，一方で自働債権については倒産手続により支払を停止され債権をカットされてしまうということはいかにも不公平であり相殺を認めるべきである。それで危機状態以後でも相殺が認められるのである。

銀行と顧客との貸金と預金や，後記の保険解約返戻金相殺事件，従業員への雇主の貸金と退職金債務はこの類型である。固有対立型は原則相殺が認められる。

(ロ) 後日対立型　もともとは債権債務が債権者と債務者間に対立して存在していたのでなく，本来の債務は他の者が負っていたが，債権者が取り立てたり譲渡を受けた結果，債権債務の対立が生じた場合は，債権移転とか他から取り立てたため返還債務を負った時点以前は債権債務が対立していたわけではないので一般的に相殺期待を有していたとはいえないはずである。移転時期・原因あるいは発生時期・原因如何で，危機状態以前から相殺期待があったかどうか変わるので，時期や原因の検討が必要である。

投資信託解約金返還債務や取立委任手形の手形金返還債務は，後日対立型である。もともとの債権（信託受益権や手形債権）そのものが対立しているので

[*5]　岡正晶弁護士は，「倒産手続開始時に停止条件未成就の債務を受働債権とする相殺」（田原睦夫先生古稀・最高裁判事退官記念論文集─現代民事法の実務と理論（下巻）』（金融財政事情研究会，2013年）159頁）で条件付債務を分類し，投資信託解約金返還債務は「第三者から入金されれば支払うという代理受領的なものに過ぎず，真の債務者としてＢ（相殺債権者）ではない第三者が存在するグループ」にあたるとし，「総倒産債権者から見れば，倒産手続開始時点では，財産は第三者に対する債権」であり相殺は認められないと述べておられる。前掲*3・パネルディスカッションでも受働債権を「債権債務対立型」と「代理受領型」の2つに分類して議論がされている（事業再生と債権管理136号（2012年）35頁）。同じ問題意識である。

[*6]　大森直哉調査官は「最高裁判所判例解説民事篇平成26年度」の264頁以下で，「前に生じた原因」といえるかどうかは，法律関係の具体的な内容や，受働債権との結びつきの程度，自働債権と受働債権の牽連性の程度などを考慮して判断する必要があると述べておられる。

はなく，委任により回収し預かり金となったため自働債権と受働債権が対立することになるタイプである。

　もともとの債権は，債権者（信託受益者）と債務者（信託会社）の間にある。仮に信託会社が受益者に対し自働債権をもっていれば，受益者が受益権を取得した時点から相殺期待があることは当然である。しかし何故，販売銀行が受益者に投資信託契約上の義務を一切負っていない時期（購入時期）から相殺期待をもつのか。購入時期から相殺期待をもっているという論者はこの疑問に答えていないと思う。

　後日対立型においては，当初から対立していたのではないため固有対立型と違って，原因の実質的な検討（確実性，具体性，牽連性）が必要である。

(5)　**具体例の検討**

(a)　**預金債権**　　預金（受働債権）と貸金（自働債権）は固有対立型の典型である。しかし預金契約の締結は破綻の前であっても必ず「原因が前にある」わけではない。預金口座への実際の入金が債務負担の原因である。破綻後の入金分が相殺できないことに異論はない。

(b)　**取立委任手形**（最判昭和63年10月18日（民集42巻8号575頁））　　信用金庫が，顧客の破産申立前に預かっていた取立委任手形を取り立てて，取立金返還債務と貸金債権を相殺した事例である。最高裁は，破産宣告前に取り立てた手形金については相殺を認めた。この事例は後日対立型なので原因についての検討が必要である。この事件で最高裁は，破産申立前に，「信用金庫取引契約（預かり手形を取り立て充当できる規定，換価・充当規定）を締結」し，かつ，「手形を交付して取立委任したこと」が，「前に生じた原因」にあたるとして相殺を認め，破産管財人からの支払請求を否定した。逆にいえば，「取引契約の締結」だけでは足りず，「手形交付」があってこそ「原因」とされた判例ともいえる。

　投資信託の場合，「手形の交付」（債務負担の原因事実）にあたるのは「解約金の受領」であるが，本件の場合，解約金の受領は破綻後である。投資信託の販売及び管理委託契約の締結だけでは「原因」とはいえない。販売銀行は固有の解約権をもっておらず，取立委任手形事件における換価充当規定の締結にあたるものがなく，これだけでは「原因」にならない。

(c) 振込指定・代理受領　　回収や担保の目的で第三者から融資先への振込口座を銀行の口座に指定し融資先と第三者から承諾をとっておく方法（強い振込指定）で相殺が認められるかどうかの問題がある。強い振込指定の場合，融資先は振込指定を撤回しない義務があり，銀行は振込金が入金され相殺する期待をもっている。代理受領でも委任を撤回しない合意がある場合は同じである。この場合，相殺が有効か無効かは両説あるが，肯定説が多数説であり，私も賛成する。

しかし，投資信託で銀行が委託者から解約金を受領するのは受益者に返還するためであって，銀行の債権回収にあてることを受益者は承諾していないから相殺の期待を保護すべき理由はない。そのうえ投資信託管理委託契約上，顧客はいつでも他の口座管理機関に変更ができるし，管理委託契約そのものを解約することもできる。強い振込指定で相殺を認める考え方からも，本件で販売銀行の相殺期待保護は認められないはずである。

(d)　保険返戻金相殺事件（最判平成17年1月17日（民集59巻1号1頁））

(イ)　破産法における破産後条件成就・期限到来の事例　　民事再生法は条件付債権のままでの相殺を認めていないが，破産法は条件付のままでの相殺を認めている（破67条，旧破99条）。一方，破産法は破綻後負担した債務を受働債権とする相殺は禁止している（破71条，旧破104条）。この判決は2つの条文の関係を判断した判例（旧破産法事件）である。

(ロ)　最高裁判決　　条件付債権の相殺を認める旧破産法99条の解釈としていわゆる積極説を採用し，「停止条件付債務による相殺は特段の事情のない限り認められ，破産宣告後停止条件が成就したときにも旧破産法99条後段の規定により相殺することができる」と判示した。破綻後負担した債務による相殺を禁止する旧破産法104条は適用されず相殺禁止事由はないことが判決の前提になっている。そうすると更に相殺禁止解除事由を検討する必要もないということになる。

(ハ)　保険返戻金相殺事件はスジ（相殺期待保護の観点）でも相殺有効とされた事例　　この事件は，保険会社が，破産の2年前に生じた保険金詐欺を原因とする破産者に対する損害賠償請求権（自働債権）と破産管財人が破産宣告後保険契約を解約したため発生した保険解約返戻金債務（受働債権）を相殺し

たことが有効かどうか争われた事例である。解約返戻金は解約を条件として発生するので破綻後の解約の場合は破綻後に実現した債務になるが，条件付債務が成立したのは保険契約締結時である。最高裁は，この件でそもそも破産の場合条件付債務による相殺が認められているから相殺禁止条項は適用されないとして相殺を有効とした。すなわち条件付債務（保険解約返戻金債務）の発生時期が破産宣告前であるから旧破産法104条1号は適用されないという理論構成である。

　しかし，解約返戻金債務は保険契約そのものから生ずる債務であり，保険契約の締結は破綻よりずっと以前である。債務負担の原因である保険契約の締結は破産宣告よりもまた破綻よりも前であった。前記の分類でいえば固有対立型であり，相殺期待保護が当然の事件である。事件のスジ（すなわち相殺の期待保護）からも相殺が有効とすべき事例であった。

　この事件では保険が解約されたのは破綻後破産宣告前（旧破104条2号本文）ではなく，破産宣告後にされており，旧破産法104条1号が適用されるかどうかということになる。1号には2号，4号と違って「原因が前にある」場合の相殺禁止解除事由の定めがない。そこで，相殺禁止事由が一応あるが，更に相殺禁止解除事由があるから相殺は有効だという理論構成はできなかった。旧破産法99条後段により相殺が有効だとするほかなかったわけである。保険解約返戻金事件においては条件付債務が発生した時期と，相殺の期待保護が発生した時期が一致していたため本件のような問題はなかったわけである。

　㈡　破産と民事再生では相殺の条文の構成が違うため直接の先例になるものではないが，同じ事例が破産と民事再生で相殺の可否が異なっては著しい支障が生じるので，結論は一致すべきである。この点は判決の射程距離の問題で後述する。

5　一審（名古屋地方裁判所民事5部，平成22年10月29日判決，金法1915号114頁）

　事実関係には争いはなく，法的な主張と書証だけで審理が進んだ。東京大学の松下淳一教授に手紙を出して意見書作成をお願いしたところ快く引き受けていただいた。意見書は書証として提出した。相殺の判例や条文の解釈と

適用について明確に分析された意見書で判決にも大きな影響があったと思う。

監督委員と相談した結果,「否認」も相殺無効の理由に追加した。支払停止後相殺で回収するのは弁済を受けたのと同じであり,否認にもあたるとの理由である。否認権行使は監督委員の権限なので監督委員が参加人として独立当事者参加した。しかし松下意見書も判決も,相殺の可否は否認を認めるかどうかではなく,相殺禁止事由にあたるか,相殺禁止解除事由があるかで判断すべきという理由で否認は否定された。私も現在は同意見である。

一審判決は,原告の請求全額認容だった。

6 二審（名古屋高等裁判所民事3部,平成24年1月31日判決,判タ1389号358頁・金法1941号133頁）

控訴審でも双方準備書面を出したが,地裁の主張と大体同じだった。

裁判官は法的構成に興味をもっておられいろいろ釈明され,弁論再開までされた。問題意識はよくわからずじまいだった。

判決は予想に反し,原判決破棄,請求棄却だった。

7 上告受理申立て

高裁判決は,投資信託解約金返還債務が相殺に対する合理的な期待に値する債務かどうかの実質的な検討がされず,形式的に条文をあてはめて結論を出したものと考えた。X氏,監督委員とも上告で意見一致した。民事訴訟法312条の上告理由（絶対的上告理由）はなかったので上告申立てはせず,倒産法の重要論点で「法令の解釈に関する重要な事項を含むものと認められる事件」と考え,318条（裁量的上告理由）の上告受理申立てを行った。

上告受理理由のポイントも地裁,高裁での主張と同じで,理由書では条件付投資信託解約金返還債務は合理的な相殺期待をもつような債務ではないことを述べた。理由書提出後,木村真也弁護士（大阪弁護士会）から投資信託のペーパーレス化（社振法による振替制度）による執行の変化と個別執行や法的整理における相殺問題に関する論文[7]を見せていただき,理由補充書を提出した。

ペーパーレス化により投資信託に対する執行は信託受益権そのものに対する執行が可能となった（民執規150条の2）。受益権に対する執行は債務者（受益者）に対して差押命令を発して振替などの処分を禁止するとともに，口座管理機関（販売銀行）に，振替などを禁止する（民執規150条の3）。MMF最高裁事件では販売銀行は第三債務者だったが，ペーパーレス化により販売銀行は振替禁止を通知する機関に変わった。「販売銀行は投資信託売却時から条件付解約金返還債務を負っている」という，MMF最高裁判決の，やや強引な法律構成は行う必要がなくなったといえる。

8　最高裁（第1小法廷，平成26年6月5日判決，民集68巻5号462頁）

名古屋高裁判決後，本件が注目され，たくさんの判例評釈や論文が出たが，相殺有効説が多数だった。そもそも最高裁の破棄率は2％（上告事件が年間3000件から4000件弱で破棄は60件程度）である。本音をいえば難しいだろうなと思っていた。

平成26年2月，突然，最高裁から口頭弁論を開くので期日の打ち合わせをしたいという電話があった。4月24日，弁護士生活36年初めて最高裁の法廷に入った。

6月5日，判決が出された。原判決破棄で一審判決が確定した。

判断の理由は，信託受益権は上告人の責任財産であること，信託受益権と解約金支払請求権は実質上同等の価値があること，民事再生法における相殺禁止の趣旨が相殺の担保的機能に対する債権者の期待保護にあること，販売銀行が相殺を期待していたとしても合理的なものとはいえないこと，よって受益権の販売は民事再生法93条2項2号にいう「前に生じた原因」とはいえないとするもので，実質論を正面から判断したものだった。

9　残された問題
(1)　判決の射程距離

---

*7　木村真也「投資信託の販売金融機関による相殺の可否および商事留置権の成否」（岡正晶＝林道晴＝松下淳一監修『倒産法の最新論点ソリューション』（弘文堂，2013年）78頁）。

(a) 本件は，民事再生で，債務者は連帯保証人で，個人の事例である。破産など他の法的整理の場合や主債務者の場合，商人の場合はどうなるのかが問題となる。

(b) 破産の場合　　最高裁は，投資信託解約金返還債務の実質的な性質を検討し，販売銀行は合理的な相殺期待を有しないとしたのだから，破産，会社更生など他の法的整理も同じ結論になるのが当然だと考えるし，判例評釈やその後の破産法の文献も，破産の場合も相殺無効となるとの意見が大多数であるが[*8]，問題はその理論構成である。

民事再生の場合，条件付債権の相殺を認める規定がないので本件返還債務を負担したのは支払停止の後であるから相殺は禁止される。そこで，相殺禁止解除事由である「原因が前に生じたかどうか」が法律上の論点になっているが，破産の場合は，破産法67条2項により条件付債権の相殺が認められており，条件付債権が生じたのが投資信託購入時だとすると破産法71条の「債務負担のとき」は支払停止より前ということになる。そうすると，破産法71条1項（相殺禁止）が適用されないのではないかが問題となる。前掲保険返戻金相殺事件（最判平成17年1月17日）では，破産法67条2項が適用される場面では破産法71条1項は適用されないとの判断を前提としている。この関係をどう考えるのかである。

破産の場合に相殺無効の結論を導く理論構成としては，

① 投資信託購入の時点では条件付債務としても発生しておらず返還金が金融機関に支払われたときにはじめて債務が発生するとの構成

② 条件付債務の発生は投資信託購入時であり，破産法67条2項には該当するが，破産法71条1項の「債務負担のとき」は合理的な相殺期待のない場合は条件付債務発生の時ではなく条件成就の時を指し，71条1項も適用されるとの構成

が考えられる。

[*8] 山本和彦・前掲*4・14頁，中西正「民事再生法上の相殺禁止と投資信託解約金支払債務との相殺」銀法21・775号（2014年）30頁，竹下守夫＝藤田耕三編集代表『破産法大系Ⅱ』（青林書院，2015年）238頁〔岡正晶〕。

私としては，本件判決で，投資信託購入時に条件付債権が発生したと判示する部分は傍論であり判例価値がないと思う。本件は民事再生事案で条件付債権を受働債権とする相殺は認められていないから，あえて判断しなかったにすぎない。よって，①の理論構成をとることも，本件最高裁判例に抵触せず，十分可能であると思う。
　②についていうと，前掲保険返戻金相殺事件は「特段の事情のない限り」と留保をつけており，投資信託解約金債務は条件付債務ではあるが特段の事情があるから破産法71条1項も適用されるとの理論構成も考えられる。しかし，条文に書かれているわけではない「特段の事情」を裁判所で加えられるのかやや疑問に感じないでもない。前掲保険返戻金相殺事件の判例解説で三木素子調査官は「特段の事情」に該当する例として相殺権の濫用の場合をあげておられる。これなら民法1条という根拠条文があるのでよいが，本件は相殺権の濫用とまではいえないと思う。どういう理論構成をされるのか裁判所の判断を見てみたいものである。
　相殺についての倒産法の規定は，規定では不都合になる事例が出現するたびに改正されてきた。それでは次のように改正することはどうであろうか。
　㋐　破産法71条1項の「債務負担のとき」を，条件が付いていない債権については「債務負担のとき」とするが，条件付債務の場合は「条件成就前に67条2項により相殺したときは相殺のとき，条件成就を待って相殺したときは条件成就のとき」とする規定を加える。
　㋑　破産法71条2項の相殺禁止解除事由は，現在は71条1項2号ないし4号だけに規定されているが，71条1項1号も加えて，破産手続開始後の条件成就事例でも合理的な相殺期待がある場合は「原因が前にある」として相殺を有効とする。
　解決の方法は，停止条件付債務の定義（外延）を動かすことで解決するのか，「相殺期待保護」＝「原因が前にあるかどうか」で解決するのかどちらかであろうが，停止条件付債務の定義如何は本来債権総論の分野で検討されるべき問題であり，倒産法の観点からどういう受働債権を相殺保護するかという問題と一致するとは限らない。
　相殺禁止解除事由で解決する方が様々なケースで柔軟に対処でき事案にあ

った解決ができると考えるがどうであろうか。

　(c)　主債務者の場合，商人の場合　　主債務者の場合は銀行取引約款の換価・充当条項が，商人の場合は商事留置権が問題となる。ポイントは「有価証券」といえるか，「占有している」といえるかである。

　(イ)　商事留置権について　　本件判決前には準占有を認めて商事留置権を肯定した判例[*9]が複数あるが，本判決で相殺の合理的期待を否定する根拠として判示された，信託受益権の振替や管理契約の解約が可能な点を考慮すると「準占有」しているともいえないと考える。

　そもそも商事留置権の立法趣旨とも合わない。商人間で取引相手に物や有価証券を渡すことは担保的な意味をもつのが当然であった。しかし，電子化された場合有価証券を引き渡したという意識はないと考える。今後の判例で商事留置権は否定される可能性も大いにあると考える[*10]。

　(ロ)　換価・充当条項について　　過去に使われてきた銀行取引契約の文言はほとんど商事留置権の場合と同じく，「有価証券」は「占有」であった。上記(イ)と同じ問題であり，換価・充当充当条項の適用はないと考える。しかし，後述のように契約を改定すれば相殺が認められる可能性もあるだろう。なお，「有価証券」については「振替株式，振替社債，電子記録債権その他の有価証券を含む」という定義規定が加えられている約款が増えた。こうした約款では有価証券性については肯定されるであろう。

(2)　金融機関はどうすればいいか

　(a)　金融機関が投資信託を回収にあてたいと真に期待しているなら，本筋にかえり顧客の承諾を得て担保の手続をとるべきである（社振法74条・121条による質権設定）。「十分理解して担保提供し，安心して融資する」のが合理的と思う。

　(b)　倒産実務家交流会の討論の部では，本判決の理由付けをどう読むかがかなりの議論になった。理由の重要部分がどこなのかによって判決の射程距

[*9]　大阪地判平成23年1月28日（金法1923号108頁），名古屋地判平成25年1月25日（金法1987号172頁）。換価・充当条項も有効と認めており，最終的には相殺を有効としている。
[*10]　木村真也・前掲[*7]・107頁。

離が変わってくるからである。

　1つは前半だという意見である。前半の投資信託受益権と解約金返還債務の性質論こそ相殺期待保護に値する債務なのかを検討した部分であり，重要である（9頁7④の判断の理由参照）。後半の理由は説明の補足・付け足しであり[*11]，「付け足し」を変えれば結論が変わるというのはおかしい，約款の変更だけでは相殺無効の結論は変わらないのではないかという意見も多く，また，もともと自由であるべき資産を銀行が事実上囲いこむことを危惧する強力な意見もあった。

　これに対して，前半の理由は相殺の可否をめぐる判例でよく述べられている一般論であり，本件では後半の理由（振替自由，債権者代位権を使わざるを得ない）こそが重要だという意見も多かった。これは，販売銀行と顧客との契約内容や合意次第では相殺が認められるという説につながる。

　(c)　銀行取引契約や保証契約に，「融資回収の必要がある場合は銀行が投資信託を解約できる。この場合は口座管理機関の変更（振替）には応じない。」など銀行の解約権を確実にする規定を入れる方法はどうか。私自身は本件でそうした規定があれば相殺は有効になったのではないかと考えている。この場合は，規定の改定により信託受益権が一般債権者すべての責任財産でなくなり，逆に販売銀行の相殺期待が保護すべきものに高まると思う。この問題は「強い振込指定」とパラレルだと思う。「強い振込指定」の場合，相殺を認めるのであればそれと同じになるべきである。

　(d)　顧客との信託管理委託契約を改定することで回収をはかる方法はどう

[*11]　判決では，「被上告人において同請求権を受働債権とする相殺に対する期待があったとしても，それが合理的なものであるとはいい難い。」と理由の結論を述べ，その後に「また」として，上告人が原則として自由に他の振替先口座に振替をすることができたこと（口座管理機関の変更，債務負担の確実性），（被上告銀行は固有の解約権をもっていないため）「相殺をするためには，債権者代位権に基づき上告人に代位して解約実行請求するほかなかった。」（債権者代位）と理由を補足している。

　なお，民集68巻5号462頁以下の判例要旨では「次の(1)～(3)など判示の事情の下では……相殺は許されない。(1)解約実行請求は，支払停止を知った後にされた。(2)自由に他の振替先口座への振替ができた。(3)債権者代位権に基づき解約実行請求をおこなうほかなかったことがうかがわれる。」と判決理由を要約している。民集の要旨を見ると，理由の重要部分は後半にあると感じる。

か。これも同じく相殺は有効になると考える。実際に改正された実例もある[*12]。

しかし，一般顧客に販売する金融商品の取引規定である信託管理委託契約に，融資の回収条項という異質な規定を入れるわけであり，顧客にはきちんと趣旨を説明すべきであろう。その場合，顧客が投資信託を事実上担保化されることを嫌い，その金融機関からの購入をやめ，他の販売会社から買う場合もあり得るのではないか。

(3) 破産管財人や申立人代理人弁護士はどうすればいいか

(a) 破産管財人　　破産手続開始により当然に投資信託管理委託契約は終了する（民653条）。破産管財人は販売銀行と新たに投資信託管理委託契約を締結し，当該投資信託を解約することになる。この場合，販売銀行の解約金返還義務は開始決定以後に破産管財人と締結した管理委託契約に基づく債務であるから，破産法71条1項2号により相殺は禁止されていると考える。前掲最判63年10月18日は，破産宣告により手形の取立委任は終了するとして宣告以後取り立てた手形金の相殺は無効としている。

(b) 申立代理人

(イ) 危機状態以前　　銀行取引契約や投資信託管理委託契約に*12のような危機状態の銀行の解約権の規定がない場合は，手続開始後に相殺は無効と判断されることになるから対処しなくてよい。規定がある場合は，手続開始までに解約され相殺されれば有効になるから，それを防ぐためには投資信託を解約して資金繰りに使わせてもらうべきであろう。

(ロ) 危機状態以後手続開始決定以前　　*12のような規定がなければ手続開始までは放置しておけばよい。*12のような規定があるときは，投資信託管理委託契約そのものを解約し，かつ，投資信託の解約はしないように申

---

*12　三井住友銀行は投資信託総合取引約款を改定された。銀行が顧客に債権（保証債務を含む）を有している場合において，顧客に支払停止など危機状態になった場合など債権保全を必要とする相当の事由が生じたときは銀行が解約でき，解約代り金を受領し債権の回収に充当できる，これらの事由が生じている場合顧客から他の口座管理機関への振替を受け付けないことがあるという内容である。みずほ銀行も同様の改定を行っている。三菱UFJ銀行は改定されていないし，改定されていない金融機関も多いようである。

し入れるべきである。そして，手続開始後にあらためて銀行と投資信託取引委託契約を締結し当該投資信託を解約して解約金の支払を求めるべきである。また，破産についていえば，早く申し立てて開始決定をもらうことも重要であろう。

　(ハ)　民事再生手続開始決定以後　　販売銀行と交渉した上で解約するかどうかを決めるべきである。解約したら相殺するというなら，口座管理機関の変更を行うか投資信託管理委託契約そのものを解約すべきである。

　口座管理機関の変更は投資信託管理委託契約に債権保全を必要とする場合は受け付けないという規定があったり，振替先がその投資信託を取り扱っていないと口座管理機関を変更できないのが難点でその点を調べる必要がある。

　(ニ)　投資信託管理委託契約そのものの解約はどうか。投資信託管理委託契約は顧客から自由に解約できる。委任契約は受任者が自由に解約できるのが原則で，どの約款でも顧客が自由にできるとされている。解約すれば販売銀行は当該投資信託の解約ができなくなる。次に，新たに管理委託契約を当該銀行と締結し，個々の投資信託を解約し解約金の支払を受けるべきである。この場合，販売銀行は委託者との契約で顧客からの投資信託管理申出に応じる義務があり，委託契約の新たな管理委託契約の締結を拒否できないと考える。

　(4)　その後の判例

　本件最高裁判決以後，投資信託解約金による相殺の可否が争点になった裁判例は見当たらない。実務上は債権者代位権を行使して解約し相殺するというケースはなくなったのではないかと考えている。前掲＊12のような約款改定の事件も見当たらないので，約款改定の場合に相殺の可否の結論が変わるかどうかも未定である。注視していきたい。

■コメント

相殺の合理的期待について

大阪大学大学院高等司法研究科教授　藤本　利一

1　渡邉論文の問題提起

渡邉一平弁護士は，最判平成26年6月5日（民集68巻5号462頁・金判1457号25頁）（以下，「本判決」という）において，「原点に立ち返り，相殺を保護する趣旨が問われ，どのような債務（受働債権）であれば合理的な相殺期待があるといえるのかを検討する必要がある」[*1]，との根本的な問題提起をされた。本判決は，それに応え，最高裁として初めて「相殺の合理的期待」を中核とした論理構成を示した。今後，その論理の検証が必要とされ，また，現行倒産法における相殺規律の理論的基礎を構築されることに大きな貢献を果たした。これによって，中西正教授による一連の重要な研究業績への理論的関心がさらに高まるであろう。

2　合理的相殺期待——中西正教授の構想

中西教授は，直近の研究成果[*2]において，「合理的相殺期待」の基本的な構造について，包括的かつ精密に論じておられる。正確な引用となっていないことをおそれるが，紙幅の関係上，本論文との関連において，その要旨を以下に示す。

「【設例1】　AがBに対して金銭債権を有し（以下，『A・B債権』という），B

[*1]　渡邉一平「投資信託解約金を受働債権とする相殺の可否—最高裁〔1小〕平成26年6月5日判決」（本章第2論文）。

[*2]　中西正「民事手続法における相殺期待の保護（上）・（中）・（下）」NBL1046号（2015年）35頁，1047号（2015年）37頁，1048号（2015年）50頁。なお，拙稿「（報告）相殺期待の合理性について：シンポジウム『倒産法と優先順位』（司会：松下淳一教授）」民訴雑誌64号104頁以下（2018年）も参照。

がAに対して金銭債権（以下,『B・A債権』という）を有し，CがAに対して金銭債権（以下,『C・A債権』という）を有し，裁判所がCの申立てに基づきA・B債権につき差押命令を発令し，これがAに送達された」

この【設例1】*3において，B・A債権のためのA・B債権上の相殺期待が差押債権者Cの地位に対抗し得るのは，以下の場合に限られる。第1に，差押えの時点で，B・A債権が「差押え前の原因に基づき生じた債権」であった場合，第2に，差押えの時点で，A・B債権が「差押え前の原因に基づき生じた債務」であった場合，である。ただし，その成立が，相殺禁止などの強行規定やその趣旨に反する場合，当該相殺期待は例外的に保護されない。相殺期待がCの地位に対抗し得るための要件や，そうした期待に付与される保護は，その類型，すなわち，信用供与型の取引（原則的な相殺期待）や互いに担保視しあう債権・債務の相殺期待などにより異なる。こうして，B・A債権のためのA・B債権上の相殺期待がCの地位に対抗し得ることが，相殺期待の合理性を意味するとされる。ここで注意されるべきは，かかる相殺期待は，Cの地位が成立するより前の原因に基づいて生じた債権，前の原因に基づいて生じた債務の対立という客観的要件により成立し，当事者の意思により基礎付けられるものではない，ということである。

本判決については，かつての見解*4を改められ，その結論（相殺禁止）を肯定される。前記論考では【設例8】の分析が関連する。A・B債権が（AのDに対する信託受益権）解約金の振込を停止条件とするものと措定し，Aが支払不能に陥り，Bが知った後，B・A債権に対する満足供与との関係では，Aの責任財産たるA・D債権上にも，破産債権者全体のため，差押債権者と同視し得る地位が成立し，処分禁止効が生じていると解される。このとき，B・A債権とA・B債権の相殺を認めるためには，A・D債権上に別除権的正当化根拠が必要であるが，本設例では存在しない，という。そして，本判決は，否認や担保権公示の原則の趣旨に反する相殺期待を保護しないと判示したも

---

*3　このA・B債権が差し押さえられた場合は，A・B債権上に差押債権者の地位が成立したことを意味し，Aが支払不能に陥りこれをBが知った場合やAに対して破産手続が開始された場合も同様と理解される。

*4　中西正「判批」銀法21・743号（2012年）22頁。

のと位置付け，強い支持を表明された。

3　若干のコメント

　本判決は，債権者平等原則を倒産手続における相殺禁止の趣旨としつつ，それを破る論法を「前に生じた原因」の解釈に求め，「相殺の担保的機能に対する再生債権者の期待」の合理性を基準として結論を出したともいえる。この点は，中西教授のいう，「別除権的正当化」の議論との親和性がうかがえる。

　「前に生じた原因」であれば，相殺禁止が解除されるのは，原因が生じた段階では，まだ具体的な債務負担はないものの，債務の発生を具体的に予期させる原因関係がそこにあり，その時点であたかも債権債務の対立が生じたのに等しい状態が生じているからであろう。すなわち，支払停止前に債務負担がなされた場合と同視できるのであり，当該時点で債権者は強い相殺の期待をもつと考えられる。

　しかし，問題は「強い相殺期待」という表現にある。渡邉弁護士は，本判決において，「相殺期待」とは何かを問い続けた。金融機関が預金債務について「強い相殺期待」を抱くのは常であろう。これはいわば比喩であり，期待という主観的要素に引きずられることは好ましくないように思われる。

　相殺は，そもそも，自働債権の弁済を確実にするために，受働債権の価値を把握できる制度であり，敷衍すれば，受働債権に債権質を設定したのと同じ効果を，質権の設定行為なく獲得できるものである（最〔大〕判昭和45年6月24日（民集24巻6号587頁・金判215号2頁）参照）。中西教授のドイツ法研究においても，倒産法上，相殺権は信用供与の際の「最も強い担保権」として処遇されたといわれる[*5]。相殺権の行使が，何故，倒産手続において保護されるかを考えるうえで，かかる示唆は重要である。倒産法の第1原理である債権者平等を破ることができるのは担保権であり，その実質を備えているかが，「前

[*5]　中西・前掲*2・NBL1048号（2015年）51頁以下。また，アメリカ法においても，相殺は担保権である（拙稿「アメリカ連邦倒産法における相殺権行使の根拠と規律」事業再生と債権管理136号（2012年）60頁参照）。

に生じた原因」の解釈の起点となるように思われる。

　中西教授は，相殺期待について，前の原因に基づいて生じた債権・債務の対立という客観的要件により成立し，当事者の意思により基礎付けられるものではないと主張される。傾聴すべき示唆である。今後は，前の原因に基づいて生じた債権・債務について，その担保としての牽連性を吟味するべきであろう。

　かかる観点からは，中西教授が肯定される，最判平成24年5月28日（民集66巻7号3123頁・金判1397号20頁）について，再検討の必要性を感じている。

　この判決は，前掲最大判昭和45年6月24日を引用しつつ，相殺権が別除権と同様に扱われるもの（破67条）と解し，一方，破産法71条・72条は，破産債権についての債権者の公平・平等な扱いを蔑ろにするような相殺を禁止したものである。かかる一般法理を前提に，委託を受けた保証契約に基づく求償権を自働債権とする相殺の場合に，「他の破産債権者が容認すべきものであり，同相殺に対する期待は，破産法67条によって保護される合理的なものである」としながら，無委託保証の場合，「求償権を自働債権とする相殺を認めることは，破産者の意思や法定の原因とは無関係に破産手続において優先的に取り扱われる債権が作出されることを認めるに等し」く，かかる「相殺に対する期待を，委託を受けて保証契約を締結した場合と同様に解することは困難」であるという。注目すべきは，「破産者の意思」が両事例の結論を分かつ重要な鍵となっていることである。この点，栗田隆教授は，受働債権者の意思に基づかない担保的権利の発生は，彼の財産管理の自由の一種の侵害であり，財産状況が悪化した後の債権対立による担保的権利の成立は，彼の財産管理の予測が害されることから是認できないという（財産管理権尊重論）[6]。傾聴すべき議論であるが，倒産法における担保権ないし相殺権尊重の意義を真摯に考える必要がある。債務者が法的整理を希求する端緒は，資金繰りの悪化であり，そうした状況下における信用供与こそ保護されるべきであろう。アメリカ法の沿革上，倒産法が，金融機関に対し相殺権を保護した理由は，危機時期における早期の相殺権行使を防止することにあった[7]。かかる

---

[6]　栗田隆「判批」関西大学法学論集62巻6号（2013年）306頁・314頁。

行使は清算へのトリガーとなり，それを可能な限り防止することが資金繰りに窮する債務者の再生可能性を生み出す。前掲最判平成24年5月28日において，無委託であっても，債務者は，相殺権者が信用を供与したことで取引を継続できた。論証としての不十分さは自覚しつつも，要するに，受働債権を担保視できるほどの信用供与があれば，倒産手続の第1原理たる債権者平等を破ることができるのであり，「前に生じた原因」の解釈が探求するべきはその点であろう。本判決にはそうした実質がないというのが私見であり，前掲最判平成24年5月28日にはそれがあるといえるか，なお考えてみたい[*8]。

　もっとも，かかる方向性の議論は，類型論の一枠内での問題としてまずは洗練させる方がよいかもしれない。最終的に，相殺期待について従前から問題視されてきた「法定の原因」の場合との整合性問題と対峙しなければならないからである。

［＊本稿は科研費【24402007】，【25285028】の成果の一部である。］

[*7] 拙稿・前掲＊5・64〜65頁。
[*8] 藤本利一「シンポジウム『倒産法と優先順位』（司会：松下淳一教授）：相殺期待の合理性について」民訴雑誌64号（2018年）77頁，104頁以下参照。

第5章

保証人(全部義務者)の手続参加

第1 | 債権調査後の債権消滅・変更

■論　文

破産債権・再生債権の確定後の債権消滅・変更に対する処理
——債権者表の記載と実体法上の権利関係に齟齬がある場合の事例処理を中心に，最高裁決定平成29年9月12日を踏まえた残された問題について若干の考察をする

弁護士　豊島ひろ江
弁護士　上田　純

1　はじめに

　破産手続に定められた債権調査期日を経て，破産債権者表が確定した後に，当該債権が消滅・変更して，破産債権者表の記載と実体法上の権利関係に齟齬がある場合に破産管財人はいかなる処理を行うべきかについて検討する。破産債権者表確定後配当前に齟齬が生じた場合（検討事例(1)）及び配当段階において齟齬が生じる場合（検討事例(2)），また，破産手続終了後の事情により齟齬が生じた場合，具体的には破産手続終了後に解除条件付債権の条件が成就した場合についても検討を加え，破産処理手続において破産管財人は実体と手続をどこまで一致させる義務を負うのか，民事再生手続にも言及しつつ，近時の最高裁決定を踏まえた残された問題についても若干の考察をし，倒産手続内における各段階における実体法との齟齬に対する統一的な処理指針を検討したい。

【検討事例】

(1)　Y貸金業者は，A社より，B社振出の約束手形（額面100万円）を割り引い

たが，同手形の満期到来前にAが破産開始決定を受けたため，同手形の買戻請求権[*1]及びAに対する別口の貸金返還請求権100万円とともに債権届出をした。その後，満期に同手形は不渡りとなったためA破産管財人Xは，同手形の買戻請求権を全額認め，別口の貸金返還請求権とともにYの破産債権は200万円として債権表は確定した。ところが，配当前に，Yは同手形につき振出人Bから全額回収することができたが，取下げを行わなかった。XはYの協力を得ずに債権表の修正をすることはできるか。

(2) Y貸金業者はA社に1000万円を貸し付けたが，当該貸金返還請求権全体に連帯保証人Cの保証があり，Yは当該貸金返還請求権を破産債権として届け出た。債権表が確定した後，Yは配当までの間に連帯保証人Cから一部弁済800万円を受けた（実体法上の債権額は200万円）。配当の段階になり，配当表が作成されてYの配当額は300万円となった。その後，破産管財人XはCからの申出により弁済の事実を知った。Xは実体との齟齬のあるYへの配当についてどう対応するべきか。

2　検討事例(1)について──債権者表の修正方法

(1)　破産債権者表の確定（「確定判決と同一の効力」）（破124条）

　破産債権の調査において確定した破産債権の額・優先性の有無・劣後的部分の区別（破117条1項1号ないし3号）の事項は，破産債権者表に記載されて「確定判決と同一の効力」を生じる（破124条）。とはいえ，破産債権がその後弁済，相殺などの事由により消滅・変更し，債権者表の記載が実際の権利状態と事後的に齟齬が生じた場合には，それを知った破産管財人Xは，破産手続の適正・公平の観点から修正を行った上で配当を行うべきであろう。

　実務上は，実体に合わせて，破産管財人が破産債権者に協力を求めて任意に当該破産債権者に届出債権の取下げ（事後における破産手続に関与する権利及び配当請求権を放棄する意思表示）等をさせるため[*2]，齟齬の問題が法的に問題に

[*1]　大阪地方裁判第6民事部においては，手形買戻請求権は単純な破産債権として届け出ることが認められている（その後の手形の回収を解除条件とする破産債権として扱われてはいない）。大阪地方裁判所・大阪弁護士会破産管財運用検討プロジェクトチーム編『新版　破産管財手続の運用と書式』（新日本法規出版，2009年）（以下「運用と書式」という）249頁。

なることはほとんどない*3。しかし，破産債権者の任意の協力がない場合に，破産管財人は，破産債権者表を修正できるのか。破産法上にはかかる齟齬を是正するための明示的な規定がないため，その修正方法を検討する。

(2) 従来の議論

破産債権者表の修正については，「確定判決と同一の効力」については争いがあるものの*4，その記載内容を争う方法については，確定判決のそれに準じると考えられており，具体的には，裁判所書記官による更正処分（破115条3項），再審の訴え（破13条，民訴338条以下），及び請求異議の訴え（民執35条1項前段）が議論されている*5。

(a) しかしながら，裁判所書記官による更正処分は，破産債権者表の記載に債権額や異議の有無についての誤記等形式的な誤りがある場合には認められているが*6，裁判所書記官には破産債権者表の形式的審査権しかないと考えられており，実体的な齟齬に関する更正処分は認められないと考えられている*7。

(b) また，確定した破産債権について，その破産債権の確定過程において再審事由（民訴338条）がある場合*8には，破産管財人ないし破産債権者は，破産裁判所（民訴340条1項）に再審の訴えを提起できるが*9，本件のような確定後の実体法上の権利の消滅の場面においては再審の訴えは利用できない。

---

*2 伊藤眞ほか『条解破産法』（弘文堂，2010年）（以下「条解」という）1291頁の注1。斎藤秀夫ほか編『注解破産法［第3版］（下）』（青林書院，2000年）（以下「注解（下）」という）583頁〔髙橋慶介〕。園尾隆司ほか編『新・裁判実務大系(28)新版破産法』（青林書院，2007年）445頁〔松井洋〕。

*3 本研究会の出席者（弁護士，裁判官）も同様の意見であり，破産管財人の働き掛けにより破産債権者の協力を得て，実体に応じた解決を図っているのが実務である。

*4 「確定判決と同一の効力」については争いがあり，諸説につき条解829頁，830頁参照。

*5 旧法下における債権表の議論として注解（下）522頁〔中西正〕。条解833頁，834頁。中野貞一郎＝道下徹編『基本法コンメンタール破産法［第2版］』（日本評論社，1997年）（以下「基本コンメ」という）277頁〔栗田隆〕。兼子一ほか『条解会社更生法（中）』（弘文堂，1973年）（以下「条解会社更生法（中）」という）714頁では，更生債権者表について同趣旨。

*6 条解832頁，833頁，小川秀樹編著『一問一答　新しい破産法』（商事法務，2005年）（以下「一問一答」という）161頁，伊藤眞ほか編『新破産法の基本構造と実務』（有斐閣，2007年）（以下「基本構造」という）162頁〔小川秀樹〕，伊藤眞『破産法・民事再生法［第2版］』（有斐閣，2011年）（以下「伊藤」という）467頁。

*7 条解778頁。裁判所書記官に一定の実体的判断まで認め，確定後の破産債権の消滅による訂正も更正処分が可能であるとする説もある（宗田親彦『破産法概説［新訂第4版］』（慶應義塾大学出版会，2008年）（以下「宗田」という）294頁）。

(c) そこで，確定後に実体法上の権利関係と破産債権者表の記載との間に齟齬が生じた場合には，齟齬が生じた事由を理由に，異議権者である破産管財人等は，請求異議の訴えを提起することができると考えられている[*10]。

もっとも，そもそも請求異議の訴えは執行力の排除を求めるものであるところ，破産債権の存否等を直接的に求める制度ではない[*11]。そこで，破産債権の存否等を直接的に認められる破産法上の手段である債権確定訴訟（消極的確認訴訟）（破129条1項）を提起して修正すること（破130条・131条）が直截的ではないかとも考えられる。以下，両手段について検討する。

(3) **請求異議の訴えによる方法**

(a) たしかに，請求の異議の訴えの性質論・訴訟物論につき伝統的な立場に立つと，請求の異議の訴えは実体上の異議事由が存する場合の執行法上の異議権を訴訟物として，執行力の排除を求める形成の訴えであり（形成訴訟説）[*12]，請求が認容されても，請求権の不存在は理由中の判断であるために原則として既判力はなく，破産債権者表の修正目的である債権の存否や額等について直接的判断は得られない[*13]。

[*8] 具体的には，当該破産債権者が偽造された証拠書類を提出して異議を封じた場合（民訴340条6号準用），詐欺・脅迫等刑事上罰すべき他人の行為により異議権者が調査期日に異議を述べることができなかった場合（同条5号準用）が考えられる。注解（下）522頁〔中西正〕，谷口安平『倒産処理法』（筑摩書房，1976年）（以下「谷口」という）298頁，中田淳一『破産法・和議法』（有斐閣，1959年）（以下「中田」という）217頁，宗田294頁。条解会社更生法（中）715頁は更生債権者表について同趣旨。

[*9] 注解（下）522頁〔中西正〕，谷口299頁，山木戸克己『破産法』（青林書院，1974年）（以下「山木戸」という）246頁，中田217頁，条解833頁。

[*10] 東京地判平成元年5月31日（判タ719号203頁），破産につき通説といわれている。加藤正治『破産法要論』（有斐閣，1954年，18版）361頁（もっとも，加藤説は全額消滅したときだけ認め，一部消滅の場合には当初の額の配当を認め，請求異議の訴えを認めない）。菊井維大『破産法概論』（弘文堂，1952年）193頁，石原辰次郎『破産法和議法実務総攬』（酒井書店，1967年）（以下「石原」という）448頁，中田217頁，条解会社更生法（中）718頁，更生債権者表について同趣旨。注解（下）522頁〔中西正〕，谷口299頁，山木戸246頁，基本法コンメ242頁〔栗田隆〕，伊藤467頁，条解834頁。

[*11] 債権確定訴訟において請求異議の訴えが認められるかという議論における問題意識として，条解864頁及び山本和彦編著『倒産法演習ノート―倒産法を楽しみ22問〔第2版〕』（弘文堂，2012年）（以下「演習ノート」という）49頁〔中西正〕。

[*12] 中野貞一郎『民事執行法〔増補新訂6版〕』（以下「執行法」という）（青林書院，2011年）235頁，司法研修所『改訂民事執行〔補正版〕』（司法研修所，平成17年3月補正）36頁。

[*13] 条解864頁及び演習ノート49頁〔中西正〕。

しかしながら，破産債権確定の段階とは異なり，破産債権者表の修正において，破産債権の存否についての既判力までは必ずしも必要ではなく，実体法上の権利と齟齬のある債権者表の破産債権の額に基づく配当が阻止されれば足りる。とすれば，形成訴訟説を前提にしつつも，破産手続上の破産債権者としての権利行使の排除を求め，破産者債権者表の「強制執行の不許」（民執35条1項前段）として「当該破産債権の額に基づいて破産手続上の権利行使は許されない」との判決を求めるべきである[*14]。

（b）また，当該判決により破産管財人が勝訴し確定した結果は，裁判所書記官により債権者表の破産債権の額に関して反映して記載されることにより（破124条2項等類推），当該債権者表の一部となり，当該債権者表の記載は「破産債権者の全員に対して確定判決と同一の効力を有する」（破124条3項類推）[*15]。

（c）原告適格者申立権者は，「異議のある債務者」（民執35条1項）として，債務名義の債務者及び執行力の拡張を受ける者[*16]である破産管財人及びその他の破産債権者[*17]となる。被告適格者は，破産手続から排除を求められている破産債権の届出債権者であり，異議事由の基準時は確定が生じたときである債権調査期日（破124条1項）[*18]，管轄裁判所は，広義の破産裁判所（地方裁判所）となる（民執33条2項1号）[*19]。

[*14] 基本コンメ277頁〔栗田隆〕，条解会社更生法（中）719頁（更生債権者表について「更生債権者表に確定した権利として記載されている特定の更生債権に基づいては更生手続に参加することができない」と記述），伊藤眞『会社更生法』（有斐閣，2012年）484頁（脚注52において「更生債権者表にもとづく更生債権を更生手続上で行使してはならない」と提案している）。なお，旧法下の議論として注解（下）523頁〔中西正〕では同趣旨であるが，債権確定訴訟の議論において請求異議の訴えを否定している（演習ノート49頁）。

[*15] 破産法124条等の類推について条解会社更生法（中）719頁（更生債権者表についての請求の異議訴訟の勝訴判決の効力について同趣旨）。もっとも，記載とその効力については破産法130条，131条の類推も考えられる。

[*16] 執行法260頁。

[*17] 注解（下）523頁〔中西正〕，条解会社更生法（中）718頁（更生債権者表について同趣旨）。この点，破産債権者は，形式的には「債務者」ではないが，齟齬のある債権表の確定判決と同一の効力は，破産手続上，他の破産債権者も拘束すること，また一般調査期日において破産債権者にも異議権を認めている（破118条1項）ことの均衡からも異議権を認めるべきである。

[*18] 以上の記述につき，注解（下）523頁〔中西正〕，条解会社更生法（中）718頁（更生債権者表について同趣旨）。

[*19] 条解会社更生法（中）719頁参照。

(4) 消極的確認訴訟による方法

(a) 消極的確認訴訟によるべきとの立場は、破産債権者表の修正とは当該破産債権の存否、額、弁済の順位等の確定が目的であるから、請求の異議の訴えの運用は困難であり、直接的に債権の存否等について争うべきであるとする[20]。その根拠は、「確定判決と同一の効力」(破124条3項)を有する破産債権者表の修正は「終局判決」[21]のある債権に対する異議に該当することから債権確定訴訟（破129条1項類推）によるべきであるとする。

(b) 破産債権者表に異議を求め得る「異議者」は、破産管財人及び効力を受ける破産債権者を含み、「破産者がすることができる訴訟手続」とは、破産法129条が確定判決に対する確定後に生じた事由に関して本来的に認める消極的確認の訴えと考えられる[22]。

(c) 消極的確認訴訟は、「破産債権の確定に関する訴訟」として、その訴訟の判決の結果は、裁判所により破産債権者表に記載され（破130条類推）、破産債権者の全員に対してその効力を有する（破131条1項類推）。

(5) 検　討

破産債権者表があくまでも破産手続内において実効性を有することに鑑みれば、その訂正についても、破産法上に定められた規定を利用することにより解決するとの考え方は合理的である。もっとも、債権確定訴訟は、本来「第3節　破産債権の調査確定」に規定された破産債権の調査段階における制度であり、当該調査を経た上で確定した債権者表を争う手段として当該制度を再び利用することには躊躇を覚える。

破産法が、破産債権者表に「確定判決と同一の効力」という強い効力を認めた点を考慮すれば、その記載の訂正は破産法上はもはや争うことはできず、例外的に必要な限度でのみ認めることが望ましい。とすれば、破産債権の存否そのものを直接争う方法はあえて認めるまでもなく、配当からの排除を最小限の目的として請求の異議の訴えを転用する方法で足りると考えた

---

[20] 演習ノート49頁〔中西正〕。
[21] 「確定判決と同一の効力」が認められる文書も含まれるとする。条解862頁、伊藤475頁脚注51。
[22] 破産法129条1項の解釈として条解864頁。

い[*23]。制度上も，請求異議の訴えが，破産債権者表を「債務名義」（民執22条7号）として明確に対象にしていることからも，同制度の利用が予定されていると考えられる。

(6) **民事再生手続における再生債権者表の修正**

民事再生手続において確定した再生債権者表の記載は，再生債権者全員に対して「確定判決と同一の効力」を有し（民再104条3項），再生債権者表は「債務名義」となる（民執22条7号）。したがって，確定後の再生債権の変動（消滅）による再生債権者表の修正は，破産手続と同様，請求異議の訴えによることになる[*24]。

なお，再生債権者表の修正の結果，再生債権の総額が減少したことにより，当初清算価値保障原則を満たして認可された再生計画案が結果的に原則違反となる場合に取消事由に該当しないか（民再189条）が問題となるが，該当しないと考えられる。通常再生の場合には，小規模個人再生及び給与所得者等再生の場合と違って，清算価値保障原則違反が再生計画の取消事由となる（民再236条前段・242条前段）[*25]規定がないことから法は予定していないと解されるからである[*26]。

3　検討事例(2)の検討──実体法上の権利の超過部分の配当

開始時現存額主義との関係で，仮に保証人が将来の求償権を届け出ていたとしても，それが債権全額を満足させるものでない限り，破産債権額には影響を与えないので破産債権者表を修正する必要はなく，破産債権者は破産債権全額を基礎とした配当を受けることができる（破104条2項）。また，求償権者である連帯保証人Bは債権の全額が消滅しない限り求償権の行使が認めら

[*23]　地裁判断であるが，破産債権確定期日後の事由に基づく破産債権確定の訴えは不適法として請求異議の訴えによるべきとするものがある（東京地判平成元年5月31日（判夕719号203頁））。
[*24]　消極的確認訴訟説からは，民事再生手続においても，債権者表の訂正は再生債権確定訴訟の規定（民再109条・110条・111条1項）を根拠にすることになろう。
[*25]　通常再生手続と異なり，十分な監督機関もない個人再生手続において再生債権者を保護する趣旨から，小規模個人再生独自の再生計画の取消しを定めた。園尾隆司＝小林秀之『条解民事再生法〔第3版〕』（弘文堂，2013年）1210～1211頁。
[*26]　実務上は，配当原資を確保できたことにより，再生計画案の前倒しなどにより期限の利益放棄により対応すべきであろう。

れず（破104条4項），債権者が破産手続に参加している限りは，債権全額が消滅するまでの間は破産債権者Aが届け出た破産債権を行使することもできない（破104条3項ただし書）。

ところが，破産開始決定後の連帯保証人Bからの回収により，配当段階において，債権額を超える配当をなすことができる場合，破産管財人Xは超過部分となる配当をどのように取り扱うべきか。配当により発生する超過分が誰に帰属するのかが問題となる。この点，破産開始決定後の物上保証人からの一部弁済により，破産債権者に実体法上の残債権額を超過する部分の配当がなされた場合につき，平成29年9月12日付最高裁決定がなされたことから，多くの論議がなされている。

(1) 学　説[*27]

(a) 第1説——不当利得説　破産債権者が，確定した配当表に従って，超過剰部分の配当を受領可能であり，後は，債権者と保証人との間の不当利得の問題となる[*28]。

① 手続的に債権者に超過部分も含めて配当できない根拠が不明である。債権者に支払ったとしても破産財団としては何らの損はない[*29]。

[*27] 学説の名称は，齋藤毅「判解」曹時70巻7号（2018年）216頁を参考にした。これによれば，超過部分は求償権者に帰属すべき（求償権者説）か，破産財団に帰属すべき（破産財団説）かに大別され，前者につき，配当後の実体法上の不当利得の処理とする説（不当利得説）と配当段階で求償権者に配当を認める説（配当説）に分かれるとする。求償権者説の根拠として，求償権者が実体法上の代位弁済の制度により求償権を取得しており，超過部分は当該債権に対する配当であること，破産法104条の趣旨は超過部分について求償権者が他の債権者に劣後する地位を定めたものではないこと，超過部分を破産財団に帰属させることは，求償権者の負担により他の破産債権者に「棚ぼた」的な利益を得させることになり不当であることをあげる。同217頁。

[*28] 基本構造368～370頁〔田原睦夫発言〕（ただし，同発言は，他の箇所では求償権者の届出の可能性を認めることから，求償権者が届出をなさなかった場合にのみ不当利得説に立つ立場であるとも評価されている。齋藤毅・前掲＊27・223頁），竹下守夫編集代表『大コンメンタール破産法』（青林書院，2009年）（以下「大コンメ」という）442頁〔堂薗幹一郎〕，条解725～726頁。全国倒産処理ネットワーク編『破産実務Q&A200問』（きんざい，2012年）（以下「Q&A」という）362～363頁〔兼光弘幸〕。山本研「手続開始時現存額主義により生ずる超過配当額の処理」高橋宏志ほか篇『伊藤眞先生古稀祝賀論文集—民事手続の現代的使命』（有斐閣，2015年）1216～1226頁，岡伸浩ほか編著『破産管財人の債権調査・配当』（商事法務，2017年）274頁〔上野保〕，齋藤毅・前掲＊27・221頁。豊島ひろ江＝上田純「破産債権・再生債権の確定後の債権消滅・変更に対する処理」銀法21・766号37～39頁。

② 条文上は，求償権者が全額を弁済しない限りは債権者のみに権利行使を認めており，債権者が権利行使をしているにもかかわらず，求償権者に権利行使を認める求償権者配当説は，破産法104条2項及び3項ただし書と調和しない。破産手続との関係では不当利得説が簡明[30]であり，破産手続の円滑で迅速な処理に資する[31]。

(b) **第2説──求償権者配当説**　弁済により保証人が本来代位できる地位を重視して，一部弁済をした保証人が破産債権の届出ができたうえで超過部分の配当を受領する権限を認める[32]。

① 実体的な関係を重視して最終的な調整を図るべき。保証人はあくまでも債権者との間で全額弁済まで劣後的に扱われるにすぎず，超過分につき保証人に受領権を認めても他の債権者との関係で得はしていない[33]。

② 保証人は求償権の担保として原債権を行使でき，担保の限度で債権が残っている。債権者が全額受領した段階で保証人は破産債権の権利行使ができる。「債権者が有した権利」(破104条4項)とは債権者が有した全額の破産債権をいう[34]。

③ 不当利得説では，当事者にいたずらに負担を強いるだけであり，公正・妥当な実務処理ではない。実体法上の残債権額を超過する権利行使を破産手続上認めることは債権者の債権回収の保障という開始時現存額

---

[29]　基本構造368頁〔田原睦夫発言〕。なお，破産財団に損失はないが，債権者にいったん支払うと，債権者が求償権者である保証人に対する未払利息や遅延損害金等を相殺する可能性がある点が指摘されている。Q&A363頁〔兼光弘幸〕。

[30]　条解726頁，齋藤毅・前掲[27]・221頁。

[31]　齋藤毅・前掲[27]・221頁。

[32]　基本構造365〜370頁〔沖野眞已発言〕，基本構造367〜370頁〔山本和彦発言〕，条解725頁。条解会社更生法（中）364頁（ただし代位するには更生債権の届出名義変更の手続によるとする。365頁）。滝澤孝臣「批判」NBL763号（2003年）68〜69頁，同「批判」金判1349号（2010年）13頁，15頁，勅使川原和彦＝杉本和士「多数債務者関係──主債務者の破産と保証人・物上保証人」山本克己ほか編『新破産法の理論と実務』（判例タイムズ社，2008年）378頁，園尾＝小林編・前掲[25]・447〜448頁〔杉本和士〕，田原睦夫＝山本和彦監修『注釈破産法（上）』（金融財政事情研究会，2015年）701〜702頁〔中井康之〕，山本和彦「手続開始時現存額主義の現状と将来─改正民法の弁済による代位の規律も踏まえて」岡伸浩ほか編著・前掲[28]・587〜589頁，松下淳一「開始時現存額主義に関する若干の覚書」高田裕成ほか編『高橋宏志先生古稀祝賀論文集─民事訴訟法の理論』（有斐閣，2018年）1325〜1330頁。

[33]　以上の記述につき，基本構造365〜368頁〔沖野眞已発言〕。

[34]　以上の記述につき，基本構造367頁〔山本和彦発言〕。

主義の制度目的を超えている*35。

(c) **第3説——破産財団説**　超過部分は他の破産債権者や破産財団との関係で不当利得となるので，破産管財人は債権者に配当せず，配当後は破産財団に返還させ，他の破産債権者との関係で配当財源とするべき*36。配当前であれば，他の破産債権者が配当表に対する異議（破200条1項）が可能であり，配当後は，破産管財人が当該債権者に対して不当利得返還請求権を行使して返還を求めることができる。

① 破産法104条は債権者の全額回収を保護するのみであり，債権者が完全な弁済を受け取った段階でもはや役割を終え，特定の債権者が受領する権限を失い，特定の誰のものでもない超過部分が発生するため破産財団に戻して破産債権者全体に配当すべき。保証人の求償権は劣後的破産債権の扱いとなる*37。

(2) 検　　討

第3説は，超過部分は実体法的には本来求償権者である保証人に支払われるべきであるのに，全員に帰属すべき財産（破産財団）となる根拠が十分ではなく，予測される超過分を減額した配当表を作成することができる根拠や超過部分について支払留保する正当な手続法上の根拠もないと考える。

第2説は，実体法上の権利関係に合致させる点は望ましいが，破産管財人としては，債権者に破産債権全額を前提とした配当表を作成せざるを得ず，配当表とは異なって超過部分を保証人に支払う法的根拠はないであろう。また，保証人に権利があるとすると，配当後に超過が発生することを知らずに

---

*35　滝澤・前掲＊32・NBL68頁，山本和彦・前掲＊32・587頁。

*36　基本構造367頁〔松下淳一発言〕，基本構造369〜370頁〔伊藤眞発言〕，谷口安平『倒産処理法〔第2版〕』（筑摩書房，1980年）168頁（最後の手続との関係で不当利得，債権者に故意過失があれば損害賠償とする），斎藤秀夫ほか編『注解破産法〔第3版〕（上）』（青林書院，2001年）（以下「注解（上）」という）150頁〔加藤哲夫〕，伊藤216頁，石原53頁（超過部分は保証人又は破産財団に対して返還すべきとする）。基本コンメ58頁〔上田徹一郎〕（配当前であれば配当表に対する異議を認める）。松下満俊「破産手続における開始時現存額主義をめぐる諸問題」岡正晶ほか監修『倒産法の最新論点ソリューション』（弘文堂，2013年）130〜133頁，廣瀬正剛「開始時現存額主義の結果，本来の債権額を超える配当等がされた場合の当該超過部分の取扱い」「倒産と担保・保証」実務研究会編『倒産と担保・保証』（商事法務，2014年）715〜718頁，伊藤眞『破産法・民事再生法〔第4版〕』（有斐閣，2018年）308〜310頁。

*37　以上の記述につき，基本構造367頁〔松下淳一発言〕。

債権者に全額配当した場合でも，破産管財人は債権者から超過分を取り戻して保証人に支払うべき義務を負うことになろうが，そこまで破産管財人に負担を負わせるのは相当ではない。

破産管財人がどこまで手続と実体との乖離の解消を負うべきかが問題となるが，手続の適正に鑑みると，第1説に基づき，原則として適正な配当表どおり支払えば破産管財人としてはなすべきことをなしたと考え[38]，その後は実体法上の権利関係に基づき解決されるべきであろう。もっとも，破産管財人としては，配当により超過が生じないか保証人からの回収額には注意を払い[39]，配当により超過が生じることを知れば破産裁判所に報告して対策を協議するべきであるし，債権者に過分な利得が生じないよう第2説の意図する実体法上の権利関係に沿う調整を図ることが望ましい[40]。できる限り債権者と保証人間の調整を行い，超過部分の破産債権については，保証人に届出名義を変更させるよう促すべきである[41]（破113条1項，破規35条）。なお，債権者との間で和解的解決を試みても，後述の判例のように劣後的破産債権の部分が残っている場合，すなわち債権者が実体法上完全な債権の満足を受けていない場合には，実務上，債権者が破産管財人の要請により債権取下げ等の協力に応じることは困難であろう[42]。

(3) **近時の判例**（最決平成29年9月12日（民集71巻7号1073頁））

破産債権者が破産手続開始後に物上保証人から債権の一部の弁済を受けた場合において，破産手続開始時の債権の額を基準として計算された配当額が実体法上の残債権額を超過する場合の超過部分の取扱いについて，平成29年

---

[38] かように解することは，保証人の将来の求償権に打切主義を採用して手続の合理化を図った趣旨にも合致する（198条2項）。
[39] 野村剛司ほか『破産管財実践マニュアル〔第2版〕』（青林書院，2013年）468頁。
[40] 本研究会においても，実務上は，あくまでも第1説を前提として破産債権者の同意のもと，第2説の結果が実現できるよう任意に調整すべきとの意見が複数あった。
[41] 条解724頁。
[42] もっとも，実体法上，劣後的債権部分が存在するとしても，本最高裁決定の後の不当利得返還請求訴訟において，債権者に超過部分の不当利得が認められることになれば，物上保証人の事案であれば，債権者から任意の協力を得られる可能性は高まる。保証人の場合には，債権者の保証人への履行請求権との相殺の余地があるためやはり債権者の任意の協力は得られにくいであろう。

9月12日最高裁は，その超過部分は当該債権について配当すべきであると判示した。

「同一の給付について複数の者が各自全部の履行をする義務を負う場合（以下，全部の履行をする義務を負う者を『全部義務者』という。）について，破産法104条1項及び2項は，全部義務者の破産手続開始後に他の全部義務者が弁済等をしたときであっても，破産手続上は，その弁済等により債権の全額が消滅しない限り，当該債権が破産手続開始の時における額で現存しているものとみて，債権者がその権利を行使することができる旨を定め，この債権額を基準に債権者に対する配当額を算定することとしたものである。すなわち，破産法104条1項及び2項は，複数の全部義務者を設けることが責任財産を集積して当該債権の目的である給付の実現をより確実にするという機能を有することに鑑みて，配当額の計算の基礎となる債権額と実体法上の債権額とのかい離を認めるものであり，その結果として，債権者が実体法上の債権額を超過する額の配当を受けるという事態が生じ得ることを許容しているものと解される（なお，そのような配当を受けた債権者が，債権の一部を弁済した求償権者に対し，不当利得として超過部分相当額を返還すべき義務を負うことは別論である。）。

他方，破産法104条3項ただし書によれば，債権者が破産手続開始の時において有する債権について破産手続に参加したときは，求償権者は当該破産手続に参加することができないのであるから，債権の一部を弁済した求償権者が，当該債権について超過部分が生ずる場合に配当の手続に参加する趣旨で予備的にその求償権を破産債権として届け出ることはできないものと解される。また，破産法104条4項によれば，債権者が配当を受けて初めて債権の全額が消滅する場合，求償権者は，当該配当の段階においては，債権者が有した権利を破産債権者として行使することができないものと解される。

そして，破産法104条5項は，物上保証人が債務者の破産手続開始後に債権者に対して弁済等をした場合について同条2項を，破産者に対して求償権を有する物上保証人について同条3項及び4項を，それぞれ準用しているから，物上保証人が債権の一部を弁済した場合についても全部義務者の場合と同様に解するのが相当である。

したがって，破産債権者が破産手続開始後に物上保証人から債権の一部の

弁済を受けた場合において，破産手続開始の時における債権の額として確定したものを基礎として計算された配当額が実体法上の残債権額を超過するときは，その超過する部分は当該債権について配当すべきである。」

さらに，本決定文では，なお書にて，「そのような配当を受けた債権者が，債権の一部を弁済した求償権者に対し，不当利得として超過部分相当額を返還するべき義務を負うことは別論である。」と追記を行い，超過部分は求償権者に帰属するべきとの判断を前提に，破産手続においては超過部分も含めて債権者に配当したうえで，求償権者の債権者に対する不当利得返還請求による処理にゆだねており，第1説（不当利得説）をとることを明示したと考えられている[43]。

他方，原々審（大阪地堺支決平成28年6月16日（金法2071号106頁））は，債権者が一般の破産債権について優先して全額を回収できる限り，破産法104条の目的は果たされており，破産手続上の債権者平等の原則と同条の目的との調和の観点から，超過部分は求償権者に配当すべきであると判断した。第2説（求償権者配当説）を採用したと考えられている[44]。

また，原審（大阪高決平成29年1月6日（金法2017号99頁））は，超過部分は当該破産債権に配当すべきではないとしつつも，求償権者が破産債権者として行使できないことから，超過部分はその他の破産債権に配当すべきであるとした。いわゆる第3説（破産財団説）を採用したと考えられている[45]。

同事件にて，原々審，原審，及び最高裁判例がすべて異なる立場をとっている点で，非常に興味深い事例であり，最高裁が一定の結論を示した点で判例の意義としても重要である。本件において，地裁レベルにおいて判断が大きく分かれたのは，実質的に劣後部分に対する配当を債権者に認めることについてのバランスのとり方の考え方の違いにある。最高裁の判示（傍論）においては，劣後部分である超過部分については，実体法上，不当利得による解決を図ることでバランスをとっており，かかる帰結が確定するのであれば，

---

[43] 齋藤毅・前掲*27・221頁。また，木内道祥裁判官の補足意見がある。
[44] 齋藤毅・前掲*27・213頁。
[45] 齋藤毅・前掲*27・213頁。

実務に与える影響は大きい。

　最高裁は事案解決のために配当表に基づく弁済をすれば足りるとの判示を示したものの，関連する未解決の問題を残している。例えば，(i)超過部分の劣後債権部分への充当が可能であるのかどうかの問題，(ii)請求異議訴訟による債権者表の変更による全部義務者への配当参加を認めることの可否，(iii)保証人破産の場合の処理，(iv)中間配当による解決，及び(v)破産法104条4項の「その債権の全額」は，一般破産債権部分の全額の消滅で足りるのか（原々決定），劣後部分も含めた消滅が必要なのか（原決定）などである。これらにつき，残された問題として以下検討する。

(4) 残された問題についての若干の考察

(a) 超過部分の劣後債権部分への充当可能性について

(イ) 開始時債権額を基準にして配当した場合，原債権者は開始時債権額である一般破産債権部分を超えて破産手続開始時後に生じた劣後的破産債権部分にも充当することができるのか，あるいは充当できず，不当利得となるのか。破産手続に基づく超過部分の配当に，「法律上の原因」（民703条）があるといえるのかが問題となる。

(ロ) この点，最高裁の判示においては，傍論において「（超過部分の）配当を受けた債権者が，債権の一部を弁済した求償権者に対し，不当利得として超過部分相当額を返還すべき義務を負うことは別論である」と判示し，超過部分については不当利得が可能であることを示唆し，これは劣後部分への充当可能性を認めないと考えられている[*46]。

(ハ) これに対して，超過部分の配当を受けた債権者は，破産手続における配当という根拠に基づき超過部分を取得したことから「法律上の原因」があり，実体法上，開始決定後に発生した利息・遅延損害金（劣後的破産債権部分）が存在することからこれに充当することで「利得」（民703条）はないと主張することが考えられる。

[*46] 齋藤毅・前掲*27・222頁によれば，超過部分の配当は実質的には求償権者に移転した原債権への配当ということができることから，劣後的破産債権の存在を理由に不当利得の成立を否定することはできないこと，本最高裁決定があえてなお書を付したのはその考え方を前提にするものであると主張するが，説得的である。

㈡　本件超過部分は破産手続の配当によるものではあるが，破産法194条１項は，優先的破産債権，それ以外（一般破産債権），劣後的破産債権等と順位を分けており，劣後的破産債権部分を配当できない事案においては，当該債権者が劣後部分の配当を期待できる立場にはない。超過部分の配当は，破産法に規定がないという手続的な制約から配当への参加を認めないものの，本来求償権者が一般破産債権者として受けるべきものである。開始時現存額主義の制度は，劣後部分の配当を認める根拠にはなり得ないというべきである。

したがって，一般破産債権の超過部分は，法律上の原因なくして取得した利得であることから，それを劣後部分について充当することは認められない。

㈥　本最高裁事案において，物上保証人の債権者に対する不当利得返還請求権の問題は未解決ではあるが，物上保証人は債権者に対して超過部分につき不当利得返還請求権が認められるものと考えるべきである[*47]。

もっとも，求償権者が，物上保証人ではなく，保証人であった場合には異なる結論になる。債権者は，劣後部分について，保証人に対して，保証債務履行請求権を有している。したがって，超過部分につき，債権者が不当利得返還義務を負っていたとしても，保証債務履行請求権との相殺により，超過部分の回収が可能となる。そもそも保証人は債権者に対して劣後部分について支払義務を負うことから当然の帰結といえる。

(b)　請求異議訴訟による債権者表の変更による全部義務者への配当参加を認めることの可否

㈠　木内道祥裁判官の補足意見において，「確定した破産債権表の記載を変更する手続は，破産手続内に備えられておらず，手続外で行なわれる請求異議の訴えなどによって確定判決と同一の効力が覆されない限り，確定債権額を配当手続に参加することができる債権額とする配当表が変更されることはない」と指摘する。

㈡　かかる指摘を根拠に，請求異議訴訟による債権者表の変更を認める

[*47]　現在，大阪地方裁判所にて訴訟が係属しているとのことである。

ことにより求償権者に超過部分についての配当手続への参加を認めたものと評価する立場もある[*48]。

(ハ) しかしながら、本稿の検討事例(1)にて論じたとおり、請求異議の訴えは、執行力の排除を認める形成訴訟であるところ、配当段階において齟齬が生じる場合に、配当前に執行力を排除する請求異議の訴えが認められる根拠はないといわざるを得ない。したがって、請求異議の訴えにより、求償権者に配当参加を認めることはできないと考えられる。よって、木内裁判官の補足意見は、一般的に確定した配当表を変更する場合に認められる手続を示したにすぎず、本件のような配当を経たうえで、超過となる場合に、請求異議訴訟による配当表の変更を認める趣旨ではないと考える。

(c) 中間配当の活用による解決

(イ) 前述の3説のいずれの立場に立つかはともかくとして、破産管財人が中間配当（破209条）を行うことにより公平な解決を図ろうとする立場がある。当該立場によれば、破産管財人が当該確定破産債権につき実体法上の債権額の全額に満つるまでの配当率を設定して中間配当を行い、当該債権を実体的に消滅させたうえで請求異議の訴えを提起し、その確定した債権認容判決を得ることで、改めて破産法104条4項による代位に基づき、超過分を求償権者に配当するよう配当表を作成する、あるいは、中間配当の実施により求償権者が破産法104条4項に基づき当然に確定破産債権たる原債権を代位取得すると解し、請求異議の訴えを経ることなく、原債権につき求償権者名義に変更すること（破113条1項）のみをもって解決を図るとする[*49]。

(ロ) 当該中間配当により解決を図る立場は、既存の制度の範囲内で求償権者の破産手続外での不当利得返還請求権の行使負担も回避し、妥当な結論を導き出そうとする点で評価はできる。

しかしながら、配当表（確定している債権者表）上に、求償権者にいかにして債権を認めることができるのかの根拠付けは明らかではない。請求異議の訴

[*48] 中井康之「開始時現存額主義と超過配当」金法2076号（2017年）1頁。
[*49] 杉本和士「破産手続における開始時現存額による届出破産債権に対する超過配当の処理—最三小決平29.9.12の検討—」金法2078号（2017年）41頁、木村真也・TKCローライブラリー新・判例解説Watch倒産法42号（2018.1.12）。

えの方法は，前述の自説を前提とする場合，債権者への執行力を失わせるにとどまると考えられ，債権表の債権者の名義を求償権者に変更する判決を得る根拠が不明である。

この点，破産法113条1項による届出名義の変更は，届出済みの破産債権を取得した者が単独ですることが可能である[*50]ことから，中間配当後に，債権者からの積極的な協力を得られない場合には利用可能性がある。もっとも，変更に争いがある場合には，破産手続外で，旧名義人から新名義人と破産管財人を相手に旧名義人を破産債権者として取り扱うべきことの確認訴訟が提起されるリスクは残る[*51]。

仮に中間配当後に債権者表の名義変更が可能であったとしても，中間配当，請求異議の訴え，更には最後配当と2度の配当手続をとることは，時間的，金銭的コストの負担を他の債権者に過大に負わせることとなり[*52]，破産管財人としては無視はできない。そもそも破産管財人が換価業務をすべて終了し，最後配当が可能であるにもかかわらず，1人の将来の求償権者の利益のために超過配当を避ける目的で，あえて中間配当を選択することは，他の債権者に負担をかけない事情などがない限りは[*53]，安易には認めがたいように思われる[*54]。

よって，中間配当による解決は，後述する保証人破産における超過配当の場合に他の債権者のために利用するのであれば格別，主たる債務者の破産の場合には，採用しがたいと考えられる。

(d) 破産法104条4項の「その債権の全額」の解釈　求償権者が原債権者に代位するには破産法104条4項の「その債権の全額」は，破産手続開始時における一般破産債権部分の全額の消滅で足りるのか（一般破産債権説），破産手続開始後に生じる遅延損害金等の劣後的破産債権部分も含めた消滅が必要な

[*50] 伊藤眞ほか『条解破産法〔第2版〕』（弘文堂，2014年）（以下「条解〔第2版〕」という）814頁ほか。
[*51] 権利移転に争いがある場合には確認訴訟のリスクも否定できない（山本克己ほか編『新基本法コンメンタール破産法』（日本評論社，2014年）260頁〔日景聡〕，条解〔第2版〕816頁。
[*52] 通常は複数の債権者がおり，それら債権者に犠牲を強いることになる。
[*53] 例えば，超過配当を受ける債権者と求償権者以外に一般破産債権者がいなかった場合など。
[*54] 尾河吉久「開始時現存額主義と超過配当に係る最三小決平29.9.12の検討」金法2089号61頁。

のか（劣後的破産債権説）が問題となる。これは，いわば原債権者が優先される範囲をどこまで認めるかという問題である*55。この点，原審では劣後的破産債権説を，原々審では一般破産債権説を採用したが，最高裁は判断をしなかった*56。

(イ) 劣後破産債権説

(i) 破産法103条1項は，破産債権者は，その有する破産債権をもって破産手続に参加できる旨規定しているところ，同項にいう「破産債権」には，破産手続開始後の開始後利息の請求権（破97条1号）や開始後損害金（同条2号）も当然に含まれ，最終的な金額は未確定であるが特定され，劣後的破産債権である旨を示して破産債権として届け出ることができる（破111条1項3号）。文言解釈上，破産手続開始時において有する「債権の全額」（破104条）にはいずれも開始後利息及び開始後損害金が含まれるものと解するのが相当である*57。

(ii) なぜなら，劣後的破産債権の劣後性は，あくまでも他の破産債権全体との関係で問題であるところ，債権者と共同債務者との1対1の関係での優劣の関係においては，遅延損害部分についても原債権者の優先性は実体法上肯定されるはずである。またかように解することは，改正民法における弁済の代位において，原債権者が代位権利者の権利に優先することを明文化していることとも調和する（改正民502条1項ないし3項）*58。

(ロ) 一般破産債権説*59

(i) 劣後部分は，具体的な債権額は日々の損害の発生によって変動し，

---

*55 山本和彦「手続開始時現存額主義の現状と将来－改正民法の弁済による代位の規律も踏まえて」岡ほか編・前掲*28・589頁。
*56 不当利得説からは問題とならないとする。斎藤毅・前掲*27・226頁。もっとも，最高裁決定は一般破産債権説と親和的であるとする。中井康之「開示時現存額主義と原債権者優先主義」松川正毅ほか編『木内道祥先生古稀・最高裁判事退官記念論文集—家族と倒産の未来を拓く』（金融財政事情研究会，2018年）431頁。
*57 原決定より。
*58 山本和彦・前掲*55・589頁・590頁。
*59 原々審。中井康之・前掲*56・431頁，岡正晶「最三決平成29.9.12が残した問題—破産債権者は一般破産債権に対する破産配当金を劣後的破産債権に充当できるか—」金判1529号1頁ほか。

開始後に発生する部分まで含めて一律に「債権の全額」に含まれるという文言解釈はできない[*60]。

(ii) 最判平成22年3月16日（民集64巻2号523頁）の趣旨に照らして，破産法104条の解釈は，過度にその権利の制約するような拡張的な解釈は許されない。破産法上の取扱いを前提とすれば，債権者が一般部分について求償権者に優先して全額の回収を行うことができる限り，破産法104条の目的は果たされている。

(iii) 債権者に劣後部分まで含めた求償権者に対する優先的地位を付与すると，求償権者の有する一般破産債権に優先して劣後的破産債権が満足を受けることとなるが，破産手続上の基本的な優劣関係と明確に矛盾することになり，そのような解釈は，破産手続における債権者平等に反する。

(iv) 改正民法502条3項は，原債権者の「一般破産債権に関する権利」が一部代位者に優先することを定めているだけで，原債権者の「劣後的破産債権に関する権利」までが一部代位者の「一般破産債権に関する権利」に優先することまで定めていない[*61]。

(ハ) 検　　討　劣後的破産債権説については，「債権の全額」という何ら制限のない条文からは素直な解釈となる。しかしながら，あくまでも破産手続内における債権行使であることに鑑みれば，破産手続上の優劣関係の範囲内で，債権者の保護が図られるべきであろう。よって，一般破産債権説が妥当であると考える。

(e) 保証人破産の場合の帰結

(イ) 最高裁決定事案では主たる債務者の破産事案であったが，保証人破産の場合にも同様の問題が生ずる。保証人のみが破産した場合に，破産手続開始決定後，主たる債務者が弁済を行ったことにより，配当段階において債権額を超える配当がなされる場合，破産管財人は超過部分の配当をいかに取り扱うべきか，また配当により発生した超過部分を誰に帰属させるべきであろうか。この点，弁済を行った主たる債務者は保証人に対して求償権を有さ

[*60]　原々審。(ii)及び(iii)も同様。
[*61]　岡正晶・前掲*59・1頁。

ないことから、主たる債務者の破産の場合とは異なる扱いが必要となるため検討したい。

　(ロ)　まず、保証人の破産の場合、保証人は主債務者とともに主債務の履行について義務を負っていることから、破産手続開始後に主たる債務者が一部弁済を行った場合にも現存額主義の規律があると考えられ（破104条2項）、破産法105条は催告及び検索の抗弁権が排除されて現存額をもって債権者が破産手続に参加することができることを明らかにした[*62]。

　したがって、主たる債務者の破産の場合と同様に、破産手続開始後の弁済により、配当段階において債権額を超える配当が生ずる可能性がある。

　(ハ)　この点、主たる債務者の破産の場合と同様に、①不当利得説、②求償権者配当説、③破産財団帰属説が考えられるが、主たる債務者の破産の場合と異なり、保証人の破産手続において主たる債務者が求償権者として権利行使することは考えられない。そのため、超過部分を求償権者に帰属させるべきことを前提とする①、②説は当然の帰結とはならない。したがって、債権者表に基づき超過部分を配当したうえで、実体法上において不当利得により解決するか（不当利得説）、超過部分を破産財団に帰属させて、他の債権者に配当するか（破産財団帰属説）かのいずれかによる解決を図るべきと考えられる。

　(ニ)　この点、検討事例(2)の主たる債務者の破産の場合の検討において述べたとおり、破産管財人としては、配当段階において超過部分が出ることが明らかであった場合、債権者と交渉をし、任意の取下げ等を促すべきであるが、それが困難である場合には、確定した配当表に基づき配当すれば足りると考えるべきである。その根拠は、前述したとおり、配当によって超過部分が生じる以上、配当前に債権者表を変更修正する根拠が見出せないからである。破産手続の簡易迅速な遂行のためにも、破産管財人は、債権表に従った配当をすれば足りると解し、その後の処理については、実体法上の不当利得により解決を図るべきである。

　(ホ)　では、実体法上、債権者が受領した超過部分に対して不当利得が請

[*62]　条解773頁。

求できる主体は誰であると考えるべきか。この点，本来超過部分については，実体法上は，保証人は支払をする必要がなく，超過部分の配当は保証人の他の債権者に配当されるべき破産財団である。したがって，配当により超過となった金員については，保証人の破産債権者，つまりは一般破産債権者の間で分配されるべき財産であったと考えるのが素直である。とすれば，保証人の破産債権者が，配当割合に応じて不当利得返還請求権を行使することになると考えるのが公平であると思慮する。

　もっとも，破産手続による配当終了後に，保証人の破産債権者が個別に不当利得返還請求権を行使するというのは現実的ではない。したがって，超過部分を破産財団に帰属させて，破産管財人が破産債権者に代わって配当するべき要請が強いと考えられる。あるいは，破産管財人が，保証人の破産債権者を代表して，不当利得返還請求権を行使して，当該債権者から超過部分を回収し，追加配当手続の中で，保証人の破産債権者に配当をすべきとも考えられる。しかしながら，前述のとおり，破産管財人にかような配当義務を負わせることは，破産管財人に超過の有無について調査義務という過大な負担を負わせることになり妥当ではない。したがって，あくまでも超過部分は当該債権者に支払えば破産管財人の義務としては足りると考えるべきである[63]。

　(ヘ)　もっとも，破産管財人が配当前に超過部分が発生することを覚知した場合には，中間配当を行い，当該債権者から超過部分を回収したうえで，改めて最後配当をする手続をとるべきであろう。主たる債務者の破産の場合とは異なり，当該超過部分は債権者全員に帰属すべき資産であることから，2度の配当手続を行うことも債権者全員の利益にかなうため，許容されると考えられる。

(5)　今後の実務の取扱い

　超過部分の配当が生じることは稀ではあるが，生じた場合には，最高裁決定に基づき，破産管財人としては，確定した配当表に基づき配当すれば足り

---

[63]　かかる考えは，後述する配当後の解除条件付債権の成就の場合に，不当利得返還請求権を総破産債権者に帰属させるという自説とも整合性がある。

る。破産開始決定後に保証人等の弁済があり，配当によって超過部分が生じることが明らかとなった場合，破産管財人は，債権者と交渉し，超過部分について届出名義の変更をするなど求償権者による権利行使を認めるよう努めるべきであることは同様である。債権者に劣後部分の債権が発生していた場合には，当該債権者は超過部分と保証人の債務との相殺を意図して任意の協力には応じない可能性が高いが，物上保証人の場合には相殺による回収はできないことから協力を強く求めるべきである。また，物上保証人の場合には超過部分を受領しても劣後部分への充当が認められず不当利得が成立するという確定判決が出た場合には，債権者と交渉しやすくなるであろう。

(6) **民事再生手続の場合**

民事再生手続においても，上記論点と同様の問題点が生じ，基本的には同様の議論であると考えられ，第1説をとりつつ実体法上の権利関係の調整を図っていくことになろう。

もっとも，民事再生手続においては，再生債務者主導の再生計画において，超過部分が発生する場合には債権者には配当せずに配当財源とするという第3説の結果が生じる計画案を立てることは可能であろう（民再187条）。近時の地裁高裁判断において，再生計画の解釈としてではあるが，超過部分を配当財源として認める方向の判断をしているものがある[*64]。

4　破産手続終了後の債権の消滅・変更に対する回収義務──解除条件付債権の条件成就

正しい債権者表に基づいた配当後，破産手続終了後の事情により当該破産債権が消滅・変更して破産債権者に実体上の不当利得が生じた場合，破産手続が終了した後であっても，破産管財人はそれを知った場合に不当利得返還請求権を行使する義務があるのであろうか。解除条件付債権[*65]の破産手続終了後の条件成就の場面として，以下検討する。

[*64]　東京地判平成24年11月28日（金法1971号97頁）及び東京高判平成25年4月17日（金法1976号102頁）参照。もっとも，当該事案では，そもそも保証人の求償権が被担保債権が完済したときに発生する停止条件付きであり，かつ劣後債権として扱うとの合意があった点で，債権者と保証人間の利益調整が不要な事案であった。

(1) **破産手続終了後の解除条件の成就**

解除条件付債権につき破産手続終了後[*66]に解除条件が成就した場合，そもそも当該破産債権者は不当利得返還義務を負うのか，その場合誰が不当利得返還請求権を取得するのかが問題となる。

(2) **打切主義の効果と不当利得返還義務について**

配当手続との関係では除斥期間内（破198条１項）での条件不成就によって配当額が確定（打切主義，破201条３項）したとしても，解除条件付債権者が，破産手続終了後であっても条件成就した場合には実体法的に不当利得返還義務を負うことについては争いはないようである。たしかに，破産手続法上の打切主義の要請を実体法上の権利関係に影響を与える効力まで与えることは困難であろう。

他方で，同様に打切主義により配当に参加できなかった停止条件付債権についても（破198条２項），破産手続終了後に条件成就すれば，事後的に実体法上配当を得るべき債権者として，配当を受けた他の破産債権者に不当利得返還請求権を行使できると考えるべきであろうが，そのような議論は見当たらない。

(3) **不当利得返還請求権の帰属とその行使方法**

では，不当利得返還請求権は一体誰に帰属するのか，根拠は明確に議論されていないが，以下の学説が存在する。

(a) 第１説——破産者返還説[*67]　破産手続が終了している以上は，財産管理権が破産者に戻り，破産者（法人の場合は抽象的な清算会社）に配当金の不当

[*65] 解除条件付債権は，法律行為の効力の消滅が将来の不確実な事実にかかる債権であるが，最後配当に関する除斥期間内にその条件が成就しなければ完全な破産債権として最後配当の手続に参加して配当を受けることができる。解除条件付債権の具体例としては，例えば，公務員になったら返還義務を免れる奨学金や，条件付きで会社の奨学金制度を利用するような場合が考えられる。

[*66] なお，最後配当除斥期間経過後配当額の決定までに解除条件が成就した場合において，破産管財人がこれを知ったときは，実務的には当該破産債権者に任意に取下げを求めることとなろう。破産手続が終了していない以上，破産管財人は，公正・公平の実現のために手続と実体との乖離を解消すべき義務を負うと考えるべきである。

[*67] 前野順一『破産法』（三省堂，1928年）454頁（ただし，不当利得により返還を求められると記述するのみである。注解（下）603頁〔髙橋慶介〕において破産者帰属説に分類されている），中田198頁，山木戸98頁，注解（下）603頁〔髙橋慶介〕。

利得返還請求権が帰属することを根拠にすると考えられる。

　(b)　第2説——追加配当説　追加配当説には，不当利得返還請求権を破産者への帰属を認めつつ追加配当とすべき説[*68]（a説）と，破産管財人に帰属を認め追加配当とする説[*69]（b説）の両説があるようである。その根拠は明確ではないが，以下のとおりとなろう。

　(イ)　a説　前述のとおり破産手続終了に伴い財産管理権が破産者に戻るため，不当利得返還請求権は破産者に帰属するが，公正・公平の観点から，その他の破産債権者の利益のため追加配当の対象とする。

　(ロ)　b説　破産手続終了後は原則的に破産者に財産管理権が回復するが，条件成就により不当利得となる配当金は，もとより破産財団に属し，破産管財人がかつては現実に占有管理していた財産であることから，公正・公平の観点からも，例外的に潜在的な破産管財人の管理処分権が及び，破産者ではなく破産管財人に不当利得返還請求権が属する[*70]。最高裁の判例[*71]の立場からも，特段の事情があると主張することになろう。

　(ハ)　a説，b説とも当該配当金が「相当の財産」（破215条1項）かどうかを別途判断して破産管財人の過大な不当利得返還請求義務を負わないよう調整を図ることができ[*72]，追加配当を行わない判断をした場合には，破産者個人ないしは法人の場合は清算法人の管理処分権に委ねられることになろう[*73]。

[*68]　条解1297頁，伊藤202頁（伊藤518頁脚注123では破産者に対する不当利得返還義務として捉えている）。

[*69]　注解（上）141頁〔石川明＝三上威彦〕，基本コンメ56頁〔德田和幸〕。

[*70]　いわゆる無限定説（伊藤522頁，青山善充ほか『破産法概説』（有斐閣，1979年）（以下「概説」という）228頁〔井上治典〕，宗田514頁，大コンメ902頁〔深沢茂之〕）からの帰結であろう。配当金は破産手続進行中に発見されていた財産であるため，通説である限定説（山木戸261頁，谷口323頁等）からも肯定される余地はあると思われる。

[*71]　最判平成5年6月25日（民集47巻6号4557頁）では，「管財人において，当該財産をもって追加配当の対象とすることを予定し，または予定すべき特段の事情があるときには，破産管財人の任務は未だ終了していないので，当該財産に対する管理処分権も消滅していないというべきであるが，右の特段の事情のない限り，破産管財人の任務は終了し，したがって，破産者の財産に対する管理性分権も消滅すると解するべきである」と判示した。

[*72]　「相当な財産」であるかどうかは，追加配当手続の費用をまかなってもなお多少の配当をなし得るかどうかを考慮して，管財人の意見と裁判所の判断により決せられるが，追加配当に適しない少額の場合には，それを破産者に引き渡すことになるが，実務上は残務処理のための管財人の追加報酬や事務費に充てることもある。注解（下）618頁〔髙橋慶介〕。裁判所職員総合研修所『破産事件における書記官事務の研究』（司法協会，2013年）287頁。

(4) 検　　討

　上記2説については，それぞれ問題がある。まず，第1説は，もとより破産財団に属して他の破産債権者に配当されるべきであった財産を，偶発の事情により，破産者が取得する結果は破産債権者の納得を得られるものではなくとり得ない。とりわけ個人破産者は一方で債務を免責されながら，他方で財団に本来帰属していた財産を当然に取得することになるのは不当である。

　第2説の追加配当説は，実体法上の権利関係に合致するよう配当を認める点は合理性がある。しかし，これでは，解除条件付破産債権が存在していた場合には破産管財人に常に潜在的に追加配当義務を認めることとなり，破産管財人に対していつまでも条件成就を調査しなければならないという過大な負担を負わせることになってしまう。また，いったんは打切主義という法律上の根拠に基づいて適法に配当を行ったにもかかわらず，破産管財人に当該配当の効力を否定させて配当金の返還を求める権利義務を認めることとなるが，当該配当の効力を否定する破産手続上の根拠は明らかではない。単に配当すべき財産が新たに発見されたような通常の追加配当の場合とは異なり，追加配当の議論を援用するだけでは根拠は十分ではないように思われる。

　本場面においても，破産管財人がどこまで手続と実体との齟齬の解消を負うべきかが問題であるが，第2論点と同様に，破産管財人として適正な手続のもとなすべきことをなして破産手続を終了させた以上は，その後の解決は手続外である実体法上の権利関係により解決を図るべきと考える。そして，当該配当金は，本来，解除条件付債権者以外のその他の破産債権者[74]に配当されるべき財産であったのであるから，その他の破産債権者は潜在的な配当請求権があり，実質的な「損失」(民703条)はその他の破産債権者に生じているとみるのが実体に合致している。したがって，不当利得返還請求権はその他の破産債権者に帰属し（第3説「総債権者帰属説」），各破産債権者は本来配当を受けるべき損失の額に応じて不当利得返還請求権を解除条件付債権者に対

---

*73　運用と書式304頁, 鹿子木康＝島岡大雄編『破産管財の手引〔増補版〕』（金融財政事情研究会, 2012年）341頁。裁判所職員総合研修所・前掲＊72・287頁。
*74　その他の債権者とは，確定された状態の債権者表記載の当該解除条件付債権者以外の債権者と考えるべきである。

して行使できると考えるべきである*75。このように考えることが，停止条件付債権の場合にも，その後の条件成就により，すでに配当を受けたその他の破産債権者に対して自ら請求を行っていくことが可能となり，打切主義の手続後の帰結を統一的に考えることができる。

(5) 結　論

以上より，破産手続終了後に解除条件が成就したとしても，破産管財人に権利義務はなく，すでに配当されていた配当金のうち解除条件成就以降に該当する配当金については，実体法上，その他の破産債権者に対する不当利得となり，当該解除条件付破産債権者は当該配当金をその他の破産債権者に対して返還すべき義務を負うこととなる。

□■

---

*75　金銭債権であることから共有的に帰属すると考える。

■コメント

実体法的変動の破産手続上の取扱い

同志社大学大学院司法研究科教授　中西　正

　豊島＝上田論文（本章第1論文）は，破産手続がある実体法上の法律関係を前提に遂行されてきたが，その実体法上の法律関係に変動が生じた場合に，当該破産手続はどのように対応せねばならないかという問題等を論じている。これは，あまり議論されることはなく，その意味で地味な問題ではあるが，倒産処理手続の根幹にかかわる問題である。

　この問題については，豊島＝上田論文が主張するように，実体法に基づいた手続遂行の要請と，そのような手続遂行に要するコストを考慮して，当該実体法的変動が破産手続係属中に生じた場合はそれを反映するように手続を遂行すべきであるが，破産手続終了後に生じた場合にはその実現は破産手続外の民事手続に委ねる，と解すべきであろう。

　したがって，最後配当に関する除斥期間経過後に停止条件付破産債権の停止条件が成就したり，解除条件付破産債権の解除条件が成就したりした場合，破産手続はこれに関与せず，破産手続外での実現に委ねるのが合理的であろう。

　他方，債権確定後，最後配当に関する除斥期間経過前に弁済の事実が発覚した場合には，これを反映した手続がなされるべきである。具体的には，債権確定により当該破産債権は有名義債権になったと解されるので（破124条2項・3項参照），破産法129条に準じた取扱いが必要になろう。とするなら，破産管財人がYに対して請求異議の訴えを提起することが考えられよう。しかし，この場面でなされるべきことは強制執行の停止や取消しではなく（民執39条・40条を参照），破産債権者表の訂正等であることなどを考慮すれば「破産債権の確定に関する訴訟」（破131条1項参照）としての消極的確認訴訟を提起すべきではないかと思われる[*1]。

保証人が全額の弁済を得た場合の問題は，破産法が債権者優先主義に基づき民法500条・501条（平成30年改正前のもの）を修正している場面であるが，それは保証人に全額の弁済を得させるためであるから，保証人が全額の弁済を得た以上，破産手続上も債権者の優先は終わったものとして，超過部分は保証人（求償権者）に配当されるべきである。手続的には代位弁済の届出を経て破産管財人が配当を行うべきであり，届出がなければやはり破産手続外での実現となるべきであろう*2。

　しかし，その後，最判平成29年9月12日民集71巻7号1073頁は，「破産債権者が破産手続開始後に物上保証人から債権の一部の弁済を受けた場合において，破産手続開始の時における債権の額として確定したものを基礎として計算された配当額が実体法上の残債権額を超過するときは，その超過する部分は当該債権について配当すべきである。」と判示し，上記とは異なる見解を採用した。この問題については，杉本和士「開始時現存額主義の下での超過配当に対する不当利得返還請求の可否」事業再生と債権管理162号164頁以下を，参照されたい。

＊1　伊藤眞ほか『条解破産法〔第2版〕』（弘文堂，2014年）912頁以下を参照。
＊2　山本和彦ほか『倒産法概説〔第2版補訂版〕』（弘文堂，2015年）165頁以下を参照。

第2 │ 開始時現存額主義

── ■論文 1 ──

保証債務履行請求権に関する開始時現存額主義の適用について

弁護士　塩路　広海

1　はじめに

　破産法における開始時現存額主義（破104条以下）とは，民法441条に由来し，債権者が破産手続開始時における債権の全額（開始時現存額）について破産手続に参加することを認め，また，破産手続開始後に破産者以外の他の全部義務者からの弁済がされても，「その債権の全額が消滅した場合を除き」（破104条2項），債権者が破産手続に参加する債権額に影響を及ぼさないとする制度をいい，実体法上，債権の一部が消滅したにもかかわらず，破産手続との関係では開始時現存額が残存するものとして取り扱う点で，破産債権額と実体法上の債権額との乖離を認めるものである[*1]。

　開始時現存額主義に関して，法が定める条文は少なく，また，比較的単純な構造となっている。その解釈・運用によっては破産債権者全体に与える影響が大きいにもかかわらず，文言上，一義的に明らかでない内容も含まれていることから，多くの論点が指摘されている。

　従前から，中小企業等の法人が金融機関からの借入れ等をする際，代表者個人も連帯保証をするのが通常であった。そのため，法人が支払不能に陥ると，同時に連帯保証債務が顕在化することにより，代表者もまた支払不能に陥り，法人及び代表者個人が自己破産の申立てをし，両者の破産手続が同時

[*1]　中吉徹郎・最高裁判所判例解説民事篇平成22年度（上）183頁参照。

に進行することが多い。

　以下に紹介する小職が破産管財人として担当した破産債権査定申立事件（以下，「本事件」という）も，そのような典型的な法人と代表者個人の同時破産事案において，保証債務履行請求権に関する開始時現存額主義の適用が問題となった案件である。

2　本事件の概要及び問題の所在
(1) 事案の概要

　本事件の事実関係の概要は，以下のとおりである。

　(a)　金融機関Xは，法人甲に対して，4口の貸付け（以下，貸付日の古い順に「貸付け1」ないし「貸付け4」という）をしており，当該貸付けについて，法人甲の代表者乙が連帯保証をするとともに，法人甲所有の不動産に抵当権が設定されていた。

　(b)　その後，法人甲とその代表者乙が同時に破産し，両者について，Yが破産管財人に選任された。保証人である乙の破産手続において，Xは，貸付け1ないし貸付け4の元本，利息及び遅延損害金の全額に係る保証債務履行請求権の債権届出（以下，「本件届出債権」という）を行ったが，当該届出後，上記担保不動産の任意売却が行われ，法人甲の破産管財人（Y）からXに対して別除権受戻金が支払われた。なお，法人甲の破産手続に関しては一般破産債権に対する配当はなく，破産手続は廃止されている。

　(c)　Yは，別除権受戻金を受領したXからの充当通知等が得られなかったことから，乙の破産手続における債権調査期日において，充当関係不明を理由としてXが届け出た債権全額を認めなかったところ，異議通知を受けたXは，Yに対し，別除権受戻金を貸付日の古い2口の貸付け（貸付け1及び貸付け2）の元本部分に充当する旨の充当通知を発した。当該充当の結果，貸付け1の元本部分は全額弁済，貸付け2の元本部分は一部弁済となった。なお，届出債権額や充当関係，当事者の主張額については**【図表1】**「届出及び主張額等一覧表」を参照されたい。

　(d)　Yは，貸付け2ないし貸付け4の元本，利息及び遅延損害金並びに貸付け1の利息及び遅延損害金に係る保証債務履行請求権について異議を撤回

【図表1】届出及び主張額一覧表（単位：円）

番号	種類	届出額＝X主張額	充当後残額	Y主張額
1－1	元本	15,302,000	0	0
1－1	利息	190,174	190,174	190,174
1－1	遅延損害金（開始前）	116,966	116,966	116,966
1－1	遅延損害金（開始後）	額未定	額未定	0
1－2	元本	7,322,000	0	0
1－2	利息	90,823	90,823	90,823
1－2	遅延損害金（開始前）	56,138	56,138	56,138
1－2	遅延損害金（開始後）	額未定	額未定	0
2	元本	16,622,000	7,105,800	16,622,000
2	利息	200,992	200,992	200,992
2	遅延損害金（開始前）	125,337	125,337	125,337
2	遅延損害金（開始後）	額未定	額未定	0
3－1	元本	12,534,000	12,534,000	12,534,000
3－1	利息	85,185	85,185	85,185
3－1	遅延損害金（開始前）	95,404	95,404	95,404
3－1	遅延損害金（開始後）	額未定	額未定	0
3－2	元本	6,582,000	6,582,000	6,582,000
3－2	利息	82,141	82,141	82,141
3－2	遅延損害金（開始前）	49,965	49,965	49,965
3－2	遅延損害金（開始後）	額未定	額未定	0
4	元本	1,472,000	1,472,000	1,472,000
4	利息	18,824	18,824	18,824
4	遅延損害金（開始前）	11,359	11,359	11,359
4	遅延損害金（開始後）	額未定	額未定	0
合計		60,957,308	28,853,108	38,333,308

〔注〕番号はXの債権届出に沿って記載しているが，枝番号が振られたものは1個の貸付けである。（例えば，1－1と1－2は，同一日になされた1個の金銭消費貸借契約書に基づく貸付け（あわせて「貸付け1」）であり，Xはこれを2つに分けて届出をしたため，上記表においても2つに分けて記載している）。

し，貸付け1の元本に係る保証債務履行請求権について異議を維持したところ，Xは，貸付け1について元本部分を含めた債権全額（ただし，額未定である開始決定後の遅延損害金部分を除く）が認められるべきであるとして，Yを相手方とする破産債権査定申立てを行った。

(2) **本事件の主たる争点**

本事件における主たる争点は，貸金返還請求権を主債務とする保証債務履行請求権について，連帯保証人の破産手続開始後に，主債務者が元本部分の

み全額を弁済したが,利息及び遅延損害金が残存する場合において,「その債権の全額が消滅した場合」(破104条2項)にあたらないものとして,開始時現存額主義が適用されるのか,それとも,当該元本部分に係る保証債務履行請求権については「その債権の全額が消滅した」として開始時現存額主義の適用が排除されるのかという点である。

そして,その前提問題として,主債務者の破産手続における開始時現存額主義の適用について,貸金返還請求権の元本債権,利息債権及び遅延損害金債権は,独立した一個の債権として扱うべきか否かという点も争点となる。

3 開始時現存額主義に関する平成22年最高裁判決

本事件の前提となる判例として,複数の債権に対する開始時現存額主義の適用が問題となった平成22年最高裁判決(最判平成22年3月16日民集64巻2号523頁。以下,「A判決」という)がある。

債権者甲が主債務者乙に対する合計5口の債権を有しており,乙及び物上保証人丙所有の不動産に当該5口の債権を被担保債権とする根抵当権が設定されていたところ,主債務者乙の破産手続開始後に,甲が乙及び丙から担保目的物の任意売却による弁済を受けたが,5口の債権全額の弁済には至らなかったという事案において,主債務者乙の破産手続における債権者甲の破産債権額が争点となった。そして,破産債権者が複数の債権を有する場合の開始時現存額主義の適用にあたり,債権者の有する複数債権の総額が満足されない限り,破産法104条2項の「その債権の全額が消滅した場合」にあたらないとする見解(いわゆる全部義務履行説,総債権説)と,開始時現存額主義は個別の債権ごとに適用され,全額弁済を受けた個別の債権については,複数債権の総額が満足されていなくとも「その債権の全額が消滅した場合」にあたるとする見解(いわゆる個別債権満足説,口単位説)の二様の考え方があったところ,いずれの見解をとるべきかが問題となったものである。

当該争点について,最高裁は,開始時現存額主義は「飽くまで弁済等に係る当該破産債権について,破産債権額と実体法上の債権額とのかい離を認めるものであって,同項にいう『その債権の全額』も,特に『破産債権者の有する総債権』などと規定されていない以上,弁済等に係る当該破産債権の全

額を意味する」としたうえで,「債権者が複数の全部義務者に対して複数の債権を有し,全部義務者の破産手続開始の決定後に,他の全部義務者が上記の複数債権のうちの一部の債権につきその全額を弁済等した場合には,弁済等に係る当該破産債権についてはその全額が消滅しているのであるから,複数債権の全部が消滅していなくても,同項にいう『その債権の全額が消滅した場合』に該当し,債権者は,当該破産債権についてはその権利を行使することはできないというべきである。」と判示し,全部義務履行説（総債権説）を排斥し,個別債権満足説（口単位説）を採用した。

4 主債務者破産における元本,利息と損害金の関係

(1) 利息債権及び遅延損害金債権の独立性

A判決は,個別債権の具体的内容,例えば,破産債権が貸金返還請求権である場合の元本債権,利息債権及び遅延損害金債権の関係（これらの債権は1口か3口か）にまで言及するものではない。

民法上,利息債権は,基本権たる利息債権と支分権としての利息債権とに区別して捉えられる。そして,支分権としての利息債権は,元本債権に対する付従性が弱く,元本債権とは別個に譲渡ができ,元本債権に対する差押えがなされたときも,その効力は利息債権には及ばないものとされている[2]。

そのため,少なくとも,主債務者破産の事案に関する限り,すでに具体的に発生した利息及び遅延損害金は,元本から独立した存在として個別の債権であり,開始時現存額主義の適用にあたっても,個別の債権とは「元本,利息及び遅延損害金を包含した1口」ではなく,「それぞれが独立した3口の債権」と捉えるべきと考えられ,そのような見解が一般的であると考えられる[3]。

---

[2] 一例として,大判大正9年2月14日（民録26輯128頁）,大判大正6年2月14日（民録23輯158頁）。また,奥田昌道編『注釈民法(10)債権(1)』（有斐閣,1987年）147頁・148頁〔山下末人〕,我妻榮ほか『我妻・有泉コンメンタール民法——総則・物権・債権〔第3版〕』（日本評論社,2013年）708頁参照。

[3] 松下満俊「破産手続における開始時現存額主義をめぐる諸問題」岡正晶ほか監修『倒産法の最新論点ソリューション』（弘文堂,2013年）112頁以下参照。

(2) 本事件の査定決定

本事件についての査定決定（大阪地堺支決平成29年2月10日（公刊物未登載））においても，まず，「1個の貸付けにおける元金・利息・遅延損害金の関係（主債務者破産の場合）」について，「債権者の行使する破産債権が，1個の貸付けにおける元金・利息・遅延損害金である場合の考え方が問題となるところ，破産債権として行使される具体的に発生した利息や損害金は，元金部分から独立した存在であり，元金債権とは別に譲渡や弁済の対象となること，一般的な法定充当を定めた民法491条は元金と利息を明確に区別している。そして，開始時現存額主義は，他の破産債権者との関係でも平等な扱いとはいい難いものであり，また，全部義務者は実体法上破産債権たる求償権を有しているにもかかわらずその行使が制限されることになるから，破産法104条の解釈に当たっては拡張的な解釈は許されないというべきである（上記最高裁判決もこのような価値判断に整合的といえる）ことも踏まえると，債権者の有する債権が元金・利息・遅延損害金に分かれているときには，各部分を別個の債権ととらえて『全額が消滅した場合』に該当するか判断することとし，そのうちのいずれかの部分の全額が消滅した場合には，口単位説における，複数債権のうちの一部の債権につきその全額が弁済等された場合に当たるというべきである」とし，主債務者破産の事案において，元本債権，利息債権及び損害金債権は，それぞれ別個に捉えて「その債権の全額」の消滅にあたるか否かを判断すべきものとした[*4]。なお，「上記最高裁判決」とはA判決を指す。

(3) 本事件への展開

主債務者破産の場合において，元本・利息・遅延損害金の各部分を個別に捉えるという見解を前提として，保証債務履行請求権が問題となる保証人破産事案の開始時現存額主義の適用において，主債務の元本・利息・遅延損害金の各部分が別個にその全額が消滅したか否かを判断すべきかが，本事件において問題となった。

[*4] 本決定後，東京地方裁判所立川支部平成30年5月1日査定決定（公刊物未登載）においても，「申立人は，元本が完済されたとしても，利息及び遅延損害金が残存する以上，元本，利息及び遅延損害金の全体について破産法104条2項が適用される旨主張するが，これらは別個の債権である以上，採用できない」と述べ，本事件の査定決定と同様の考えを示した。

特に、保証債務履行請求権について、民法447条1項は「保証債務は、主たる債務に関する利息、違約金、損害賠償その他その債務に従たるすべてのものを包含する。」とする。要件事実論の文脈においては、同条項を根拠として保証債務履行請求権は、元本、利息及び遅延損害金を包含した「1個の訴訟物（請求権）」であると説明されることが多いが[*5]、そのような実体法上又は訴訟物の個数の捉え方が、開始時現存額主義における債権の個数（口数）の考え方と軌を一にすべきかが問題となる。

なお、小職が確認した限り、この点について言及する文献は多くはないが、民法447条1項に関する上記訴訟物の捉え方を開始時現存額主義における債権の個数（口数）と同様に考える見解が有力であり[*6]、そのような見解によれば、破産者以外の全部義務者の弁済により、主債務の元本、利息又は遅延損害金のいずれかの全額が弁済されたが、その余は全額弁済には至らなかったという事案において、主債務者破産の事案と保証人破産の事案とで結論が異なることになるところ、そのような結論の相違について、有力説の立場からは、「立場の異なる者の破産手続において、債権の口数を同数に取り扱わなければならない必然性はなく、また、実体法上もともと口数の取り扱いが異なる以上、むしろ妥当である」とされている[*7]。

5 本事件の査定決定
(1) 当事者の主張
(a) 本事件において、当事者間に事実関係の争いはなく、法的争点のみが問題であったが、申立人（X）は、上記有力説と同じく、民法447条1項により、保証債務履行請求権は元本、利息及び遅延損害金を包含した1個の債権であり、主債務の元本は消滅しても利息及び遅延損害金が残っている限り、破産債権たる保証債務履行請求権という1個の債権の一部弁済にすぎず、「その債権の全額の消滅」にはあたらないと主張した。

[*5] 司法研修所編『改訂紛争類型別の要件事実』（法曹会、2006年）39頁参照。
[*6] 「座談会・開始時現存額主義の適用範囲をめぐる最高裁判決の射程と実務対応」金法1902号（2010年）18頁における印藤弘二弁護士発言（42頁）参照。
[*7] 松下・前掲*3・125頁参照。

(b) これに対し、小職は、元本並びに確定的に発生した利息及び損害金は個別の債権であり、個別債権たる元本全額が消滅している以上は「その債権の全額が消滅した場合」にあたり、保証人の破産手続において、当該元本部分につき破産手続に参加することはできないとし、大要、以下のように主張した。

すなわち、破産法104条2項は、「数人が各自全部の履行をする義務」を負う場合における開始時現存額主義を定める同条1項を受けた規定であり、「その債権」とは「数人が各自全部の履行をする義務」を意味するものである。これは破産債権の個数と必ずしも一致するものではない。そのことは、一般に、一部保証の場合において開始時現存額主義の適用は当該保証部分についてのみ適用されるとされていることからも明らかである[*8]。そして、主債務者と連帯保証人の関係を見たとき、「数人が各自全部の履行をする義務」は、元本、利息、遅延損害金ごとに生じている。したがって、「数人が各自全部の履行をする義務」である元本全額が消滅した以上、当該元本部分に関する限り、「その債権の全額が消滅した場合」にあたる。

また、保証債務履行請求権の1個性は、典型的には、前述のとおり、訴訟物の個数においてなされてきた議論であるが、訴訟物の個数は、訴訟運営の合理性や既判力の客観的範囲の確定などの視点から決定されるものである。開始時現存額主義は実体法上の制度ではなく、あくまで破産法上独自の制度であって、訴訟物の考え方が開始時現存額主義の適用の判断に関する債権の個数を必然的に決定するものではない。そもそも、民法447条1項は、特約のない場合における保証人の責任に関する当事者の原則的な意思解釈を示したものにほかならない。すなわち、同条項は保証人の責任の範囲を定めたものであって、主債務の元本、利息及び損害金を一個の債務とするとの解釈が示されているわけではない。

そして、あくまで、開始時現存額主義が、破産法上独自の制度である以上、破産法104条2項に定める「その債権」の解釈にあたっても、破産法1条、すなわち、破産債権者間の権利関係の適切な調整、特に債権者平等の観点から

[*8] 伊藤眞ほか『条解破産法〔第2版〕』（弘文堂、2014年）764頁参照。

なすべきであり，主債務者が破産した場合に保証人によって主たる債務の元本全額にあたる保証債務が弁済されたときには「その債権の全額が消滅した場合」にあたるが，保証人が破産した場合に主債務者によって元本全額が弁済されたときには「その債権の全額が消滅した場合」にあたらないという著しく不均衡な結論を導き出すことは，その他の破産債権者の利益を不当に害するものである。

特に本事件においては，問題となった（破産管財人Yが異議を述べた）Xの届出破産債権合計額は，約2260万円であるところ，債権調査の結果，確定済みの一般破産債権総額は約1億3870万円であった。また，破産者に対して一般破産債権を有する者はXを含め合計15名であるが，このうち11名が有する債権は1000万円未満であった。なお，Xは，上記のほかにも，争いのない約3830万円の一般破産債権を有している。このような状況に照らすと，開始時現存額主義の適用に関するXの主張が認められると，X以外の一般破産債権者に及ぼす不利益の程度はあまりにも大きく，このような事態は，人的担保を有する債権者の回収への期待として，破産法が許容する限度を逸脱するものである。

(2) **関連裁判例**

平成22年3月16日最高裁第三小法廷は，A判決とともに，開始時現存額主義に関連して，弁済充当特約の効力に関する判断を行ったが（最判平成22年3月16日裁判集民事233号205頁。以下「B判決」という），B判決の原審である大阪高判平成20年5月30日（金判1298号28頁）（以下「大阪高裁平成20年判決」という）は，小職の主張と結論において同旨の判断を行っている。

B判決はA判決と同じ事案であるが，主債務者の破産手続ではなく，保証人の破産手続における債権額が問題となった点が異なる。前述3を敷衍して述べると，債権者甲が主債務者乙に対し，5口の貸付けを行うとともに（以下，「貸付け1」ないし「貸付け5」という），乙及び物上保証人丙の所有不動産に根抵当権の設定を受け，さらに，保証人丁による連帯保証もなされていたところ，保証人丁の破産開始後に，主債務者乙及び物上保証人丙によって，4口（貸付け1ないし貸付け4）の元本，利息及び損害金の全額並びに1口（貸付け5）の利息及び損害金の全額及び元本の一部が弁済されたという事案において，

連帯保証人の破産手続における債権者甲の債権額が問題となった事案であり，B判決の原審である大阪高裁平成20年判決は，1口（貸付け5）の元本全額のみを破産債権として査定した。なお，上記大阪高裁平成20年判決は，その後，上告されているが，B判決は上告を棄却している。

仮に，保証債務履行請求権が元本，利息及び遅延損害金を包含する1個の債権であり，その一部（元本部分，利息部分，遅延損害金部分のいずれか）について全額弁済されても，他の部分が残存する限り「その債権の全額が消滅した場合」にあたらないとする見解によれば，大阪高裁平成20年判決は，貸付け5の利息及び遅延損害金をも破産債権として査定すべきと考えられるところ，そのような判断をしなかったものである。

しかしながら，大阪高裁平成20年判決が上記の査定に至った判断過程は明らかではない。また，B判決は，上告を棄却したものの，その判示内容は充当指定権の行使に関するものであり，保証債務履行請求権の1個性が争点となって直接議論されたわけでなかった。

(3) **査定決定**

本事件の査定決定は，小職の主張を認め，以下のように判示した。

すなわち，「開始時現存額主義は，同一の給付について複数の者が『各自全部の履行をする義務を負う』場合についての規定であり，その適用に当たり，主債務者破産の場合には，元金・利息・損害金をそれぞれ別個に債権全額が消滅したか否かを判断すべきであることは前記のとおりである。これは，元金・利息・損害金が，それぞれ別個に，開始時現存額主義適用の前提（口単位説における1口）となる『各自全部の履行をする義務を負う』部分に該当するからに他ならない。そして，『各自全部の履行をする義務を負う』複数の者の間においては，破産手続の主体が主債務者であるか保証人であるかの区別にかかわらず，開始時現存額主義が適用されるのは，同一の『各自全部の履行をする義務を負う』部分に対してであるから，保証債務の付従性も考慮すると，その適用対象の単位（口単位説における1口）の判断も当然に同一となると解するのが相当である。

なお，これは保証債務の性質も踏まえた破産法104条が定める破産手続上の開始時現存額主義の適用方法についての解釈であるから，実体法上，民法

447条1項が保証債務の範囲について『主たる債務に関する利息，違約金，損害賠償その他その債務に従たるすべてのものを包含する』としていることを前提としても上記解釈が左右されるものではない。

　また，開始時現存額主義を拡張的に解釈すべきでないことは既に述べたとおりであるが，特に本件のような保証人破産の場合には，主債務者による破産の場合と異なり，主債務者による求償権行使が想定されないため，開始時現存額主義の影響が，債権者と他の全部義務者（求償権者）との間の優先関係の問題にとどまらず，それ以外の一般の破産債権者に直接的に多大な影響が生じることになる。仮に，元金全部を含めた主債務の大部分が弁済されたにもかかわらず，一部の利息・損害金が残存していることを理由に，元金部分を含めた保証債権全額を行使できるとすると，他の債権者との関係で債権者平等を著しく害する結果となって妥当ではない。したがって，開始時現存額主義による債権者の期待と他の債権者との平等との利益衡量からしても，前記の判断は相当というべきである。

　以上によれば，保証人破産の場合においても，主債務の元金・利息・損害金に対応する部分をそれぞれ別個の単位（1口）として，そのうち一部の債権が全額弁済された場合には，その部分には開始時現存額主義は適用されず，前記の付従性の制限はもはや適用されないこととなり，消滅した主債務に対応する保証債務も付従性により消滅するというべきである。」とした（下線部は小職によるものである）。

(4) **検　　討**

(a) 本査定決定は，開始時現存額主義の適用対象の単位は「各自全部の履行をする義務」（破104条1項）であり，主債務者破産の場合には元本，利息及び遅延損害金がそれぞれ別個に，開始時現存額主義適用の前提となる「各自全部の履行をする義務」にあたるのであるから，保証人破産の場合においても，同様に考えるべきであるとした。また，そのような解釈をとることと民法447条1項との関係については，開始時現存額主義は，あくまで破産手続における規律であるために特に問題とならないとする。

　すなわち，本査定決定は，開始時現存額主義の適用単位とは，必ずしも実体法上の債権の個数ないし訴訟法上の請求権（訴訟物）の個数によるものでは

なく,破産法独自の「各自全部の履行をする義務を負う」部分という見地から画定されるべきものであり,また,「各自全部の履行をする義務を負う」複数の全部義務者間においては,破産手続の主体の法的地位（主債務者か,保証人か）にかかわらず,開始時現存額主義が適用対象としての「各自全部の履行をする義務を負う」部分が常に同一となると捉えているものと考えられる。

開始時現存額主義は「各自全部の履行をする義務」（破104条1項）について機能するものである。数人の全部義務者がいる場合の同条2項にいう「その債権」は,破産者を基準としても,弁済等を行う他の全部義務者にとっても,同一の意味内容となる。そのため,弁済者から見ると債権全部が消滅したが,破産者から見れば一部弁済にすぎないという事態は生じ得ない。

すなわち,開始時現存額主義が適用される範囲を特定するために,いかなる範囲で,破産者と他の全部義務者が両者重なり合う「各自全部の履行をする義務」を負っていたのかが,まず確認されるべきであり,そこでは,実体法上の債務の性質よりも,むしろ債務の範囲が注目される。その重なり合いが認められる範囲の全部について,弁済等の債務消滅行為がなされた場合には,最早,開始時現存額主義が機能すべき基礎はないものと考えられる。

(b) また,本査定決定は,開始時現存額主義は,他の破産債権者との不平等な取扱いを定めたものであり,また,実体法上,求償権を有する他の全部義務者の権利行使の制限を課すものであるところ,本事件のように,保証人が破産し主債務者が弁済したという事案においては,債権者間の平等の見地から,開始時現存額主義の拡張的な運用解釈がされるべきでないとする[*9]。

主債務者が弁済者の場合,求償権の行使が想定されないため,開始時現存額主義の適用は,いわゆるコップの中の嵐の問題にとどまる問題ではなく,

---

[*9] なお,保証人破産事案における主債務者による一部弁済の場合につき,「保証人につき破産手続開始後に主債務者が一部弁済した場合（より厳密には破産者である保証人に対し求償権を有せず,したがって弁済による代位により権利を取得しない者が一部弁済した場合）も,手続開始時現存額主義が及び,債権者は一部弁済による消滅前の手続開始時の現存額を基準として配当参加できる（破104条2項）。一部代位の法律関係の反映という理解からは説明しにくい帰結であり,この限りでは,『人的担保』ある債権の効力と説明せざるをえない(<u>もっとも,逆に,手続開始時現存額主義の及ぶ範囲を限定する解釈論の展開を考えることもできよう</u>)。」(下線部は小職による)として,限定解釈を示唆する指摘もある（山本和彦ほか『倒産法概説〔第2版〕』（弘文堂,2010年）173頁〔沖野眞已〕）。

他の一般債権者に重大な影響が生じる。このことは，開始時現存額主義のやむを得ない帰結の部分があるとはいえ，前記最高裁判決（A判決）の趣旨を踏まえれば，他の債権者との公平の見地から，実体法上の債権額と破産債権額との乖離は最小限にとどめるべきであり，より制限的に開始時現存額主義が適用されるべきといえ，本事件においては，その要請がいっそう妥当するものであったといえよう。

(c) さらに，主債務者の破産の場合と比べ，保証人の破産において保証債務の負担が実質的により重い結果になることは，保証債務の付従性を定めた民法448条の趣旨とも調和しないということができると考えられる。

(d) なお，本事件においては，主債務者（法人甲）と保証人（代表者乙）の破産管財人がともに小職であることから，主債務者（法人甲）による弁済は，実際は，小職が法人甲の財産を換価した代金からXに支払ってなされたものである。そのため，他の全部義務者による弁済状況を当然に把握できたが，債権認否を行う破産管財人において，他の全部義務者による弁済の有無を認識できない場合もある。

本査定決定を受けて，主債務者等の他の全部義務者による弁済を把握した破産管財人は，保証人の破産手続において，破産債権たる保証債務履行請求権のうちいずれの部分の弁済にあてられたものであるか，そして，それが一部弁済であるのか全部弁済であるのかを検討し，債権認否に反映させるべきものと考えられる。

他方，私見によると，債権者からの債権届出を受けた破産管財人においては，積極的に「他の全部義務者」の弁済状況を調査，確認する必要まではなく，当該弁済を反映することなく債権認否を行ったとしても，善管注意義務違反とはならないものと考えられる。

6　今後の更なる実務上の課題（求償権の場合）

(1)　信用保証協会の求償権の取扱い

本事件は，連帯保証人の破産事件における保証債務履行請求権に関する開始時現存額主義の適用が問題となった事案である。しかし，実務上は，このような事案とともに，金融機関による法人への貸付けについて信用保証協会

による保証がなされ，信用保証協会の有する求償権について，法人代表者が連帯保証している事案も散見される。

(2) 求償権の法的性格及び求償権内部の権利の個別性

主債務者に代位して弁済をした信用保証協会の有する求償権等について，開始時現存額主義がどのように適用されるかについては，求償権の法的性格とも関係し，種々の争点が想定されるものの，いまだこれを詳しく論じた文献や裁判例は見当たらない。

主債務と保証債務履行請求権との関係に比して，求償権に関しては，求償権内部の権利の個別性[*10]についてどのように解されるかについては，今後の更なる議論があると考えている。

7 最 後 に

本査定決定を受けるにあたっては，伊藤眞教授より貴重な意見を頂戴し，破産管財人であった小職の主張のよりどころとさせていただいた。本稿の場をお借りして伊藤眞教授には改めて御礼申し上げる次第である。

[*10] 求償権（原債権の元本に相当する部分，利息に相当する部分，遅延損害金に相当する部分），さらに求償権のほかに，延滞保証料，開始後の損害金（額未定）も存すると考えられる。

■論文 2

開始時現存額主義により超過配当となる場合の処理方法を示した最高裁平成29年9月12日第三小法廷決定に関して
——開始時現存額主義と劣後的破産債権に関する問題等を含めて

弁護士　佐藤　吉浩

1　はじめに

　開始時現存額主義（破104条）に関して，かねてから議論のあった超過配当の処理の問題について，平成29年9月12日に最高裁判所の決定があり（金判1527号8頁．以下，「本決定」という），本決定に対しては，多くの優れた評釈[*1]や論文[*2]が公表されている。

　本稿は，本件を担当した破産管財人の立場から事案の紹介を行うととも

---

*1　①中井康之「開始時現存額主義と超過配当」金法2076号（2017年）1頁．②杉本和士「破産手続における開始時現存額による届出破産債権に対する超過配当の処理—最三小決平29．9．12の検討—」金法2078号（2017年）34頁，③齋藤毅「判批」ジュリ1514号（2018年）95頁，④「匿名コメント」金判1527号（2017年）8頁，⑤岡正晶「最三決平成29・9・12が残した問題」金判1529号（2017年）1頁，⑥水野信次「判批」銀法21・822号66頁，⑦杉本和士「判批」法教447号（2017年）151頁，⑧濱田広道「判批」金法2080号（2017年）20頁，⑨黒田直行「判批」JA金融法務567号（2018年）50頁，⑩粟田口太郎ほか「《座談会》5つの重要倒産判例で考えるその射程と今後の金融実務」金法2087号（2018年）6頁，⑪木村真也「判批」TKCローライブラリー新・判例解説Watch倒産法42号（2018年），⑫尾河吉久「開始時現存額主義と超過配当に係る最三小決平29.9.12の検討」金法2089号（2018年）48頁，⑬齋藤毅「最高裁判所判例解説」曹時70巻7号（2018年）2055頁，⑭佐藤鉄男「判批」私法判例リマークス57号（2018年）128頁，⑮山本研「判批」ジュリ1518号（2018年）140頁，⑯なお，原決定についての匿名コメント記事として，金法2071号（2017年）99頁．

*2　①松下淳一「開始時現存額主義に関する若干の覚書」髙田裕成ほか編『髙橋宏志先生古稀祝賀論文集—民事訴訟法の理論』（有斐閣，2018年）1315頁．②中井康之「開始時現存額主義と原債権者優先主義」松川正毅ほか編『木内道祥先生古稀・最高裁判事退官記念論文集—家族と倒産の未来を拓く』（金融財政事情研究会，2018年）425頁．

に，本決定において正面から判断されなかった争点を含めて，争点の整理を行い，本件を含めていくつかのケースを前提とした若干の検討を行うものである。

2　本件事案の概略と問題の所在

　債務者の破産手続開始決定後に，物上保証人（なお，保証人は兼ねていない）が，担保不動産の任意売却により債権者に約2500万円の弁済を行って債権の一部を消滅させたところ，配当率が約80％と高率であるため，破産法104条の開始時現存額主義に従えば，配当額の計算の基礎となる債権額は，破産手続開始決定時現存額約5600万円となり，その配当額は約4500万円であるから，配当表作成時の実体法上の残債権約3000万円（劣後破産債権部分を除く）を超えて約1400万円分が超過して配当されることが予想された。また，保険金請求訴訟のため破産手続が長期化し，債権者の有する債権に対する破産手続開始決定後の年14％の遅延損害金が上記超過配当部分を大きく超えて約1900万円も発生していたため，この遅延損害金に対して超過部分約1400万円全額が充当されてしまうおそれが懸念された。そこで，当破産管財人は，いったんは当該債権者との話し合いによる解決を試みたものの実現できず，配当により，債権者が有する劣後的破産債権部分（以下，「劣後部分」という）に対する事実上の充当が行われてしまうのを回避するために，当該超過部分を，物上保証人による予備的届出がなされた事後求償権に対して配当を行う内容の配当表を作成した。これに対して，債権者は当然劣後部分への充当が認められるべきで，本件はそもそも超過配当の事案ではないとして異議申立てを行った。原々審（大阪地堺支決平成28年6月16日（金判1527号20頁））は異議申立てを却下し，原審（大阪高決平成29年1月6日（金判1527号16頁））は債権者の主位的申立ては認めず，予備的申立てを認めたところ，最高裁は，劣後的破産債権の問題に対しては正面から判断することはせず，本件が超過配当の事案であることを前提に，超過配当の処理方法について判断したものである。

　本決定は，超過配当の処理の問題について初めて判断をしたものであり，実務に明確な指針を与えたものであるが[*3]，本決定が正面から判断していない劣後的破産債権の問題，すなわち，「開始時債権額を基準に配当した場合，

原債権者は開始時債権額である一般破産債権部分を超えて破産手続開始後に生じた劣後部分にも充当することができるのか，それとも，劣後部分には充当できず不当利得となるのか」[*4]という問題については残されたままとなっている。また，木内道祥裁判官の補足意見（以下，「木内補足意見」という）にある請求異議訴訟の可否や「超過配当問題を是正するための方法」[*5]が今後の残された問題である。

3　本件事案の経過

本件事案の具体的な経過は，次のとおりである。

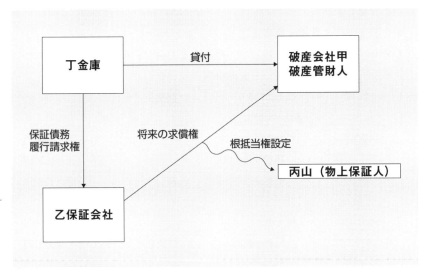

(1)　丁金庫からの2口の借入れ

破産会社甲は，丁金庫から平成17年に2口の貸付（A債権2130万円，B債権4800万円）を受け，乙保証協会が保証を行い，さらに乙保証協会の将来の求償権を被担保債権として，丙山（なお，丙山は物上保証のみで保証人は兼ねていない）

[*3]　中井・前掲*1①・1頁。
[*4]　中井・前掲*1①・1頁。
[*5]　杉本・前掲*1⑦・39頁。

が，その所有不動産（以下，「本件不動産」という）に根抵当権を設定していた。

(2) 破産手続開始決定

破産会社甲は，高齢の代表者が入浴中急死したため事業継続が困難となり，債務超過のための支払不能を理由として大阪地方裁判所堺支部に破産申立てを行い，平成23年9月21日に破産手続開始決定を受け（以下，「本件破産事件」という），甲管財人が破産管財人に選任された。

なお，開始決定後に甲管財人が提起した破産会社を受取人とする請求額2000万円の保険金請求訴訟が，提訴から控訴審判決，そして遅延損害金を含めた保険金全額約2400万円の回収に至るまで4年近くを要し，その後に債権調査を実施し，配当手続に入った。

(3) 丁金庫による破産債権届出

丁金庫は，破産会社甲に対して，前記のとおり2口の貸付けをしており，丁金庫は下記の貸付残金につき破産債権の届出をした。

ア	A債権	11640万9640円	
	（内訳）	残元金	11622万0000円
		利息（開始前）	3万5550円
		損害金（開始前）	15万4090円
イ	B債権	4042万9095円	
	（内訳）	残元金	4000万0000円
		利息（開始前）	4万9095円
		損害金（開始前）	38万0000円

(4) 乙保証協会による将来の求償権の届出

乙保証協会は，平成23年10月28日，将来の求償権として，破産手続開始決定時点において代位弁済未了の下記合計5635万4904円の破産債権の届出をした。

ア	A債権分	1627万6658円	
	（原債権内訳）	残元金	1622万0000円

		利息（開始前）	5万6658円
イ	B債権分	4007万8246円	
	（原債権内訳）	残元金	4000万0000円
		利息（開始前）	7万8246円

(5) **乙保証協会による劣後債権の届出（額未定）**

乙保証会社は，上記届出において，一般債権とは別に劣後債権として，「開始後から代位弁済日までの金融機関未収利息及び求償権元本に対する代位弁済日の翌日からの損害金が付加される」旨，金額未定で届出をした。

(6) **乙保証協会による代位弁済**

乙保証会社は，破産手続開始決定後の平成24年1月5日に丁金庫に対し，保証債務の履行として，下記合計5651万1233円を代位弁済した。

ア	A債権	1635万8974円	
	（内訳）	残元金	1622万0000円
		利息（開始前）	3万5550円
		損害金（開始前）	10万3424円
イ	B債権	4015万2259円	
	（内訳）	残元金	4000万0000円
		利息（開始前）	4万9095円
		損害金（開始前）	10万3164円

(7) **乙保証協会の「将来の求償権」から「求償権」への届出債権の変更**

なお，乙保証協会は，上記のとおり代位弁済前に「将来の求償権」として合計5635万4904円を届け出ていたところ，代位弁済後に下記合計5624万0102円の「求償権」に変更した。

	届出総額	5624万0102円	
ア	A債権分	1624万0102円	
	（原債権内訳）	残元金	1622万0000円

		利息（開始前）	2万0102円
イ	B債権分	残元金のみ	4000万0000円

(8) 丁金庫の届出債権の一部取下げ

　丁金庫は，乙保証協会からの代位弁済，出資金等の相殺を理由として，B債権分損害金（開始前）の25万6862円を除いて届出債権の一部を取り下げた。

(9) 物上保証人による不動産売却代金からの一部弁済

　物上保証人である丙山は，本件不動産を任意売却し，売却代金の中から乙保証協会に対し，2593万9092円を弁済した。

(10) 弁済金の求償権の一般債権部分への一部充当

　乙保証協会は，上記弁済金を求償権の一般債権部分へ一部充当し，求償権元金に対する（開始決定後の）年14％の損害金合計639万4284円の劣後債権部分には弁済充当しなかった。

(11) 一部弁済後の乙保証協会の求償権残額（一般部分3057万2141円，劣後部分639万4284円。ただし充当直後）

　上記(10)の充当後の同日における乙保証協会の求償権の実体法上の残額は下記のとおりであり，一般部分が合計3057万2141円で，劣後部分が合計639万4254円である。

ア	A債権分	求償権元本	885万0079円
		求償権元本に対する代位弁済日の翌日からの損害金（開始後）	185万1029円
イ	B債権分	求償権元本	2172万2062円
		求償権元本に対する代位弁済日の翌日からの損害金（開始後）	454万3225円

(12) 丙山の求償権の予備的届出

　丙山は，平成27年8月19日，予備的届出として，次頁の【図表1】「破産債権者表（個別）」（以下，「本件破産債権者表」という）（届出番号5）のとおり，求償権2593万9092円の届出をした。

[図表1] 破産債権者表（個別）

平成27年11月26日

破産債権者表（個別）

平成23年(フ)第　　号甲
破産者
破産管財人弁護士　佐藤吉彦

（単位：円）

届出番号	枝番号	債権者名	届出破産債権 住所	種類	届出額	性質	債権調査の結果 確定債権額	予定不足額	性質	備考
1	1	丙山	※5の求償権とは全く別の債権で、今回の争いとは関係がない。→	貸付金	8,634,569	B	8,634,569		B	
2	6	丁金庫		損害金	256,862	B	256,862		B	
3	1	乙保証協会		求償権	16,220,000	B	16,220,000		B	
	2			銀行未収利息	20,102	B	20,102		B	
	3			求償権	40,000,000	B	40,000,000		B	
	5			利息金及び損害金（開始決定後）	額未定	C	0			異議通知済
5		丙山		求償権（予備的届出として）	25,939,092	B	25,939,092		B	届出番号3-1〜3の債権（残債権）が配当によって全額消滅することにより、法104条4項に基づく左記求償権の範囲内での原債権の代位行使という性質において認める。
				総合計	91,070,625		91,070,625			

※債権の性質欄は、次のような記号を用いて記載する。
・優先的破産債権→A（国税・地方税→A－a、公課→A－b、私債権→A－c）
・一般破産債権→B、劣後的破産債権→C、約定劣後破産債権→D
・別除権付一般破産債権→別B（別Bが根抵当権の場合は左記B欄に記載する。
・上記各債権が失権・停止条件付債権・将来の請求権であるときは停Bなど記号の冒頭に停を付す。

※有名義債権は、備考欄に「有名義」と記載する。

なお，丙山は，本件破産債権者表（届出番号1）のとおり，上記予備的届出以外にも，別口の破産債権（貸付金）を有し，届出をしていた。

(13) 債権認否

甲管財人は，債権調査において，本件破産債権者表の「備考」欄のとおり，債権の認否をした。

すなわち，乙保証協会届出に係る破産債権のうち，一般債権（枝番1ないし3）についてはすべて認めたが，劣後債権（枝番5）については異議を述べた。

物上保証人（丙山）の求償権の予備的届出に対し，備考欄に次のように記載して認否を行った。

> 「上記届出番号3－1～3の債権（残債権）が配当によって全額消滅することによる，破産法104条4項に基づく左記求償債権の範囲内での原債権の代位行使という性質において認める。」

(14) 破産財団の配当原資

甲管財人は，配当することができる金額（配当原資）を5225万8937円と確定した。

(15) 配当率

配当率を算出したところ，80.236％という高率となった。

(16) 開始時現存額主義に基づく乙保証協会の計算上の配当額

甲管財人が，破産法104条の開始時現存額主義により乙保証協会が開始時点で有していた求償権である5624万0102円（ただし，届出に係る一般債権部分）を基準に上記配当率80.236％で計算すると，計算上の配当額は4512万4808円となった。

(17) 乙保証協会の実体法上の求償債権元本残額

乙保証協会が債権調査時点で有している実体法上の求償債権元本残額は，合計3057万2141円であった。

(18) 超過部分の存在

上述のとおり，本件は配当率が80.236％と高率であるところ，乙保証協会が有している実体法上の求償債権元本残額は合計3057万2141円にすぎないの

に対して，開始時現存額主義により開始時点の求償権5624万0102円（ただし，届出に係る一般債権部分）を基準に配当率80.236％で計算すると計算上の配当額は4512万4808円となり，計算上の配当額4512万4808円と実体法上の求償債権元本残額3057万2141円との差額1455万2667円は超過配当となる（以下，「本件超過部分」という）。

(19) **債権調査に先立つ甲管財人から乙保証協会への申入れ**

甲管財人は，上述のとおり配当率が80.236％であり，乙保証協会につき，破産法104条の開始時現存主義をそのままあてはめれば，同協会への計算上の配当額は4512万4808円になるが，実体法上の求償債権元本は3057万2141円であることから，いわゆる超過配当の問題が生じると考えた。

物上保証人丙山からも不動産を任意売却して代位弁済した2593万9092円については，どうなるのかという問い合わせがあった。

そこで，債権調査に先立って，甲管財人は，破産裁判所と協議のうえ，求償債権元本が3057万2141円しか残っておらず，それを超えて4512万4808円の配当をすることはできないので，乙保証協会に配当額が1455万2667円に相当する部分である1813万7329円について破産債権の取下げを行うか，あるいは，物上保証人丙山へ破産債権の一部の変更届出をするよう促した。

これに対して，乙保証協会は，破産手続開始決定後の損害金（劣後債権）として1900万円以上が存在する旨主張した。

そして，実体法上の求償債権元本3057万2141円と合計すれば4900万円となり，配当額4512万4808円でも不足する旨主張した。

そして，本件では超過配当の問題はそもそも生じないとし，一部取下げや破産債権の一部変更を拒否する旨の回答があった。

そこで，甲管財人は，前述のとおりの認否を行って，配当手続を進めるものとした。

(20) **配当表の作成**

甲管財人は，本件配当表（次頁の【図表2】参照）において，乙保証協会の届出に係る破産債権のうち，一般債権に対する配当額について，乙保証協会が実体法上有する求償権元本合計3057万2141円を上限として配当し，本件超過部分1455万2667円は，丙山に対して配当する旨記載した。

【図表2】配当表

破産手続開始　平成23年9月21日
配当回数1回（最後配当）　（配当率80.236%）

一般破産債権の部

平成23年(フ)第　　号
破産者　甲
破産管財人　弁護士　佐藤吉浩

配　当　表

届出番号	枝番号	配当の手続に参加することができる破産債権者 氏名又は名称	住所	配当の手続に参加することができる債権の額	左 同 債権者 小計	配当をすることができる金額	左 同 債権者 小計	備　考
1	1	丙山		8,634,569	8,634,569	6,928,033	6,928,033	
2	6	丁金庫		256,862	256,862	206,096	206,096	
3	1	乙信用保証協会		16,220,000	56,240,102	8,839,124	30,572,141	計算上の配当額は、45,124,808円であるが、左記3－1〜3の残債権額合計は、30,572,141円（1及び2につき8,850,079円、3につき21,722,062円）であり、これを超えての配当はできないため
	2			20,102		10,955		
	3			40,000,000		21,722,062		
	5			0		0		
5		丙山		25,939,092	25,939,092	14,552,667	14,552,667	上記届出番号3－1〜3の債権（残債権）が配当によって全額消滅することとし、法104条4項に基づく左記債権の代位行使による原債権に対する配当として（上記届出番号3－1〜3の計算上の配当と残債権額との差額の配当として）
		総　合　計		91,070,625	91,070,625	52,258,937	52,258,937	

そして，甲管財人は，本件配当表のうち，届出番号3（枝番1ないし3）の乙保証協会の備考欄に「計算上の配当額は4512万4808円であるが，左記3－1～3の残債権額合計は3057万2141円（1及び2につき8,850,079円，3につき21,722,062円）であり，これを超えての配当はできないため」と記載した。

また，届出番号5の丙山の備考欄には「上記届出番号3－1～3の債権（残債権）が配当によって全額消滅することによる，破産法104条4項に基づく左記求償権の範囲内の原債権の代位行使に対する配当として（上記届出番号3－1～3の計算上の配当額と残債権額との差額の配当として）」と記載した。

(21) **最後配当許可**

甲管財人は，最後配当許可申請書を提出し，破産裁判所はこれを許可した。

(22) **乙保証協会による異議申立て**

乙保証協会は，乙保証協会及び丙山に対する本件配当表の記載について，更正を求めて異議申立てをした。

(23) **乙保証協会の主位的申立て**

乙保証協会は，異議申立てにおいて，主位的申立てとして下記のとおり主張した。

> 「最後配当許可日において劣後部分が1900万円を超えており，上記配当額4512万4808円を受領したとしても超過配当にはならない，すなわち計算上の配当額4512万4808円と実体法上の求償債権元本残額3057万2141円との差額1455万2667円を上記1900万円超の劣後部分に充当処理できる（以下「本件主位的申立て」という）。」

(24) **乙保証協会の予備的申立て**

また，乙保証協会は，予備的申立てとして次のとおり主張した。

> 「乙保証協会は本件超過部分1455万2667円を受領することはできないとしても，まず，これを他の破産債権者の一般債権に対して配当を行い，なおも残額がある場合は，劣後債権に対する配当を行うべきであり，その結果，本件では本件保証協会の届出に係る劣後債権に対して1279万5366円の配当をすべきで

> ある。」

なお，後述のとおり，原審はこの予備的申立てに従った判断をした（以下，「本件予備的申立て」という）。

(25) **異議申立て却下決定**

破産裁判所は，異議申立てを却下する旨の決定をした。

(26) **即時抗告**

これに対し，乙保証協会は原々審決定の取消し及び本件配当表の更正を求めて即時抗告をした。

(27) **原審決定**

乙保証協会の即時抗告に対して，高裁は乙保証協会の本件主位的申立ては排斥したが，前述のとおり本件予備的申立てを認めて，原々審決定を取り消し，差し戻す旨の判断をした。

(28) **乙保証協会による破産債権査定申立てについて**

(a) 乙保証協会は，前記の劣後債権について，破産債権査定の申立てをした。

(b) これに対し，破産裁判所は，下記のとおりの決定をした。

（なお，A債権及びB債権に関する代位弁済日までの利息・損害金（A債権につき11万8872円，B債権につき15万2259円）については，甲管財人の異議撤回により劣後債権として確定している。）

> ア　A債権分
>   (ア) 185万1029円
>   代位弁済額1635万8974円に対する代位弁済日の翌日である平成24年1月6日から平成24年10月26日（丙山による弁済日）まで年14パーセント（年365日）の割合による損害金
>   (イ) 丙山による弁済後の求償債権残元本885万0079円に対する平成24年10月27日（丙山による弁済日の翌日）から支払済みまで年14パーセントの割合による損害金
> イ　B債権分

> (ア) 454万3255円
>   代位弁済額4015万2259円に対する代位弁済日の翌日である平成24年1月6日から平成24年10月26日（丙山による弁済日）まで年14パーセント（年365日）の割合による損害金
> (イ) 丙山による弁済後の求償債権残元本2172万2062円に対する平成24年10月27日（丙山による弁済日の翌日）から支払済みまで年14パーセントの割合による損害金

(c) 乙保証協会は，上記ア(イ)，イ(イ)の判断が破産法104条5項の準用する同条2項に違反するとして，破産債権査定異議の訴えを，大阪地方裁判所堺支部に提起した。

　　＊　乙保証協会の主張は，丙山による弁済があったとしても，開始時現存額主義からは，遅延損害金は弁済後の残額3057万2141円ではなく，代位弁済額である合計5651万1233円，内1635万8974円（A債権），4015万2259円（B債権）に対する年14パーセントの損害金が認められるべきというものである（＝実体法上存在しない部分についても遅延損害金が発生するというもの）。

(29) **原審決定に対する抗告許可申立て**

甲管財人は，平成29年1月11日付で，原審決定を不服として，抗告許可申立てを行い，原審は，同年2月7日に抗告を許可する決定をした。

(30) **最高裁決定**

最高裁判所第3小法廷は，平成29年9月12日付で別件許可抗告を棄却する決定を行った（以下，「最高裁決定」という）。

なお，原審，原々審の決定内容については，金判1527号8頁以下に詳しく紹介されており，同記事をご参照いただきたい。

4　設　例

以下では，設例形式にして問題点を整理していく。

(1) **設例Ⅰ**

債権者の劣後部分1900万円以上が，超過配当分1400万円を超えるケース（本件事案のパターンである）。

① 債権者は5500万円の破産債権を有している。
② 破産手続開始決定後に物上保証人丙山は，乙保証協会に2500万円の弁済を行った。
③ 乙保証協会は，破産債権届出額5500万円を維持している。
④ 配当時の乙保証協会の実体法上の残債権額は3000万円である。
⑤ 乙保証協会は，破産手続開始決定後の損害金（劣後的破産債権）として1900万円以上を有している。
⑥ 物上保証人丙山は，予備的な債権届出として，求償権として2500万円の破産債権を届け出ている。
⑦ 他の債権者として丁金庫が，25万円の破産債権届出をしている。
⑧ 配当率は80％である。
⑨ 乙保証協会に対する計算上の配当額は4400万円となり，超過部分は1400万円となった。

　この設例Ⅰのケースにおいて，乙保証協会への計算上の配当額は4400万円であるが，実体法上の残債権額は3000万円にすぎず，1400万円の超過配当になるところ，劣後部分として1900万円以上を有している。この場合，破産管財人として，どのように配当すべきかが問題となる。

(2) **設　例　Ⅱ**
　配当時点で乙保証協会の実体法上の残債権額は0円になっているケース。前記設例Ⅰと異なる点は次のとおりである。

② 破産手続開始決定後に物上保証人丙山は，乙保証協会に5500万円の弁済を行った。
④ 配当時の乙保証協会の実体法上の残存元本は0円である。
⑤ 乙保証協会は，破産手続開始決定後の損害金（劣後的破産債権）として500万円を有している。

　設例Ⅰと異なり，乙保証協会の開始時元本5500万円が債権調査前に全額弁

済され，残存元本は3000万円ではなく，0円で，劣後部分500万円だけが残っており，丙山の求償権は5500万円のケースであり，この設例Ⅱのケースにおいて，配当時点で乙保証協会の実体法上の残債権額は0円になっているが，劣後部分500万円が残っている場合において，破産管財人として，どのように配当すべきかが問題となる。

(3) 設例Ⅲ

多数の債権者がいるケース。

設例Ⅰと異なる点は次のとおりである。

⑦　他の債権者が10名存在し，その債権総額が2000万円である。

設例Ⅰのように他の債権者が1件，25万円というケースではなく，他の債権者が多数存在しているケースである。

5　争点の整理

(1) 本件の争点

本件の争点は，以下のとおりである。

争点①：破産法104条（開始時現存額主義）と劣後的破産債権に関する問題
争点②：口単位説と元本，利息，損害金との関係の問題
争点③：超過配当の処理の問題
　　　　（特に「超過配当金の劣後部分への充当の可否」）
争点④：求償権の予備的届出の可否の問題

(2) 今後問題となり得る争点

また，本件に関連し今後の問題となり得る争点は，以下のとおりである。

争点⑤：破産管財人のとるべき対応
争点⑥：超過配当と請求異議訴訟の可否
争点⑦：超過配当と中間配当
争点⑧：不当利得返還請求が認められる範囲

6　各争点の内容及び検討

(1)　破産法104条〔開始時現存額主義〕と劣後的破産債権に関する問題（争点①）

(a)　争点の内容　破産法104条（開始時現存額主義）と劣後的破産債権に関する問題が本件の中心的な争点である。

同条1項は，いわゆる開始時現存額主義を規定し，同条2項は非控除準則を定めているとされている[*6]。そして，同条4項は，同条1項の規定により債権者が破産手続に参加した場合において，（将来の）求償権者が破産手続開始決定後に債権者に対して弁済等をしたときは，「その債権の全額が消滅した場合」に限り，求償権者は，その求償権の範囲内において，債権者が有した権利を破産債権者として行使することができると規定している。

問題は，本件のように原債権者である乙保証協会の求償権の一般債権部分（以下，「一般部分」という）が配当によりその全額が消滅するが，劣後部分が残るという場合（前記設例I）に，求償権者である物上保証人は破産債権者として権利行使ができるかという点である[*7]。

この点に関して，同条4項の「その債権」に劣後部分を含むか否かが争点となっている。この争点は，(i)口単位説を前提に元本・利息・損害金の区別をするか否か（争点②）という点と，(ii)少なくとも同条4項の「全額が消滅した場合」につき，一般部分と劣後部分とを区別するか否か（争点①）という点に一応分けることができ，ここでの争点は後者の争点①である。

(b)　争点の検討　破産法104条4項の「その債権の全額」には劣後部分を含むとする見解（以下，便宜上「劣後部分包含説」という）と含まないとする見解（以下，便宜上「一般部分限定説」という）がある[*8]。

「劣後部分包含説」では，劣後部分を含めた債権全額の弁済を受けるまで，求償権者の配当参加が制限されることになるため，前記設例Iにおいて，丙山は，乙保証協会に2500万円の代位弁済を行って一般的破産債権である求償

[*6]　杉本和士「破産手続における『現存額主義』の歴史的系譜とその根拠・機能」民訴雑誌62号（2016年）134頁・135頁は，1項を現存額準則，2項を非控除準則と呼んで区別する。

[*7]　金融法務事情の匿名コメント・前掲＊1⑯・100頁。

[*8]　金融法務事情の匿名コメント・前掲＊1⑯・101頁。

権を取得しているが，乙保証協会は4400万円の配当金受領によって実体法上の残債権額（劣後部分を除く）3000万円は全額消滅するものの，劣後部分1900万円以上を有しているため，未だ「債権の全額」は消滅していないとして，丙山の配当参加はできないという結論になる。これに対し，「一般部分限定説」では，一般部分の債権全額が弁済された場合には，求償権者は配当参加できることになるため，丙山は，乙保証協会が有した権利を破産債権者として行使できる可能性が出てくる（ただし，本件〔前記設例Ⅰ〕の事案では，乙保証協会は，配当金受領によって初めて実体法上の残債権額が全額消滅することになるため，丙山が配当参加できるか否かは，後述のとおり超過配当の処理に関してどの立場に立つかで結論が異なることになる）。

前記設例Ⅱの場合は，配当時点で，すでに乙保証協会の実体法上の残債権額がゼロになっているが，劣後部分として開始後の損害金が500万円残っているため，「劣後部分包含説」においては，丙山は，乙保証協会の実体法上の残債権額（劣後部分を除く）が全額消滅していたとしても，代位弁済により取得した求償権5500万円について，乙保証協会が劣後部分の配当を受けるまで，配当参加はできないという結論になるはずである（その結果，後に述べるとおり原審のように，他の一般債権者が満額の配当を受け，かつ乙保証協会が劣後部分の満額の配当を受けて初めて丙山は配当手続に参加できるという帰結となる）。これに対して，「一般部分限定説」では，丙山の代位弁済によって乙保証協会の実体法上の残債権額がゼロになっている以上，当然に丙山は配当手続に参加できるという結論になるはずである（その方法としては，同法113条（届出名義の変更）の規定によることが可能と考える）[*9]。

本件において，本決定は正面から判断しておらず，いずれの立場か明確ではないが，後述の齋藤毅最高裁判所調査官による解説のとおり，「一般部分限定説」を前提としていると考えるのが素直な解釈と思われる[*10]。原審及び乙保証協会は前者の立場であり，原々審は後者の立場であった。

原審は，物上保証人について破産法104条5項が設けられた趣旨や破産債

[*9] 中井康之弁護士のご示唆，木村真也・前掲＊1⑪・4頁。
[*10] 齋藤・前掲＊1③・98頁では，この争点に関する最高裁決定についての解説がされている。

権及び破産債権者の定義規定（同法2条5項・6項），破産債権者が破産手続に参加できる破産債権の範囲（同法103条1項）等を踏まえた文理解釈をする*11。

「一般部分限定説」は，原々審が最初に明らかにした立場であり，これを支持する見解が多い*12。その理由は，原々審決定のとおり，(i)乙保証協会は，開始後の遅延損害金も破産手続開始時に現存していると主張するが，「劣後部分は，元本債権に対する附帯請求という意味において破産手続開始時において存在していたとしても，その具体的な債権額は日々の損害の発生によって変動するものであって，開始後に発生する部分まで含めて一律に『債権の全額』に含まれるとする。……（略）……解釈は，文言上採用することはできない」こと，(ii)最判平成22年3月16日（民集64巻2号523頁・金判1339号26頁）は，同法104条2項の「その債権の全額が消滅した場合」の解釈について，個別の債権ごとに判断する口単位説を採用したものであり，開始時現存額主義の下では，全部義務者は実体法上破産債権たる求償権を有しているにもかかわらずその行使が制限されることになるから，同法104条の解釈にあたっては，過度にその権利を制約するような拡張的な解釈は許されないこと，(iii)劣後的破産債権を定めた法の趣旨及び破産法99条1項1号，同法196条2項の規定などを挙げたうえで，「劣後部分についての破産法上の取扱いを前提とすれば，債権者が一般部分について求償権者に優先して全額の回収を行うことができる限り，破産法104条の目的は果たされている」，乙保証協会の主張のように「債権者に劣後部分まで含めた求償権者に対する優先的地位を付与すると，結果として，求償権者の有する一般破産債権に優先して劣後的破産債権が満足を受けることになるが，破産法104条が，あくまで破産手続への参加に関する規定であることからすると，同条が破産手続上の基本的かつ原則的な取扱いの優劣関係に反してまで，求償権者の権利を制約し，債権者を保護することを予定しているということができず，破産手続上の基本的な優劣関係と明確に矛盾することになる……（略）……解釈は，破産手続における債権者平等

---

*11 金融法務事情の匿名コメント・前掲*1⑯・101頁。
*12 松下・前掲*2・1330頁，前掲*1①，②，③，⑤及び⑪はいずれもこの立場と考えられる。
　　また，平成29年10月14日開催の第47回大阪倒産実務交流会でも多くの支持を受けていた。

に反するものであって許されない」というものである。

(2) **口単位説と元本，利息，損害金との関係の問題**（争点②）

(a) 争点の内容　前掲最判平成22年3月16日は，いわゆる総債権説を斥け，口単位説を採用することを明らかにしたが[*13]，元本債権と利息・損害金債権の区別については明らかにしておらず，元本，利息及び損害金の口数をいかに考えるかが問題となる[*14]。

(b) 争点の検討　「元本・利息・遅延損害金を包含する1口の債権」とする説（以下，便宜上「包含説」という）と「元本・利息・遅延損害金がそれぞれ独立した1口の債権」とする説（以下，便宜上「独立説」という）が対立する。包含説の根拠は，①利息や損害金については元本部分の附帯請求とされることが通常であり，1つの貸付けに係る各部分を個別に考えて破産手続へ参加できる範囲を限定することは，責任財産を集積して当該債権の目的である給付の実現をより確実にするという開始時現存額主義の趣旨からして相当でない，②元本，利息，損害金の全額が弁済されない限り，他の全部義務者ないし物上保証人による弁済の充当関係を明らかにすることなく開始時の現存額での参加を認める点で，簡易で定型的な処理に資する（前掲*14）などである。他方，独立説の根拠は，①破産債権として行使される具体的に発生した利息や損害金は，元本部分から独立した存在であり，元本債権とは別に譲渡や弁済の対象となること，法定充当を定めた民法491条が元本と利息を区別していること，②このように実体法上の理論により整合的といえるうえに，実質的にも，開始時現存額主義が実体法を変えた例外的な規定であり，他の破産債権者との関係でも平等な扱いとはいい難いものであるから，これを拡張して考えるべきではないとの利益考量が働くというものである[*15]。乙保証協会は「包含説」であり（原審も同様と思われる），原々審は「独立説」である。

[*13] 伊藤眞『破産法・民事再生法〔第3版〕』（有斐閣，2014年）286頁，松下満俊「破産手続における開始時現存額主義をめぐる諸問題」岡正晶ほか監修『倒産法の最新論点ソリューション』117頁（弘文堂，2013年），金融法務事情の匿名コメント・前掲*1・100頁，中吉徹郎「判解」最高裁判例解説民事篇平成22年度（上）194頁。

[*14] 松下・前掲*13・123頁，大阪地方裁判所第6民事部「はい6民です　お答えします Vol.199-1」月刊大阪弁護士会130号（2015年）58頁，大阪地方裁判所第6民事部「はい6民です　お答えします Vol.199-2」月刊大阪弁護士会131号（2015年）48頁。

なお，争点②において「包含説」に立ったとしても，争点①において「一般部分限定説」を採用することは可能であり，設例Ⅰの本件のようなケースにおいて，丙山の配当参加の是非が直ちに決まるわけではない。他方，争点②において「独立説」に立てば，争点①の「劣後部分包含説」の考え方とは相容れず，「一般部分限定説」と同じ結論になるはずである。

(3) **超過配当の処理の問題** (特に「超過配当金の劣後部分への充当の可否」)（争点③）

(a) **争点の内容** 債権者が破産手続開始後に全部義務者から債権の一部の弁済を受けた場合において，「破産手続開始の時における債権の額として確定したものを基礎として計算された配当額」が実体法上の残債権額を超過するときに，その超過する部分をどのように処理すべきかが問題となる[*16]。また，債権者は，一般の破産債権に対する配当手続で受領した配当金を他の一般の破産債権者に先立って，法律上あるいは事実上劣後部分に充当することが認められるか否かが問題となる。

(b) **争点の検討** 超過配当の処理に関しては，(i)不当利得説（債権者と求償権者間の不当利得返還請求による処理に委ねる見解），(ii)共同義務者帰属説（超過部分を求償権者に直接配当すべきとの見解），(iii)財団帰属説（超過部分は破産財団に帰属するとの見解）の3つの考え方が存在しており[*17]，本決定において最高裁として不当利得説に立つことを初めて明らかにした。そして，原審は財団帰属説，原々審は共同義務者帰属説に立つものとされている。

(ⅰ) 不当利得説の根拠は，①開始後の弁済により債権の全額が消滅しているかどうかの有無さえ判断すればよく，そもそも超過配当と表現はしても，配当表上には何ら超過であることは現れないのであるから，実体法上の

[*15] 大阪地方裁判所第6民事部・前掲*14・月刊大阪弁護士会130号60頁，松下・前掲*13・123頁，塩路広海「保証債務履行請求権に関する開始時現存額主義の適用について」銀法21・824号（2018年）28頁．

[*16] 松下・前掲*13・130頁，山本和彦「手続開始時現存額主義の現状と将来—改正民法の弁済による代位の規律を踏まえて」岡伸浩ほか編著『破産管財人の債権調査・配当』（商事法務，2017年）587頁，山崎栄一郎「一裁判官の視点」岡正晶ほか監修・前掲*13・134頁，中山孝雄＝金澤秀樹編『破産管財の手引〔第2版〕』（金融財政事情研究会，2015年）269頁．

[*17] 山本・前掲*16・585頁．

超過配当になるかを気にする必要はなく，破産管財人にとっては明瞭かつ簡便である。②そもそも，破産法104条はこのような事態は当然に許容しているとも考えられるし，仮に管財人が求償関係まで調査しなければならないとすると，実体法上の求償関係に関する争いが破産手続に持ち込まれ，迅速な配当業務に支障を来し，ひいては債権者全体の利益を害することにもなりかねない，というものである。これに対しては，手続的には簡明であるものの，破産管財人が超過配当部分の発生を見越しながら，破産手続終了後に破産債権者間の不当利得返還請求という問題を残す配当をするのは不適切ではないか，また多数の破産債権者間の不当利得返還請求により破産債権者間の平等は実際には実現できないのではないかという問題がある。また，実体法上「不当な利得」の形成に破産手続という裁判所の手続が協力する結果になることは，容認できないとの批判がある。

(ii) 共同義務者帰属説の根拠は，①破産法104条4項は将来の求償権者が原債権に代位する可能性を規定しており，この可能性を考慮に入れるべきである。すなわち，同法104条4項は，債権者が全額の満足を受けたら将来の求償権者が債権者の有していた原債権に代位できるとして，弁済による代位という仕組みを通じて，債権者の全額の満足をもたらした将来の求償権者の保護を図る規定である。②少なくとも超過配当の事実が管財人に明らかであるような場合，管財人の負担において，債権調査手続等で開始後の弁済の有無や充当関係について調査すること自体は可能であるから，結局はこの説が最も債権者の平等に資するものといえる，というものである。これに対しては，同法104条3項ただし書により，求償権者は破産手続において求償権を行使できないのであるから，破産債権の届出もできないはずで，したがって超過配当部分を連帯保証人に配当することはできないはずであるとの批判がある。

(iii) 財団帰属説の根拠は，破産法104条1項・2項の開始時現存額主義・非控除則は，複数の全部義務者を得ている債権者を保護する建前であり，その保護すべき債権者が全額の満足を受けた以上は，同法104条の役割は終わり，債権者が受領できない超過配当部分は破産手続との関係で不当利得として破産財団に戻すことになる，というものである。これに対しては，同法104

条は，1項・2項の開始時現存額主義・非控除準則により債権者を保護すると同時に，4項により，弁済による代位の仕組みを通じて将来の求償権者の地位をも定めており，超過配当部分は，弁済による代位により将来の求償権者に帰属すべきものであり，これを破産財団に戻して全債権者への配当原資とすることは，将来の求償権者の損失において他の破産債権者に「棚ぼた」的な利益を与えることになり，適切ではないとの批判がある[*18]。

(c) 劣後的破産債権が存在する場合の超過配当の問題　原決定は，前記争点①について「劣後部分包含説」に立脚し，求償権者の配当参加を制限し，争点③の超過配当では財団帰属説に立っている。本件のようなケース（設例Ⅰ）では，他の債権者が1名で債権額が25万円であったために，結果的には乙保証協会の劣後部分に配当されるという結論になるが，設例Ⅲのような他の債権者が10名でその総債権額が2000万円であった場合，一方で争点①につき「劣後部分包含説」から丙山は配当に参加できずに，他方で争点③につき超過部分が財団に帰属することになるため，結局は他の債権者の配当額が増加するだけで，債権者にとっては何のメリットもなく，「劣後部分包含説」をとった意味がなくなる。さらに，設例Ⅰにおいても，杉本和士教授が指摘されるとおり，「他の一般破産債権＞原債権者の別途有する劣後的破産債権＞求償権者の有する一般破産債権」という優劣関係の「循環」をもたらすものの，これを正当化する根拠を明らかに欠いている[*19]ことになる。

次に，本決定は不当利得説に立っているが，争点①（争点②を含めて）での立場を明らかにしていないために，設例Ⅰで乙保証協会が1400万円の超過配当金を受領した後に，その配当金を1900万円以上の劣後部分に当然に充当できるのか，あるいは事実上充当することが認められるのかが問題となる。

この点，共同義務者帰属説を劣後部分の扱いでさらにA説，B説の2つに分類する考えがあり[*20]，争点①の「一般部分限定説」がA説，「劣後部分包含説」がB説に相当する。共同義務者帰属説B説では，設例Ⅱの配当時点で劣

[*18] 前掲＊1参照，松下・前掲＊2・1325頁。
[*19] 杉本・前掲＊1⑦・37頁。
[*20] 山本・前掲＊16・586頁。

後部分を除く実体法上の残債権額がゼロであっても乙保証協会は配当金を受領し，劣後部分に充当できるという帰結になると思われる[*21]。なお，この立場は，通常のケースで劣後債権について「額未定」で届出をして，破産管財人からの異議通知を受けたまま確定した場合でも実体法上は遅延損害金が存在することから充当が認められるとの結論になるか否かについては定かではない。

ところで，本決定が争点①について，いずれの立場に立っているか明確ではないが，齋藤毅最高裁判所調査官の「超過配当は実質的には求償権者に移転した原債権についての配当ということができるものであるから，配当の対象となっていない劣後的破産債権の存在を理由に不当利得の成立を否定することはできないものと考えられる。本決定が，不当利得の成否が争われた事案でないにもかかわらず，あえて『そのような配当を受けた債権者が，債権の一部を弁済した求償権者に対し，不当利得として超過部分相当額を返還すべき義務を負うことは別論である。』とのなお書きを付したのは，このような考え方を前提にするものと思われる。」旨の記述[*22]からすれば，本決定は，原々審と同じ「一般部分限定説」に立っているものと考えられる。したがって，設例Ⅱのケースでは，前記の共同義務者帰属説B説と異なり，乙保証協会に配当するのではなく，丙山に配当すべきことになると思われる（その方法は前述のとおり破産法113条の届出名義の変更によることになると思われる）。

(4) 求償権の予備的届出の可否の問題（争点④）

一部弁済をした求償権者による予備的届出は認められるか否かについては，本決定は破産法104条3項ただし書，同条4項を挙げて否定し，木内補足意見も停止条件の成就の問題として否定する。この点，山本和彦教授の提唱される「予備的な届出名義の変更」の可否が注目される[*23]。

本決定は，不当利得説に立って不当利得返還請求に委ねるべきとしているが，これを前提としても求償権者として何らの届出も必要ないと考えてよい

[*21] 山本・前掲*16・589頁。
[*22] 齋藤・前掲*1③・97頁。
[*23] 山本・前掲*16・588頁，杉本・前掲*1⑦・39頁，松下・前掲*2・1326頁。

のか疑問があり，前記のような予備的な届出名義の変更をすることを許容したうえで，認否を行い，その後は不当利得等の訴訟に委ねるべきではないかと考える。

(5) **破産管財人のとるべき対応**（争点⑤）

超過配当になることが予めわかっている場合に，破産管財人としてどのような対応をすべきかが問題となる。

本決定は不当利得説に立っているが，その根拠が破産手続の円滑で迅速な処理を図る必要があり，債権者と求償権者との間で代位弁済額等をめぐる争いがある場合や，複数の求償権者間で求償権をめぐる争いがある場合に，超過部分の額及びその割付けをめぐる争いが破産手続に持ち込まれ，破産管財人の負担の増加，配当手続の実施に支障を来すおそれがあるということであれば，このようなおそれがない場合は，超過配当を未然に防ぐことを考えてもよいはずである。

特に以下のようなケースを想定すれば，その必要性は顕著である。

債権者が破産会社に対し1000万円の債権を有し，破産会社代表者がそれを保証し，同時に破産したとする。その後，破産会社について，配当が実施され，配当率が30％であったとする。次いで，破産会社代表者について配当が実施されることになったが，配当率が高く80％であったとする。なお，債権者は，開始決定後の損害金（劣後的破産債権）として200万円を有していたとする。

上記の事例において，債権者は，破産会社の配当手続で1000万円のうち300万円の配当金を受領し，実体法上の残債権は700万円となる。

しかし，破産法105条の規定により，債権者は保証人である代表者の配当手続において，700万円ではなく，1000万円について配当手続に参加できることになる。

しかし，配当率が80％であり，配当金800万円は，実体法上の残債権700万円を超えており，100万円が超過配当となる。

この場合に，代表者の破産管財人は，債権者に対して，超過部分に相当する確定破産債権の取下げ（具体的には125万円部分の取下げ）を求めることになるはずである。なお，債権調査前であれば，東京地裁破産再生部が示唆するよ

うに破産債権の一部取下げを促し，それに従わなければ，1000万円のうち125万円について異議を出すことになる[*24]。

そして，仮に債権者が，本件のように劣後部分が200万円残っていることを理由に取下げに応じないような場合にどのように対処するかが問題となる。

本決定に従えば，配当金800万円を債権者に配当し，あとは不当利得の問題として処理することになりそうである。

しかし，この場合，主債務者である破産会社は求償権を有していないので，損失を被るのは，破産会社代表者の破産財団であり，同財団の破産管財人から債権者に対して不当利得返還請求を行うことになるが，破産管財人として，計算上の配当金800万円のうち，超過配当となる100万円に相当する確定破産債権部分125万円について，まずは中間配当を行って破産法104条4項の要件を充足させるか，あるいは請求異議訴訟を提起する必要性が高い。なぜなら，破産管財人としては，いずれ返還を求める必要のある100万円の超過部分を，いったん債権者に配当し，改めて100万円を回収するために不当利得返還請求訴訟を提起し，その後追加配当を実施しなければならなくなり，もし，その債権者が任意に返還しない場合は強制執行をする必要があり，また，資力が乏しい場合は，100万円全額の回収ができなくなる可能性があり[*25]，更に相殺を主張してくる場合は，相殺禁止を主張しその効力を争わなければならなくなるが，これらの対応が必要となることは，かえって破産管財手続の円滑な進行を著しく阻害し，他の債権者の利益をも害する結果となるからである。

(6) 超過配当と請求異議訴訟の可否 (争点⑥)

争点③の「超過配当の処理の問題」について，本件最高裁決定に従って不当利得説を前提とした場合に，請求異議訴訟を提起して，超過配当に該当する部分について，破産債権者の確定破産債権に基づく破産手続上の権利行使を排除することができるか否かが問題となる。

この点，異議事由，請求の趣旨などの問題を指摘する見解もあるが[*26,*27]，

[*24] 中山＝金澤編・前掲*16・288頁。
[*25] 松下・前掲*2・1326頁。

破産債権が確定した後,弁済や相殺等の事由で消滅・変更した場合に,請求異議の訴えが認められることは一般に認められており[*28],超過配当は,常に事前に明らかであるとはいえず,中間配当実施の機会がない場合や異議を述べないまま破産債権が確定した後に,事後的な方法として請求異議の訴えが認められるべき必要性は高く,特に前記(5)に示したようなケースではその必要性は特に高く,十分検討に値すると考える[*29]。

(7) 超過配当と中間配当（争点⑦）

予め超過配当になることが想定される場合に,中間配当を実施して,破産債権者の債権の全額を消滅させることが可能かが問題となるが,これを肯定する見解があり[*30],積極的に行われるべきである。

(8) 不当利得返還請求が認められる範囲（争点⑧）

超過配当で,かつ破産債権者が劣後的破産債権を有している場合に,破産管財人が超過部分を含めて配当を行うと求償権者は,当該破産債権者に対して,どの範囲で不当利得返還請求が認められるか,すなわち劣後部分に相当する部分を含めて返還請求が認められるか否かが問題となるが,前述のとおり齋藤毅最高裁判所調査官はこれを肯定する立場で,岡正晶弁護士も同旨を述べられており,「一般部分限定説」からの当然の帰結ではないが,本決定を前提とした場合,これが認めれなければ結果の不当性は明らかであるから,肯定されるべきである[*31]。

[*26] 杉本・前掲*1⑦・41頁。
[*27] 木村・前掲*1⑪・4頁。
[*28] ①最高裁判所事務総局編『破産事件執務資料』（法曹会,1991年）98頁,②東京地判平成元年5月31日（判タ719号203頁）,③上田純＝豊島ひろ江「破産債権・再生債権の確定後の債権消滅・変更に対する処理〜債権者表の記載と実体法上の権利関係に齟齬がある場合の事例処理を中心に〜」銀法21・766号（2013年）36頁,④兼子一監修『条解会社更生法（中）』（弘文堂,1973年）718頁,⑤伊藤眞ほか『条解破産法〔第2版〕』（弘文堂,2014年）1351頁・881頁,⑥池田靖＝山本和彦編『Q&A破産法の実務』（新日本法規出版,1988年〜）588頁,⑦斎藤秀夫＝麻上正信編『注解破産法〔第3版〕（下）』（青林書院,1999年）582頁（ただし,①,⑥及び⑦は旧法下の解説）。
[*29] 松下・前掲*2・1337頁。
[*30] 杉本・前掲*1⑦・4頁,木村・前掲*1⑪・4頁,山崎・前掲*16・134頁。
[*31] 杉本和士「開始時現存額主義の下での超過配当に対する不当利得返還請求の可否—最決平成29年9月12日民集71巻7号1073頁を前提に—」事業再生と債権管理162号（2018年）164頁。

7 最後に

　本決定は，破産法104条と劣後的破産債権の問題について正面から判断したものではないが，その判断の仕方や前述の調査官解説からすれば，前記問題に関しては，原々審決定と実質的には同じ立場であると評価できる。

　前記問題に関し，許可抗告申立てにあたり，貴重なご意見を頂いた伊藤眞教授，松下淳一教授，そして，重ねて貴重なご助言を頂いた中井康之弁護士，山本克己教授，杉本和士教授，沖野眞已教授をはじめ多くの研究者，弁護士の方々に，この場をお借りして厚く御礼を申し上げる。

□■

■コメント

開始時現存額主義の射程に対する違和感

慶應義塾大学大学院法務研究科教授　髙田　賢治

1　元本全額の弁済と保証債務履行請求権

(1)　保証債務履行請求権の全額

　塩路論文（本章第2論文1）は，開始時現存額主義（破104条）における口単位説（最判平成22年3月16日（民集64巻2号523頁））を前提として，元本，利息，遅延損害金が独立した3口の債権であるという見解に基づき，元本全額の弁済によって元本の保証債務履行請求権の全額が弁済されたとして（破104条2項），保証人の破産手続において破産債権である保証債務履行請求権を減額すべきであると論じる。

　同趣旨の査定決定（大阪地堺支決平成29年2月10日（公刊物未登載））は，保証債務履行請求権を減額する根拠として，①開始時現存額主義が破産法上独自の制度である点，及び，②主債務者破産と保証人破産とで元本全額を弁済した場合に不均衡である点の2点を挙げる。

　これまで議論が少なかった問題について，元本，利息，遅延損害金が独立した債権であるとする立場から問題を検討した塩路論文は，実務上多くの示唆を与える貴重な論文である。

(2)　今後の金融機関の対応

　塩路論文を前提とすると，金融機関は，どう対応すべきであろうか。破産債権である保証債務履行請求権の減額を避けるには，保証人の破産後に主債務者から弁済を受けた場合，元本全額に充当せず，利息・損害金と按分充当しておくことが考えられる。

　単純に破産債権の行使可能金額の最大化を考えると，前記対応が無難であるが，税務その他の問題を考慮して最終的な利益の最大化を図る必要がある。元本充当と破産債権の減額回避のいずれのメリットが大きいかを検討す

ることになろう。

2 超過配当と物上保証人の求償権

(1) 破産債権の超過配当

佐藤論文（本章第2論文2）は，最決平成29年9月12日（金判1527号8頁）（以下，「平成29年最決」という）について詳細に争点を整理しつつ，検討する。佐藤論文は，物上保証人による予備的な届出名義の変更という方法を支持するが，平成29年最決も物上保証人による不当利得返還請求が認められるならば許容されるとする。興味深い事例であり，本決定後に議論が展開されている[*1]。

平成29年最決は，破産管財人による手続開始時の破産債権額に基づく配当を肯定したにとどまる。実体法上，物上保証人の一部弁済によって消滅すべきはずの原債権は，求償権確保のために物上保証人に弁済時に移転することから，債権者は，実体法上の残債権額を超えて配当金受領権限をもたないことに変わりはない。超過部分の配当受領権限は，原債権の帰属する物上保証人が有している。

本来は，実体法上の残債権額を超過する部分は，破産管財人に対して債権者が不当利得返還義務を負い，破産管財人が物上保証人に対して不当利得返還義務を負うはずのところ，開始時現存額主義によって破産管財人との関係で破産配当が有効なものと扱われる。しかし，開始時現存額主義によって実体法上の債権の帰属が変更されたわけではないことから，債権者が物上保証人に対して債権の帰属を侵害していることになる。したがって，物上保証人が超過部分について債権者に対して不当利得返還請求することができる[*2]。

(2) 今後の金融機関の対応

超過部分相当額を手続開始後に生じた利息・損害金（劣後的破産債権）に充当するには，どうすべきであろうか。①保証人兼物上保証人とする保証契約を締結する，②物上保証人の求償権について約定劣後破産債権とする特約を締結する，③超過配当に先立つ物上保証人の弁済を劣後的破産債権部分に充

[*1] 佐藤論文（本章第2論文2）＊1，＊2に掲記の文献参照。
[*2] 本決定も，不当利得返還請求権を示唆する。

する，といった対応によって，開始後の利息・損害金を回収することができる可能性がある。

3 おわりに

塩路論文の背後には，保証人破産に開始時現存額主義を適用することに対する違和感があるのではないか。開始時現存額主義が求償権者よりも債権者を優先する原債権者優先主義を破産法上反映させたものと解すると，債権者を他の一般債権者よりも優先することになる保証人破産の場面に開始時現存額主義を拡張することに対して違和感をもつことになる[*3]。他の破産債権者に対する配当が減少することについて不公平であるとの実務感覚が根強いことを窺わせる。

佐藤論文の背後には，物上保証人の求償権行使にも開始時現存額主義が適用されること（破104条5項）への違和感がある。物上保証人が担保目的財産の売却代金で弁済したにもかかわらず，債権者が開始時の破産債権額を維持することができ，物上保証人の求償権行使が一切認められないという帰結に実体法とのかい離が大きすぎて不公平であるという実務感覚がある。その違和感をつきつめると，物上保証人について担保目的物の価値相当額の弁済があれば物上保証人による全額弁済があったものと解する有力説[*4]と接近する。

[*3] 杉本純子「複数口債権の一部の全額弁済と開始時現存額主義の適用—民法上の一部代位から見る破産法上の開始時現存額主義—」同志社法学60巻7号（2009年）1274頁。批判として，栗田隆「被保証債権者優先の視点から見た破産手続開始時現存額主義」関西大学法学論集60巻2号（2010年）58頁。原債権者優先主義の破産法への反映が開始時現存額主義の中核であるとするのは，山本和彦「手続開始時現存額主義の現状と将来—改正民法の弁済による代位の規律も踏まえて」岡伸浩ほか編著『破産管財人の債権調査・配当』（商事法務，2017年）583頁。

[*4] 杉本和士「破産における『現存額主義』と一部弁済処遇の関係に関する覚書（6・完）」早稲田大学大学院法研論集119号（2006年）131頁。なお，竹下守夫＝藤田耕三編集代表『破産法大系Ⅱ』（青林書院，2015年）133頁〔河崎祐子〕参照。

第3 | 弁済による代位

■論文

再生債権として届け出られた共益債権の扱い
——最高裁平成25年11月21日判決の検討と理論の整理

弁護士 増田 勝久
弁護士 飯田 幸子

1 問題の所在

　民事再生手続において，再生債権の行使方法は，原則として裁判所に対する債権届出のみに限定される。届出債権は債権調査を経てその内容及び議決権額が再生債権者表に記載され，その記載は再生債権者全員に対して確定判決と同一の効力を生じ（民再104条3項），再生計画認可決定確定により権利変更がなされる（民再179条1項）。権利変更後の権利についての再生債権者表の記載は再生債務者，再生債権者らに対し，確定判決と同一の効力を生じる（民再180条1項・2項）。他の再生債権者の利益を害すべき債権届出事項の変更は，再生債権者の責めに帰することができない事由による場合に限り，その事由消滅後1ヵ月以内で，かつ再生計画案付議決定がされるまでは，することができる（民再95条5項・1項・4項）。一方，共益債権は，再生手続外で随時弁済を受けることができる（民再121条1項）。

　では，債権者が，本来共益債権である債権を再生債権として届け出た場合，その債権はいかに扱われるのか。最判平成25年11月21日（民集67巻8号1619頁。以下，「本判決」という）は，「当該債権につき再生債権として届出がされただけで，本来共益債権であるものを予備的に再生債権であるとして届出をする旨の付記もされず，この届出を前提として作成された再生計画案を決議に付する旨の決定がされた場合には，当該債権が共益債権であることを主張して再

生手続によらずにこれを行使することは許されない」として，再生計画案につき付議決定がなされた後は，もはや当該債権を共益債権として再生手続外で行使することは許されないとの判断を示した。

この問題の検討にあたっては，再生手続の安定の観点からの，共益債権の手続外行使の制約の可否，その制約の根拠及び時点が問題となる。

2 事案の概要

再生債務者Aは，船舶プラント等の事業を営む株式会社である。平成18年10月2日，Aは，買主Bとの間で船舶を売り渡す契約を締結し，前受金2億3650万円を受領した。この際，X銀行が，Bに対し，AのBに対する前受金返還債務を保証した。しかし，船舶は建造されないまま，平成20年6月18日，Aに対する再生手続開始決定及び管理命令がなされ，管財人は民事再生法49条1項により売買契約を解除し，Bは管財人に対して前渡金返還債権を有することになった。この前渡金返還債権は判例上共益債権と解されているが（民再49条5項，破54条2項，最判昭和62年11月26日（民集41巻8号1585頁）），Bは同年8月6日にこれを再生債権として届け出，同年8月15日に債権届出期間が終了し，管財人は認否書においてBの届け出た債権を全額認めた。同年11月5日に一般調査期間が終了し，平成21年1月13日に管財人が提出した再生計画案が，同月15日の決議に付する旨の決定を経て，同年3月17日に可決され，同年4月14日に再生計画の認可決定が確定した。すなわち，当該債権が再生債権であることを前提に再生手続が進行し，再生計画の認可決定確定にまで至ったものである。一方，X銀行は，平成21年1月23日に保証債務を履行し，再生計画認可決定確定後の同年5月1日に前渡金返還債権等の承継による届出名義の変更をし，同年5月27日に前渡金返還債権は共益債権であるとして訴訟を提起した（【図表1】参照）。

本件訴訟では，第1審から上告審まで，いずれも管財人側勝訴の結果となった。ただし，再生債権として届け出られた共益債権の再生手続外行使の可否については，第1審判決（大阪地判平成23年3月25日（民集67巻8号1638頁）。以下，「本件第1審判決」という）は積極，控訴審判決（大阪高判平成23年10月18日（民集67巻8号1658頁）。以下，「本件原判決」という）と本判決は消極の判断を示した。ま

【図表1】

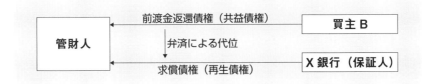

た，結論においてともに消極の判断をした本件原判決と本判決では，その理由は異なっていた。

なお，本件にはほかに，代位弁済者であるＸ銀行が前渡金返還債権の行使に際し求償権の範囲による制約を受けるか否かという，民法501条柱書の解釈をめぐる争いがあり，これが控訴審までの主たる争点であった。ただ，これについては，再生債務者を同じくする類似事例について，本件に先立ち，弁済による代位により共益債権を取得した者は，求償権が再生債権にすぎない場合であっても再生手続によらないで共益債権を行使することができるとして，銀行側勝訴の最高裁判決（平成23年11月24日（民集65巻8号3213頁））がなされている。

3 共益債権としての行使の制約の検討

(1) 制約の可否

まず，共益債権が再生債権として届け出られた場合に，当該債権を共益債権として行使することを制約できるか否か（制約の可否）が問題となる。この点，従来は，「確定判決と同一の効力」を有する対象に，債権の性質（再生債権か否か）まで含まれるか否かという民事再生法104条3項の解釈問題として議論されてきた。

すなわち，民事再生法104条3項により「確定判決と同一の効力」を有するのは，再生債権者表に記載された「再生債権の内容又は議決権の額」（民再104条1項）であり，この「再生債権の内容」とは，一般に，届け出られた権利の存在，届出人への帰属，給付の内容，期限であるとされる。再生債権者表は，再生債権であることを前提に記載されており，債権の性質についての記載は

ないことから,届出債権が再生債権であるか否かまで確定の対象に含まれるかが問題となるのである。

(a) 積極説（制約肯定説）　積極説[*1]は,民事再生法104条と同趣旨の規定である会社更生法150条について,以下のように述べる。一般的に,共益債権を更生債権とすれば権利者に不利となり,他の更生債権者等にとっては利益となるのであるし,また,例外的に他の更生債権者等に不利となることがあり得るとしても,債権調査期日に異議を述べて阻止できるのであるから,権利者が何の留保もなしに共益債権を更生債権として届出をしてきたときは,その権利の性質も調査・確定の対象となると解してよい。共益債権となり得る権利であっても,更生債権として届出がなされ,異議なく確定したのちは,もはや,共益債権であると主張して手続外で弁済を求めることはできない。取戻権を更生担保権として届け出た場合も同様である。

(b) 消極説（制約否定説）　一方,消極説としては,本件第1審原告側の鑑定意見書が以下のように述べている。積極説の見解を正当化するものは,権利者の自己責任以外にはない。しかし,債権届出の時間的制約（民再95条1項）の下に,権利の性質を決定し,債権届出の要否を判断することは,必ずしも権利者に期待できない。債権届出は,民事訴訟で原告が訴え提起の準備にかけることのできる時間よりはるかに短く,裁判所の釈明権等を通じて誤った法律構成を修正する機会もないのであるから,権利者の自己責任原理を過度に強調することは妥当でない。

また,裁判例[*2]には,「民事再生法104条3項は,再生債権者表の記載の効力として,『確定判決と同一の効力を有する』と定めているにとどまり,以後これを当該民事再生手続外において一切争い得ないと明確に定めた規定は存しない。」と判示したものがある。

(c) 本判決の立場

本判決は,民事再生法104条3項についての解釈は示さず,後述するとお

[*1] 兼子一監修『条解会社更生法（中）』（弘文堂,1973年）682頁。
[*2] 東京地判平成21年10月30日（判時2075号48頁）。なお,予備的付記のある債権届出がなされた事案である。

り，「再生手続の安定を図るという観点」を根拠に，積極説をとった。

(2) 制約の根拠と制約の時点

　本判決は，勝訴した管財人にとっても，2つの点において意外なものであった。第1は，再生債権として届け出られた債権を共益債権として行使することを制約する根拠として，民事再生法95条を引用して「再生計画案を確定させ，再生手続の安定を図るという観点」を挙げたこと，第2は，制約の時点を再生計画案付議決定時としたことである。再生債権として届けられた債権を共益債権として行使できるかという点については，従来議論があまりなかったところではあるが，本判決は，この2つの点においてこれまでまったくなかった新しい見解を示したものである。そこで，以下では，再生債権として届け出られた債権を共益債権として行使することが制約されるとして，その制約の根拠及び制約の時点について，理論を整理・検討する。

　(a)　A説——再生債権者表の記載の効力説　　民事再生法は，再生債権者表の記載は，「確定判決と同一の効力」を有すると定めている（民再104条3項・180条2項）ところ，これを制約の根拠とする説である。

　　(イ)　根拠条文　　A説は，制約の根拠条文によって，A_1説とA_2説に分かれる。

　　(ⅰ)　A_1説——民事再生法104条3項説　　債権調査において確定した再生債権については，「再生債権者表の記載は，再生債権者の全員に対して確定判決と同一の効力を有する」（民再104条3項）。この「確定判決と同一の効力」により，共益債権であるとの主張が許されなくなるとする見解である。

　制約の時点は，債権調査期間が経過した時点（本件では平成20年11月6日）となる。

　　(ⅱ)　A_2説——民事再生法180条2項説　　再生計画認可決定が確定したときは，再生計画の条項，すなわち個々の再生債権者の権利変更の内容が再生債権者表に記載され，その再生債権者表の記載は，「確定判決と同一の効力」を有する（民再180条）。この「確定判決と同一の効力」により，共益債権であるとの主張が許されなくなるとする説である。本件で管財人は，この見解を主張していた。

　制約の時点は，再生計画認可決定確定時（本件では平成21年4月14日）となる。

㈡　「確定判決と同一の効力」の意義　　A₁説，A₂説のいずれにしても，前記の「再生債権者表の記載」の範囲のほかに，「確定判決と同一の効力」の意義が問題となる。大きく分ければ，これを既判力と捉える説（a説）と，既判力とは異なる何らかの手続内拘束力と捉える説（b説）がある[*3]。b説のバリエーションは様々だが，倒産手続ないし倒産手続と密接に関係する手続の範囲内で，不可争力が及ぶとする説等がある。倒産手続が合理的に遂行されるための規定であること等を理由とする。

　本件第1審判決は，「本件買主により再生債権として届け出られ，原告を含む再生債権者から異議が出されることなく確定したことにより，民事再生法104条3項により，再生債権者の全員に対して『確定判決と同一の効力』が認められるが，同条項は，再生手続内における再生債権の取扱いを定めた規定であって，再生債権の届出が確定した後は，再生手続内において，再生債権表の記載内容につき再生債権者全員が異議を述べることができなくなるという法的効果を定めるにとどまるから，当該債権を，再生手続外において，共益債権として行使することを禁止するものと解することはできない」として，民事再生法104条3項の「確定判決と同一の効力」の意義についてはb説に近い立場をとり，当該債権を共益債権として行使することは許容されるとした。

　(b)　B説──権利変更・免責確定説　　本件原判決は，「本件再生計画は，認可決定の確定により，すべての再生債権者に対して効力を生じ，免責（民再178条）及び再生債権者の権利の変更（民再179条）の効果が生じているのであるから，前記前受金返還債権は，再生債権として確定しており，本件買主及び控訴人は，もはや本件前受金返還債権が共益債権であることを被控訴人のみならず，他の再生債権者に対しても主張することは許されないものと解するのが相当である。」と判示した。再生計画の認可決定の確定により，再生債権者の権利の変更（民再179条）及び免責（民再178条）の効果が生じる結果，再生債権として届け出られ，再生債権者表に記載された債権は，実体的に変更されるとする考え方とみられる。

---

*3　兼子監修・前掲*1・699頁。

制約の時点は，再生計画認可決定確定時（本件では平成21年4月14日）となる。

（c）　C説——手続安定説　　本判決がとる立場である。本判決は，「再生計画案を確定させ，再生手続の安定を図るという観点」を根拠として，付議決定後は，共益債権として主張することが許されないと判示した。

一般的に，再生計画案は，再生債権として届け出られた債権を再生債権として扱うことを前提に作成されている。後から当該債権を共益債権として全額弁済することになると，資金繰りの見込みが狂い，再生計画の遂行可能性が失われ，牽連破産に至ることになりかねない（なお，本件に限っていえば，再生計画案提出時には，当該債権を共益債権として全額弁済できるだけの資金は確保されており，そのような事情はなかった）。そこで，いずれかの時点で共益債権としての主張を制限する必要があると考える説である。

本判決は，制約の時点を付議決定時としたが，「再生手続の安定」を根拠にするのであれば，制約の時点が付議決定時に必然的に定まるものではない。制約の時点としては，以下のようなバリエーションが考えられる。

（i）　C_1説——債権届出期限時（本件では平成20年8月15日）　　相殺権の行使は再生債権の届出期間の満了時まで（民再92条1項）とされ，その趣旨は，再生計画案の作成の基礎となる再生債権及び再生債務者財産を早期に確定する必要性にあるとされる。これとの対比で考えるならば，制約の時点は届出期間終了時とすべきである[*4]。

（ii）　C_2説——調査期間終了時（本件では平成20年11月5日）説

（iii）　C_3説——付議決定時（本件では平成21年1月15日）説　　本判決の立場であり，本判決の調査官解説[*5]は，以下のように述べる。再生計画においては，届出再生債権や判明している共益債権に基づき，再生債権者の権利の変更や共益債権の弁済等に関する条項を定める（民再154条1項）ところ，付議決定後は，再生債権の届出の追完や他の再生債権者の利益を害すべき届出事項の変更はできないし（民再95条），再生計画案の修正もできない（民再167条）。

[*4]　松下淳一「最新—倒産事件の最重要判例の解説」事業再生と債権管理145号（2014年）42頁は，この可能性を示唆する。
[*5]　菊池絵理・曹時68巻8号（2016年）153頁・147頁。

再生計画においては，共益債権等の額や弁済期も，再生計画の履行可能性に影響を与え得るものとして，再生債権者が再生計画案の議決するにあたっての判断材料となるとされる。再生債権として届出がされていた債権について，付議決定後に，別途共益債権として行使することを許せば，当該再生計画の遂行が困難となるおそれが生じ，再生手続の安定が害され，再生債務者の経済的再生という再生手続の目的にも反する，というのである。その他，当該債権を別途共益債権として行使することは，禁反言の法理から許されないと解する余地もある，とも述べている。

(iv) C_4説——再生計画認可決定確定時（本件では平成21年4月14日）説

(3) 各説のまとめ

各説の制約の根拠と制約の時点をまとめると，【図表2】のようになる。

本判決への批判として，再生計画案の付議決定がされる時点を時的限界とするのでは，再生計画が作り直しになり，遅すぎるとの見解がある[*6]。これは，縦軸（制約の時点）で，本判決より制約の時期を早期に置くもの，すなわち $A_1 \cdot C_1 \cdot C_2$説からC_3説に対してなされる批判である。

横軸のA・B・C説は，必ずしも互いに排斥し合う関係にはない。A説・B説も，C説のいう「手続の安定」の観点を根拠に取り込むこともある。ただ，本判決はあえて「確定判決と同一の効力」や「再生計画認可の決定の確定による実体的権利の変更及び失権・免責等の効力」を根拠としなかったものであり，A説・B説をとらないとの立場を示したものであろう[*7]。

【図表2】制約の根拠（横軸）と制約の時点（縦軸）のまとめ

	A説（再生債権者表記載の効力説）	B説（権利変更・免責確定説）	C説（手続安定説）
債権届出期限時	—	—	C_1説
調査期間終了時	A_1説　104条3項	—	C_2説
付議決定時	—	—	C_3説　本判決
再生計画認可決定確定時	A_2説　180条2項	B説　本件原判決	C_4説

[*6] 松下・前掲[*4]・43頁。

4　本判決の問題点

(1)　債権の性質

　本判決は、「当該債権が共益債権であることを主張して再生手続によらずにこれを行使することは許されない」と判示した。本件原判決と異なり、実体的に債権の性質が共益債権から再生債権に変更されたとまでは述べていない。

　前掲の調査官解説も、本判決を「少なくとも当該再生手続が係属している限りは、共益債権の権利行使に関して手続的な制約が生ずるとする見解」であるとして、倒産実体法上ではなく、手続法上の制約を受けるにとどまるものと位置付けている[*8]。

　たしかに本来は共益債権であり、再生手続の影響を受けないものが、たまたま再生手続内で権利行使したことにより、手続内での取扱いのみならず実体的性質まで変動するというのは違和感がないわけではない。しかしながら、手続の効果として実体的な債権が変動することは民事訴訟を含め民事手続一般に認められることであり、B説のように、民事再生法179条1項が、再生計画認可決定確定という手続の効力として、手続内確定のみならず実体法上の権利の変更を認めている以上、手続的な前提要件をすべて満たした届出債権が、権利変更の効力を受けることはやむを得ないと解することもできる。それは、共益債権が再生債権になると説明する必要はなく、共益債権であっても再生計画による権利の変更に服すると見れば足りるであろう。

　共益債権でありながら行使に関してのみ再生債権と同様の制約を受けるとの本判決の考え方では、権利の性質が相対的になり、不都合な場面が生じ得ると考える。

(2)　付議決定取消しの場合

　本判決が、制約の時点を付議決定時としていることについて、さらに疑問

[*7]　菊池・前掲*5・157頁は、当該債権は、「再生債権としての性質の確定、再生債権者表の効力、再生計画認可の決定の確定による実体的権利の変更及び失権・免責等の効力を受けるものではなく、再生手続における再生債権の権利の範囲でのみ権利行使をすることができることとなる」とする。

[*8]　菊池・前掲*5・158頁。

が生じる。実務上，付議決定は，裁判所の裁量により取り消すことができるとされている（非訟62条1項・59条1項類推適用）。付議決定があった後に，付議決定の取消しがあった場合はどうなるのであろうか。

再生債権の届出による手続参加も，訴えの提起と同様に，対象たる権利（訴えでいう訴訟物）を特定してなすべきものであり，「確定判決と同一の効力」が付与されるものである以上，民事再生法95条5項の届出事項の変更は訴えの変更（民訴143条）と同様の要件を満たすべきものと考えられ，再生手続に利害関係を有する他の者の利益を損なわない時点として再生計画案付議決定時が時的限界として設定されている（民再95条4項）。したがって，おそらく，本判決からは，付議決定の取消しがあった場合には弁論の再開により訴えの変更の時的限界である口頭弁論終結の効果が失われた場合と同じく，届出の変更が認められるものと解される。

しかしながら，手続の安定を重視するならば，裁判所の裁量で動くような不安定な時点を基準とすることには疑問がある。付議決定は再生手続全体の中でも，それほど重大な効果と結び付けるようなものとして設計されていない。民事再生法104条3項や同法180条2項等の明文なく，付議決定をもって共益債権としての行使ができなくなるという大きな効果を認めること自体に疑問がある[*9]。いったん消えた共益債権としての行使可能性が取消しによって復活するというのも，手続をかえって不安定にすることになる。

(3) 牽連破産等の場合

制約の根拠が再生手続の安定である以上，再生手続が廃止になって牽連破産になったとき等，他の手続に移行したときには，もはや再生手続の安定をはかる必要がないこと，別の手続として改めて債権届出をするのが原則であり，改めての破産債権の届出を要しない旨の決定があった場合にも別の届出が可能であること（民再253条6項）から，当該債権を財団債権等として行使できると考えられる[*10,*11]。

この点の結論は異論のないところであるが，前記B説によっても，再生計

[*9] 上田純「予備的届出の付記なく再生債権として届出された共益債権の再生手続外行使の可否」速報判例解説14号（新・判例解説 Watch14号（2014年4月））189頁。

画取消しの場合や牽連破産等の場合には権利変更の効果は覆滅されるのであるから（民再189条7項・190条1項），ここでも，あえて前記C説をとる必要はないといえる。

(4) 再生計画が履行された場合

前項と類似する問題として，再生計画がすべて履行された後に，当該債権を共益債権として行使できるか問題となり得る。牽連破産等の場合と同様に考えて，再生手続が終了した以上，もはや再生手続の安定をはかる必要がないことから，当該債権を改めて財団債権等として行使できるとして，これを肯定する見解があるが[*12]，この点は，否定的に解すべきである。仮にこれを肯定すれば，再生債務者が再生手続に従って再建を果たしたにもかかわらず，支払能力を超える共益債権が行使され，それがために破綻するよう事態ともなりかねない。このような事態を許せば，再生手続及び再生計画自体が無意味なものとなり，再生手続制度に対する信頼そのものを揺るがせかねない。「再生手続の安定」という制約の根拠を敷衍する等して，権利行使を制約すべきであろう[*13]。

この点について，前掲の調査官解説は，再生手続が終了した後に，当該債権が共益債権であることを主張して別途支払を請求する訴訟は，権利濫用又は信義則等により請求棄却となり得る場合があるとしている[*14]。たしかに届出債権者のほか，本件のような債権譲受人，差押債権者など債権の瑕疵を承

[*10] 松下　前掲[*4]では，その場合，再生計画案の決議の際に，当該債権者が，問題のない再生計画案をあえて不同意として当該債権を共益債権として行使しようとするインセンティブが働き不当ではないかとの指摘もなされている。

[*11] 菊池・前掲[*5]・158頁も，牽連破産の場合においては，先行手続における債権調査の結果が再利用されるものではなく，改めて共益債権であることを主張して別途支払を請求することが可能になると述べる。

[*12] 同様の見解を示すものとして，田頭章一「民事再生法上の共益債権につきその旨の付記もなく再生債権として届出がなされ，それを前提として再生計画案の付議決定がなされた場合に，当該債権を再生手続によらず行使することの可否」私法判例リマークス50号（2015（上））137頁。

[*13] 名津井吉裕「再生債権として届出がされた共益債権の再生手続によらない行使の可否」ジュリ1466号（2014年）145頁は，共益債権である債権が再生債権として計画弁済を受けた後に，残額部分には，計画外再生債権に準じて免責の効果が及ぶ（民再178条1項）とする。

[*14] 菊池・前掲[*5]・158頁。

継すべき者からの請求についてはその通りであろうが，一般条項を援用するのであれば，届出債権者の管財人など再生手続終了後に独立の利害関係を有するようになった者による行使については，一律に否定できない場合もあり得る。B説による方がすべての利害関係人について，権利関係を統一的に説明できる点で明快である。

(5) 予備的付記

本判決は，「本来共益債権であるものを予備的に再生債権であるとして届出をする旨の付記」がされていれば，共益債権として手続外で行使することを許す趣旨と考えられる。予備的な付記があれば，当該債権が共益債権として行使されることが明確に予想でき，「再生手続の安定」を害さないためである。

この点，管財人又は再生債務者が，当該債権が共益債権であることを知り得る場合には，予備的な付記がない届出債権を予備的な付記があったものとして取り扱うべきではないかとの見解もある[15]。しかし，本件原判決が指摘するように，個別具体的な債権が共益債権であるか否かは一義的に明確ではないし，共益債権とされる可能性のある債権をあえて再生債権として届け出ることもあり得る。多数の債権が大量的に扱われ，しかも迅速にその処遇が定められるべき再生手続においては，手続の安定のために，予備的な付記という形式的画一的に判断できる記載が必要と考える。

それでは，実務的にはいかなる記載をすればよいのだろうか。まず，債権者としては，共益債権であるか再生債権であるか一義的に明らかでない債権については，再生手続開始決定後できるだけ早期に管財人又は再生債務者に問い合わせをすべきである。その結果，もし当該債権について，管財人又は再生債務者と見解が異なるときには，「××権○○円については，当方は共益債権としての認識であり，共益債権として行使する予定であるが，念のため再生債権として届け出るもの。」等と付記して債権届出をすべきであろう。

---

[15] 中森亘「予備的届出の付記なく再生債権として届出された共益債権の再生手続外行使が否定された事例」金法2001号（2015年）59頁，田頭・前掲*12・136頁は，再生債務者側に共益債権であることの一種の指摘義務が認められる場合があるとする。

ただ，本件のように届出債権の存否及びその金額に争いがない場合はともかく，届出債権者と再生債務者等との間に争いがある場合には，共益債権の請求訴訟と予備的に届けられた再生債権の査定事件ないし査定決定に対する異議訴訟とが同時に係属することになり，判断の矛盾抵触があり得るなどの困難な問題が生ずる。このような事案は実務上あまり見かけないが，実際にあった場合には審理の工夫が必要であろう。

(6) 会社更生手続・破産手続

本判決の射程は，再生手続と同じく再建手続である会社更生手続には同様に及ぶと考えられる。

一方，清算的手続である破産手続には，手続の安定という制約の根拠はそのままには妥当せず，また，付議決定もないことから，直接の射程は及ばないと考えられる。破産法203条は，最後配当の額を破産債権者に通知した時点で破産管財人に知られていない財団債権者は，最後配当の配当原資から優先弁済を受けることができないと定めているが，財団債権を破産債権として届け出た場合には，これをもって破産管財人が財団債権者を不知であるといえるかが問題となり得る。ただ，一方で財団債権者が破産債権者として債権届出をし，破産配当を受け取っていた場合に，重ねて残額を請求できるというのも他の破産債権者を害する結論となろう。今後に残された問題といえる。

5 結　論

以上の検討からすると，本判決の結論には賛成であるが，理論構成については，権利の性質が他の第三者を含めて一律に定められること，行使に関する制約がなされる時期が明確であること，債権の確定に関する他の民事訴訟法の規定との整合性，再生手続終了後についても実際上の不都合が生じないと考えられることから見て，前記B説が優れていると考える。本判決の理論構成は，すでに述べたとおり民事訴訟における訴えの変更との共通性を見ればそれなりに首肯できるが，民事訴訟が基本的に二当事者対立構造であるのに対し，倒産手続においては多数の利害関係人を念頭に置いた集団的処理が求められることからすると，難点が多いと思われる。

6 おわりに

　本判決は，予備的付記がない再生債権としての届出がなされ，確定したことを除けば，前述した最判平成23年11月24日とまったく同種の事案において，正反対の結論となったものである。「地獄から天国」の心境を味わった管財人ではあるが，届出書に「予備的」付記がなかっただけでこれほど結論が変わってよいものか，疑問に思ったのも正直なところである。

　ただ，同じ第一小法廷が下したこの2つの判断は，リンクしているとの考え方もあり得る。平成23年判決においては，「求償権（再生債権）が債権の実体法上の効力の一つである裁判上の請求力（訴求力）を欠く以上，民法501条柱書により，その制約は弁済による代位により取得した原債権にも及ぶ」とした管財人の主張が否定されている。その判断根拠は，判文上は判然としないが，「再生債権は債権の実体法上の効力を失っているのではなく，その行使方法が手続上制約されているのみである」というところにあるとすれば合理的に説明できる。とすると，債権を行使する方法としては，訴えの提起と再生債権の届出による再生手続参加との間に質的な違いはないから，本件のように一つの債権について再生手続参加という行使方法がとられ，これが貫徹された場合に，別途共益債権性を主張して訴え提起という行使方法をとることは，二重起訴類似の関係と説明することも可能であろう。

■コメント

労働債権についての情報提供努力義務

慶應義塾大学大学院法務研究科教授　高田　賢治

1　はじめに

　増田＝飯田論文（本章第3論文）は，再生債権として届出された共益債権の行使の可否について，最判平成25年11月21日（民集67巻8号1618頁）（以下，「本判決」という）を踏まえつつ，理論的検討を加える優れた論文である。

　本判決の射程は，会社更生手続にも及び[*1]，一般優先債権を再生債権として届出した場合にも及ぶと考えられる[*2]。

　しかし，十分な法的知識を有しない労働債権者が一般優先権又は共益債権である労働債権を再生債権として届出する場合，付議決定後に一般優先債権又は共益債権として権利行使が禁止されるのは妥当ではない[*3]。そこで，労働債権の場合は，再生債務者等に労働債権の認否において一般優先債権又は共益債権である旨の指摘をすべき特別の義務がないかが問題となる。

2　共益債権であることの指摘義務

　本件において再生債務者等の共益債権である旨の指摘義務を否定する見解[*4]は，その理由として，個々の債権が共益債権か否かは一義的に明確でなく，及び共益債権を再生債権としてあえて届出する経営判断もあり得（本件原審・民集67巻8号1678頁参照），大量・迅速な処理が要請される集団的債務整理手続において，届出債権の内容等について認否書作成に必要な範囲を超えて届

---

*1　上田純・新・判例解説Watch14号（2014年4月）189頁。
*2　松下淳一「最新―倒産事件の重要判例の解説」事業再生と債権管理145号（2014年）44頁，田頭章一・私法判例リマークス50号（2015（上））137頁，倉部真由美・法教判例セレクト2014Ⅱ34頁。
*3　田頭・前掲*2・137頁。
*4　本件原審，中森亘・金法2001号（2014年）50頁。

出債権者に対し逐一指摘等すべき義務があるとするのは，再生債務者等に過重な負担を強いるものであり，手続の円滑かつ迅速な遂行を阻害するおそれがあり，妥当でないことを挙げる[*5]。

これに対して，再生債務者側の認識可能性を問題にしなくてよいかと指摘する見解[*6]，明らかに共益債権である場合に公平誠実義務に基づく再生債務者等の債権者に対する届出内容の確認・指摘義務を認める見解[*7]，事実関係によっては一種の指摘義務が認められてよい場合もあるという見解[*8]がある。

以上のように，再生債務者等による共益債権指摘義務について議論があるが，労働債権の場合は，再生債務者等に情報提供努力義務があるのではないか。

3　労働債権についての情報提供努力義務

(1)　破産法における情報提供努力義務

破産管財人は，破産債権である給料の請求権又は退職手当の請求権を有する者に対し，破産手続に参加するのに必要な情報を提供するよう努めなければならない（破86条。情報提供努力義務）。これは，届出をしなければ失権するおそれがある労働債権者について，届出に必要な資料が使用者側にあることから，破産手続の公正を確保し，その円滑な進行を図る観点から，使用者側の資料を引き継ぐ破産管財人に，その資料に基づき破産債権である労働債権を有する者に必要な情報を提供するよう努める義務を課して，情報弱者の労働者を情報面で支援して債権者平等を実質的に保障する趣旨である[*9]。

破産法86条に相当する規定としては，会社更生法80条の2があるが，民事

[*5] 中森・前掲*4・59頁。破産手続について，岡伸浩ほか編著『破産管財人の債権調査・配当』（商事法務，2017年）205頁〔中森亘〕。
[*6] 松下・前掲*2・43頁。
[*7] 上田・前掲*1・189頁，佐野裕志・判評674号（2015年）9頁。
[*8] 田頭・前掲*2・137頁。
[*9] 伊藤眞ほか『条解破産法〔第2版〕』（弘文堂，2014年）672頁。破産管財人の情報提供努力義務について，岡伸浩『倒産法実務の理論研究』（慶應義塾大学出版会，2015年）59頁，岡ほか編著・*5・24頁〔岡伸浩〕，同143頁〔粟田口太郎〕参照。

再生法にはない。これは，手続開始前の原因に基づく労働債権がすべて一般優先債権であることから，労働債権は，すべて届出する必要性がないからであった。また，財団債権である労働債権は，届出対象にならないため失権の可能性がないため，破産法86条の情報提供努力義務の対象にならないと解されてきた。もっとも，財団債権と優先的破産債権のいずれに該当するか実務上の扱いが分かれる問題もあるので，破産管財人としては，労働債権全体に関する情報を提供するように努めるべきである[*10]。

(2) **会社更生法における情報提供努力義務**

会社更生法80条の2の情報提供努力義務は，破産法86条と同様に，情報不足による失権を防止して労働債権者を支援する趣旨である。そうすると，本判決を踏まえれば，不利な扱いを受けると知らずに届出した共益債権を有する労働債権者に対しても，届出による不利な扱いの可能性を告知するため，更生管財人の情報提供努力義務を肯定すべきである。

(3) **民事再生法における情報提供努力義務**

更生手続と同様に，再生手続においても再生債権として届出された一般優先債権又は共益債権である労働債権について，届出による不利な扱いの可能性[*11]について告知するために，再生債務者等の情報提供努力義務を肯定すべきである。

共益債権・一般優先債権に該当することについての一般的な指摘義務と異なり，労働債権について再生債務者等に情報提供努力義務を認めても，届出された労働債権について一般優先債権又は共益債権であるから届出を要しない旨の情報を提供することが破産管財人や更生管財人に比して再生債務者等に過重な負担を強いるものといえず，労働債権のみであれば手続の円滑・迅速な進行を阻害することも少ないと考えられる。なお，労働債権か否かが明白でないケースでは，再生債務者等は，当該債権者の届出に対して「予備的な届出である旨の付記をしなければ不利な扱いを受ける可能性がある」との

[*10] 山本克己ほか編『新基本法コンメンタール破産法』（日本評論社，2014年）199頁〔石井教文〕，岡・前掲＊9・78頁。

[*11] 実体的な不利益について，名津井吉裕・ジュリ1466号（2014年）145頁。

情報を提供すべきである。

4　おわりに

　情報提供があったにもかかわらず届出の取下げや予備的付記をしない者もいるであろう。その場合，どのように対応すべきであろうか。東京地裁及び大阪地裁の実務では，一般優先債権に該当する債権が再生債権として届出された場合，一般優先債権であることを理由として再生債権としては認めない旨の認否をしているようである[*12]。

　一般優先債権であるか否かが不明な労働債権について再生債権として届出がされた場合は，単に認めないと認否することが困難であるから，再生債務者等が「一般優先債権であるか否か不明であり和解や訴訟で再生債権として解決した場合に備えて予備的に再生債権として」認めるという認否が許容されるべきであろう[*13]。

[*12]　鹿子木康編著『民事再生の手引〔第2版〕』（商事法務，2017年）155頁・158頁，森純子＝川畑正文編著『民事再生の実務』（商事法務，2017年）195頁〔宮澤貴史〕。

[*13]　予備的自認債権について，木内道祥監修『民事再生実践マニュアル』（青林書院，2010年）242頁。

第6章

契約関係の処理

第1 │ 請負契約

■論文

アフターサービス請求権の処理
── 中堅ゼネコンの民事再生手続を通じて

弁護士　野城　大介

1　はじめに

　ゼネコン倒産案件では，必ずアフターサービス問題に直面する。アフターサービスも財産上の請求権であって，再生債権として原則履行できなくなるが，信用維持の観点からは放置することは難しく，人員や資金繰り状況を見ながら，営業行為の範囲内としてアフターサービスを実施するなど個別に対応せざるを得ないことが多い[1]。しかし，全国に散らばる施工物件を抱える大阪の中堅ゼネコンの民事再生案件において，大阪のみならず東京，名古屋の弁護士と連携し議論を重ね[2]，真正面からアフターサービスを手続に取り込み，届出を求めて債権調査の対象とし，再生計画案において条項も定めたケースがある。本稿ではその背景やアフターサービス請求権の特質からくる手続上の問題点をご紹介したい。

2　アフターサービス請求権の処理に着手した経緯

---

[1]　顧客の保護，信用の確保，市場における通念等に鑑み，また，資金繰りにも配意したうえ瑕疵修補に応じることを原則とし一定の金額以下のものについては包括的に，それを超えるものは個別の事例ごとに各事情を考慮して許可する扱い（門口正人・金法1508号（1998年）21頁）。

[2]　本件は，東京：小畑英一弁護士，本山正人弁護士，島田敏雄弁護士，名古屋：浅賀哲弁護士の協力を仰ぎ，各地の施工物件の状況を把握いただき，アフターサービス請求権の処理を本稿のとおり処理すべきとの結論に至ることができた。この場をお借りして深く感謝申し上げる。

(1) 顧客との関係性

　アフターサービスは基本的に無償であることが多く、当該物件の請負代金から得た利益を削るのみであるから、ゼネコン側としてはできる限り実施を抑えたい。しかし、対外的信用に直結する問題であり、紛争化するとその処理に多大な負担が生じかねないのでおろそかにもできない。殊に顧客と直に接する現場サイドでは、顧客関係を円満に維持したいとの心理が働き、「とりあえずアフターサービスに応じてことを収める」という発想になりがちである。受注が落ち込む中、既存顧客から新規受注を得るために営業をかけるとなるとなおさらこの傾向が強くなる。

　その結果、当該再生会社は、営業上のサービスなのか契約上の義務履行の問題なのか、当該施工物件の利益から見た採算性は大丈夫なのか、といった点を十分検討しないままにアフターサービスを実施しており、結果的に過剰サービスに陥っていた面は否めなかった。そして、かかる関係が顧客とでき上がってしまっていたせいか、民事再生申立後のアフターサービスに関する問合せが多く噴出し、現場従業員の「アフターサービスを実施してことを収めたい」という傾向はより顕著になったため、従業員の意識改革、顧客との関係の再構築を考える必要があった。

(2) 完工高の急激な減少によるアフターサービスの重圧

　再生会社は、申立直前の5年間で完工高が1/10程度まで急激に悪化している一方で、過去の完工高が高かったころの施工物件のアフターサービス対応は依然残ったままであり、それが相当の重荷になってきていた。そして、再生申立てによって新規工事が激減したため、アフターサービス損失を新規工事の原価に吸収して解決する手法もとれなくなった。完工高の推移と瑕疵発現率の実績を考慮すると、既存顧客との良好な関係を維持したいものの、従前の感覚でアフターサービス対応を続けることは会社再建にとって重大な支障になりかねなかったのである[*3]。

(3) 撤退地域のアフターサービス

[*3] 特に申立直前期に再生会社はマンションデベロッパー発注の多住戸マンションを多く手掛けていたが、利益率が低いうえにアフターサービスの負担が大きかった。

再生会社は業績悪化の中で，全国に展開していた支店や事業所を順次閉鎖し，撤退していた。新規受注が見込めず，アフターサービスだけを残すのみとなった撤退地域に対し，再生会社はアフターサービスを負担していく力もなければ，そもそも対応する人員もいなかった。

3　アフターサービス請求権の基本的な考え方，特徴

(1)　アフターサービスの類型

ゼネコン案件の現場で使われる「アフターサービス」という言葉には以下の3つがあるように思われる[*4]。

① 　約定に基づく定期点検や修補義務（狭義のアフターサービス）
② 　①以外の瑕疵修補請求権又はそれに代わる損害賠償義務（いわゆる瑕疵担保責任。業法上の瑕疵担保責任の特則を含む[*5]）
③ 　営業サービスとして行われるアフターサービス

権利性を有し得るのは①，②であり，開始決定前に請負代金を受領して引き渡した物件のアフターサービス請求権は，本来再生債権といわざるを得ない。開始決定後に請負代金を受領し引き渡す物件であれば，双方未履行双務契約の履行選択の問題として共益債権と考えることができる[*6]。

(2)　アフターサービスの特徴

狭義のアフターサービスの内容はなす債務であり，非金銭債権として扱われるべきものである[*7]。請負契約やアフターサービス基準書等で，点検方法や実施時期，点検結果からなすべき処置等が書面化されてはいるが，その基

[*4]　ここに挙げられている3つのほかに，請負契約当事者外からの不法行為に基づく損害賠償請求権もあるが，実際に認められることは稀であろう。
[*5]　宅建業法，品確法（構造耐力上主要な部分についての10年）等。
[*6]　厳密にはアフターサービス請求権と請負代金に双務関係が見い出せるかという議論はあり得るが，建物の完成引渡しに付随する義務あるいは仕事完成請求権の変容として，請負代金との双方未履行性を認めるのが通例と思われる。
[*7]　民事再生法には破産法103条2項・67条1項・68条のような金銭化・現在化の規定がない。なお，非金銭債権は，他にも，ショッピングポイント，ゴルフのプレー権，授業を受ける権利等様々存在するが，金銭評価の難易，債権の具体性の程度，債権内容が一律か個別的か，債権者把握の難易，債権者数の多寡，といった点においてそれぞれ異なるので，その特質に応じて処理を検討する必要があろう。

準は物件ごとに異なる。また，実際に必要となる補修や交換等の処置は，点検で検出されるまで不明であるから，権利に抽象的な部分がある。

瑕疵担保責任は瑕疵が発現しているケースのほか，瑕疵が発現していても当事者が把握していないケースもあるし，そもそも何も瑕疵が発現していなくても抽象的に瑕疵担保責任が観念できる（潜在的瑕疵担保責任）。また，発現している／将来発現するかもしれない瑕疵の内容はそれぞれ異なるし，そもそも「瑕疵かどうか」が問題となるケースもある。要は，具体的な権利と抽象的な権利が混在し，具体化している権利も千差万別で，債権者・債務者双方の見解が異なることも多い。当然，数値的な評価は難しくなる。

(3) アフターサービスの権利主体

アフターサービス請求権の債権者は基本的に「施主」となろう。しかし物件の譲渡に伴い権利が移転していたり[*8]，管理者が介在しているといった理由でゼネコンと権利者との関係が希薄になっており[*9]，いざとなると権利者が把握しにくくなっているケースがある。また，契約上の義務はないが営業面からアフターサービスが実施されているケースがあるなどすると，さらに権利義務の解明に思わぬ苦労をすることがある。

(4) 対応上の留意点

このようにアフターサービス請求権はその性質が単純ではないため，手続に取り込む場合，現場処理，債権調査（届出方法や自認の扱い），計画案上の取扱い，民事再生法178条や181条における取扱い，等を巡って，早期から方針を検討していく必要があると思われる。

4 申立後のアフターサービス対応

[*8] 発注者が定めた基準に従った内容で請負者がアフターサービスを提供するものとされ，物件購入者に保証書面が発行されているケースや，第三者に物件が譲渡されてアフターサービス請求権も随伴するがその場合はサービス範囲を限定する条項が入っているケースなど，権利の移転についても様々である。

[*9] 建売，分譲，転売物件でアフターサービス請求権が移転しているものの，移転後の連絡が不十分であったり，アフターサービスの管理・処理が事業者や管理会社との間で進められてしまうので，施工会社が権利者の誰何に無関心になりやすい。一方，権利者側も具体的問題が生じるまで権利を意識することが少なく，管理会社任せになっていることも多い。

再生債権であるとはいえ，対外的信用，企業モラル，事態の緊急性等を考慮した場合，単純にアフターサービスをすべて停止することはできず，個別判断が必要となる場面が必ず生じるが，個別判断は処理に矛盾や不平等を生じる危険がある。そこで，本件では，アフターサービスの履行停止を原則に据えたうえで，例外として実施するケースを，人身事故発生の危険が認められるケース[10]，アフターサービス実施停止＝放置という不作為によって共益債権としての不法行為責任が発生あるいは拡大しかねないケース，顧客や近隣に多大な迷惑を生じるケースに限った[11]。そして，処理フローを作成し，カテゴリーごとに稟議説明項目を定めて，本社に設置された再生本部で実施要否を判断した。

　例外的にアフターサービスを実施する場合，①有償で実施する[12]，②債務負担行為・個別和解[13]として監督委員の同意を取得する，③常務の範囲内として実施する[14]，等の方法がある。その他，民事再生法85条5項の利用が考えられる。しかし，これらによっても抜本的解決はできず，再生計画における処置が必要となることに変わりはない。なぜなら，実施時期が到来していないアフターサービスや潜在的瑕疵担保責任に対して「早期に弁済する」ことができないし，民事再生法85条5項は再生債権を共益債権化する規定でもないからである[15]。目前のアフターサービス実施のためにその余のアフターサービス請求権の放棄を求めて（いわゆる放棄弁済）抜本解決を図る方法も考

---

[10] 典型的なものは，通路部分への外壁剥落などである。
[11] 申立時に補修工事施工中の物件は，施工を中止したままにしておくと施主や近隣に迷惑がかかること（風評，悪戯，行政や施主へのクレーム増加など），施工途中の物件を引き継いでくれる他の業者はなかなか見つからないこと，施工中のまま放置すると資材の腐食など現場が劣化して，別の損害が発生したり損害が拡大するおそれがあること，といった理由から，例外的に実施することとした。
[12] 再生債権としての瑕疵修補請求権を和解により特別に履行するという考え方ではなく，改めて契約を締結して補修工事を行い，それによって金銭化した損害賠償請求権を届け出てもらう，との理解である。
[13] 再生会社負担とする和解においては，可能な限り今後の瑕疵修補を有償にする内容で合意した。
[14] 微額のものであれば，営業上のサービス（常務）の範囲として共益債権として扱う余地も考えられる。
[15] 事業再生研究機構編『民事再生の実務と理論』（商事法務，2010年）127頁〔小畑英一〕参照。

5　通知や届出書の送付

　民事再生手続では「知れている再生債権者」[*16]に対して公告事項を相当な方法で通知しなければならない（民再35条3項。民訴規4条）。通知の有無のみで結論が導かれるものではないが，民事再生法178条（再生債権の免責）や181条（届出のない再生債権の取扱い）の判断に影響を与えることは否定できないので[*17]，債権者や債権の内容が把握しにくいアフターサービスについて「知れている再生債権者」の範囲をどのように理解し設定するかは重要である。

　まず，狭義のアフターサービスは，請負契約やアフターサービス基準等で契約上の義務の存在が明確である。瑕疵担保責任も，瑕疵が顕在化していれば責任の存在がはっきりしている。よって，これらについては知れている再生債権者として，原則通知とともに届出書を送付した。

　問題は潜在的瑕疵担保責任である。抽象的な債権の存在は肯定できるが，再生債務者にとって具体的な債務の存否が不明であり，過去の瑕疵発生の頻度から考えても，潜在的瑕疵担保責任が将来あらゆる顧客の間で現実化するとも思われない。そこで，通知対象判断における「知れている再生債権者」には含めないこととし，一律に通知する対象から除外した[*18]。

　しかし，潜在的瑕疵担保責任は顧客にとって重大な関心事である。本件では再生会社が，過去，過剰ともいえるほどに顧客の要望に応えてきたためか，将来のアフターサービスの帰趨に関する問合せが多数寄せられた。瑕疵が発現しているかもしれないので「今から瑕疵の有無を調べる」という顧客もい

[*16]　知れている債権者の定義については園尾隆司＝小林秀之編『条解民事再生法〔第3版〕』46頁（弘文堂，2013年）参照。

[*17]　会社更生の事案であり通知の有無のみが問題となったものではないが，最判平成24年12月4日（判タ1323号92頁）がある。
　　通知の有無や通知の方法が，自認義務や民事再生法178条や181条の議論において考慮要素にはなり得ても，それだけですべてが導き出されるものでもないし，民事再生法10条4項の公告による告知のみなし規定も存在する。

[*18]　過去の取扱物件すべての施主について，物件ごとに保証期間や業法上の瑕疵担保期間の検証を行う必要が出てきて，収拾がつかなくなるおそれがある。

た。かかる状況から，潜在的瑕疵担保責任については，顧客が問合せをしてきた場合に，アフターサービス請求権が再生債権である旨を伝えて，債権届出書を送付するという対応をとった。

6　債権調査

(1)　狭義のアフターサービス

アフターサービス基準に従って「なす債務」を負担していることは明白で，これを金銭化することは困難である。そこで，非金銭債権としてのアフターサービス請求権の届出を求め，非金銭債権として認めることを原則とした。

(2)　瑕疵担保責任

顕在化した瑕疵については，届け出られた損害賠償額の相当性の問題として処理した。ただし，瑕疵修補の施工が完了していない場合，再生債務者も現場に赴いて見積もりを行うものの，当然に見積額＝損害額とはならないし，見積もりが届出期限に間に合わないケースもある。また，新たな瑕疵発生も想定し得る（実際，顕在化した瑕疵とは別に将来の瑕疵担保責任に関する届出を希望する者が存在した）。そこで，顕在化した瑕疵については具体的な損害額での届出又は額未定での届出を受け，加えて潜在的瑕疵担保責任についても額未定の届出を受け付けた。

まったく瑕疵が顕在化していない顧客が，潜在的瑕疵担保責任のみの届出を希望する場合は，額未定の届出を受け付けて額未定で認めた。

以上の処理については，抽象的・潜在的にすぎない債権を認めてよいのか，執行可能性が倒産債権に求められることから考えるとかかる処理は疑問との意見もあると思われる。

しかし，実際に瑕疵が顕在化するのは将来であるとしても，その瑕疵自体は申立前から存在しており，当時はそれを検出できていなかっただけであると考えれば，停止条件付債権と類似した状況と解することもできる。また，届出を拒否することはできないし，届出に対して否認すれば，将来の瑕疵について責任をとる意思はないかのように受け取られ，事業再建に大きなマイナスになる。事案に応じて柔軟な対応を考えてよいのではないだろうか。

(3)　アフターサービス請求権の自認

(a) アフターサービスの届出では，ある程度予想はしていたものの，債権の法的性格や届出権限が不明な届出，不合理な債権額による届出が多数生じた[19]。可能な限り届出書の記載を合理的に意思解釈し，あるいは，届出書の修正や再提出を求めたが，解決しきれなかった場合は自認処理の問題となる。

自認制度の趣旨は，全債権者が債権届出期間内に必ず届出をしてくることは期待し難い一方で，再生債務者が自認している債権まで届出がない一事をもって計画弁済の対象から除外することは相当ではないこと，再生債務者は手続開始前からの管理処分権を保持するものであることを考えると，届出がない再生債権であってもその存在を再生債務者が知っているときにはこれを当然に失権の対象とするのは公平に反する，といった点にある[20]。

とすれば，自認における「知っている」とは再生債務者の管理状況（一般的に期待されるレベルを前提として），対象となる債権の性質（債権内容や債権者を把握する困難さ）等からみて，合理的かつ可能な調査により存在が認識できることと解したうえで，再生債権者に酷な結果となるか否かという点については再生計画案の定めや民事再生法181条1項の解釈，信義則等をもって考えることが可能であろう。

(b) ゼネコンでは一般的に瑕疵修補等に備え会計上一定の引当てを計上しているが，ゼネコン側も顧客側も，実際に修補費用が支出されたり紛争化するなどしない限り，アフターサービス請求権を債権・債務として具体的に認識していることはない。そして，アフターサービス請求権の有無，内容，権利者の確認が容易でないことは既述のとおりであり，限られた時間の中でどこまで自認するかが問題となった。

まず，狭義のアフターサービスは，債権者の特定に多少困難な面があるものの，点検スケジュールの管理情報等から概ね確認できることから，自認義

---

[19] 権利者ではない管理会社等を権利者とする届出，とりあえず建築時の請負金額を記載した届出等が存在した。請求権の種類や「額未定」といった届出額を事前印刷しておく，といった届出書の工夫や，同封する説明書の記載の工夫等をさらに検討すべきであった。

[20] 花村良一『民事再生法要説』280頁（商事法務研究会，2000年），伊藤眞『破産法・民事再生法〔第3版〕』（有斐閣，2014年）741頁等参照。

務の存在を前提に認否を行った。顕在化している瑕疵担保責任も自認義務の対象となろう。

　問題は，潜在的瑕疵担保責任であるが，自認義務を肯定すべきとする理由としては，条件付債権と類似に考えることができ，物件を施工し引き渡した以上，瑕疵担保責任の存在を知らないとまではいえないし，顧客・施工会社ともに発現している瑕疵を認識できていないために届出がなされていないケースにおいて，民事再生法181条1項3号による救済の余地を確実に残しておくべき，といったものが考えられる。

　逆に，倒産債権に執行可能性を厳密に求める考え方や，最終的には瑕疵が何も顕在化しない可能性があること，不特定多数の債権者を掘り起こして自認作業をするとなると手続の遅延と混乱を招くといった理由を重視すれば自認義務を否定する考えになろう。

　最終的に本件では，潜在的瑕疵担保責任について届出もなく自認もされていないケースで後日瑕疵が発現した場合は，公平性・合理性の観点から，可能な限り181条1項1号による救済を認める前提で，潜在的瑕疵担保責任については自認義務まではないとの前提で債権調査を行った。

　ただし，潜在的瑕疵担保責任を届け出たものの，根拠不十分な確定額で届け出たため全額否認となった者[*21]，共益債権との主張をするなど再生債権としての届出はないが潜在的瑕疵担保責任に関して何らかの主張をしてきた者については，額未定で別途自認した[*22]。まったく認めないだけで終われば，瑕疵について将来的に責任をとる意思がないと受け取られかねないし，このように債権者が自己の権利保全に対する意識を高くもって届出等を行った以上，再生債務者側としても「知っている」ものとして処理すべきと考えられたからである。また，届出等に債権者側の誤りがみとめられるため，将来瑕

[*21] 確定額の届出と額未定の届出は相容れないこと（確定額届出を額未定と扱えば届出債権額以上の金額を認めることになる可能性がある），瑕疵担保責任における額未定は最終的に0円となる可能性があること等から，確定額による届出に予備的に額未定としての届出が含まれるという処理は行わず，自認の問題として処理した。

[*22] 潜在的瑕疵担保責任について届出があれば自認をする以上，瑕疵が顕在化している債権者が，顕在化部分のみにつき確定金額の届出をした場合も，将来の瑕疵担保責任について自認することとした。

疵が認識されたときに，当該顧客が民事再生法181条1項1号で当然に保護されると断言までできないと思われたことも自認した理由の一つとなった（後記8(3)(a)参照）。

7 議決権

非金銭債権や額未定の債権について金銭的評価が難しい場合，議決権額が問題となる。

狭義のアフターサービスについては，物件の種類ごとに再生債務者における過去のアフターサービスの実績から平均的な費用を算出したものをベースに議決権額を決定した。顕在化している瑕疵担保責任については，まず債権調査で認められた損害額により，額未定のものについては再生債務者の見積額に従って議決権を決定した。

潜在的瑕疵担保責任については，再生債務者における完工高に対する瑕疵発生率の過去実績を，各債権者の物件の請負代金にあてはめて算出した額を議決権額とした[*23]。

潜在的瑕疵担保責任については，あくまで抽象的な権利であり，最終的に「債権不存在」の可能性もあるのに，単に瑕疵発生率で議決権を認めると，債権者数の不当な水膨れを招き，頭数要件との兼ね合いで問題にならないかとの指摘もあった。しかし，それを理由に議決権を認めないのは本末転倒であり，大切な顧客の権利を債権調査で認めた以上，議決権額を認める結論が素直といえる。再生会社担当者の熱心な活動により，潜在的瑕疵担保責任に関して，最終的に反対投票はゼロであった。

8 再生計画案

(1) 非金銭債権のアフターサービス請求権

非金銭債権としてのアフターサービス請求権に関する計画案の定めは下記枠内の記載のとおりである。簡略にいえば，債権者に，Ａ：再生債務者に計

[*23] 瑕疵発生率は，業法上最長10年は瑕疵担保責任が発生し得ることから，過去10年間の平均にて算出した。

画弁済相当額（22％）を減額した請負代金で発注するか，B：再生債務者の見積額の22％の弁済を受けるか，のいずれかを選択させるというものである。

> 　非金銭債権を有する再生債権者は，再生計画認可決定確定日から1ヵ月以内に以下のA又はBの方法を選択し，再生債務者は選択に従って履行を行う。
> 　非金銭債権を有する再生債権者が上記期間内に選択を行わなかった場合には，Aを選択したものとみなす。
> A：再生債務者は，各工事請負契約によって定められた定期点検を実施し，再生債権者は，再生債務者に対し，定期点検終了時に定期点検に要した費用のうち78％相当額を支払う。
> B：再生債務者は，各工事請負契約によって定められた定期点検の実施に代わり，再生債務者の見積りに基づく今後発生する定期点検費用のうち22％相当額を支払う。

選択肢Aは，再生債権者が支払う形になる点で異例であり，金銭債権との平等性の観点から，B方式の選択の余地を残した。また，施工や見積もりをする他の業者の不在による長期化を避けるため，選択期間を置き，それを経過した後はA方式に限定した。

かかる条項を置くにあたっては様々な検討をした。例えば，当該債権者と再生債務者の間で，見積もりを基礎として最終確定するという方式[24]が妥当かという点は，債権調査において他の債権者に異議権があることとの比較で問題になり得る。また，債権額の確定方式を計画案で決定することの当否に議論の余地があると思われる。

(2) **将来の瑕疵担保責任に関する額未定の再生債権**

額未定の瑕疵担保責任については，単純に，「確定したとき」に確定額の78％の免除を受ける，とした。狭義のアフターサービスとは異なり，瑕疵の発現時期が不明で期限を設定した選択になじみにくく，選択云々の前に，瑕

---

[24] 再生債務者の見積もりをそのまま受け入れる債権者もいるが，独自に見積もりをとるなどして，再生債務者の見積もりの合理性を検討する債権者も存在した。

瑕担保責任の存否から問題となるケースも想定されることなどから，再生計画段階で的確な定めを置くことが難しいと思われたためである[*25]。ただ，再生計画認可後，実際の処理として，結果的に非金銭債権と同様の手続を踏んで再生債権額を確定させているのが実情である。

(3) **未届けで自認もされていないアフターサービス**

(a) 本件では再生計画にて特別の条項を設置したわけではないが，未届けかつ自認もされていないアフターサービス請求権（以下，「未調査債権」という）の処理は悩ましいものがある。

未調査債権は，民事再生法181条1項1号による保護を受けられる可能性があり，同号に該当しなくても自認義務が認められる債権には同条3号の限りで保護が受けられ，いずれでもなければ再生債務者は免責される（民再178条）こととなる。これらの条項は，再生債務者に完璧な自認を求めても何ら酷ではなく，債権者の届出能力にも問題がない，という前提であれば問題なく機能する。

ところが，アフターサービスのように，債権者に確実な届出を求めることが酷[*26]である一方で，再生債務者にも完璧な自認を期待できない結果，未調査債権が生じざるを得ないケースは存在する。そして，民事再生法181条1項1号の該当性は厳格に解されるべきとされているところ[*27]，それを貫くと，同号による保護の対象にならず，自認義務もない（前述のとおり，アフター

[*25] 約定に基づく定期点検や，その結果判明する修補・交換は，債権の存否自体は再生債務者も事前に確認できており，アフターサービスの基準によってその内容もある程度定まっているので，見積もりをベースに債権者に選択させることで妥当な確定を図ることができる。一方，将来の瑕疵修補請求権は内容が千差万別であり，再生債務者が修補又は損害賠償すべき責任を負う瑕疵かどうかの判断から問題になり得る。

[*26] アフターサービスの権利者側も何か瑕疵が具体的に発現するといった問題が生じない限り，権利を意識することが少ない。管理組合や管理会社に任せきりになっていればなおさらである。また，瑕疵などの問題を把握する能力も業者か一般消費者かで大きく異なる。そのような中で，債権者が法律上正確な届出を届出期間満了までに確実に行うことはかなり難しい。

[*27] 民事再生法181条1項1号の該当性は，債権調査段階である同法95条1項のように，いわば便法的に緩やかに解されるべきではなく，原則としては権利の性質上期待できない場合に限られる（才口千晴＝伊藤眞監修『新注釈民事再生法（下）』（金融財事情研究会，2010年）123頁）。緩やかにすぎれば，同法181条1項3号の保護しか受けられなかった債権者に比べ不当に優遇される債権者が出現し得るとの考え方もある。

サービス請求権など一律に自認義務まで課すことは再生債務者にも酷といえる場合がある）ために同項3号の保護も受けられず，失権してしまう未調査債権が生じ得る。しかし，かかる未調査債権を，自認されている債権と比較すると，要保護性にあまり変わりがないか，むしろ内容的には要保護性はより高いと感じられる例が，まま生じるのである。

そもそも自認債権には，多かれ少なかれ届出がなかったことについて債権者側に帰責性が認められる場合が含まれているにもかかわらず[*28]，未調査債権が自認債権と同様の権利を得るためには，当該債権者側に帰責性がないことが要求されること（民再181条1項1号），さらには，債権者の帰責性を捨象して，再生債務者側の事情で決められる自認義務を救済の根拠においた民事再生法181条1項3号が併存することが問題を複雑にする理由だと思われる。

結局本件では，債権者の属性（一般消費者かどうか等），契約関係の複雑さ，発現している瑕疵の内容，手続中の説明や再生債務者との接触の状況，債権調査における作業状況，などを総合衡量し，民事再生法181条1項を柔軟に解釈して，平等・妥当な解決を図っていった[*29]。

(b) 今後同種の問題を抱える債権について，未調査債権の取扱いをある程度平準化する計画条項を考えておく必要があるかもしれない。すなわち，再生計画で未調査債権に関する規定を置き，公平かつ安定した処理を可能にするのである。

その場合，自力再生型で，将来，新たな債権が確定するたびにその分弁済額が増える図式の計画であれば，届出債権者や自認債権者の権利は害しないといえるが，計画の履行可能性や清算価値保証の関係での検証は必要になると思われる。清算型（換価資産を最終弁済にあてて清算する計画）の場合は弁済原資の上限があるため，未調査債権を新たな弁済対象債権とするには，届出債権者や自認債権者への影響が出る点を考慮する必要があろう。

この点，過払債権の事例で，再生計画認可決定が確定した後1年以内に再

[*28] 典型例が，まったく手続に無関心で届出をしなかった債権が自認されるケースである。
[*29] 本件は自力再建型のため，計画で決定された弁済率が下がることはないことから，民事再生法181条1項1号としての取扱いを広げても，それほど抵抗はなかった。処理が遅れ瑕疵が悪化する危険を考えると，同条項による早期対応が必要である。

生債務者に対して返還請求が行われた過払債権に限っては、当該過払債権を民事再生法181条1項1号に掲げる再生債権に該当するものとして、届出債権と同様の基準に従って弁済するとした計画案も存在するようである。賛否両論であろうが、再生債権者及び再生債務者双方にとって債権の存否や内容が把握しにくい債権（届出や自認がしにくい債権とも表現できる）を有する事案では、本稿で述べたアフターサービスと同様の悩みが生じる証左であろう。

9　アフターサービスや瑕疵担保責任に関する計画履行の状況

　再生計画案における選択権行使状況であるが、結果的にはA選択が9割以上となった。また、額未定の瑕疵担保責任についても、事実上、非金銭債権に関する定めにおけるA or Bの選択を利用して確定しており、A方式によって確定されたケースが多かった。かかる結果は、民事再生によって崩壊しかけたとはいえ、再生債務者と顧客が長い時間をかけて築き上げてきた信頼関係が基礎にあると思うが、それだけでなく顧客が他の業者に依頼しようとしても、他人施工物件の瑕疵を修補することに躊躇したり、リスクを考慮して見積もりが高額になりやすい、といった事情が背景にあると思われる。

　また、副次的ではあるが、アフターサービスの処理が再生債務者と顧客とのコミュニケーションを作るきっかけとなり、営業につながった面はある。もちろん逆に反発を買ったこともあるが、少なくとも事業継続に悪影響を及ぼすことはなかった。アフターサービス請求権の再生債権化による反発の影響などよりも、民事再生手続中であることを理由とした、入札拒否や金融機関の施主への融資停止による受注減の方が圧倒的に事業再建に対するダメージとなった。

10　最後に

　以上、アフターサービス請求権を取り扱った一事例を紹介したが、実際には個別対応で処理する事例の方が多いかとは思われる。

　ただ、権利関係や権利内容について債権者債務者双方の認識が乏しく、申立後に急遽大量に表面化し、かつ、届出や自認が難しい債権はアフターサービス請求権に限らない。製造物責任や消費者被害が問題になる事例、サービ

スが多様化してきている小売事業事例などでは，どこかで同様な問題が生じると思われる。

　最後に，本件は筆者のみの知見ではなく，本件に関与した東西の弁護士の知識と経験をいただき，再生計画案を策定し，無事企業が再建できた事例であり，惜しみないご協力をいただいた各位に感謝申し上げる次第である。

□■

■コメント

倒産処理手続における瑕疵担保請求権の取扱い

同志社大学大学院司法研究科教授　中西　正

　倒産処理の実務においては，アフターサービス請求権は，諸般の事情に鑑みて個別に対応されるのが一般であるといわれている。アフターサービス請求権を倒産処理手続で民事再生法の規定に従って処理した本件は，その意味で非常に珍しい事例であり，先例が少ないだけに苦労の多かった事例でもあったと思われる。野城論文（本章第1論文）は，事件を処理するにあたってなされた考察を詳細に述べており，倒産処理実務上，貴重な論文であるといえよう。

　野城論文は建築請負契約に基づくアフターサービス請求権一般を取り扱っているが，本稿では対象を瑕疵担保請求権に限定してコメントしたい。

1　はじめに

　請負契約が双方未履行の段階で民事再生手続が開始された場合に当該請負契約上の瑕疵担保請求権をどのように取り扱うかについては必ずしも十分な議論はなされていないと思われる。

　しかし，本件では，問題となる請負契約は既に履行が開始されているから，瑕疵担保請求権は手続開始の時点で既に発生しており，「再生債務者に対し再生手続開始前の原因に基づいて生じた財産上の請求権」に該当し（民再（以下，特に断りのない限り，本文中の条文は民事再生法のそれを指す）84条1項，再生債権になると解される。本件では，さらに，その要件の中核が手続開始前に発生していた瑕疵担保請求権も再生債権とされた（手続開始後の事由が加わって具体的に成立した瑕疵担保請求権。野城論文が「抽象的に瑕疵担保責任が観念できるのみ」というのはこのような権利のことである）。この解釈は正当である[*1]。

2 問 題 点

本件で再生債権として取り扱われた瑕疵担保請求権は、再生手続開始の時点で既に成立していたもの、あるいは主要な発生原因が備わっていたものであるが、34条1項が規定する債権届出期間満了の時点で、①その存在や内容が認識されていたものと、②存在又は内容が認識されていなかったもの、に分けることができる。

①は非金銭債権である再生債権として扱えばよく[*2]、どのように権利変更をすれば155条1項の基準を満すのかが残された問題であろう。

しかし、②については、再生債権の届出、自認自体が困難であるという問題が生じた。瑕疵担保請求権は発生しているが認識できない場合がある、主要な発生原因が備わっているだけの瑕疵担保請求権については全容の把握が定型的に困難である、再生債権者（瑕疵担保請求権者）が誰であるか把握が困難な場合がある、瑕疵担保権者が必ずしも債権届出などの権利行使に慣れていない等の事情がその背景である。

民事再生法では、債権届出期間内に届け出られなかった再生債権は再生計画に記載されないことから（民再157条1項参照）、再生計画認可決定が確定したときに失権する（民再178条1項本文参照）。ただし、再生債務者等が自認した再生債権（民再101条3項）は、再生計画に記載されるため（民再157条1項参照）、この限りでない。したがって、再生債権の届出も自認も困難であるなら、当該再生債権者が不当に権利を失う可能性があるわけである。

3 解 決 策

この問題を解決するため、「再生債権者がその責めに帰することができない事由によって債権届出期間内に届出をすることができなかった」場合であるとして、95条1項、181条1項1号を適用することが考えられる。しかし、この方法は再生債権者の権利行使が前提なので、権利行使に慣れていない再

[*1] 倒産債権の成立要件に関する通説は伊藤眞『破産法・民事再生法〔第2版〕』（有斐閣、2009年）196頁を参照。

[*2] 菅野孝久『和議事件の申立・審理・裁判』（有斐閣、1991年）186頁以下・238頁以下はこの問題の先駆的業績である。

生債権者に不利に働く危険がある（本研究会では，民事再生法95条1項，181条1項1号の運用を一体化してより使いやすくするべきであるとの意見もあった）。

　最〔3小〕判平成23年3月1日[*3]のルールに依拠して，債権届出期間後に届出のあった再生債権については，請求があれば，再生債権の確定を行ったうえで，届出があった再生債権と同じ条件で弁済する旨を，再生計画に定めるという方法もあるが，これにも同様の問題があろう。

　客観的に認識困難であった場合を「届出がされていない再生債権があることを知っている場合」（民再101条3項参照）とみなして，181条1項3号を適用することも考えられる。しかし，この方法には，再生計画で定められた弁済期が満了するまで弁済を受けられないという問題がある（民再181条2項）。

　そこで，立法論として，特別調査期間における自認債権の追加計上の制度，すなわち，一般調査期間開始後も再生債務者等が自認債権を追加する（特別調査の対象とする）ことを認める制度も，提案されている。

　この問題については，高橋優「自認債権」[*4]が詳細に論じている。ぜひとも参照されたい。

4　むすび

　本件では，すべての瑕疵担保請求権につき自認義務があるわけではないとの前提で，可及的に債権届出を促し，届出がない場合も個別に瑕疵担保の主張があれば自認し（抽象的な瑕疵担保請求権は停止条件付債権に準じた扱いをした），届出も自認もなく後日瑕疵が認められた場合には可能な限り181条1項1号を適用するという形で，この問題を解決したわけである。

□■

[*3]　最〔3小〕判平成23年3月1日（金判1369号18頁）。
[*4]　高橋優「自認債権」東京弁護士会倒産法部編『倒産法改正展望』（商事法務，2012年）405頁以下。

第2｜信　　　託

■論　文

信託関係者の倒産及び黙示の信託に関する検討

弁護士　中森　　亘
弁護士　堀野　桂子

1　はじめに

　平成18年，約85年ぶりに信託法が全面改正され（平成18年法律第108号），その後の平成19年9月の施行から約11年が経過した。超高齢化社会を迎え，民事信託については世間の注目を集めているものの，実際の事例はまだまだ少なく，信託の活用はいまだ大きな進展を果たしたとはいい難い状況にある。しかしながら，倒産隔離機能や委託者の意思凍結機能など，民事・商事を問わず信託が有効に機能する場面は少なくない。本稿は，信託関係者の倒産及び黙示の信託の2つの論点を取り上げ，若干の検討を加えるものである。

2　信託関係者の倒産と双方未履行双務契約に関する規律

(1)　双方未履行双務契約に関する規律

　倒産法では，倒産手続開始時に双方の債務の履行が完了していない双務契約の取扱いについて特別の規律が置かれており，破産管財人，再生債務者又は更生管財人（以下，「管財人等」という）は，当該契約を解除するか，あるいは債務を履行して相手方に債務の履行を請求するかのいずれかを選択することができる（破53条1項，民再49条1項，会更61条1項。以下，当該規律を「本規律」という）旨定められている。

　まず，本規律の趣旨については，倒産手続開始の時にすでに有効に成立し破産者等に対して拘束力を有する双務契約で，当事者双方ともにいまだその

履行を完了していないものにつき，破産者等の相手方の利益を考慮し衡平を保持しつつ，破産者等の清算ないし再生という法の目的の達成と倒産手続の円滑な進行を図ることにあるとされている[*1]。実務的にも，管財人等の立場として解除を選択するのは，物理的に履行不可能という場合のほか，履行した場合の方が財団債権等の負担が過大となる場合や，解除をして流出した資産を取り戻すことが財団の増殖や事業の再生に資するというような場合であろうと思われ，かかる法の趣旨にも符合する。

以下では，このような双務契約における対価的均衡と倒産手続への配慮という本規律の趣旨や実務上の運用などを前提に，信託関係者の倒産における本規律の適用の可否について検討する。

(2) 委託者の倒産と本規律の適用

(a) **信託法の規定** 信託の終了事由を定めた信託法163条は，その8号で，委託者に倒産手続が開始し本規律によって信託契約が解除されたときに信託は終了すると定めており，信託契約に本規律の適用があることを前提にしている。

この規定は現行信託法への改正時に新設されたものであるが，改正過程における議論では，特に資産流動化スキーム等への信託の活用を推進する立場などから，スキームの安定性を重視し，信託契約への本規律の適用に消極的な意見が強かったとされる[*2]。確かに，信託法では，委託者に信託財産の拠出者という重要な役割を認めてはいるものの，信託成立後，信託財産は受益者のために管理処分されるのであって，その意味で限定的な役割しかもたない委託者の倒産によって信託の安定性が揺らぐというのは不合理であるともいえる。しかしながら，信託契約のみを本規律の適用外とすることは理論的に困難であること，仮に管財人等による解除権行使を明文により制限するとしても，その要件は，「契約を解除することによって相手方に著しく不公平な状況が生じるような場合」（最判平成12年2月29日（民集54巻2号553頁）参照）とい

[*1] 兼子一ほか『条解会社更生法（中）』（弘文堂，2001年）291頁参照。
[*2] この観点から，本規律の適用を否定ないし制限する主張は，例えば，金融法委員会「委託者報酬支払特約付信託契約の破産法53条1項の適用の可否に関する中間論点整理」（概要につき金法1806号（2007年）35頁以下）等参照。

うような規範的なものにならざるを得ず，それ以上に具体的かつ明確な基準を設けることは困難であること，双方未履行双務契約の該当性を個別に判断することによって不合理な解除を排除できる場合があることなどを理由に，前記のとおり，信託契約にも本規律の適用があることを前提に規定がなされたとされる[*3]。

　(b)　**適用可能性の具体的検討**　とはいえ，信託法163条8号は，信託契約に本規律の適用があり得ることを前提にしているにすぎず，具体的なケースでいかなる信託契約が双方未履行双務契約に該当するのかという点については，個々具体的に認識される未履行債務の対価関係の有無という観点から検討する必要がある。

　なお，以下では，検討を単純化するために，委託者が自己の資産について自益信託として信託を設定し，これによって委託者が取得した受益権を第三者に売却する（委託者の地位は受益権譲渡に伴って承継されない）ケースのように，委託者とは別の者が受益者になるケース（この意味で当初から第三者が受益者となる他益信託も同様である）を前提に検討を進める。

　㈡　**信託財産が引渡未了の場合**　この場合，信託契約は諾成契約であることから（信託4条1項），委託者には信託財産引渡義務[*4]が，受託者には信託事務遂行義務が未履行債務として残っており，かかる双方の債務に対価関係が認められるか否かが問題となる。

　この点，受託者は，信託の本旨に従って信託事務を遂行する義務を負っているところ（信託29条1項），これは受益者の利益のために遂行されるものであることなどから，委託者の信託財産引渡義務と受託者の信託事務遂行義務との間には対価関係を認め得ないという考え方もあり得るが，双方の未履行債務はいずれも信託契約の中核をなす債務であり，信託契約を委託者と受託者

[*3]　寺本昌広『逐条解説　新しい信託法〔補訂版〕』（商事法務，2008年）362頁。
[*4]　この点，信託契約の法的性質につき諾成契約説と要物契約説の対立があったところ，現行信託法では諾成契約であることが明文化されたものであるが，諾成契約であるとしても，信託契約は片務的な契約であって委託者による信託財産の引渡は義務ではないとする見解もあり，かかる観点から本規律の適用につき疑問を呈する見解もある（新井誠『信託法〔第4版〕』（有斐閣，2014年）126頁参照）。

間の諾成契約と捉える以上，両債務の間に対価関係を認め，双方未履行双務契約に該当すると評価するのが相当であろう。実際，本規律が適用されないとすれば，管財人等は信託契約に基づき信託財産の引渡しを行わなければならないことになるが，かかる結論はいかにも不合理であるし，実質的には信託がいまだ始まっていないことから受益者の利益に配慮する必要性も低く，本規律により管財人等から解除がなされたとしてもさほどの問題は生じないものと解される。

　　(ロ)　信託財産が引渡済みの場合　　この場合，委託者の未履行債務としては，(i)委託者が費用及び信託報酬を支払う旨の特約がある場合には費用・信託報酬支払義務が，(ii)委託者が一定の事由が発生した場合に追加的に信託財産を拠出する旨の定めがある場合には追加信託義務が，それぞれ考えられる。他方，受託者の義務としては，信託事務遂行義務がある。

　まず，(i)の委託者の費用・信託報酬支払義務と受託者の信託事務遂行義務との間に対価関係が認められるのか否かにつき検討する。この点については旧信託法の時代から様々な議論がなされており，費用・信託報酬支払特約を信託契約の付随契約とみて信託契約全体を片務契約と捉える見解，財産的変動部分を重視し信託契約全体を片務契約と捉える見解，双務契約と捉える見解，財産的変動部分と委任的部分のそれぞれに双務契約性の有無を検討する見解などがある[*5]。この問題は，信託契約の性質論にも関連する難しい問題であるが，少なくとも信託報酬は「信託事務の処理の対価として受託者の受ける財産上の利益」をいうとされていることからすれば[*6]，信託事務遂行義務との間に対価関係が認められ，費用・信託報酬支払義務が未履行債務として残っている場合には本規律の適用があり，管財人等は信託契約を解除できると解するのが相当であろう[*7]。

　次に，(ii)の委託者の追加信託義務との関係であるが，まず，追加信託義務が信託財産引渡義務の一環として課されているような場合には，前記(イ)の信託財産が引渡未了の場合と同様に考え得るし，これとは異なり，信託財産が

[*5]　金融法務委員会・前掲[*2]・7頁。
[*6]　寺本・前掲[*3]・190頁。

費用や信託報酬を支出するのに足りない場合にこれを補てんする目的で追加信託義務が課されているような場合には、実質的に前記(i)と同様に考えられるであろう。

(c) 解除された場合の帰趨　ところで、委託者に倒産手続が開始したケースで管財人等が本規律により信託契約を解除した場合の信託契約の帰趨はどうなるのであろうか。本規律の適用の可否を論じる実益等の観点からも検討しておく意義がある。

まず、信託法163条8号により信託は終了するが、これに遡及効はなく、将来に向かって信託終了の効果が生じ、信託は清算手続（信託175条以下）に移行する。信託の清算手続では、清算受託者が信託債権や受益債権の弁済をしたうえで残余財産の給付を行う（信託177条）。残余財産は、原則として信託契約に定められた残余財産受益者又は帰属権利者に帰属するが（信託182条1項）、一般には、信託契約において残余財産受益者等として委託者以外の者（受益者等）が指定される場合が多い。その場合には、管財人等が本規律により信託契約を解除したとしても、かかる定めを無効と解しない限り[*8]、管財人等は信託財産を取得できず、信託契約上の債務（例えば費用・信託報酬支払義務など）を免れるというメリットがあるにすぎないことになるが、それに比して、多くの利害関係者が絡む信託契約が解除されることによる影響の大きさを指摘することもできよう。かかる観点から、信託の安定を図るべく、委託者に倒産手続が開始した場合には委託者の費用・信託報酬支払義務等を免除する旨を予め規定しておくという本規律の適用を回避する方法なども説かれているところである。

(d) 小　括　以上をまとめれば、信託契約が本規律にいう双方未履行

[*7] ちなみに、信託法は、その52条1項及び54条4項において、受託者が信託財産から費用及び信託報酬の前払いを受けるのに信託財産が不足している場合には、委託者及び受益者に対し、それらの前払いをするよう請求し、前払いを受けられなかった場合には信託を終了させることができる旨定めており、倒産手続においても当該規定がなお効力を有するとすれば、費用等の未払いが残るケースで本規律の適用を議論する意味はさほどないようにも思われる。もっとも、当該規定によれば、受益者に信託終了を回避できる機会が与えられるという点は異なる。

[*8] なお、賃貸借契約における違約金条項など、管財人等による本規律に基づく解除権行使を制限するような条項の効力を否定する見解もある（大阪地裁第6民事部『はい6民です　お答えします（倒産実務Q＆A）』（大阪弁護士会協同組合、2015年）239頁）。

双務契約に該当し得る場合というのは、信託財産の引渡未了の場合や、委託者に費用・信託報酬支払義務等が課されている場合に限定されるということができる。さらに、後者の場合でも、管財人等が本規律により信託契約を解除したとして残余財産である信託財産の交付を受けることができるのは、委託者が残余財産権利帰属者として指定されている場合に限定され、多くのケースではかかる指定はなされていないことから、管財人等は、本規律に基づく解除によっても、費用・信託報酬支払義務等を免れることができるにすぎないこととなる。したがって、この場合には実務上、信託関係の安定のために、信託契約を継続しつつ、管財人等には費用・信託報酬支払義務等の負担を免れさせる何らかの善後策が講じられることが多いであろう。

(3) 受託者の倒産と本規律の適用

受託者に倒産手続が開始しても、信託財産は受託者の倒産財団に帰属せず（信託25条1項・4項・7項）、信託契約は受託者の倒産手続の影響を受けないことから（信託の倒産隔離機能）、受託者の倒産手続においては、信託契約の双方未履行双務契約該当性を論じるまでもなく、本規律の適用を検討する余地はないと解されている。信託終了事由を定める信託法163条も、委託者の倒産と異なり、受託者倒産による本規律による解除の場合を定めていない。これらの点は、信託法の前記改正過程においても特段の異論はなかったようである[*9]。

実際、受託者は、信託財産の移転を受けるとはいえ、実質的には管理者としての役割を果たしているにすぎず、受託者に倒産手続が開始した場合でも、信託自体を終了させずとも、当該受託者を受託者の地位から離脱させれば足りると思われる。信託法も、受託者に破産手続が開始したことを信託の終了事由ではなく、受託者の「任務終了事由」と定めているにすぎない（自然人につき信託56条1項3号、法人につき同項4号）。しかも、自然人の場合には、信託行為（契約）において任務終了事由にしないという別段の定めを設けることも可能である（同条1項柱書）。なお、受託者に破産手続が開始したことによって受託者の任務が終了した場合、受託者の破産管財人は、新たな受託者が選

[*9] 寺本・前掲*3・101頁。

任されるまで信託財産に属する財産の保管をし，かつ，信託財産の引継ぎに必要な行為を行わなければならないと定められているが（自然人につき信託60条4項，法人につき同59条3項），これは，受託者の破産管財人に信託法上の受託者としての役割を負わせているのではなく，暫定的な事務処理者として信託財産の管理をする役割を負わせているだけである。

他方，受託者に再生手続や更生手続が開始した場合については，任務は終了しないと定められているが（信託56条5項・7項），信託行為において任務終了事由として定めることも可能である（同条5項ただし書・7項）。なお，受託者に再生手続や更生手続が開始し，受託者としての任務を継続する場合で，受託者に管財人が選任されている場合には，受託者の管財人が受託者の職務を遂行する（同条5項ないし7項）。

以上のとおり，受託者に倒産手続が開始したケースで本規律を適用する法的論拠はなく，また，受託者の任務の終了の有無につき検討すれば足りるから，その必要性も認められないと解される。

(4) 受益者の倒産と本規律の適用

信託法は，信託契約の当事者を委託者及び受託者としており（信託3条1号），受益者は信託契約の当事者ではないことから，仮に受益者に倒産手続が開始したとしても，信託契約への本規律の適用を議論する余地はないようにも考えられる。この点，信託法は，受益者と受託者との間で，受益者が受託者に対して信託事務の処理に要する費用や信託報酬の支払を行う旨の合意ができることを定めており（信託48条5項・54条4項），実務上も，かかる合意がなされることが多いと思われるが，受益者と受託者間のかかる合意はあくまで信託契約とは別個の合意であり，受益者に当該合意に基づく未履行債務があったとしても，やはり同様と考えられよう[10]。

3　倒産手続における黙示の信託の成立

---

[10] この点，委託者兼受益者が，受益者の地位で費用等の前払合意を締結していた場合には，実質的にみて受託者の義務と委託者兼受益者の義務との間に対価性が認められるとして，双方未履行の状態にあると解すべきとする見解もある（「信託と倒産」実務研究会編『信託と倒産』（商事法務，2008年）50頁〔深山雅也〕）。

(1) 総　論

　当事者間に信託の成立に向けた明示の意思がなくとも，客観的な観点等から当該関係を信託関係として捉えることができる場合に，信託の成立を認めて事案の解決を図るという法理がある。これが，黙示の信託[*11]に関する議論である[*12]。

　黙示の信託の成立を認める要件については，学説上，様々な見解が示されているが，その多くは，財産拠出者（委託者）の意思に基づいて，財産が特定性をもって他方当事者（受託者）に移転し，かつ，当該他方当事者が特定の（信託）目的に沿った管理処分の権限を有し義務を負うこと，という枠組みに着目する点ではほぼ共通していると解される。そして，その管理処分にかかる義務の具体的内容として，信託財産にかかる分別管理義務を重視する見解[*13]が有力であり，主として第三者保護への配慮からくる信託財産の特定性の観点からもこの視点が重視されているようである。

　以上を前提に，黙示の信託は，主として，財産の受領者に倒産手続が開始した場面で財産拠出者を保護する必要がある場合の一つの救済法理として議論する意義があると解されることから，以下では，倒産手続開始前に倒産者に金銭が預けられていたケース（預かり金）を例に検討することとする。

(2) 弁護士の預かり金と信託の成立

　(a)　問題意識（依頼者保護の必要性）　弁護士の預かり金には，実務上２つのパターンが考えられる。一つは，弁護士が依頼者からその受任した事件に関する費用等の支払のために金銭を預かる場合であり，もう一つは，弁護士

[*11] 当事者の意思を推定することから「推定信託」と呼ばれることもある（新井・前掲＊４・191頁）。なお，類似の議論として「擬制信託」があるが，これは，当事者の意思とは無関係に法の働きとして信託の成立を認めるというものであり，本稿ではそこまで当事者の意思を拡大するものではない。

[*12] かかる黙示の信託に関する代表的な判例として，公共工事の請負者が保証事業会社の保証のもとに地方公共団体から前払金の支払を受けたケースについて信託の成立を認めたものがあり（最判平成14年１月17日（民集56巻１号20頁）），近時の裁判例として東京地判平成24年６月15日（金判1406号47頁）がある。他方，信託の成立を否定したものとして大阪高判平成20年９月24日（判タ1290号284頁）がある。

[*13] 道垣内弘人「最近信託法判例批評（９・完）」金法1600号（2001年）81頁，道垣内弘人＝大村敦志＝滝沢昌彦編『信託取引と民法法理』（有斐閣，2003年）６頁・25頁〔道垣内弘人〕。

が事件の相手方から和解金や弁済金の支払を受けそれを預かる場合である。いわゆる「金銭のドグマ」を強調すれば，このようにして弁護士が受領した金銭自体の所有権は弁護士に帰属する一方，依頼者は弁護士に対して当該預かり金の返還等にかかる請求権を取得するにすぎないことになり，仮に弁護士に倒産手続が開始したとすれば，依頼者の当該請求権は倒産債権となってしまう。しかし，この関係に信託の成立を認めることができれば，信託財産となる当該預かり金は倒産財団を構成せず，依頼者の保護が図られる可能性がある（なお，その場合でも他の債権者の利益にも配慮する必要があることはもちろんである）。

　(b)　依頼者からの預かり金について

　　(イ)　最判平成15年6月12日　　この点，債務整理事件の処理のために弁護士が依頼者から金銭を預かり，その金銭を保管するために新たに開設した弁護士名義の銀行口座にかかる預金債権の帰属が争点となった最判平成15年6月12日（民集57集6号563頁）は，結論としては，預金債権は名義人たる弁護士に帰属すると判示したものであるが，その補足意見（深澤武久及び島田仁郎両裁判官）では，依頼者と弁護士との間に「会社の資産の全部又は一部を債務整理事務の処理に充てるために弁護士に移転し，弁護士の責任と判断においてその管理，処分をすることを依頼するような場合には，財産権の移転及び管理，処分の委託という面において，信託法の規定する信託契約の締結と解する余地もあるものと思われるし，場合によっては，委任と信託の混合契約の締結と解することもできる」として，信託の成立の可能性を指摘している。

　　(ロ)　財産の分別管理と公示について　　ところで，当該事案では，弁護士は受任した事件のために新たに口座を開設し管理していたものである。そのため，前述した黙示の信託の要件とされる分別管理義務の履行を実態としても認めることが容易であったと思われる。しかしながら，実務上，特別な場合でない限り，弁護士が個別の事件ごとに管理口座を開設するという例はさほど多くはなく，「預かり金」用の口座を一つ開設して，当該口座で複数の事件にかかる預かり金を管理しているのが実態であろうと思われる。このような場合には，財産の分別管理義務や特定性との関係から信託の成立が否定されてしまうのであろうか。

この点，信託の成立を認めるためには，第三者に対する公示や特定性の観点から個別に専用口座を開設して特定している必要があるとする見解もある[*14]。しかし，前述した実務の実態からして，これを絶対的な要件としてしまうと，黙示の信託が救済法理として機能する場面は限定されてしまうであろう。そもそも信託法は，金銭の分別管理の方法として計算上の分別管理を要求しているにすぎず（信託34条1項2号ロ），信託財産の公示との関係でも，登記又は登録をしなければ権利の得喪及び変更を第三者に対抗することができない財産については，信託の登記又は登録をしなければ当該財産が信託財産であることを第三者に対抗できないとするのみであって，登記・登録制度がない財産についてはかかる措置までを求めていない（信託14条）。

　したがって，黙示の信託の成立要件としての特定性の議論としては，少なくとも法令上要求される程度の方法で分別管理及び公示がなされておればよく，第三者の保護は，相殺禁止の例外（信託22条）や，受託者の権限違反行為に関する規律（信託27条）等で図られるべきものと解される。

　(ハ)　信託財産間の分別管理について　このように，事件ごとの専用口座の開設を必須条件としない場合でも，他の依頼者の財産との分離，すなわち，信託財産間の分別管理が問題となり得る。しかし，信託法上，信託財産間の分別管理についても，信託財産と固有財産間の分別管理義務と同様，金銭は計算上の分別管理で足りるとされていることから（信託34条1項2号ロ），同一口座内であっても，計算上の分別で信託財産間の分別管理が果たされていると評価できる場合は信託の成立を妨げる要素にはならないと解される。

　(ニ)　管理処分権限に対する制約　黙示の信託の成立を考えるうえでは，以上のような財産の分別管理義務（特定性）や公示という点のほか，さらに管理処分権限の制約について検討する必要がある。すなわち，信託の成立が認められるためには，財産の拠出者が受領者に対し一定の目的に沿った財産の管理処分権限を付与しており，かつ受領者はその権限の範囲内でしか財

[*14]　預金債権の特定性の問題として岸本雄次郎『信託制度と預り資産の倒産隔離』（日本評論社，2007年）180頁以下・216頁以下，公示の問題として米倉明編著『信託法の新展開——その第一歩をめざして』（商事法務，2008年）69頁〔伊室亜希子〕。

産を管理処分できないという関係の存在が一つの要件になるものと解される。例えば，賃貸借契約に基づいて授受される敷金やゴルフクラブの預託金，銀行預金などについては，受領者の側に格別の管理処分権限にかかる制約はないのに対し，信託の成立が認められた前記公共工事の前払金のケースでは，その使途が厳格に定められており請負者は自由に費消等することは許されず，弁護士の預かり金も同様である。

　㈭　小　　括　　以上の検討からすると，弁護士は，職務上，依頼者からの預かり金を自己の金銭と分別して管理すべき義務を負っており[15]，かかる義務をもとに，信託法上も要求される程度以上の方法で依頼者からの預かり金が分別管理されている場合には，当該預かり金に関し，弁護士と依頼者との間に黙示の信託の成立を認め得る余地は十分あるものと解される[16]。

　(c)　相手方からの預かり金について

　　㈠　依頼者からの預かり金との違い　　次に，事件の相手方から受領した弁済受領金などの取扱いについて検討する。

　前記で検討した「依頼者からの預かり金」と異なるのは，出捐者が誰かという点のみである。すなわち，依頼者からの預かり金は弁護士との間で委任契約を締結している依頼者自身が拠出し，その金銭は委任事件の処理のために，すなわち依頼者の利益のために使用されるのであって，金銭の拠出者と

---

[15]　弁護士職務基本規程38条は，「弁護士は，事件に関して依頼者，相手方その他利害関係人から金員を預かったときは，自己の金員と区別し，預り金であることを明確にする方法で保管し，その状況を記録しなければならない。」と定めている。そして，預り金等の取扱いに関する規程（平成29年3月3日改正）は，弁護士に預り金の保管のため預り金のみを管理する専用の口座（預り金口座）を開設する義務を課しており（3条1項），その口座名義は，原則として，預り金，預り口，預り金口その他預り金口座であることを明示する文字を用いなければならず（同条2項），客観的にも弁護士自身の預貯金と外形的に区別するよう求められている。なお，弁護士は所属弁護士会にすべての預り金口座（特定の依頼者又は事件に係るものを除く）に関する情報を届け出なければならず（同条3項），これによって各弁護士による預り金口座開設を担保するとともに，所属弁護士会が各弁護士の預り金口座開設義務の履行状況を把握することができるよう措置されている（柳澤崇仁『改正預り金等の取扱いに関する規程・依頼者見舞金制度の運用」自由と正義68巻9号（平成29年9月号）17頁）。

[16]　なお，倒産実務交流会においては，一つの弁護士名義の口座で保管されていた複数の依頼者からの預かり金につき黙示の信託の成立が認められると考えられるものの，これが一部流用されたため，預金残高が全預かり金残高に不足していたという事例の報告があった。この場合の処理としては，預金残高を全依頼者に按分して交付する，取引履歴から流用前の預かり金と流用後の預かり金に分けて交付額に差を設ける，などの方法について議論がなされた。

利益を享受する者とが一致しているといえる。他方,「相手方からの預かり金」は,契約当事者ではない第三者からの拠出でありながら,その利益は依頼者が受けるものである。

　(ロ)　最判平成15年２月21日をもとに　　かかるケースで信託の成否を検討するにあたって参考になるのが,保険代理店が保険契約者から収受した保険料のみを入金する目的で開設した預金口座にかかる預金債権が保険会社ではなく保険代理店に帰属するとされた事案（最判平成15年２月21日（民集57巻２号95頁））である。当該事案は単に預金債権の帰属が問題となっただけであるが,保険会社としては,保険料を当初信託財産とする信託の成立を主張する余地があったともいわれている。そして,その場合の具体的な理論構成としては,ⓐ保険会社を委託者兼受益者,保険代理店を受託者,当初信託財産を保険料とする見解,ⓑ保険契約者を委託者,保険代理店を受託者,受益者を保険会社,当初信託財産を保険料とする見解,ⓒ保険会社を委託者兼受益者,保険代理店を受託者,当初信託財産を保険料債権とする見解などがある[17]。

　この点,ⓐ説に対しては,保険料は保険代理店が保険会社の代理人として保険契約者から受領しているのであって,委託者である保険会社から財産の移転がないとの批判がなされているが,簡易の引渡し（代理人としての保険代理店→保険会社→受託者としての保険代理店）を観念することによって,かかる批判を克服する見解（ⓐ'）もある。また,ⓑ説に対しては,保険契約者に信託設定の意思を推定することができるのかにつき疑問があると批判されている。さらに,ⓒ説は,委託者である保険会社からの財産移転を観念するための構成ともいえるが,保険代理店が保険料債権の信託譲渡を受けたのであれば,保険契約者に対して自己に帰属する債権の回収として保険料を回収することになるが,保険代理店が有する保険会社の代理権と両立しないとの批判がある。

　筆者らとしては,保険代理店,保険会社及び保険契約者のそれぞれの意思と保険料の実務的な取扱いの観点からも,法律構成としてはⓐ'説がもっとも事案に即した合理的な構成と解するが,これを弁護士が相手方から受領し

---

[17] 新井・前掲＊４・191頁以下,岸本・前掲＊14・214頁以下。

た金銭についてあてはめると，依頼者を委託者兼受益者，弁護士を受託者，相手方からの受領金を当初信託財産と構成することにより，黙示の信託の成立を認める余地があるものと解されよう。

(3) **商業テナントからの売上預かり金**

次に，多数のテナントが出店する商業施設において施設運営者等がテナントから売上金を預かるケースについて検討する。

すなわち，かかる商業施設では，施設運営者等がテナントから売上金を預かり，賃料等を控除した残額（精算金）をテナントに返還するという，いわゆる百貨店方式がとられている場合が多い。このようなケースで売上金を預かっていた施設運営者等に倒産手続が開始した場合，テナントが施設運営者等に対して有する精算金請求権は倒産債権になるとするのが原則であろう。しかし，そうした場合，売上金を預けているテナントの営業継続が困難となるばかりか，信頼関係の毀損等から現場に混乱を来たすなどして，商業施設全体の運営にも深刻な影響を与えるおそれがある。かかる事態を回避するため，上記で検討した弁護士の依頼者からの預かり金と同様の考え方で，テナントを委託者兼受益者，施設運営者等を受託者，預かり売上金を信託財産とする信託の成立を認めることができれば，テナントの保護に資する場合があろう[18]。そして，以上の検討からすれば，その場合の重要なメルクマールとしては，当事者間の合意等によって，施設運用者等にテナントからの預かり売上金を自己の金銭と区別して管理する義務が課されたうえ，実態としても計算上分別管理されており，かつ，施設運営者等はそれらを予め定められた賃料等への充当以外に，自己の運転資金への流用などといった処分はできないという制限があるか否かということになろう。

4 結び

以上，信託関係者が倒産した場合における本規律の適用の問題と，預かり

---

[18] 筆者らの経験としては，商業施設の賃貸人兼運営者について再生手続開始を申し立てた事案において，売上金の分別管理がなされていたこと等から信託とも評価し得るとして，弁済禁止の保全処分の対象から除外したケースがある（森純子＝川畑正文『民事再生の実務』（商事法務，2017年）71頁参照）。

金受領者の倒産時における黙示の信託の成否について検討を加えたが，信託は，高齢者等の財産管理や事業承継などその活用可能性は幅広いうえ，黙示の信託の議論からもわかるように通常の取引でも信託の関係を見出せる場面は少なくない。今後，信託の活用が広がり，それに伴って信託と倒産など他の分野との交錯事例が増加していくなかで，実務の取扱いや研究成果が積み重ねられていくことを期待する次第である。

□■

■コメント

信託関係者の倒産と双方未履行双務契約

同志社大学大学院司法研究科教授　中西　正

　信託と倒産については，多くの解釈論上の問題が存在しながらも，必ずしも十分な検討はなされていないように思われる[*1]。このような中，中森＝堀野論文（本章第2論文）は，信託関係者の倒産における，①倒産法上の双方未履行双務契約の規定の適否の問題と，②黙示の信託の成否の問題を丁寧に検討しており，貴重で優れた論考であると思われる。以下では，紙幅の関係から，①の問題の前提となる，破産法53条の趣旨や適否の基準に関する問題につき，若干のコメントを行いたい。

1　破産法53条1項と54条2項の関係

　ある双務契約が破産手続開始の時点で双方未履行であった場合，破産管財人はその契約を解除するか，契約上の債務を履行しつつ相手方にもその履行を請求することができる（破53条1項）（以下，本文中に引用する条文は，特に断りのない限り，破産法のそれを指す）。そして，解除の場合，相手方は，破産者に対する自らの給付の目的が破産財団に現存するときはその返還を請求し，現存しないときは財団債権者としてその価額の償還を請求できる（破54条2項）。履行請求の場合，相手方の反対給付を請求する権利は財団債権とされる（破148条1項7号）。

　53条などが定立する以上のルールの趣旨は以下のように解されよう[*2]。双務契約における当事者の債務は対価的関係にあり，互いに他を担保視し合う関係にあるが（以下，「対価関係」という）。債務の牽連関係や，同時履行の抗弁権よりも

[*1]　もちろん「信託と倒産」実務研究会編『信託と倒産』（商事法務，2008年）などの優れた文献も存在する。

広い概念である）。この対価関係は破産手続でも尊重されねばならない。53条は，当事者の一方につき破産手続が開始された場合にもこの対価関係を保護するとともに，その地位を害しない限度で破産財団の利益を追求する途を開いたものである。つまり，①対価関係を，ⓐ相手方にその債務の履行を請求しつつ破産管財人も相手方に完全な満足を与えることにより積極的に保護するか，ⓑ契約を解除して双方の債務を消滅させることにより消極的に保護するとともに，②管財人が破産財団の利益を考慮してそのいずれにするか選択することを可能にしたものである。

このように解するなら，53条の適用対象は対価関係のある双方未履行双務契約となろう。

しかし53条は，双方未履行であれば，信用供与型の契約（ここには給付と反対給付を互いに担保視し合う関係＝対価関係は存在しない）についても適用される。例えば，BがAに甲を売り渡す契約を締結し，まずBがAに甲を引き渡し，その1ヵ月後にAがBに代金を支払うこととされた場合，Aが破産手続開始決定を受けた時点でBが甲の引渡しをしていなければ，53条1項が適用されよう。

また，A・B間でビルディングの基礎工事の請負契約が締結され（Aが注文主でBが請負人），工期は10ヵ月とし1ヵ月で全体の10％の工事をし，報酬は1ヵ月締めの出来高払いとされ，1ヵ月が経過し，Bが10％の工事を完了した時点で，Aが破産手続開始決定を受け，Aの破産管財人が解除を選択した場合，本件請負契約はBのAに対する信用供与型契約であると見られるので，Bは出来高に対応する10％の報酬を破産債権者として行使できると解すべきであろう。この解釈が正しいとすれば，対価関係が存在しない双方未履行双務契約には，54条2項は適用されないことになる。

以上のように考えるなら，53条1項の規定はすべての双方未履行双務契約に適用され，その中で対価関係が見られるものに限って54条2項が適用され

---

*2　山本和彦ほか『倒産法概説〔第2版補訂版〕』（弘文堂，2015年）208〜211頁〔沖野眞己〕を参照。最判昭和62年11月26日（民集41巻8号1585頁・金判789号3頁），最判平成7年4月14日（民集49巻4号1063頁・金判973号3頁）も同様の見解に立つのではないかと思われる。

ると解すべきことになろう。53条1項は「契約当事者の公平を図りつつ、破産手続の迅速な終結を図る」趣旨であり[*3]、54条2項が対価関係を保護する趣旨であると理解するわけである。

2　破産法53条の適否

他方、1つの契約は複数の契約条項により構成されるのが通常である。このような場合、当該契約を構成する契約条項の内のあるものは一方若しくは双方が既履行であるが、他のものは双方未履行であるということがしばしばであろう。53条の適否は1つの契約ごとに決定されるので、このような場合、どのような基準により53条の適否を決定するのかは問題である。

1つの契約に双方未履行の部分（契約条項）があれば取引全体が53条1項の適用を受けるが、契約の解除により相手方に著しく不公平な結果が生じるような場合には解除権の行使はできないというのも、1つの基準であろう[*4]。しかし、「著しく不公平な結果」は非常に曖昧であり、53条適否の解釈上の基準とはなり得ないのではないかとも思われる。

今後、詳細な検討が必要であろう。

3　おわりに

中森＝堀野論文は、以上のような問題点を踏まえた上で、委託者破産の場合に53条の適用が問題となる場合は少なく、適用がある場合でも信託の清算による実益が限定的であることから（信託175条以下参照）、実務的には信託を継続する方向での解決が図られることが多いと思われ、著しく不公平な結果が生じる等の問題は少ないと論じている。

□■

[*3]　最判平成12年2月29日（民集54巻2号553頁・金判1090号4頁）を参照。
[*4]　前掲＊3・最判平成12年2月29日を参照。

倒産実務交流会活動一覧

(肩書は2019年1月現在のもの)

回数	開催日	テーマ	報告者
1	H18.7.8	更生手続下における動産売買先取特権をめぐる実務上の諸問題	池口 毅, 木村真也
		倒産手続における株主に関する問題点	中嶋勝規, 森 拓也, 北野知広
2	H18.10.28	再生手続と営業譲渡に関する問題点	服部 敬, 中嶋勝規, 森 拓也
		転リース契約への民法613条1項前段類推適用の可否	桐山昌己, 大江祥雅
3	H19.1.13	賃貸人の倒産における敷金返還請求権の取扱い	野村剛司, 余田博史
4	H19.4.21	破産管財人の源泉徴収義務の有無について	桐山昌己
		詐欺破産罪について	田仲美穂
5	H19.7.21	信販取引と破産について	黒木和彰, 川上 良
6	H19.10.20	将来債権譲渡と債務者の倒産について	籠池信宏, 広瀬道人
7	H20.1.26	保証人の求償権による相殺について	増市 徹, 坂川雄一
8	H20.4.19	(1) 民事再生手続開始申立てがあったときを解除原因とするファイナンスリース契約の特約は民事再生法の趣旨,目的を害するもので無効であるとされた事例 (2) 民事再生手続開始後にファイナンスリース契約が解除され,目的物が返還されなかったことによる不法行為に基づく損害賠償請求権は共益債権に当たるとされた事例	中西 正(同志社大学教授)
		公共工事請負人の破産	田仲美穂, 新宅正人
9	H20.7.19	賃借人破産における破産法53条1項による解除の規律	井上計雄
		敷金が未払賃料や原状回復費用等全部を賄うに足りない場合における処理について	堀 政哉
10	H20.10.18	倒産手続における費用負担の問題	中西 正(同志社大学教授)
11	H21.1.24	保全管理人の地位と事業譲渡	高橋典明
12	H21.4.25	不動産の流動化における受益者・マスターレッシーの倒産	苗村博子, 佐藤俊
13	H21.7.11	再建型倒産手続における商取引債権の優先的取扱い	上田裕康, 杉本純子(日本大学准教授)
14	H21.10.24	開始時現存額主義の適用範囲について	印藤弘二
15	H22.1.30	事業再生ADRによる事業再生の実務	中井康之, 柴野高之
16	H22.4.10	第三セクターにおける特定調停,民事再生における諸論点	山本健司, 中西敏彰
17	H22.7.10	私的自治の原則と倒産法における限界	藤本利一(大阪大学教授), 稲田正毅
18	H22.10.16	弁済による代位と民事再生～大阪地判平成21年9月4日の事案から～	中西 正(同志社大学教授), 野村剛司

19	H23. 1.22	将来債権譲渡の効力～管財人の第三者性の議論との関係も踏まえて	赫　高規
20	H23. 4.16	濫用的会社分割について	黒木和彰，川口珠青
21	H23. 7.23	DIP型会社更生手続の実務運用について	小畑英一
22	H23.10.29	銀行の保持する留置物としての手形の取立（権）と倒産法理についての実体的法律関係（銀行取引約定書の解釈）からのアプローチ	東畠敏明
23	H24. 2.25	倒産実務の最前線	松嶋英機
24	H24. 4.21	濫用的再生手続申立てに対抗する更生事件の事例	木内道祥
25	H24. 7.28	再生手続から更生手続に移行する事例におけるスポンサー選定の問題	森　恵一，小谷隆幸
26	H24.10.20	穴吹工務店の更生事件にかかる諸問題	籠池信宏
27	H25. 2.16	信託スキームと倒産法制	中森　亘，堀野桂子
28	H25. 4.20	アフターサービス請求権の処理～中堅ゼネコンの民事再生手続を通じて～	野城大介
29	H25. 7.20	① 割引手形と破産・民事再生 ② 破産配当・再生計画弁済後の破産債権消滅	上田　純，豊島ひろ江
30	H25.10.26	中小オーナー企業のスポンサー選定に関する考察	木村圭二郎，溝渕雅男
31	H26. 1.25	地域経済活性化支援機構の実務	河本茂行，坂田達也，中島宏記
32	H26. 4.26	純粋私的整理の実務	軸丸欣哉
33	H26. 7.26	清算価値保障原則の意義と射程	高田賢治（慶應義塾大学教授）
34	H26.10.25	別除権協定をめぐる諸問題	上田裕康，北野知広
35	H27. 1.24	投資信託解約金相殺事件最高裁（1小）平成26年6月5日判決……銀行は販売した金融商品を囲い込めるのか？	渡邉一平
36	H27. 4.25	船会社の管理型再生事件の経緯とそれにまつわる種々の問題点	増田勝久，飯田幸子
37	H27. 7. 4	東京地裁における民事再生の事例紹介	平出晋一，小幡朋弘
38	H27.10.24	事業再生ADRの事例報告	野上昌樹，渡邊一誠，木村真也，福井俊一
39	H28. 1.23	地方における民事再生手続実務	苗村博子，籠池信宏，溝端浩人
40	H28. 4.23	地域経済活性化支援機構の実務	三森　仁，片岡　牧
41	H28. 7.23	スポンサー選定の実務と二重の基準説の検証	木村圭二郎，野上昌樹，赫　高規，野城大介，渡邊一誠
42	H28.10.22	牽連破産に関する問題点	島岡大雄（判事）
43	H29. 2.15	イギリス債務整理手続の未来	ジェニファー・ペイニー（オックスフォード大学教授）
44	H29. 4.22	日本ライフ協会事件に関する報告と考察	森　恵一，清水俊順
45	H29. 7.29	① 倒産ADRの現状と課題 ② 倒産ADRにおける弁護士の関与と手続のあり方	中島弘雅（専修大学法学部教授・慶應義塾大学名誉教授），中井美之，増市　徹，山形康郎
46	H29.10.14	開始時現存額主義の残された課題—二つの大阪地裁堺	塩路広海，佐藤吉浩

		支部決定と大阪高裁決定に関連して	
47	H30.1.27	トコリグローバルの再生・破産手続の事例報告	木村圭二郎，溝渕雅男
48	H30.4.21	事前決定型（プレパッケージ型）のスポンサー選定に関するアンケートのご報告	軸丸欣哉
49	H30.7.21	アジア4カ国の倒産法制と運用状況－ミャンマー，ベトナム，ラオス，ウズベキスタン	金子由芳（神戸大学教授），Ms. Tin Nwe Aung, Mr. Nguyen Van Trong, Mr. Vorlachit hadaoheuang, Mr. Abdullaev Rustam
50	H30.7.28	ユタカ電機製作所の再生事件と最一判平成29年11月16日について	蓑毛良和
51	H30.10.27	京都5山の一角の国際倒産・調査回収	高橋典明，中西敏章，坂本靖昌，下西正孝

初 出 一 覧

■第1章　倒産処理の手法

第1　私的整理
　①軸丸欣哉「純粋私的整理の実務」
　　・純粋私的整理の実務（上）　銀行法務21・779号4頁（2014年）
　　・純粋私的整理の実務（下）　銀行法務21・780号52頁（2014年）
　②中西正「『支払停止』の意義？」
　　・「支払停止」の意義？　銀行法務21・780号60頁（2014年）
第2　倒産ＡＤＲ
　Ⅰ　倒産ＡＤＲの現状
　①中島弘雅「倒産ＡＤＲの現状と課題」
　　・倒産ＡＤＲの現状と課題　銀行法務21・820号25頁（2017年）
　②中井康之「事業再生ＡＤＲの意義と問題点」
　　・民間型倒産ＡＤＲの意義と問題点　銀行法務21・821号28頁（2017年）
　③山形康郎「行政型ＡＤＲ手続（再生支援協議会手続）についての意義と課題」
　　・行政型ＡＤＲ手続（再生支援協議会手続）についての意義と課題　銀行法務21・821号31頁（2017年）
　④増市徹「司法型倒産ＡＤＲとしての特定調停―その意義と問題点」
　　・司法型倒産ＡＤＲとしての特定調停―その意義と問題点　銀行法務21・821号34頁（2017年）
　Ⅱ　地域経済活性化支援機構を活用した事業再生
　①河本茂行＝坂田達也＝中島宏記「地域経済活性化支援機構の実務・再生事案について」
　　・地域経済活性化支援機構の実務・再生事案について（上）　銀行法務21・776号16頁（2014年）
　　・地域経済活性化支援機構の実務・再生事案について（下）　銀行法務21・778号20頁（2014年）

②中西正「再生型の私的整理と法的倒産処理の連続性」
・再生型の私的整理と法的倒産処理の連続性　銀行法務21・778号26頁（2014年）

Ⅲ　事業再生ＡＤＲと経営者保証ガイドラインを用いた一体再生
①野上昌樹＝渡邊一誠＝木村真也＝福井俊一「事業再生ＡＤＲ手続と経営者保証ガイドラインを用いて一体整理を図った事例」
・事業再生ＡＤＲ手続と経営者保証ガイドラインを用いて一体整理を図った事例　銀行法務21・797号20頁（2016年）
②高田賢治「経営者保証ガイドラインと自由財産の範囲拡張」
・経営者保証ガイドラインと自由財産の範囲拡張　銀行法務21・797号28頁（2016年）

第3　民事再生
Ⅰ　中小企業の再生事例
①平出晋一＝小幡朋弘「東京地裁における小規模民事再生の実務」
・東京地裁における小規模民事再生の実務〜アパレル企業の実例を中心として〜　銀行法務21・794号28頁（2015年）
②藤本利一「中小企業再生における事業譲渡の意義」
・中小企業再生における事業譲渡の意義　銀行法務21・794号36頁（2015年）

Ⅱ　民事再生事件の履行監督と牽連破産
①島岡大雄「民事再生事件の履行監督と民事再生から破産への移行（牽連破産）事件の処理における一裁判官の雑感」
・民事再生事件の履行監督と民事再生から破産への移行（牽連破産）事件の処理における一裁判官の雑感（上）　銀行法務21・810号31頁（2017年）
・民事再生事件の履行監督と民事再生から破産への移行（牽連破産）事件の処理における一裁判官の雑感（下）　銀行法務21・811号36頁（2017年）
②高田賢治「再生債務者代理人の職責と保全管理人の事業譲渡」
・再生債務者代理人の職責と保全管理人の事業譲渡　銀行法務21・811号44頁（2017年）
③木村圭二郎＝溝渕雅男「牽連破産事件における実務上の論点」
・牽連破産事件における実務上の論点（上）　銀行法務21・828号40頁（2018

- 牽連破産事件における実務上の論点（下）　銀行法務21・829号35頁（2018年）

④藤本利一「牽連破産事件における優先的財団債権の射程」
- 牽連破産手続における優先的財団債権の射程　銀行法務21・829号42頁（2018年）

■第2章　スポンサー選定に関する諸問題

第1　手続移行とスポンサー選定

①森恵一＝小谷隆幸「再生手続から更生手続に移行する事例におけるスポンサー選定の問題」
- 再生手続から更生手続に移行する事例におけるスポンサー選定の問題　銀行法務21・753号28頁（2013年）

②中西正「スポンサー選定の問題」
- スポンサー選定の問題　銀行法務21・753号34頁（2013年）

第2　中小企業のスポンサー選定

①木村圭二郎＝溝渕雅男「中小オーナー企業のスポンサー選定に関する考察」
- 中小オーナー企業のスポンサー選定に関する考察（上）　銀行法務21・769号27頁（2014年）
- 中小オーナー企業のスポンサー選定に関する考察（下）　銀行法務21・771号26頁（2014年）

②藤本利一「計画外事業譲渡は『濫用』か？」
- 計画外事業譲渡は「濫用」か？　銀行法務21・771号34頁（2014年）

■第3章　担　保　権

①上田裕康＝北野知広「別除権協定に関する平成26年6月5日最高裁判決と今後の別除権協定」
- 別除権協定に関する平成26年6月5日最高裁判決と今後の別除権協定　銀

行法務21・783号20頁（2015年）
② 高田賢治「別除権協定における解除条件条項の有効性」
　・別除権協定における解除条件条項の有効性　銀行法務21・783号29頁（2015年）

■第4章　相　　殺

第1　割引手形

① 上田純＝豊島ひろ江「割引済手形と破産・民事再生―近時の最高裁判決や銀行取引約定・商事留置権・相殺禁止規定を踏まえて」
　・割引済手形と破産・民事再生～近時の最高裁判決や銀行取引約定・商事留置権・相殺禁止規定を踏まえて～　銀行法務21・765号36頁（2013年）

② 中西正「割引手形と破産・民事再生」
　・割引手形と合理的相殺期待　銀行法務21・766号46頁（2013年）

③ 渡邉一平「投資信託解約金債務を受働債権とする相殺の可否―最高裁〔1小〕平成26年6月5日判決」
　・投資信託解約金相殺について（上）（最高裁第1小法廷平成26年6月5日判決）　銀行法務21・787号38頁（2015年）
　・投資信託解約金相殺について（下）（最高裁第1小法廷平成26年6月5日判決）　銀行法務21・788号32頁（2015年）

④　藤本利一「相殺の合理的期待について」
　・相殺の合理的期待について　銀行法務21・788号37頁（2015年）

■第5章　保証人（全部義務者）の手続参加

第1　債権調査後の債権消滅・変更

① 豊島ひろ江＝上田純「破産債権・再生債権の確定後の債権消滅・変更に対する処理―債権者表の記載と実体法上の権利関係に齟齬がある場合の事例処理を中心に，最高裁決定平成29年9月12日を踏まえた残された問題について若干の考察をする」

・破産債権・再生債権の確定後の債権消滅・変更に対する処理〜債権者表の記載と実体法上の権利関係に齟齬がある場合の事例処理を中心に〜　銀行法務21・766号34頁（2013年）
② 中西正「実体法的変動の破産手続上の取扱い」
　　・実体法的変動の破産手続上の取扱い　銀行法務21・766号46頁（2013年）
第2　開始時現存額主義
① 塩路広海「保証債務履行請求権に関する開始時現存額主義の適用について」
　　・保証債務履行請求権に関する開始時現存額主義の適用について　銀行法務21・824号28頁（2018年）
② 佐藤吉浩「開始時現存額主義により超過配当となる場合の処理方法を示した最高裁平成29年9月12日第三小法廷決定に関して―開始時現存額主義と劣後的破産債権に関する問題等を含めて」
　　・開始時現存額主義により超過配当となる場合の処理方法を示した最高裁平成29年9月12日決定に関して　銀行法務21・825号34頁（2018年）
③ 髙田賢治「開始時現存額主義の射程に対する違和感」
　　・開始時現存額主義の射程に対する違和感　銀行法務21・825号42頁（2018年）
第3　弁済による代位
① 増田勝久＝飯田幸子「再生債権として届け出られた共益債権の扱い―最高裁平成25年11月21日判決の検討と理論の整理」
　　・再生債権として届けられた共益債権の扱い（最高裁平成25年11月21日判決の検討と理論の整理）　銀行法務21・790号30頁（2015年）
② 髙田賢治「労働債権についての情報提供努力義務」
　　・労働債権についての情報提供努力義務　銀行法務21・790号38頁（2015年）

■第6章　契約関係の処理

第1　請負契約
① 野城大介「アフターサービス請求権の処理―中堅ゼネコンの民事再生手続を通じて」

- アフターサービス請求権の処理〜中堅ゼネコンの民事再生手続を通じて〜　銀行法務21・762号36頁（2013年）

②中西正「倒産処理手続における瑕疵担保請求権の取扱い」
- 倒産処理手続における瑕疵担保請求権の取扱い　銀行法務21・762号45頁（2013年）

第2　信　　託

①中森亘＝堀野桂子「信託関係者の倒産及び黙示の信託に関する検討」
- 信託関係者の倒産および黙示の信託に関する検討　銀行法務21・760号24頁（2013年）

②中西正「信託関係者の倒産と双方未履行双務契約」
- 信託関係者の倒産と双方未履行双務契約　銀行法務21・760号34頁（2013年）

事項索引

あ行

アフターサービス
　　　　　　……………… 379, 394
一体整理 ……………… 92, 103

か行

開始時現存額主義
　　　　　　……… 315, 329, 356
解除条件 …… 222, 229, 235
買戻請求権 ……………… 245
確定した再生債権の存否及
　び額を争う場合の債権確
　定手続に係る起訴責任
　　　　　　……………………… 142
確定判決と同一の効力
　　　　　　……… 143, 288, 364
瑕疵修補請求権 ………… 381
瑕疵担保請求権 ………… 394
瑕疵担保責任 …… 382, 385
株主責任 ……………… 14, 95
株主総会の承認決議
　　　　　　……………… 136, 138
監督命令の取消し ……… 126
管理型 ……………………… 182
管理命令
　　　　　… 126, 131, 133, 211
危機否認 …………………… 26
企業再生支援機構 ……… 35
求償権 ……………………… 100
　　——の予備的届出 …… 351
共益債権
　　　　　… 163, 171, 359, 373
共益債権化 ……………… 113
共同義務者帰属説 ……… 348
口単位説 ………………… 347
経営者保証に関するガイド
　ライン …………………… 90
経営責任 …………………… 14
計画外事業譲渡
　　　　　… 114, 194, 205, 213
牽連破産
　　　　　… 125, 135, 149, 170, 368
公平誠実義務 …… 198, 202

さ行

合理的相殺期待
　　　　　… 251, 254, 259, 266, 279
後日対立型 ……………… 267
固定説 ……………… 224, 226
固有対立型 ……………… 267

債権確定手続における（に
　係る）起訴責任
　　　　　　……………… 142, 147
債権者説明会 …………… 113
債権者の意見聴取 ……… 148
債権者表 ………………… 287
債権者平等原則 ………… 281
再生型 ………………………… 4
再生計画 …………………… 12
　　——の履行監督 ……… 126
再生計画案 ……………… 118
再生手続で確定した再生債
　権 ……………………… 142
財団帰属説 ……………… 348
債務免除 …………………… 13
債務免除益 ………………… 16
産業競争力強化法 ……… 55
産業再生機構 …………… 35
暫定リスケ ………………… 58
残存資産 …………………… 97
支援決定 …………………… 75
事業継続 ……………… 150, 155
事業再生 ADR …… 31, 47, 90
　　——による一体整理の手
　続 ………………………… 92
事業譲渡 …………………… 121
事業の重要な一部の譲渡
　　　　　　……………… 153, 160
実体法的変動 …………… 313
私的整理 …………………… 4, 86
自認 ……………………… 385
支払停止 …………………… 26
収益弁済型 ……… 127, 129
17条決定 ………………… 105
受益者の倒産 …………… 403
受託者の倒産 …………… 402
純粋私的整理手続 ………… 5

た行

代理受領 ………………… 269
ターンアラウンド ………… 76
担保協定 …………………… 23
地域経済活性化支援機構
　　　　　　……………… 36, 71
中間配当 ………………… 343
中小企業再生支援協議会
　　　　　　……………………… 37
超過配当 ………………… 329
　　——の処理 ……………… 348
DIP 型 …………………… 182
DIP ファイナンス
　　　　　　………… 22, 51, 114
手形割引 ………………… 244
手続選択 ……………… 4, 155

準則型私的整理手続 ……… 5
消極的確認訴訟 …… 292, 313
商事留置権 ……… 243, 248
商取引債権 ………… 51, 53
信用供与 ………… 26, 281
信用保証協会 …………… 94
スポンサー ……………… 110
スポンサー選定
　　　　　… 177, 178, 182, 186, 191
　　——における考慮要素
　　　　　　……………………… 179
　　——の基本的基準
　　　　　　……………………… 179
スポンサー選定方法 …… 178
請求異議 ………………… 353
　　——の訴え …………… 290
請求異議訴訟 …………… 343
清算型 ……………………… 4, 127
清算価値保証原則
　　　　　　……………… 182, 204
善管注意義務 …………… 198
相殺禁止 …… 18, 250, 264
総債権説 ………………… 347
相当性 …………………… 214
双方未履行双務契約
　　　… 141, 235, 397, 411
　　——の解除 …………… 147

デュー・デリジェンス …… 12
登記留保担保権 ………… 24
投資信託 ………………… 263
特定調停 …… 42, 65, 105
届出名義の変更 ………… 345
取立委任手形 …………… 268

な　行

二重の基準説 …………… 185
日弁連スキーム ………… 68
入札方式 …………… 177, 178

は　行

非金銭債権 ……………… 388
否　認 …………………… 20
フィナンシャル・アドバイ
　ザー ……………………… 177
付議決定 ………………… 367
附従性 …………………… 100
復活説 …………… 224, 226
物上保証人 ……………… 101
不当利得 ………………… 331

不当利得説 ……………… 348
不当利得返還請求
　…………………… 309, 354
振込指定 ………………… 269
プレ DIP ファイナンス …… 33
プレパッケージ型
　…………………… 107, 110
別除権協定 ……… 221, 235
弁護士の預かり金 ……… 404
弁済禁止の保全処分
　…………………… 152, 157
弁済充当 ………………… 248
偏頗行為 ………………… 20
法的整理手続 …………… 4
保険返戻金相殺 ………… 269
保全管理人
　──による事業譲渡
　　 …………………… 135, 138
　──による双方未履行双
　　務契約の解除 ……… 141
　──の事業譲渡 ……… 146

ま　行

無委託保証 ……………… 282
黙示の信託 ……………… 397
モニタリング …………… 17

や　行

優先的財団債権 …… 170, 172
預金債権 ………………… 268
預金集中管理 …………… 18
予備的届出 ……………… 343
予備的付記 ……………… 370

ら　行

履行監督 ………………… 125
リスケジュール ………… 62
劣後的破産債権 …… 301, 330
連帯保証債務 …………… 15
連帯保証人 ……………… 15

わ　行

割引手形 ………………… 259

倒産実務交流会 編

■編集者

中西　　正（同志社大学大学院司法研究科教授）
藤本　利一（大阪大学大学院高等司法研究科教授）
高田　賢治（慶應義塾大学大学院法務研究科教授）
中井　康之（弁護士）
佐々木　豊（弁護士）
石井　教文（弁護士）
木村　真也（弁護士）
中嶋　勝規（弁護士）

続・争点　倒産実務の諸問題

2019年2月21日　初版第1刷印刷
2019年3月5日　初版第1刷発行

編　者　倒産実務交流会
発行者　逸見　慎一

発行所　東京都文京区本郷6丁目4－7　株式会社　青林書院
振替口座　00110-9-16920／電話03(3815)5897～8／郵便番号113-0033
ホームページ☞ http://www.seirin.co.jp

印刷・三松堂印刷㈱　落丁・乱丁本はお取り替え致します。
©2019　倒産実務交流会
Printed in Japan

ISBN978-4-417-01756-1

JCOPY〈(社)出版者著作権管理機構　委託出版物〉
本書の無断複写は著作権法上での例外を除き禁じられています。複写される場合は、そのつど事前に、(社)出版者著作権管理機構（電話03-3513-6969、FAX 03-3513-6979、e-mail:info@jcopy.or.jp）の許諾を得てください。